近现代国际关系史研究

第十九辑

徐　蓝　主编

世界知识出版社

图书在版编目（CIP）数据

近现代国际关系史研究．第十九辑 / 徐蓝主编．--北京：世界知识出版社，2022.4

ISBN 978-7-5012-6474-2

Ⅰ.①近… Ⅱ.①徐… Ⅲ.①国际关系史—研究—近现代 Ⅳ.①D819

中国版本图书馆 CIP 数据核字（2021）第 264771 号

责任编辑　狄安略　罗庆行
责任出版　赵　玥
责任校对　张　琨

书　　名　近现代国际关系史研究（第十九辑）
Jinxiandai Guoji Guanxishi Yanjiu（Di-Shijiu Ji）
主　　编　徐　蓝

出版发行　世界知识出版社
地址邮编　北京市东城区干面胡同 51 号（100010）
网　　址　www.ishizhi.cn
电　　话　010-65265923（发行）
010-85119023（邮购）
经　　销　新华书店
印　　刷　北京虎彩文化传播有限公司
开本印张　787 毫米×1092 毫米　1/16　21¾印张
字　　数　345 千字
版次印次　2022 年 4 月第一版　2022 年 4 月第一次印刷
标准书号　ISBN 978-7-5012-6474-2
定　　价　78.00 元

《近现代国际关系史》学术委员会

目录

专题研究

美国外交研究

20世纪东亚的资本、人员和知识流动

Contents

Thematic Studies

Studies on American Diplomacy

Book Reviews

从“走私贸易”到“合法贸易”：18至19世纪中叶英国阿根廷贸易关系的演变*

卢玲玲**

摘　要　在西班牙殖民时代，贸易垄断政策限制了英国与阿根廷贸易的正常发展。英国利用西班牙的工商业无法满足阿根廷市场需求之机，同阿根廷发展走私贸易，冲击了西班牙的贸易垄断体制。法国大革命爆发后，英国根据欧洲局势的变化和自身的利益诉求，试图以武力打开阿根廷市场，获得了短暂的成功。阿根廷独立初期，以自由贸易为基础的英阿贸易关系正式建立，但阿根廷国内政局的动荡及其与周边国家的冲突影响了英阿贸易的正常发展。英国灵活地采取干预措施，最终促成了阿根廷的统一及其周边环境的稳定，为英阿贸易黄金时代的到来奠定了基础。

关键词　英国　阿根廷　贸易政策　走私　自由贸易

---

* 本文系陕西省教育厅人文社科研究计划项目“‘无形帝国’与近代英国—阿根廷关系的构建研究”（项目编号：17JK0743）的阶段性成果。

** 卢玲玲，历史学博士，西北大学历史学院讲师，主要研究方向为拉美史、英国外交史、近代国际关系史。

近代英国与阿根廷的关系在近代国际关系史上非常独特但又很具有代表性，有的西方学者称为“英阿特殊关系”。[①] 其特殊性在于，近代英国与阿根廷在政治与军事上的联系十分松散，而将远隔重洋的两个国家联系起来的是经贸与文化纽带。然而，英阿特殊关系却导致阿根廷对英国的严重依附，也使英国通过经济与文化的手段以很小的代价实现了对阿根廷的控制。因此，许多西方学者将阿根廷称为英国继加拿大、澳大利亚、新西兰、南非、爱尔兰五大自治领之后的“第六自治领”，将之视为英帝国的一部分。[②] 以自由贸易为旗号的互补性双边贸易，是英阿特殊关系的重要表现。19 世纪 60 年代到 20 世纪初是英阿贸易发展的黄金时代，国外学者的相关研究也主要集中于这一时段，[③] 对于英阿贸易在 19 世纪 60 年代以前的发展情况则关注较少。实际上，18—19 世纪中叶是英阿贸易关系的奠基时期，其对于英阿关系的后续发展也具有重要的影响。鉴于此，本文力图对 18—19 世纪中叶英国对阿根廷的政策选择以及两国贸易关系的演变进行梳理和分析。

一、西班牙贸易垄断政策与英国对阿根廷的走私贸易

“阿根廷”（Argentina）一词源于西班牙语的“La Plata”（拉普拉塔），为“白银”之意。[④] 葡萄牙航海家胡安·迪亚斯·德·索利斯（Juan Díaz

---

① Alistair Hennessy and John King (ed.), *The Land that England Lost: Argentina and Britain, a Special Relationship* (London: British Academic Press, 1992), p. 1.

② Alistair Hennessy and John King (ed.), *The Land that England Lost: Argentina and Britain, a Special Relationship*, p. 1; James Belich, *Replenishing the Earth: The Settler Revolution and the Rise of the Anglo-World, 1783-1939* (Oxford: Oxford University Press), p. 536; Victor Bulmer-Thomas, *Britain and Latin America: A Changing Relationship* (Cambridge: Cambridge University Press), p. 13.

③ 代表性的成果有：H. S. Ferns, “Investment and Trade Between Britain and Argentina in the Nineteenth Century,” *The Economic History Review* 3, no. 2 (1950); Roger Gravil, *The Anglo-Argentine Connection, 1900 - 1939* (Boulder: Westview Press, 1985); H. S. Ferns, *Britain and Argentina in the Nineteenth Century* (Oxford: Clarendon Press, 1960)。

④ David Rock, *Argentina 1516-1987: Desde la Colonización Española hasta Alfonsín* (Sevilla: Alianza Editorial, 1988), p. 36.

de Solís）在西班牙的支持下，寻找通往远东和印度的航线。他于1516年发现了拉普拉塔河。[①] 1526年，探险家塞巴斯蒂安·卡波托（Sebastian Gaboto）对拉普拉塔河地区进行了为期三年的探险，希望找到通往远东和印度的航线，由于他从当地土著居民手中获得了一些银器，误以为该地富含银矿，于是将该河及流域错误地命名为“拉普拉塔河”和“拉普拉塔地区”。[②] 1527—1529年，西班牙在拉普拉塔地区建立了第一个殖民点。1536年，西班牙在布宜诺斯艾利斯建立殖民点。1617年，布宜诺斯艾利斯因战略地位重要成为西班牙在拉普拉塔地区的统治中心。[③] 1776年，拉普拉塔地区从西班牙的秘鲁总督区独立出来，成为继秘鲁总督区和新格拉纳达总督区之后的第三个总督区。[④] 西班牙仿照母国的政治与经济制度对拉普拉塔总督区进行管理，并以重商主义为原则，严格控制其对外贸易。1561年，西班牙实行护航制以保证贸易的安全。1784年，西班牙推行由海军护航的“双船队制”（two fleet），即殖民地的对外贸易只能在一个西班牙港口（塞维利亚，后来改为加的斯）和两个殖民地港口（墨西哥的韦拉克鲁斯和巴拿马的波多白罗）之间进行；往返两地的商船须在贸易署监视下登记、装货、审核文件，全程由西班牙军舰护送。

西班牙的工商业虽有所发展，但落后的农业基础并不能为工商业发展提供物质保障，至16世纪后期西班牙的农业政策仍然在维护贵族利益。封建贵族拥有各种特权，其占有西班牙土地的绝大多数，并且延续了粗放经营畜牧业的模式。在贵族组成的麦斯塔（拥有特权的养羊组织）的经营下，养羊成为西班牙农业的主体，但养羊没有进一步推动西班牙国内呢绒纺织

---

① David Rock, *Argentina 1516-1987: Desde la Colonización Española hasta Alfonsín*, p. 39.

② F. A. Kirkpatrick, *A History of the Argentine Republic* (Cambridge: Cambridge University Press, 1931), p. 6.

③ Klaus Gallo, *Great Britain and Argentina: From Invasion to Recognition, 1806-1826* (New York: Palgrave, in association with St. Antony's College, Oxford, 2001), pp. 9-10.

④ 拉普拉塔总督区为现代阿根廷的前身，其范围包括今阿根廷、乌拉圭、巴拉圭、玻利维亚，首府为布宜诺斯艾利斯。1810年，拉普拉塔“五月革命”后，建立了拉普拉塔联省。1814年，乌拉圭河东岸及其周边四省脱离拉普拉塔联省独立。1826年，拉普拉塔联省改组为阿根廷联省共和国。

业的兴起。贵族集团将羊毛高价卖到国外，然后再将外国的毛呢制品运回国内贩卖，借外国商品免税的规定获得巨大利润。据统计，16 世纪末，阿根廷羊毛出口量至少比 1512 年的出口量增加 3 倍以上。① 羊毛的大量出口导致西班牙国内纺织工厂因缺乏原料而停工，纺织业需要在国外高价购买原料。西班牙工业产品的成本因而大幅提高，其产品在国内外市场上的竞争力也大为削弱。16 世纪后期，西班牙本土的毛纺织业已严重衰落，产量缩小为原来的 1/5，毛织品只能满足本土市场需求的 1/6。②

西班牙国内的重税政策也加速了本土工商业的衰落。菲利普二世时期西班牙国内税收极重，其中“交易税”一项最为严苛，税额高达所交易商品价值的 10%，并且每交易一次就要重新纳税。到 16 世纪末，西班牙的工商业者仅仅因为缴税就损失了其商品价值的大约 30%，一些工业部门损失的商品价值甚至高达 40%—60%。③ 沉重的税收使得西班牙本土的手工业者大量破产，本土商品的供应量严重不足。据统计，在 17 世纪初，西班牙国内销售的 5/6 的商品以及运往美洲的 9/10 的工业品都来自外国。④ 在西班牙的特许港口塞维利亚，本土商品贸易量下降最为显著，从 1600 年的 25 艘船只约 9000 吨位，下降到 1701—1710 年的 4 艘船只约 1000 吨位。⑤

西班牙的贸易垄断政策严重阻碍了英国与阿根廷的贸易，引起了英国的不满。同时，西班牙工商业的落后和商品供应能力的不足也使得贸易垄断政策难以维系，英国对阿根廷的走私贸易应运而生。早在 1680 年，葡萄牙便已在科洛尼亚建立殖民据点，利用其与布宜诺斯艾利斯隔海相望的地理优势从事对阿根廷的走私贸易。1711 年，英国政府创建南海公司（South Sea Company），该公司受到布里斯托尔商人和政府的支持，主要目标是拓展

---

① Ralph Davis, "The Rise of the Atlantic Economies," *American Academy of Political and Social Science* 1 (1974): 38.

② 许昌才：《西班牙通史》，世界知识出版社，2009，第 267 页。

③ Ralph Davis, "The Rise of the Atlantic Economies," *American Academy of Political and Social Science* 1 (1974): 38.

④ 林被甸、董经胜：《拉丁美洲史》，人民出版社，2010，第 95 页。

⑤ 米歇尔·博德：《资本主义史（1500—1980）》，吴艾美译，东方出版社，1986，第 28 页。

英国在拉普拉塔地区的贸易利益,[①] 这为英国对阿根廷的走私贸易打开了方便之门。1713 年 4 月，西班牙王位继承战争结束后，各方签订了《乌特勒支条约》。[②] 该条约规定，英国的南海公司获得贸易特许权，每年可以向西班牙殖民地运送不超过 500 吨的货物，贩卖 4800 名成年奴隶，这些奴隶的 1/4 卖往布宜诺斯艾利斯。[③] 南海公司不仅按此规定发展与阿根廷的贸易，英国商人还通过行贿的手段私下运送商品进行走私活动。[④] 据当时的知情人士回忆，从 1715 年的第一艘许可船开始，南海公司就开始了走私贸易：许可船除了装载合法货物外，没有一艘不携带多余的违禁品，有时候违禁品在许可船中所占比重甚至达 2/3 以上。[⑤] 负责护送英国商船的军舰也参与了走私，军舰底部装满了违禁品。除此之外，西班牙还赋予英国商人在西属美洲建造房屋的权利，以便为奴隶提供生活用品和向内陆转卖剩余奴隶,[⑥] 英国商人借机将其发展为向阿根廷走私的据点。

英国对阿根廷的走私贸易取得了巨大的利润。据统计，1762 年，英国对布宜诺斯艾利斯的年均走私额已高达 20 万英镑。此外，英国商人还通过走私从该地进口畜牧产品。据统计，从 1716 年到 1796 年，布宜诺斯艾利斯出口的兽皮由 4.5 万张增长到了 87.5 万张，其中很大一部分被运到了英国。[⑦] 法国大革命爆发后，英国的海外贸易受到严重影响，阿根廷之于英国海外贸易的地位愈加重要，英国的走私活动因而更加猖獗。当时，居住在布宜诺斯艾利斯的一位苏格兰人对此有着形象的描述："英国商人通过贿赂

---

① Andrew Graham-Yooll, *The Forgotten Colony: A History of the English-Speaking Communities in Argentina* (London: Hutchinson, 1981), p. 25.

② 该条约又译为《乌德勒支和约》。

③ Rory Miller, *Britain and Latin America in the Nineteenth and Twentieth Centuries* (New York: Longman Publishing, 1993), p. 28.

④ 当时，英国商人将走私利润的 25%用于行贿当地官员。Jonathan C. Brown, *A Socioeconomic History of Argentina, 1776-1860* (Cambridge: Cambridge University Press, 1979), p. 25.

⑤ Vera Lee Brown, "The South Sea Company and Contraband Trade," *The American Historical Review* 47, no. 3 (1986): 667, 672.

⑥ Judith Blow Williams, "The Establishment of British Commerce with Argentina," *The Hispanic American Historical Review* 15, no. 1 (February, 1935): 44.

⑦ Jonathan C. Brown, *A Socioeconomic History of Argentina, 1776-1860*, pp. 25, 26, 30.

海关以及其他官员，将几乎所有商品走私到拉普拉塔，在光天化日下到处兜售；而那些本应征收高关税的本地产品在未缴纳任何关税的情况下被装上英国货船。当地官员中饱私囊，而西班牙却失去了大量关税收入。”[①]

西班牙为了遏制英国的走私行为，推行贸易改革。一是放松了对于帝国内部贸易的管控，使更多的西班牙港口（包括殖民地）与拉普拉塔总督区建立贸易联系，从而抑制英国的走私活动。1778 年，西班牙颁布新的贸易法典，废除了之前拉普拉塔总督区的贸易必须经由利马的规定，同时将可以与布宜诺斯艾利斯进行直接贸易的西班牙港口扩大到 10 个。[②] 二是改革关税制度。1778 年，西班牙颁布法令，降低了拉普拉塔总督区的进出口关税，希望以此鼓励合法贸易的发展，抑制走私，但对西班牙的商品实行贸易保护政策。[③] 三是严格限制英国商品的进口。1781 年，西班牙颁布法令，禁止英国商品输入布宜诺斯艾利斯。[④]

然而，落后的工业能力限制了西班牙的行动。18 世纪末，西班牙仍然是西欧工业国与殖民地之间的“传送带”。它从英国等工业发达的国家进口工业品，然后再转卖到西属美洲。据统计，1792 年，西班牙向拉普拉塔地区转运了约 23.7 万码[⑤]的羊毛制品，其中大部分产自英国。[⑥] 但这些商品必须经过西班牙港口，须缴纳高额关税、交易税、护航费，并且还得经受西班牙商人的盘剥。因此，这并未解决阿根廷地区商品的短缺问题，反而造成商品价格奇高。一般而言，西班牙转运到布宜诺斯艾利斯的商品价格比

---

① Manuel Llorca-Jaña, *The British Textile Trade in South America in the Nineteenth Century* (Cambridge: Cambridge University Press, 2012), p. 17.

② 1717—1778 年，布宜诺斯艾利斯只能同加的斯港进行贸易。参见乔纳森·C. 布朗：《阿根廷史》，左晓园译，东方出版中心，2010，第 64—65 页。

③ 法令规定，西班牙货物进入拉普拉塔地区应缴纳的关税率约为 19%，而其他国家缴纳的关税率则为 43%。Judith Blow Williams, “The Establishment of British Commerce with Argentina,” *The Hispanic American Historical Review* 15, no. 1 (February, 1935): 45.

④ Judith Blow Williams, “The Establishment of British Commerce with Argentina,” *The Hispanic American Historical Review* 15, no. 1 (February, 1935): 45.

⑤ 1 码（yard）约等于 0.9144 米。

⑥ Manuel Llorca-Jaña, *The British Textile Trade in South America in the Nineteenth Century*, p. 15.

在西班牙国内高8—10倍。[①] 因此，尽管“西班牙人养了牛，英国人喝了奶”，[②] 但英国对此并不满足，认为西班牙在英国与阿根廷的贸易中扮演的中介角色严重损害了英国的利益。西班牙学者贾纳对此的评价一语中的，“英国将西班牙视为其与西属美洲贸易的昂贵而多余的中介”。[③] 故此，英国商人对阿根廷的走私活动愈演愈烈。18世纪后期，一份呈交给西班牙国王查理三世（Charles Ⅲ）的报告称：“到目前为止，英国人的走私最为猖獗，他们是导致陛下所统治地区混乱的根源。”[④]

总之，尽管在殖民统治时期，西班牙通过各种手段竭力维系其在阿根廷的贸易垄断地位，然而西班牙落后的工业不可能满足阿根廷日益高涨的物资与商品需求。随着工业革命的开展，英国拓展海外市场的欲望增强，因此开始突破西班牙的贸易垄断，对阿根廷开展走私活动。这为后来英阿贸易关系的发展奠定了基础。

二、法国大革命期间英国以武力打开阿根廷市场的尝试

18世纪末爆发的法国大革命打破了欧洲的均势格局，使英国不得不将注意力转到欧洲大陆，防止欧洲出现霸权国家，威胁英国的地位与安全。因此，集中精力组织反法同盟，使用包括战争在内的一切手段，扑灭法国革命，重建欧洲均势，成为英国政策的首选。受此影响，英国对阿根廷的政策也发生了改变。

在第一次反法同盟中，英国一度与西班牙联合反对法国，但英国未能兑现对西班牙援助的承诺。1796年，西班牙与法国和解，英西关系破裂。[⑤] 西班牙所属美洲的所有贸易港口都不再向英国商船开放，那些滞留在拉普

---

① Manuel Llorca-Jaña, *The British Textile Trade in South America in the Nineteenth Century*, p. 14.

② 林被甸、董经胜：《拉丁美洲史》，第95页。

③ Manuel Llorca-Jaña, *The British Textile Trade in South America in the Nineteenth Century*, p. 14.

④ H. S. Ferns, *Britain and Argentina in the Nineteenth Century*, p. 5.

⑤ Klaus Gallo, *Great Britain and Argentina: From Invasion to Recognition, 1806–1826*, p. 20.

拉塔境内的英国商人遭到监禁，其财产也被西班牙殖民当局没收，[①] 这对英国在拉美的利益构成严重打击。更为严重的是，1806 年后，英国所面临的经济形势进一步恶化：拿破仑开始实施遏制英国外贸的“大陆封锁政策”；美国通过一系列法案，终止与英国的贸易；《提尔西特条约》签订后，俄国加入对英国的经济封锁。这严重威胁了英国的海外市场及工业原料的供应，导致大量商品滞销，工业品成本也因原料的短缺而上涨。冲破封锁、开辟新的贸易市场因而成为英国的迫切需求。

英国出于威慑西班牙、打开市场的考虑，开始将目标转向西属美洲的殖民地，试图通过军事入侵的手段来削弱西班牙，借此进一步打击法国的嚣张气焰。[②] 英国对拉普拉塔实施军事入侵的事宜因此被提上议事日程。1796 年和 1800 年，英国陆军大臣亨利·邓达斯（Henry Dundas）两次建议英国政府以布宜诺斯艾利斯为中心对西属美洲发动远征。[③] 1803 年，英国海军将领霍姆·波法姆（Home Popham）向英国政府陈述了进攻布宜诺斯艾利斯，解放西属美洲的好处：“从南美大陆的地理位置、人口和资源看，以布宜诺斯艾利斯为据点对该地区进行征服和政治控制，会给英国带来巨大的贸易优势，有助于我们将整个西属美洲的财富据为己有。”[④] 但是，这几次远征建议都未被英国政府采纳。

在英国本土商人和布宜诺斯艾利斯的英国商人强烈呼吁下，波法姆于 1806 年 5 月在未经英国政府授权的情况下率兵入侵布宜诺斯艾利斯。由于西班牙疏于防范，且布宜诺斯艾利斯民众将波法姆视为解放者而予以支持，波法姆的入侵很快取得胜利。西班牙总督逃离后，与波法姆一同入侵的海军将领威廉·卡尔·贝雷斯福德（William Carr Beresford）自任总督，宣布

---

① Jonathan C. Brown, *A Socioeconomic History of Argentina, 1776–1860*, p. 46.

② 郭家宏：《从旧帝国到新帝国——1783—1815 年英帝国史纲要》，商务印书馆，2007，第 195 页。

③ See Klaus Gallo, *Great Britain and Argentina: From Invasion to Recognition, 1806–1826*, pp. 21, 25.

④ Alejandro Bendaña, *British Capital and Argentine Dependence, 1816 – 1914* (London: Garland Publishing, INC, 1988), pp. 20–21.

英国尊重布宜诺斯艾利斯地区居民天主教的宗教信仰，保护他们的私有财产。[①] 与此同时，他颁布敕令进行贸易改革，将英国商品进入拉普拉塔的关税率由原来的34.5%下调至12.5%，而其他国家商品的关税率则为17.5%。[②]

英国因此打开了阿根廷的市场，大量的英国商品涌入布宜诺斯艾利斯。据统计，贝雷斯福德充任总督的47天中，进入布宜诺斯艾利斯的英国商人达2000人，商船为100艘。[③] 对此，波法姆写信给英国商界说："对这个地区的征服为英国的工业品打开了一条广阔的销售渠道。"[④] 英国的商人对此欣喜若狂，伦敦的《泰晤士报》这样报道，布宜诺斯艾利斯现在已是英帝国的一部分。[⑤] 波法姆的成功使其行动获得了英国政府的支持。1806年9月17日，英国发布枢密院令，宣称布宜诺斯艾利斯属于英国，向所有英国船只开放贸易。[⑥] 与此同时，英国政府还向布宜诺斯艾利斯派出增援部队。[⑦] 然而，在拉美民族意识逐渐觉醒的情况下，英国的殖民统治与阿根廷人的政治诉求相悖。后者希望获得完全独立，而不是成为英国的殖民地或保护国。因此，布宜诺斯艾利斯的民众发动起义，很快便将英军逐出阿根廷。1807年，英国试图卷土重来，但仍以失败告终。

英国的远征行动虽然失败，但英国与阿根廷毕竟存在共同的经济利益。迁到蒙得维的亚的拉普拉塔总督[⑧]也希望通过进出口贸易增加财政收入。同时，阿根廷的民众也希望降低关税，以方便购买廉价的英国商品，以及向英国出口农牧产品。因此，英国虽然未能维持在阿根廷的殖民统治，但其

---

① Andrew Graham-Yooll, *The Forgotten Colony: A History of the English-Speaking Communities in Argentina*, p. 42.

② Judith Blow Williams, "The Establishment of British Commerce with Argentina," *The Hispanic American Historical Review* 15, no. 1 (1953): 47.

③ Andrew Graham-Yooll, *The Forgotten Colony: A History of the English-Speaking Communities in Argentina*, p. 57.

④ Jonathan C. Brown, *A Socioeconomic History of Argentina, 1776–1860*, p. 48.

⑤ "Buenos Aires at This Moment Forms a Part of the British Empire," *The Times* (September 17, 1806).

⑥ Alejandro Bendaña, *British Capital and Argentine Dependence, 1816–1914*, p. 21.

⑦ Klaus Gallo, *Great Britain and Argentina: From Invasion to Recognition, 1806–1826*, p. 61.

⑧ 英国入侵后，拉普拉塔总督由布宜诺斯艾利斯逃往蒙得维的亚。

与阿根廷的贸易迅速发展。据统计，1806—1807 年英国对拉普拉塔地区的贸易额已达到 100 万英镑左右。[①] 当然，走私贸易也是导致英国对阿根廷贸易额高涨的重要原因。在 1807 年，布宜诺斯艾利斯附近的农家院，以及城市中的大小商店中都堆满了来自英国的走私品。[②] 由于 1807 年英国对外贸易总额为 2550 万英镑，当时英国对英属北美的贸易出口额也仅为 110 万英镑，[③] 阿根廷对于当时英国的贸易重要性可见一斑。

波法姆的军事行动是英国在阿根廷建立殖民统治的一次失败的尝试，但也使英国明白，自由贸易同样可以获取与殖民统治相同的利益，而且代价更小。时任英国陆军大臣的卡斯尔雷就一针见血地指出，拉普拉塔地区的独立对英国贸易的发展十分有利，因为英国能低价购买该地区的原料，高价出售英国的商品。这将使英国在没有任何政治强迫的情况下赢得该地区商人和地主的支持，而对该地区的征服行动只会导致他们对英国的贸易抵制。[④] 因此，英国放弃了对阿根廷实施殖民控制的政策，转而推动阿根廷独立。

三、阿根廷独立初期英阿合法贸易关系的构建

1810 年 5 月，拉普拉塔爆发反对西班牙殖民统治的“五月革命”，驱逐西班牙总督，建立拉普拉塔联省，阿根廷独立运动开始。但是，西班牙则企图以“武力征服西属美洲、重建西班牙帝国”。英国为了团结西班牙进行反法战争，同时确保在阿根廷的贸易利益，采取了调解各方矛盾的“调解政策”，[⑤] 这在客观上维护了阿根廷的独立。

---

① H. S. Ferns, *Britain and Argentina in the Nineteenth Century*, p. 67.

② Andrew Graham-Yooll, *The Forgotten Colony: A History of the English-Speaking Communities in Argentina*, p. 58.

③ Arthur D. Gayer, *The Growth and Fluctuation of the British Economy, 1790–1850: An Historical, Statistical, and Theoretical Study of Britain's Economic Development* (Oxford: Clarendon Press, 1953), p. 89.

④ Alejandro Bendaña, *British Capital and Argentine Dependence, 1816–1914*, p. 23.

⑤ 卢玲玲：《拉普拉塔独立运动期间英国的“调解政策”刍议》，《首都师范大学学报》（社会科学版）2017 年第 3 期，第 39 页。

在承认阿根廷独立时，英国首先对之进行贸易承认，尔后将政治承认与两国的经济友好结合起来，巧妙地维护了自身的经济利益。1825 年，英国与阿根廷签订《英阿友好通商航海条约》（*Anglo-Argentine Treaty of Friendship, Commerce, and Navigation*）。该条约规定：两国实行互惠性的自由贸易；两国对于相互之间的进出口贸易实施低关税，免收各种杂税，不对相互之间的进出口贸易施加禁令；不对对方的船只征收额外的吨位费、港口使用费、领航费以及遇难船只的打捞费等；英国的居民能在拉普拉塔联省自由地从事商贸活动，自由地就业，自由地规定自己所出售商品的价格。① 以自由贸易为基础的英阿贸易关系由此正式建立。

上述行动和政策有效地促进了英国在阿根廷的经济利益的发展。从 1811 年开始，英国商人不断涌入布宜诺斯艾利斯，在此建立商站，以获取各种商业信息和服务。1822 年时，拉普拉塔的进口商品中，英国商品所占比重为 50.9%，其他欧洲国家的商品仅占 19.5%，而美国商品还不及英国商品的四分之一。② 1823 年，布宜诺斯艾利斯的英国商站已有 40 多家。③ 1824 年，英国与拉普拉塔联省的贸易额已增长为 185.5 万英镑。④ 英国商人委员会（British Committee of Merchants）在 1824 年的年度报告中指出，当年英国向阿根廷出口的纯棉布、印花棉布以及服装的价值达到了 40 万英镑，并称英国的这些商品是阿根廷的生活必需品；英国的罗伯特兄弟通过倒卖皮革赚取了大量钱财。⑤

---

① Lewis Hertslet, *A Complete Collection of the Treaties, and Coventions and Reciprocal Regulations, at Present Subsisting Between Great Britain and Foreign Powers; so far as They Relate to Commerce and Navigation*, Vol. Ⅲ (London: Harrison and Co., Printers, 1841), pp. 44-49.

② H. S. Ferns, *Britain and Argentina in the Nineteenth Century*, p. 80; Harold F. Peterson, *Argentina and the United States, 1810-1916* (New York: State University of New York, 1964), pp. 84-85.

③ 卢玲玲：《19 世纪英国对阿根廷的移民及其影响》，《西北大学学报》（哲学社会科学版）2018 年第 3 期，第 128 页。

④ Manuel Llorca-Jana, *The British Textile Trade in South America in the Nineteenth Century*, p. 310.

⑤ 1816 年，阿根廷科连斯特省的干兽皮售价为 1.5 便士/磅，但在利物浦能卖到 9—10 便士/磅；科连斯特省的马皮售价为 3 便士/张，而运过大西洋后便能卖到 7—8 先令/张。D. C. M. Platt, *Latin America and British Trade, 1806-1914* (London: Adam & Charles Black, 1972), pp. 21, 48.

但从整体上看，这一时期的英阿贸易发展十分曲折。从贸易规模看，1812 年，英国对阿根廷的出口额仅为 47.6 万英镑。[①] 而在 1806—1807 年，英国对阿根廷的出口额就已达到 100 万英镑。19 世纪前期英国对阿根廷的出口额仅在 1814 年和 1849 年超过 100 万英镑，1850—1862 年英国对阿根廷的年出口额也仅为 148 万英镑。[②] 在突破西班牙的束缚后，英阿贸易仍未能迅速发展。阿根廷动荡的政局是影响英阿贸易的重要因素。

从 1810 年爆发争取独立的革命到 1862 年实现统一，阿根廷国内政局始终处于动荡状态，与周边国家的冲突也频繁发生。1825—1848 年，布宜诺斯艾利斯被封锁的时间多达 103 个月之久，即在约 37%的时间里布宜诺斯艾利斯都是被封锁的。[③] 一方面，阿根廷动荡的局势与对外冲突以及封锁威胁英国商人的经济利益和人身、财产安全。英国驻拉美地区代表向英外交部提交的报告中便指出，“英国在阿根廷的经济利益前景惨淡，英国人的生命受到威胁甚至被杀害”，“英法封锁布宜诺斯艾利斯期间，阿根廷驱逐了一位英国商人并剥夺其财产，另一位英国商人被枪杀”。[④] 大量英国商人因此撤离阿根廷，很多商站也被废弃。即便有些商站依然运转，但其贸易范围也只限于首都和沿海港口，几乎不涉及内陆贸易。

另一方面，连年战乱、巨额的军费以及频繁的政治与经济危机也增加了阿根廷政府及民众的经济负担。1825 年经济危机爆发前，阿根廷政府尚能通过从英国借贷维持收支平衡。但在经济危机后的 30 余年里，英国对阿根廷的贷款处于停滞状态，阿根廷的总体购买力因此受到影响。庞大的军费及繁杂的兵役也限制了阿根廷的经济发展，进一步削弱了阿根廷的购买力。1838 年，英国驻布宜诺斯艾利斯副领事查尔斯·拉夫·格里菲斯（Charles

---

① Vera BlinnReber, “British Mercantile House in Buenos Aires, 1810-1880” (PhD diss., University of Wisconsin, 1972), p. 306.

② Manuel Llorca-Jaña, *The British Textile Trade in South America in the Nineteenth Century*, pp. 310-311.

③ Manuel Llorca-Jaña, *The British Textile Trade in South America in the Nineteenth Century*, pp. 243-247.

④ Manuel Llorca-Jaña, *The British Textile Trade in South America in the Nineteenth Century*, p. 252.

Ralph Griffiths）向英国首相提交的报告中指出："阿根廷对英国商品的购买力大大下降……也许是因为战争使中下阶层日益贫困……该国民众被迫参军……政府给军人所发薪水甚至不足以维持他们的日常开支，因而他们没有能力购买我国最普通的商品。"① 当时一些英国商人的描述也深刻揭示了政局动荡对英阿贸易的影响，一位英国商人指出，"我实际上只身一人，雇不到一名劳工"；"所有的男人都去服军役了"；"我找不到一个词来形容这场战争的破坏性……所有的村庄和小镇都近乎荒芜，人们的牛羊都被参战各派劫走了"。②

阿根廷动荡的内外环境对英阿贸易发展的影响在两国贸易波动中有明显的体现。例如，1846 年，由于英法对布宜诺斯艾利斯进行封锁，英国对阿根廷的出口额仅为 18.7 万英镑，③ 跌至历史最低点。19 世纪 50—60 年代两国贸易的波动则源于巴西的封锁，以及罗萨斯政权倒台后阿根廷国内爆发的严重冲突。

为此，英国因时而异地采取干预措施。例如，英国对 1825 年爆发的阿根廷—巴西战争进行斡旋，促成了乌拉圭的独立，初步解决了阿根廷和巴西之间关于东岸④地区的争端。对于罗萨斯政权，英国采取拉拢与打击并重的政策。由于罗萨斯独裁统治客观上保持了阿根廷的统一与稳定，英国对之采取支持政策。但是，1843 年罗萨斯派兵封锁蒙得维的亚，威胁了东岸地区的稳定和英国贸易利益。英国便联合法国于 1845 年 9 月对布宜诺斯艾利斯进行封锁，迫使罗萨斯屈服。同年 11 月，英法舰队强行通过巴拉那河，

---

① "F. O. 6/66, Griffiths to Lord Palmerston (London). Buenos Aires, May 14, 1838," cited from Manuel Llorca-Jaña, *The British Textile Trade in South America in the Nineteenth Century*, p. 245.

② Manuel Llorca-Jaña, *The British Textile Trade in South America in the Nineteenth Century*, p. 244.

③ Judith Blow Williams, "The Establishment of British Commerce with Argentina," *The Hispanic American Historical Review* 15, no. 1 (February, 1935): 62.

④ "东岸"（Banda Oriental）是指乌拉圭河以东、拉普拉塔河以北与巴西接壤的地区，以蒙得维的亚为中心，隶属于拉普拉塔总督区，主要包括今天的乌拉圭以及巴拉圭的部分地区。该地区濒临大西洋、背靠西葡两国的殖民地，具有重要的经济和战略地位。在殖民时期，东岸地区是西葡两国争夺的焦点，后来又成为阿根廷和巴西争夺的对象。

抵达乌拉圭，摧毁了罗萨斯的武装，并迫使罗萨斯签订了和约。[①] 罗萨斯政权垮台后，英国又采取措施，支持阿根廷联邦政权统一全国的行动。最终，英国促进了阿根廷的统一及其周边环境的稳定，为其贸易利益的扩展消除了障碍。

总之，阿根廷独立运动爆发后，英国先后利用“调解政策”以及政治承认与经济友好相结合的政策，巧妙地实现了自身在阿根廷经济利益的扩张。1825 年，两国又通过《英阿友好通商航海条约》建立了正式的贸易联系。面对阿根廷国内外政局动荡对两国贸易发展产生的不利影响，英国则因时而异地采取相应干预措施。最终阿根廷实现了稳定和统一，英阿贸易发展的基础也由此奠定。

四、结论

地理大发现和新航路开辟之后，阿根廷成为西班牙殖民帝国的一部分。西班牙的殖民统治和贸易垄断政策，阻断了英国在阿根廷建立殖民地和开展正常贸易的可能性。但是，西班牙的工商业落后，无法为阿根廷提供足够的商品。英国乘机同阿根廷发展走私贸易，获得了巨大的利益。法国大革命爆发后，英国本想通过武装入侵阿根廷达到打击法国盟友和拓展贸易利益的双重目的，但未能成功。因为阿根廷虽然渴望加强同英国的贸易联系，但不想成为英国的殖民地。而随着英国工业革命的推进及其经济实力的增强，英国传统的重商主义、帝国思想与殖民理论均发生变化，自由主义和自由贸易成为英国对外扩张的指导原则。英国转而支持阿根廷的独立、统一和稳定，因而获得了阿根廷的“友谊”，如愿地成为阿根廷最重要的贸易伙伴。这为 19 世纪 60 年代以后英阿贸易的飞速发展，以及英国将阿根廷变为自己所谓的“第六自治领”奠定了基础。

---

① Andrew Graham-Yooll, *Imperial Skirmishes: War and Gunboat Diplomacy in Latin America* (Brooklyn, N. Y. : Olive Branch Press), p. 79.

韩裔美国人的朝鲜战争记忆研究*

李金仙**

摘　要　随着冷战的结束，韩裔美国人通过文学、艺术、电影和互联网等形式呈现了他们对朝鲜战争的记忆。韩裔美国人的记忆是与美国官方记忆完全不同的伤痛记忆，主题包括国家分裂的痛心、难民逃难的悲惨和家庭分离的痛苦。在追寻历史记忆的过程中，韩裔美国人对美国在朝鲜战争中扮演的“救世主”角色提出了质疑。

关键词　韩裔美国人　朝鲜战争记忆　国家分裂　难民逃难　家庭分离

2000年6月23日，位于美国弗吉尼亚州福尔斯彻奇（Falls Church）的韩国城举行了纪念朝鲜战争爆发50周年活动。对韩裔美国人来说，6月25日“并不是特别重要的日子”，远没有8月15日日本投降、朝鲜半岛光复那么有意义，相反，甚至可能是一个特别“沉重的日子”，一个“他们想要忘却的日子”，因为许多朝鲜半岛平民在这场战争中丧生，朝鲜半岛分裂，无数家庭分离。负责帮助韩国移民适应美国生活的社会活动家金永淑（Young Sook Kim）当日在接受《华盛顿邮报》记者采访时指出，“对经历过战争的老一代人来说，记忆非常痛苦；而对年轻一代来说，这是另外一

* 感谢北京大学历史系金东吉教授帮助修改文章中韩裔美国人的名字。

** 李金仙，外交学院英语与国际问题系副教授。

种战争”。[1] 总之，在韩裔美国人心中，朝鲜战争不是一场值得庆祝的战争，而是一场充满痛苦和悲剧的战争，同时也是一场被忘却的战争。

一、韩裔美国人战争记忆的出现

在美国，朝鲜战争和韩裔美国人的关系甚为密切。宾夕法尼亚大学历史系教授吕智妍（Ji-Yeon Yuh）指出，“1945 年之后韩裔美国人的移民潮受到朝鲜半岛的分裂和军事化管理的影响。朝鲜战争的影响尤为深远巨大，1950 年以后的大多数韩裔美国移民，虽然不是全部，都可以追溯到这场战争产生的影响”。[2] 伊莱恩·金（Elaine H. Kim）也指出，“朝鲜战争影响了上千万韩国人物质和精神生活中最细微的方面，其中包括上百万的韩裔美国人……散居的人移民到扰乱他们生活的帝国中心”。[3]美国富布赖特学者协会会员丹尼斯·格拉布（Dennis Grubb）也同样强调，在美国朝鲜战争是一场和韩裔美国人关系更为密切的战争。[4]

受战争影响的韩裔美国人大致有三种来源：一是到美国寻求政治避难的移民。在战争期间或战争结束后不久，由于政治上的原因，不少朝鲜人先从朝鲜逃离到韩国，而当时韩国冷战意识形态很严重，他们最终决定到美国寻求避难。[5] 二是美国驻军迎娶的当地女性。朝鲜战争结束后，依然有近 4 万人的美国军队驻扎在韩国，一些人迎娶了当地的韩国女性，并在退役后将她们带回了美国。这些韩裔美国女性分散在美国的各个地方，比较集

---

① Peter Pae, “At War's Anniversary, Hope Anew: Area Koreans Pray for Unity,” *The Washington Post*, June 23, 2000, p. B3.

② Ji-Yeon Yuh, *Moved by War: Migration, Diaspora and the Korean War, Journal of Asian American Studies* 8, no. 3 (October 2005): 278.

③ Elaine H. Kim, “Roots and Wings: An Overview of Korean American Literature, 1934–2003,” in Young-Key Kim-Renaud, R. Richard Grinker and Kirk W. Larsen (eds.), *Korean American Literature*, Washington, DC: George Washington University Elliot School of International Affairs, 2004, pp. 1–19.

④ 基于 2015 年 4 月 4 日笔者在乔治城大学附近对丹尼斯·格拉布的采访。

⑤ Ramsay Liem, “Silenced No More: Korean Americans Remember the ‘Forgotten War’,” http://legaciesofthekoreanwar.org/wp-content/uploads/2015/08/Article-Ramsay-Liem.pdf, accessed August 16, 2016.

中的是得克萨斯州和华盛顿州。此外，在纽约、芝加哥、洛杉矶、圣地亚哥、亚特兰大和首都华盛顿也居住着不少这类韩国移民，她们主要是在20世纪七八十年代移民到美国的，每年平均高达4000人。三是被美国家庭收养的战争孤儿。这场发生在朝鲜半岛上的战争摧毁了很多家庭，战争期间和战争结束之后，涌现出大量孤儿。哈里·霍尔特（Harry Holt）在战争结束后和他的夫人开创了领养韩国战争孤儿的先河，1956年他们开始将这些孤儿派送给美国家庭，直到80年代，韩国政府出台了限制政策，美国家庭收养韩国孤儿的人数才逐渐降低。

韩裔美国移民对朝鲜战争有着怎样的记忆？对于20世纪50年代由于战争原因前往美国的一代移民来说，他们到达美国之后，面临的最重要的任务是生存，他们宁愿将这场战争抛至身后，在美国重新开始自己的梦想。此外，50年代中期和晚期，朝鲜战争虽然结束，但是朝鲜和韩国之间的敌对状态却没有削减，而且美国社会反共产主义的浪潮高涨，出于政治敏感性，他们对这场战争保持了沉默。对于第二代韩国移民来讲，由于他们的父母或祖辈很少对他们讲起朝鲜战争的故事，因而这场战争对他们来说始终是神秘而遥远的。

不过，80年代随着朝韩敌对状态的缓解，越来越多在文化和社会领域有影响的韩裔美国人，包括文学家、文艺工作者、社会活动家等开始发表意见，表达对朝鲜战争的看法。从朝鲜战争结束至今，韩裔美国人创作了不少关于朝鲜战争的文学作品，包括金·E. 理查德（Richard E. Kim）的小说《殉道者》（*The Martyred*）、车学庆（Theresa Hak Kyung Cha）的《口述》（*Dictee*）、朴蘸（Ty Pak）的《罪责救赎》（*Guilt Payment*）和《哭泣吧，韩国》（*Cry Korea Cry*）、李昌来（Chang-rae Lee）的《讲当地话的人》（*The Native Speaker*）、崔苏珊（Susan Choi）的《外国学生》（*The Foreign Student*）和《屈服者》（*The Surrendered*）以及诗人金秀智（Suji Kwock Kim）的《来自分裂的国家的散记》（*Notes from the Divided Country*）。

同时，一些韩裔美国学者，如波士顿大学心理学教授、社会活动家拉姆齐·利姆（Ramsay Liem）、西北大学历史学系教授吕智妍[①]也开始关注普通的韩裔美国人群体对这场战争的记忆。利姆通过口述史的形式呈现了这一群体对朝鲜战争的真实记忆。[②] 基于口述史材料，他联合韩裔美国历史学家、影视制作者和艺术家一同策划并制作了网络文化展览“仍然是现时的过去：韩裔美国人和‘忘却的战争’”，[③] 这个网络展览已经成为一部分韩裔美国人对朝鲜战争的公共记忆空间。该展览采用了多媒体互动的形式，将战争幸存者的故事与艺术（装置艺术和互动艺术）、电影、口头讲述以及历史档案相结合，呈现了韩裔美国人的战争经历和朝鲜战争遗产。作为展览的总监制人，利姆指出，展览目的是对幸存者表示同情并反思美国在战争中的作用，同时展现人们为和平而行动的共同夙愿。[④] 2005 年 1 月 29 日，名为“仍然是现时的过去”的展览首次在马萨诸塞州剑桥多元文化艺术中心举办，之后在华盛顿州西雅图、加利福尼亚州的奥克兰艺术馆以及韩国首尔等多个地方进行了巡回展览，还在美国多个大学，如纽约大学、托夫茨大学、明尼苏达州大学等进行了巡回展览。

著名韩裔导演、艾美奖获得者迪安·博谢伊（Deann Borshay）[⑤] 和利姆还共同制作了纪录片《被忘却的战争记忆》，该纪录片在 2015 年 5 月通过美国公共广播电台（PBS）播放。该纪录片是美国第一部从韩裔美国人角度讲述朝鲜战争的故事，导演博谢伊承认在美国依然忘却朝鲜战争的大文化背景下以及冷战意识形态依然在韩裔美国人社区盛行的情况下，韩裔普通

① 她是唯一从散居者的角度，以口述史的方式分析朝鲜战争历史的韩裔美国历史学家。

② 利姆采访了大波士顿地区和旧金山湾区的韩裔美国人对战争的记忆、他们战后在韩国的生活、移民到美国的经历和在美国的生活。他共采访了 30 名不同年龄的人，其中包括年轻的第二代移民以及父母辈和祖父母辈的长者（有的年龄高达 80 岁）。目前，他还在不断收集关于韩裔美国人的战争故事。

③ http://www.stillpresentpasts.org, accessed July 10, 2016.

④ Ramsay Liem, “The Korean War, Korean Americans and the Art of Remembering,” *Asia-Pacific Journal* 7, no. 4 (2009): 1.

⑤ 博谢伊 1996 年以一部讲述柬埔寨难民在美国生活经历的作品荣获美国电视界最高奖项艾美奖，后来导演的《第一人称复数》（*First Person Plural*）获得艾美奖提名。这部纪录片讲述了她自己被美国家庭领养，后来又归国寻亲的故事。

家庭公开讲述这样的故事并不容易。[①]纪录片讲述了4位朝鲜战争幸存者和他们家庭的故事以及他们对战争的记忆，纪录片穿插了历史学家卡明斯和伊莱恩·金对朝鲜战争历史的解读。

“遗失的碎片”（missing pieces）[②] 是2013年由李·K. W. 领导者中心（K. W. Lee Center for Leadership）创建的一个项目，由二代韩裔美国中学生组织管理，目的是唤醒韩裔美国人对分离家庭问题的重视。[③]该网站展示了洛杉矶市韩裔社区老人家庭分离的悲剧故事。

“分离家庭国家协会”是由韩裔美国社会活动家次熙·斯坦菲尔德（Chahee Stanfield）2008年倡导成立的组织，目的是帮助定居美国但至今无法和远在朝鲜的家人团聚的韩裔美国人实现家庭团聚的梦想。[④] 韩裔美国移民中有些人是在朝鲜战争期间为了逃避朝鲜征兵而前往韩国的，离开时他们相信和家人的分离将会是短暂的，但是他们不曾预料到一时的分离几乎变成了永久的分离。据统计，大约有10万名韩裔美国人和他们的亲人分离。[⑤] 现在该组织由第二代韩裔美国人杰森·安（Jason Ann）接替，安是一名急诊科医生，当他了解到自己的家庭史后对分离家庭的问题产生了兴趣。安的妈妈告诉他，安的祖母在临死前唯一的愿望就是能够见到仍然生活在朝鲜的姐妹。安接受富布赖特奖学金在韩国留学时，遇到了一些电影制作者和艺术家，于是萌发了拍摄韩裔美国人分离家庭的故事。他采访了一些韩裔美国人，其中包括斯坦菲尔德，2014年完成《分离家庭》的电影拍摄工作。该电影反映了韩裔美国分离家庭的痛苦，并在美国国会以及多个大

---

① www. mufilms. org/assets/images/films/forgottenwar/MOFW-StudyGuide-2013. pdf, accessed July 10, 2016.

② http: //www. missingpiecesusa. org, accessed July 14, 2016.

③ http: //www. missingpiecesusa. org/mission, accessed July 14, 2016.

④ 斯坦菲尔德在2000年3月和正在竞选国会议员的马克·柯克相遇，柯克的爸爸是一名朝战老兵，在战争期间曾领养了一个韩国女儿，也就是柯克的姐姐，后来柯克当选为国会议员，于是他帮助斯坦菲尔德开启了帮助分离家庭团聚的事业。

⑤ “Changing Korean-American Exclusion from North-South Reunions,” October 25, 2015, *NPR news*, www. npr. org/2015/10/25/451643537/changing-korean-american-exclusio-from-north-south-korean-reunions, accessed July 19, 2016.

学巡回放映，引起了较大的反响。

《朝鲜战争的遗产：韩裔美国人对朝鲜战争的记忆》（*Legacies of the Korean War*：*Korean Americans Remember the* "*Korean War*"[①]）是一个多媒体化的网络档案，主要展现普通韩裔美国人对朝鲜战争的观点和看法，项目成员包括韩裔社区活动家、韩国研究学者和亚裔研究学者以及著名的纪录片电影制作者等不同群体。

总之，韩裔美国人已经从沉默到开始记忆朝鲜战争，他们不再认同美国人主导的朝鲜战争是帮助韩国实现民主、自由的"胜利"记忆。对于他们来讲，作为朝鲜战争的受害者，他们有着自己的战争记忆，而他们记忆的核心主题是分裂、分离和悲剧。

二、分裂、分离和悲剧：韩裔美国人的战争记忆主题

美国帮助韩国实现了自由和民主成为美国社会理解和记忆这场战争的核心记忆框架，但是大多数韩裔美国人却很难认同这种记忆，也很难认同美国标榜的例外主义国家身份。和美国人的主流记忆相反，他们对这场战争的记忆基调始终是负面的，他们认为朝鲜战争是一场美苏之间为了争夺权力而发动的战争，朝鲜半岛人民是战争的受害者，他们的领土被轰炸破坏，他们原本统一的国家被分裂成两部分，许多人因为这场战争而沦落为难民，在逃亡的过程中和家人长久失散。国家分裂和遭到破坏的痛心、弃家逃亡的悲楚和家庭分离的痛苦是韩裔美国人记忆这场战争的核心主题。

（一）国家分裂的痛心记忆

国家被分裂的痛心是韩裔美国作家小说中关于朝鲜战争的核心记忆。1982年，韩裔美国作家和艺术家特丽莎·查出版的《口述》中将朝鲜战争看作一场悲剧，将其比喻为"墨尔波墨悲剧女神"。墨尔波墨在希腊神话中由歌剧女神退变为悲剧女神，这个比喻暗示了美国社会对这场战争的积极

① www. legaciesofthekoreanwar. org, accessed July 16, 2016.

理解和悲惨的现实存在着巨大的差异。查在朝鲜战争期间出生于韩国，1963年随父亲移民美国，先是住在夏威夷，之后全家搬到加利福尼亚州旧金山。[①] 1979年和1980年她两次回到韩国，但都受到家乡人冷漠的对待，甚至被韩国官员怀疑是朝鲜的间谍，朝鲜半岛的分裂让她深感痛心。[②]《口述》是她的第一部作品，在该书第四章的首页，查展现了一张分裂的朝鲜半岛地图，她写道，“完全的顺从，即刻的驱逐……可以看到的是完全的分裂”，[③]即朝鲜半岛沦落为两个分裂的国家。接下来，她附上了一份写给妈妈的信，信中首先提到1950年6月25日这一天，也就是朝鲜战争爆发的这一天。在查的记忆中，朝鲜战争是一场悲剧，到处是密集轰炸的炮弹，难民有家不能归，而且战后仍然是无休止的残杀和流血牺牲。“北方的人们站在南方，但是他们却不能像鸟儿一样春天飞向北方、冬天飞往南方，像鸟儿一样的迁徙并回归故里已经成为他们的梦想”。“什么行李都没有带，没有照片，没有任何能够让你回忆的东西，为了看到自己的国家获得自由，人们舍弃了一切”。[④] 但是，自己的国家并没有获得自由，“18年后……战争并没有结束，同样的战争还在继续，我们依然挣扎着寻求同样的目的地，我们被抽象的敌人、看不见的敌人以解放者的名义分割成两个国家，而他们却很便利地将它称为内战、冷战和僵局”。[⑤] 接着，查详细描述了18年后的一次游行，在这场游行中，众多学生“牺牲”，其中包括她的弟弟，接着便是查的怒吼声，“够了，曾经是一个整体，却被分成了两半……一个国家

① 查在一所私立教会学校完成了中学教育，随后在加利福尼亚州伯克利大学学习，并获得比较文学和艺术两个专业的学士学位，毕业后曾经在太平洋电影档案馆工作3年，担任领座员和收银员，后来她开始自己拍摄电影，从事艺术创作工作。参见 Constance M. Lewallen, *The Dream of the Audience: Theresa Hak Kyung Cha (1951–1982)* (Berkeley, Los Angeles & London: University of California Press, 2001), p. 2。

② Lewallen, *The Dream of the Audience*, p. 10.

③ Theresa Hak Kyung Cha, *Dictee* (Berkeley, Los Angeles & London: University of California Press, 2001), p. 79.

④ Theresa Hak Kyung Cha, *Dictee*, pp. 80–81.

⑤ Cha, *Dictee*, p. 85.

反对另一个国家变为几个国家反对另外的几个国家”。[①] 在她看来，美苏阵营之间的利益争夺是导致朝鲜半岛被分裂的主要原因。

朝鲜半岛的分裂也成为金秀智在作品《来自分裂国家的散记》中的核心主题。[②] 在诗歌《被忘却的战争的散记》中，金秀智讲述了由于朝鲜战争几代人被迫分离散落的家庭故事。在诗中，身处美国的女儿写信给生活在韩国的父亲，而她的父亲又将诗歌献给留在朝鲜的父母亲。诗的开头写道：“你们是我不能保护的人/……/因此我再也不能够看到你们？/我们三个儿子在 1951 年 1 月逃往南部/ 却没有你们……”[③] 诗歌充满了国家分裂和家庭分离的痛苦。

博谢伊和利姆共同制作的纪录片《被忘却的战争记忆》[④]，通过展现战争幸存者和他们家庭的故事，也表达了韩裔美国人对朝鲜半岛被意识形态永久割裂的痛心。金熙福（Hee Bok Kim）婚后就搬到了首尔，和自己在平壤的家庭分离。全善泰（Suntae Chun）向他的韩国同事隐藏了自己来自朝鲜的事实。李珉镕（Minyong Lee）向他的韩国邻居隐藏了自己的哥哥因为支持朝鲜政府而在朝鲜战争爆发之前被处死的事实。电影指出，“《朝鲜停战协定》签订之后，国家分裂成为永久无法改变的现实”，而且这种分裂一直延续至今。“朝鲜战争虽然结束了，但是国家分裂依然存在，1953 年签订停战协定使朝鲜战争告一段落，但是和平协定并没有签订，朝鲜半岛依然处于战争状态。”[⑤] 利姆 2013 年 5 月 2 日在接受美国《洛杉矶时报》采访时指出，“这部电影旨在向人们表明：国家分裂产生的影响依然存在，尽管朝鲜战争作为（冷战中的）热战结束已经很久”。他希望通过这部纪录片“提

① Cha, *Dictee*, p. 88.

② 金秀智的这本诗集曾在 2002 年获得了美国诗人协会颁发的沃尔特·惠特曼奖，她是第一位获得此奖的亚裔美国作家。参见 Il-Hwan Lee, “High-flying Notes from a Korean-American Poet: Notes from the Divided Country by Suji Kwock Kim,” *English Language and Literature*, vol. 57, no. 3 (2011): 413。

③ Suji Kwock Kim, “Fragments of the Forgotten War,” in *Notes from the Divided Country*, Baton Rouge: Lousiana State University Press, 2003, p. 30.

④ http://www.mufilms.org/films/memory-of-forgotten-war/#.WIknWxQU_6g, accessed August 3, 2016.

⑤ http://www.mufilms.org/films/memory-of-forgotten-war, accessed August 3, 2016.

醒所有的美国人，朝鲜战争并没有结束。虽然战争在 1953 年随着停战协定的签订而结束，但是它将永远影响美国和朝鲜的关系”。[①]

“仍然是现时的过去”网上展览的历史部分描述了朝鲜战争给朝鲜半岛带来的前所未有的破坏。朝鲜战争对朝鲜半岛居民带来巨大的生命伤亡，超过 300 万名居民（占据 10%的人口）在战争中伤亡，大约有 1000 万人家庭分离，其中有 10 万人是韩裔美国人。在战争中，美国破坏性地使用了炸弹轰击，毁灭了朝鲜的所有村庄、城镇甚至城市以及韩国部分地方。朝鲜战争期间，美国在朝鲜半岛丢下的炸弹（63.5 万吨，相当于 32557 吨凝固汽油炸弹）远远多于二战期间在太平洋地区扔下的炸弹数目。[②]在战争开始后的几个星期，美国军队甚至还考虑过使用核武器。1951 年，美国甚至在朝鲜使用了重型 TNT 炸弹，而不是实际的 A 型炸弹，而且还考虑使用化学武器，后来因为凝固汽油炸弹的有效性，而将之放弃。

总之，国家被分裂、国土被破坏成为韩裔美国人在记忆这场战争时无法逃避的伤痛。

（二）难民逃难的悲惨记忆

朝鲜战争共导致 900 万名朝鲜人和韩国人变成难民，难民逃难时的悲惨景象是韩裔美国人记忆这场战争时的另一个核心主题。“仍然是现时的过去”展示了战争期间拍摄的难民逃难的景象，难民为了寻求活命而不得不爬上火车车顶逃难，如果打瞌睡或者抓不牢，就有丢掉性命的危险。[③]

朝裔美国人元德仲（Duk Joong Won）在接受博谢伊的采访中回忆了自己逃难的经历，当时他只有 12 岁，由于战争被迫和妈妈分离，跟随其他难民穿过冰冷的大江。难民每天走大约 5 个小时，步行大约 50 天，到达三八

① Carol J. Williams, “Global Voices: Pleas for Korean Peace 60 Years after Fighting Ended,” *Los Angeles Times*, May 2, 2013, http://articles.latimes.com/2013/may/02/world/la-fg-wn-global-voices-korean-divides-20130501/2, accessed August 8, 2016.

② 这一段的历史描述也参见 Bruce Cumings, *The Korean War* (New York: Modern Library, 2010), p. 149。

③ http://stillpresentpasts.org/history, accessed August 14, 2016.

线附近，对母亲的思念使他夜夜伤心落泪。一路艰辛，还遭到了美国空军的轰炸，难民的鲜血染红了河流。最终只有包括他在内的 36 名难民幸免于难。① 难民逃难惨状参见图 1。

图 1　为了逃难，难民爬上火车顶（1950 年 12 月 25 日）

资料来源：http：//stillpresentpasts. org/climbing-trains，图片原有出处为科比斯图片社（Hulton-Deutsch Collection/CORBIS）。

难民逃难中和亲人的永别是韩裔美国人极为痛苦的记忆。在《被忘却的战争记忆》中，博谢伊展示了一张难民逃难的照片，里面有 4 个被妈妈遗弃的孤儿正在哭泣，其中包括一个裹在被子里的婴儿。朝鲜战争期间，一些家庭不得不在海滩边告别，当船靠岸时，通常局面非常混乱，人们都冲向船只，对于单身妈妈来说，不可能既拿着行李又带着 4 个孩子踏着刺骨冰冷的深水上船。因此，妈妈们会告诉自己的孩子待在某个地方别动，然后她们先把行李放在船上，再回来抱他们上船。可是船上很快挤满了人，为了不超载，立即就开走了，而妈妈们根本来不及跳下船去接她们的孩子

① Duk Joong Won, an interview with Deann Borshay and JT Takagi, http: //legaciesofthe koreanwar.org/story/reverend-duk-joong-won, accessed August 16, 2016.

（参见图 2）。①

图 2　被遗弃的孤儿

资料来源：https://www.dividedfamiliesusa.org/index.php?mid=dfusa_pictorial_archives&document_srl=639, accessed June 7, 2015。

难民逃难中的死亡也是韩裔美国人最不愿意提及的，却最为痛楚。特蕾莎·严（Teresa Um）在接受采访时指出，“我看到无数的尸体漂在河里，层层叠加，那就是战争，极其恐怖，可以看到死去的孩子伸手‘找’自己的妈妈，看到妈妈在‘看着’自己的孩子……”②

韩裔作家李昌瑞在《屈服者》中的第一章也展现了难民逃难时最为悲惨的记忆。主人公琼年仅 11 岁，1950 年朝鲜战争爆发后她乘坐火车和弟弟妹妹一起逃难。当时的难民数目庞大，十几辆火车都拉不完，为了寻求活命，人们爬到火车顶，琼和她的哥哥清楚即便搭乘最后一辆火车也肯定没有地方，于是跳上火车车厢之间的连接处，逃难路上伴随他们的是饥饿、寒冷、对死亡的恐惧以及刺痛内心的往事记忆。一路上，琼目睹了一位老妇女惨死在路上而无人问津，目睹了人们为抢夺食物而失去理智的凶残争斗场面。在睡梦中，她想起自己的父亲和哥哥被韩国军队强行带走，尽管父亲清白无辜，却被怀疑是共产党的底细而遭到残酷杀害，哥哥也下落不

① https://www.dividedfamiliesusa.org/index.php?mid=dfusa_pictorial_archives& document_srl=639, accessed June 7, 2016.

② legaciesofthekoreanwar.org/story/teresa-um/, accessed June 7, 2016.

明。接着，她梦到妈妈和姐姐在两周前的轰炸中丧生的惨象。当时她听到“头顶有两个银白色的战斗机轰隆隆地飞过”，然后便是大规模的轰炸，在弹坑周围，她“找不到自己的母亲或姐姐的任何痕迹，仿佛她们飞到了天空，变作战斗机的最后一缕踪迹，随着向南吹的微风，在她上空迅速消失了”。①她也记起了军队掠夺财产、欺负妇女的凶恶可憎面孔。而梦醒之后的景象更让她触目惊心、伤痛欲绝，自己的妹妹死在路上，双腿消失，满身是血。弟弟的腿也断掉了，流血不止，琼带着他跑了一阵后，精疲力竭，不得不忍痛放弃他，为了自己活命而继续逃亡。主人公琼后来移民到纽约，但是朝鲜战争的记忆却影响了她的一生。

美国官方在纪念朝鲜战争时，一直强调空军的高效和飞行员的英勇表现，故意避开轰炸时发生在地面的残酷景象。在《屈服者》中，一位韩国长者说道，“战争带来的是流血牺牲”，“战争会吞噬每个人”。②这是朝鲜战争带给朝韩两国人民最沉重的影响。而李昌瑞在小说中指出，造成这种伤痛和苦难的是军队。③朝鲜半岛难民悲惨的故事在一定程度上解构了美国人宣称的战争胜利和国家自豪的基调，使这场美国人认为是道义上正确的战争的性质在美国人心目中变得模糊不清，甚至富有争议。

（三）家庭分离的痛苦记忆

战争结束后，上百万的朝鲜人包括他们的孩子和亲戚或者家属被三八线隔离，他们成为了“失散的家庭”，一直到今天都没有实现家庭团聚。这种情况相当普遍，几乎每个家庭都受到了影响。在130万韩裔美国人中，大约有10万人在过去的60年里无法和远在朝鲜的亲人团聚。④ 尽管在2000年6月朝鲜半岛的两个国家之间先后共组织了18轮的团聚，但是韩裔美国人

① Chang-rae Lee, *The Surrendered* (New York: The Penguin Group, 2010), pp. 23-24.

② Chang-rae Lee, *The Surrendered*, p. 6.

③ Chang-rae Lee, *The Surrendered*, p. 15.

④ Kyung Lah and Jason Kravarik, "Korean War's Lasting Toll: Families Divided Forever," June 25, 2015, CNN, http://edition.cnn.com/2015/06/25/world/korean-war-divided-families/, accessed August 19, 2016.

却被排除在外。因此，战争和家人的永别成为韩裔美国人难以言语的伤痛。

由哈佛大学毕业生杰森·安导演的纪录片《分离家庭》展示了一些在朝鲜战争中幸存下来的韩裔美国人和家人离散的悲痛故事以及他们寻找朝鲜亲人的艰难。分离家庭联合协会会长斯坦菲尔德自从二战后就再没有见到过自己的父亲和弟兄，她的父亲在中国工作，1950 年本打算返回朝鲜，但是战争爆发了，她的两个兄弟分别选择了朝鲜和韩国。她的父亲已去世，至今她的愿望是能够和自己的哥哥见面团聚。崔光曹（Kwang Cho Choe）是一位 73 岁的老人，自从 16 岁离开朝鲜的家乡后，再也未能回去。他的父母和 5 个兄弟姐妹都在朝鲜。20 世纪 70 年代，他移民到美国，在美国开了一家地毯商店。80 年代，他通过私人联系的方式试图找到自己的家人，但是却上当受骗。只有少数幸运者如纪录片中的崔元国（Won Guk Yun）通过非官方的渠道和在朝鲜的家人实现了见面团聚的愿望。

韩裔美国分离家庭的故事引起了美国各主要新闻媒体的关注。2015 年 6 月 25 日，美国有线电视新闻网（CNN）报道了 93 岁的李恩珍（Un Chin Lee）和家人失散分离的故事。朝鲜战争期间，李恩珍和丈夫为了躲避征兵，决定暂且避难，并将三个孩子（分别是 2 岁和 7 岁的儿子以及 5 岁的女儿）留给自己的母亲，但是她没有预料到，这次分离竟然成了永别。尽管 65 年里李恩珍夜夜思念自己的孩子，总是梦见他们，但是无法和他们相聚，甚至根本不知道他们的死活。她没有留下孩子们的任何照片，只能凭借自己的印象回忆他们的样子。在采访中，李恩珍伤心地说，"我离开他们时都没有说声再见"，但是她仍然期待能够活着看到自己的儿女。①

但是，有很多韩裔美国人的梦想并不那么瑰丽，他们没能等到见到自己的亲人就带着遗憾离开了人世。《分离家庭》的导演杰森的祖母，在临死之前没能见到自己的姐姐。而大多数依然在世的韩裔幸存者，他们都已经步入晚年，余生可等待的时间已经不多，这更增加了他们的痛苦记忆。

"分离家庭全国协会"（National Coalition for the Divided Families）不断

① Kyung Lah and Jason Kravarik, "Korean War's Lasting Toll: Families Divided Forever," June 25, 2015, CNN, http://edition.cnn.com/2015/06/25/world/korean-war-divided-families/, accessed August 19, 2016.

通过各种场合向美国社会讲述他们的故事，他们期望能够得到美国社会更多的关注和帮助，也希望他们的呼声能够让美国政府采取措施帮助他们解决问题。该协会自成立以来也一直在努力寻求美国国会的帮助，希望美国政府能够出面和朝鲜政府协商，帮助他们达成和自己家人团聚的夙愿。早在 2001 年 9 月，次熙・斯坦菲尔德就通过国会议员马克・柯克（Mark Kirk）[1] 向时任国务卿鲍威尔陈述了韩裔分离家庭的问题，但美国国务院给出的政策是，当美国和朝鲜关系正常化后，这个问题将会成为美国政府首要解决的问题。但是很长时间内，美国和朝鲜的关系并没有取得任何实质性的改善，韩裔分离家庭的问题自然也没有得到解决。"分离家庭全国协会"继续努力，在柯克的支持下，《分离家庭法案》（*The Divided Family Bill*）通过国会的审核，并在 2009 年 9 月获得了国会的通过，同年奥巴马指派专人作为分离家庭大使。2015 年 4 月 21 日，美国参加朝鲜战争的老兵、众议员查尔斯・兰格尔（Charles Rangel）向美国外交委员会提交了关于鼓励韩裔分离家庭团聚的《第 40 号共同决议案》（*H. Con. Res. 40*），请求美国政府敦促朝鲜政府允许韩裔美国人在朝鲜会见他们的亲人，该议案在 2016 年 11 月 29 日由众议院通过，[2] 但是这个法案由于美国和朝鲜的敌对关系而很难落实。

尽管得到政府的支持，"分离家庭全国协会"也依然在积极努力，但在朝鲜战争中幸存的韩裔美国人和家人团聚的梦想还是很遥远，至今他们的夙愿依然没有实现。

三、韩裔美国人的战争记忆对美国国家身份的挑战

韩裔美国人的伤痛记忆很难抚平，它们已经成为美国社会纪念朝鲜战

---

① 柯克的父亲是一名朝鲜战争老兵，柯克的姐姐曾是一名韩国孤儿，因此李次熙认为柯克是推动解决韩裔美国分离家庭问题的最合适的人选。参见"Changing Korean-American Exclusion from North-South Reunions," *NPR*, October 25, 2015, http://www.npr.org/2015/10/25/451643537/changing-korean-american-exclusion-from-north-south-korean-reunions, accessed August 10, 2016。

② https://www.govinfo.gov/app/details/BILLS-114hconres40ih/, accessed January 5, 2017.

争的一个重要组成部分，不过他们的记忆与美国官方的战争记忆完全不同。在追寻真实的历史记忆的过程中，一部分韩裔美国人对美国是韩国自由的“保护者”和韩国民族的“救世主”这样的国家身份提出质疑。在他们看来，美国在朝鲜战争中并不是完全清白无私的，相反，美国是一个持有种族偏见的傲慢无礼的帝国主义者。

（一）美国扮演了帝国主义者的角色

朝鲜战争造成了朝鲜半岛的分裂和破坏，罪责在谁呢？对不少韩裔美国人来说，美国负有不可推卸的责任，美国为了和苏联进行对抗而牺牲了朝鲜半岛的统一，这是朝鲜战争的本质。加州大学伯克利分校终身教授伊莱恩·金在“朝鲜战争的遗产”网站发表的文章中，清晰地将美国在朝鲜半岛的行为定义为帝国主义行为。[①] 在“仍然是现时的过去”展览“6·25：无人知晓的历史”中，叙述者指出二战结束后，美国和苏联自行商量将朝鲜半岛分为两个部分，完全没有经过朝鲜半岛人民的同意，而迪安·腊斯克（Dean Rusk），也是后来的美国助理国务卿，主要负责远东事务，更不屑于寻找一个详细的地图来查清朝鲜半岛的情况，只用了一张简单的普通地图，就划定了三八线。朝鲜战争的爆发和美苏之间的冷战分不开，“1950年美国和苏联卷入了冷战，同时将朝鲜半岛带入了内战”。[②] 金秀智在《来自分裂国家的散记》中将朝鲜战争称作“不是上帝的上帝之间的战争”，[③] 并用韩语中的一个格言描述韩国在朝鲜战争中的地位，即“夹在两条争斗的大鲸鱼之间的小虾”。[④] 朴泰在《罪赎》中指出，朝鲜战争并不是为了维护韩国的民主而斗争，而韩国只是美国和苏联之间利益争夺游戏中的一枚

---

① Elain Kim, “The Forgotten War,” http://legaciesofthekoreanwar.org/wp-content/uploads/2015/08/Article-Elaine-Kim.pdf, accessed August 10, 2016.

② Grace Cho, Hosu Kim and Hyun Lee, Carolina McNeeley (director), “6.25: History Beneath the Skin,” http://stillpresentpasts.org/6-25-history-beneath-our-skin, accessed May 6, 2015.

③ Suji Kwock Kim, *Notes from the Divided Country* (Baton Rouge: Louisiana State University Press, 2003), p. 30.

④ Kim, *Notes from the Divided Country*, p. 30.

棋子。[1]

美国在朝鲜战争中负有不可推卸的责任，而且表现出强烈的军事帝国主义者的行为特点，这一观点在韩裔美国人崔苏珊发表的小说《外国学生》中得到淋漓尽致的揭露。[2]《外国学生》是崔的第一部小说，荣获“亚裔美国作家奖”和“巴诺书店发现杰出新作家奖”（Barnes & Noble Discover Great New Writers Award）[3]，被美国文学界视作近年来最受欢迎的一部关于朝鲜战争的小说。[4] 小说的主人公张·安（Chang Ahn）在朝鲜战争期间曾在美国驻韩国公共信息办公室供职做翻译，1955 年他作为一名交换学生，被派往美国南部塞沃尼学习，虽然身处异地，但是朝鲜战争却始终像一场梦，萦绕于他的心头，令他难以摆脱。小说中，在如何理解、记忆和解释朝鲜战争的问题上，安陷入了矛盾。一方面，他为了满足美国听众的兴趣，有意从美国社会冷战胜利的记忆框架出发，向美国人解释这场战争，并将引起争议的部分有意简化或者忽略不讲。另一方面，安的亲身经历又证明美国人将朝鲜战争视作高尚的冷战事业的一部分的历史记忆是错误的。最终，安以回忆的方式讲出了美国人不了解的朝鲜战争的另一面：美国实际上在这场战争中扮演了冷漠无情、高傲自私的新帝国主义者的角色。

到达美国后，安根据教育交换项目的要求给当地的教会做了讲座，他知道美国人对朝鲜战争的理解通常从冷战的框架出发，于是就顺着美国听众的兴趣为他们讲述这场战争：朝鲜半岛曾经被日本殖民过，二战后，苏联和美国两个大国接管了朝鲜半岛，划定了三八线作为南方和北方的分界线。但是，对于朝鲜战争爆发的原因，安“总是感觉到很失望，当有人要

---

① Ty Pak, *Guilt Payment* (Honolulu: Bamboo Ridge Press, 1983), p. 111.

② 崔 1969 年出生在印第安纳州，父亲是韩国人，也是一名朝鲜战争幸存者，母亲是犹太人。1990 年，崔在耶鲁大学获得文学学士学位，之后在康奈尔大学获得艺术硕士学位，毕业后在《纽约客》供职。

③ Susan Choi, *The Foreign Student* (New York: Harper Perennial, 1999), p. 325.

④ Daniel Y. Kim, “ ‘Bled in, Letter by Letter’: Translation, Postmemory and the Subject of Korean War: History in Susan Choi's The Foreign Student,” *American Literary History* 21, no. 3 (Fall, 2009): 551.

求他解释这场战争时，他无从对答”。[①] 他讲述的朝鲜战争也总是和美国联系在一起。

事实上，美国在二战后仓促做出了瓜分朝鲜半岛的决定，“美国使用两个原子弹炸平日本，如何对日本以前的占领地进行管理的问题并不是最重要的，因此谈判桌上的时间非常简短。他们选择的北纬三十八度线，每个人的地图上都存在”。小说中，朝鲜政府并不是美国人所称的邪恶政府，相反，金正日是“伟大民族的英雄，是一个革命者，在 30 年代一直和日本人作战”。而与之相反，李承晚却是一个蛮横武断的领导者。“将李承晚安插为韩国的总统后，美国人发现他不服从管理：他天性好斗、狂妄偏执、一意孤行地想要向共产党统治的朝鲜发动战争，为此，美国有意弱化其安全力量。李承晚的政府专制、无能，极其不受欢迎。”李承晚政府实施的政策加剧了朝鲜半岛南部“农民起义”的发生和数次“反政府、亲左派的叛变”。为了镇压他们，美国军队和军政府的司令约翰·霍奇（John Hodge）中将首先起用了国民警队，后来又建立了韩国军队，其中包括曾经和日本人合作过的很多官员。1949 年，南部已经爆发了内乱。[②] 崔在小说中展现关于朝鲜战争的历史时，表达出自己对朝鲜战争的看法：由于李承晚政府是美国政府支持建立的非法、专制政府，因此李承晚政府犯下的罪行和美国息息相关，朝鲜战争的发生和朝鲜半岛的分裂，美国负有不可推卸的责任。在接受安德鲁·S. 休斯（Andrew S. Hughes）的采访时，崔指出，在撰写这部小说的过程中她深入研究朝鲜战争时，作为美国人觉得很“惊讶、尴尬”。她开始坚信，“我们的国家不仅打了这场战争，而且应该为战争的发生负责”，“这场战争本不应该发生”。[③]

崔在小说中还指控美国的参战和作战方式使朝鲜半岛遭到了毁灭性的破坏，尤其是麦克阿瑟实施了地面轰炸战略，导致朝鲜的大部分地方变为荒原。“他想要它变为荒原，任何可以找到的目标，在较大的误差之内，都

① 张不是对这个问题没有理解，而是他的解释完全和美国人的期望相反，为了顺从美国观众的兴趣，他只能只字不提。

② Choi, *The Foreign Student*, pp. 51, 64–65.

③ Andrew S. Hughes, “Not-So Foreign Writer,” *South Bend Tribune*, November 15, 1998, p. F1.

要集中轰炸。'新义州（Sinuiju）'信息处宣布，'已经从地图上消失'。城镇和工厂被炸成平地，烧为灰烬，在地球上不复存在。"①很显然，在崔的小说中，美国在朝鲜战争中扮演了一个虚伪而残暴的新殖民主义侵略者的形象，他们为了和苏联进行冷战对抗的自私利益，无情地加剧了朝鲜半岛人民的悲剧命运，而朝鲜战争的本质如同菲律宾、越南、老挝和柬埔寨等战争一样，是美国新帝国主义扩张的战争。

崔在小说中也揭示了美国人在朝鲜半岛的帝国霸权思想。美国驻韩国军队司令霍奇面对韩国的内乱，决定组建自己的军队进行整治，但是他立即遭遇了语言不通的问题。"韩国在武器、军事和士兵方面有着自己的语言，这些语言和韩国的思想紧密联系，但是对霍奇来说这些却毫无用途。他想要的是美国人有用的屠杀思想，美国人发号命令的思想。他不想了解任何韩语……霍奇只想要韩国士兵学会发出命令、接收命令，好像他们就是美国人。'就按这个实施，不用告诉我理由，'他说。……对于霍奇来说，他只想用手头的材料建成美国式的军队，如果有不合适的地方，他将会使用武力进行修正。……结果，霍奇的韩国军队无疑是美国式的，不过军队的人员由韩国人组成，他们穿着大尺寸的制服，四处喊叫，'拿起枪、快速射击、上车、别停下来'。"②在作者看来，尽管美国声称要帮助韩国建立民主政府，实质上美国和韩国的关系并不平等，美国军人在韩国人面前表现得高傲而专横，充满了根深蒂固的种族优越感和帝国主义者的傲慢。

（二）美国人并不纯洁高尚

美国人相信自己是上帝的选民，纯洁高尚、诚实友善，不存在伪善和私心。纪念朝鲜战争时，美国政府领导人也不断地强化美国人的例外主义身份。但是理查德·E. 金（Richard E. Kim）出版的小说却质疑了美国为之骄傲的国家品质。《殉道者》是早期一部反映韩裔美国人如何从自身的经历和角度出发记忆和想象朝鲜战争的典型作品，获得美国国家图书奖和诺

① Choi, *The Foreign Student*, p. 186.

② Choi, *The Foreign Student*, pp. 66-67.

贝尔文学奖提名。作者金 1932 年出生于朝鲜，朝鲜战争期间他前往韩国，后来曾经在美国情报部门工作，20 世纪 50 年代中期移民美国，先后在约翰斯·霍普金斯大学、哈佛大学以及爱荷华大学获得写作和语言方向的硕士学位。

在《殉道者》中，故事的叙事者李上尉接受了上司张上校安排的任务，负责调查 1950—1951 年朝鲜战争期间朝鲜 12 名基督教牧师死亡的事件。李上尉很快发现，案件极其复杂，除了 12 名被杀牧师，还有两名牧师汉恩（Hann）和希恩（Shin）被释放。李上尉怀疑这两位牧师出卖了其他牧师，但是很快他从一名朝鲜囚徒口中得知这 12 名被杀的牧师居然是一群轻易背弃自己宗教信仰的胆小懦弱鬼，而汉恩和希恩之所以被释放，是由于他们不同于其他牧师的勇敢而几近发狂的表现。不过，张上校不顾调查发现的真相，坚持将死去的基督教牧师列为殉道者，并为他们举行纪念仪式，同时通过报纸大肆宣传这些牧师（包括生还者）的“荣耀和神圣”，试图将这个事件制造成为反映朝鲜共产党迫害基督教宗教人士的恶性事件，以此帮助美国进行虚假的政治宣传。为了寻求真理，李上尉不得不坚持和政治虚假、宗教神话做斗争。

《殉道者》中张上校代表了美国人的观点。他坚持将 12 名死亡的牧师列为“荣耀和神圣”的殉道者典范，对张上校来说，12 名殉道者不论有着怎样的污点，他们都是荣耀而且神圣的，其他两名生还的牧师也同样如此，用他的逻辑来讲，之所以将他们视作荣耀而神圣的典范，并不仅因为宗教原因，而是因为“他们是殉道者，因为他们被（朝鲜）红军杀害，原因就这么简单。生还者呢？他们也是荣耀而神圣的，为什么？因为他们曾经被（朝鲜）红军监禁过……最重要的是他们是基督教牧师。……因此他们值得被歌颂，他们必须是荣耀而神圣的”。[①]

针对这样武断的说法，小说中李上尉反问道：“即使他们有过错？”张上校指出，“自然也如此。……每个牧师都应该和我们知道的其他英雄和圣人一样英勇、神圣。在这种情况下，每个牧师都应该免受指责，他们应该

① Richard E. Kim, *The Martyred* (Penguin Classics, 2011), p. 76.

和白雪一样洁白纯净”。“12 名牧师的光荣殉道是确定无疑的事实，不应该被质疑，也不需要向公众澄清和证明他们的英雄主义和神圣性。”①

基督教牧师是体现美国文明和传教士精神的象征，张上校的话语实际上透露出美国人对自己宗教文化和文明的自信，他们相信不论在什么情形下，美国文明都始终是纯洁而神圣的，但是李上尉的质疑表明这种自信是盲目而偏执的，因为它存在的基础就是臆想任何红军都是邪恶的，而不是证明自身的高尚之处在哪里，而且他们偏执地认为自己的高尚根本不需要去证明。很明显，小说中，基督教文化被美国反对共产党的政治意识形态所捆绑，在朝鲜战争期间沦落为服务于美国冷战利益和意识形态的工具。

当张上校通过报纸媒体大肆宣传这 12 名牧师的“荣耀和神圣”时，李上尉再次提出了质疑，在他看来，张上校不应该在无视真理的情况下，向公众宣传虚假的信息，而张上校的解释则道出了美国人想要宣传的战争意义和战争实质。

> 你能告诉各类人我们打这场战争是为了我们的独立、自由的光荣事业，说得更复杂一点，是为了维护和保存我们政府民主制度的利益……他们现在遭受的苦难是值得的，因为我们打的是一场高尚的战争，许多人将不得不付出牺牲，为了确保个人的自由，为了人类的责任、自由的社会、政治和经济生活能够在我们以及后代中间得以生存并延续……
>
> 还是你愿意告诉他们这场战争只不过是愚蠢、腐朽的人类史上一场血腥的战争，它只是残忍的国家之间由腐败的政治家发动的盲目的权力争夺，而且成千上万的人在这场愚蠢的战争中丧生，也会有更多的人流血牺牲，而他们什么都不会得到，绝对什么都不会得到，因为他们只是无辜的受害者，是冷血残酷、斤斤计较的权力政治竞技场中无助的人质而已？②

---

① Richard E. Kim, *The Martyred* (Penguin Classics, 2011), pp. 76, 79.

② Richard E. Kim, *The Martyred*, p. 106.

面对上述两种关于朝鲜战争的不同解释，张上校的选择无疑是站在维护国家利益的角度，去努力宣传第一种，他的选择也同样是美国人的选择，他们以维护韩国民主、自由的名义而将冷战目的神圣化，将自己的自私利益以及战争的血腥和残酷遮盖。而李上尉并没有屈从于张上校的观点，他拒绝妥协，坚持要获得真相。

李上尉在追求真理的过程中，发现朝鲜战争给朝鲜半岛人民带来的是巨大的灾难，他们的国土被轰炸毁坏，无数难民饥寒交迫，并被军队无情抛弃，人们过着地狱一般的生活。“人们忍受着饥饿，面临着疾病的袭击，战争导致一个村庄消失了一半，不仅是一半的房子，而且是一半的人。”“但是我不能忘记6月的一个早上，当我醒来时，发现军队（韩国和联合国军队）已经从汉城撤离，他们炸毁了一座桥，但是没有和当地的居民透露一点信息。我不能相信这是事实！你上床时，还觉得很安全，因为军队告诉你它不会放弃你们的城市，第二天早上起来，已经看到街上到处是红军和苏联的坦克。你信任的军队去哪里了？他们一路向南，一夜之间像小偷一样溜走了。……但是为什么我们不对那些饥寒交迫铁了心要跟着我们走的穷人做点事情呢？”“我看到他们的精神是多么绝望，看到战争如何将他们疲倦的生活推向了黑暗的监狱，两个月内，整个村庄已经遭受两次轰炸，到处是子弹，而且被洗劫一空，几乎夷为平地。他们遭遇了苦难，年轻人在战争中丧生，没有任何吃的东西，也没有办法治病——生活如同地狱一样。”①

在《殉道者》这部小说中，作者金通过李上尉坚持不懈的质疑和对真理的追求，最终解构了美国人在朝鲜战争中是纯洁高尚的神话。

（三）美国人对朝鲜族人持有种族偏见

在美国官方的朝鲜战争叙事中，朝鲜战争中美国军队实现了第一次种族融合，真正体现了美国人的多元民主文化和精神，但是这一叙事却受到

① Kim, *The Martyred*, pp. 108, 150, 151.

韩裔美国人的挑战。李昌瑞（Chang-rae Lee）在《讲当地话的人》中[①]揭示了美国人如何通过制造关于朝鲜战争的知识，来建立对朝鲜战争的霸权记忆，强化朝鲜半岛人民为劣等种族的错误观念，迫使韩裔美国人不得不去顺应美国人的观念，而改变自己的身份认知，并将自己对战争的真实理解和创伤记忆忘却。李昌瑞1965年出生于韩国首都汉城（今天的首尔），三岁的时候随父母移民到美国，先后在菲利普爱斯特中学、耶鲁大学接受教育，现为俄勒冈大学创意写作助理教授。《讲当地话的人》是他的第一部小说，也是第一部由大出版社（企鹅出版社）发表的韩裔美国人的作品。[②] 小说插入了故事主人公亨利·帕克在学校课堂的一次经历，课堂的主题是讨论如何定义“好”和“坏”的朝鲜族人。帕克回忆到，“我阅读了入门级百科全书……条目没有提及任何朝鲜半岛的人，除了李承晚和金日成，后者是共产党领袖”。帕克按着要求必须在班上做一个口头报告，为了获得大家的偏爱，他决定扮演一个“好的朝鲜人”而非“坏的朝鲜人”，他深知在美国新帝国主义的想象中，朝鲜人是共产主义者，是坏人，而美国领导下的韩国人是好人。为了避免在课堂上出丑，帕克决定使用美国人熟悉的冷战逻辑准备自己的报告，即“共产主义的威胁、中国军队的威胁，麦克阿瑟是多么有远见，杜鲁门本应该听从他的意见。所有的韩国人都是幸运的”。当帕克的妻子询问是否觉得自己的确很“幸运”，帕克回答道，“或多或少，当我小的时候，甚至是现在。你知道，有时当你和老兵们在一起，比如思修（Stew），你就会觉得自己很渺小”。思修是帕克的岳父，是白人，他是一名二战老兵同时也是一名朝鲜战争老兵，对帕克来说，他岳父是美国冷战逻辑的代言人，在他那代人看来，是“仁慈善良”的美国人挽救了像帕克一样的“皮包骨头的东方蠢人（gook ass）”以及他们的长辈。[③] “gook”一词是美军对韩国人、日本人、菲律宾人以及越南人的蔑称，“gook ass”一词体现了韩国人在美国心目中的形象，即是典型的“少数人种”以及“黄

① Chang-rae Lee, *Native Speaker* (London: Granta Books in association with Penguin Books, 1995).

② Don Lee, "Chang-rae Lee's Native Speaker," *AGNI Review*, no. 42 (1995): 183.

③ Chang-rae Lee, *Native Speaker*, p. 225.

祸”，这个词的使用反映出了美国白人的种族优越感。戴夫·勒迪（Dave Roediger）在《东方人：美国化简史》中追溯了这个词的来源，指出它是美国在菲律宾的殖民统治期间对菲律宾人的蔑称，认为“过去泛种族主义者对东方人的蔑称几乎构成了现代美国帝国主义侵略的简史，尤其是种族压迫和战争关联的简史”。[①]《讲当地话的人》通过帕克进一步描述了战争期间的一个场景：美国大兵经过韩国村庄见到当地村民时，就把韩国人叫做“gook”，而不懂英语的当地人误认为是对他们的尊称，并且使用了“Mee-gook”回应美国大兵。“Mee”类似于“I”的宾格，而他们的回应却无意识地承认了自己是“gook”的身份。[②] 总之，不论是朝鲜战争期间，还是战后，韩国人在美国人心目中的形象都是少数的劣等人种。

在美国的百科全书中，朝鲜战争在强大的美国冷战逻辑和民族主义的框架中被简化、扭曲，而美国大兵的解释则充斥着帝国主义者的傲慢、白人种族的优越感和美利坚民族的自豪感。为了成为一个美国人认可的当地人，帕克不仅被迫认同自己是一个反对共产党的“好的”朝鲜人，而且也不得不接受美国冷战的帝国主义和种族主义逻辑。

同时，作为个人家庭史的一部分，朝鲜战争的知识也变得艰深难测。帕克在班级做报告之前，曾经向自己的父亲询问关于朝鲜战争的历史，但是他的父亲“几乎不谈”，或者“只是笑笑，然后谈到它时就好像这场战争并不是什么大事，但是他会抽噎着离开屋子”。[③]帕克的父亲到底是如何记忆朝鲜战争的，小说没有详细提及，但是从他抽噎的动作可以推测他的记忆是悲痛的。

在《讲当地话的人》中，朝鲜战争成为一个不透明的历史事件，一个无法随处查阅而且难以解释的事件，成为一个复杂的知识问题，而美国在制造关于这场战争的知识时完全是从自己的民族主义冷战史的角度出发，并且植入了种族主义的偏见，而作为韩裔美国人，为了能够成为真正的本

① Dave Roediger, “Gook: The Short History of an Americanism,” *Monthly Review* 43, no. 10 (1992): 50-54.

② Chang-rae Lee, *Native Speaker*, p. 226.

③ Chang-rae Lee, *Native Speaker*, p. 225.

地人，却不得不对此表示认同或者保持沉默。

（四）美国军人并非乐善好施的救世主

在美国官方的朝鲜战争叙事中，美国大兵是乐善好施的救世主，他们帮助韩国人赶走敌人，还给当地的韩国孩子分发糖果和巧克力，而且领养韩国孤儿，为他们提供一个温暖的家，但是在韩裔美国人的记忆中，这些大兵的形象并非如此完美。在一些韩裔战争幸存者的记忆中，美国大兵曾不分敌我对难民进行轰炸。袁德钟（Duk Joong Won）在接受博谢伊的采访时，就提到自己和其他人经过临津江的时候，美国的飞机却射击难民，致使很多难民死在河中，河流被染成了红色。

> 我们的难民群经过那里，到达了河的南岸，我把衣服穿上，向河里望去，我听到天空东北角有巨大的战斗机声音。战斗机扑下来了，四个战斗机，上面有美国的国旗和美国的空军的标志。他们朝着过河的人们射击，我不能相信自己的眼睛。他们是站在我们这边的，为什么他们要射杀我们？当时我非常生气。我们该去哪里？我们来是寻求他们保护的，他们却射杀我们。有很多人死了。他们是被杀的，你们知道，在那里我们不能发出声音。我们什么都不能做。一些人哭了，河流变成粉色，你们知道，血流到那里了，有些车也漂在了河中。①

在韩裔美国幸存者的记忆中，美国大兵在朝鲜战争中是同甘甜的人，但并非共苦难的人。“仍然是现时的过去”展览“军营的炖汤”时，就将美国大兵和韩国小孩分享糖果和巧克力的形象表现得非常模糊（见图3）。

---

① Duk Joong Won, “An Interview with Deann Borshay and JT Takagi,” http://legaciesofthekoreanwar.org/story/reverend-duk-joong-won, accessed June 16, 2016.

图 3 "军营的炖汤"

资料来源：http://stillpresentpasts.org, accessed June 10, 2015。

在展览中，墙上挂的是用大米纸拼成的一幅画，反映了当时难民的饭是由各种垃圾拼凑而成的，而墙前面的一个小桌子上摆着非常体面的餐具。伴随着展品的是一段录音。首先是一个外婆的声音，她告诉游客如何用饭盒里剩下的饭菜来做"military base stew"，即韩国流行的一道菜。但是她的声音被另外一个老妇人打断，那个老妇人回忆自己如何靠吃美国人的垃圾为生，包括"牙签、餐巾纸、树枝，里面什么东西都有"。紧接着是另外一个声音发出的感叹：对比太大了，一方是提供给美国人的"真正好的东西"，而另一方却是韩国平民扒拉美国人的垃圾充饥。这个对比，使美国军人的英雄主义形象变得模糊不清。①

另外一个题为“无名”的录像展览中，“英雄的”美国大兵和韩国平民混在一起，平民中许多是孩子，他们用手捂住耳朵，躲避巨大的爆炸声，但是旁边是被炸死的妈妈。录像最后在屏幕上提出了两个问题：谁是受害者？谁是侵略者？在这两个展览的中间，是1950年的胶片照片，美国大兵在给韩国孤儿分发糖果，也是美国媒体经常用来宣称美国大兵的善意行动的一张照片，但问题的答案是什么，展览没有给出明确的回答。韩裔美国艺术家同时也是“仍然是现时的过去”中“6·25：无人知晓的历史”的设计者和叙述者的格蕾丝·M. 赵（Grace M. Cho）指出，朝鲜战争和日本殖民主义时期不同，对于后者来说，有着明确的侵略者和受害者的区分，日本殖民是凶残的侵略者，而慰安妇是受害者，但是在朝鲜战争中，两者之间却没有清晰的界限。因此，她认为朝鲜半岛人民由于战争而遭受的苦难解构了美国军人友好、慈善和清白无辜的形象。②

四、结语

韩裔美国作家、历史学家、艺术家、电影制作者以及其他普通的战争幸存者用文学故事、艺术作品、电影录像以及口述故事讲出了对朝鲜战争的记忆，在他们的集体记忆中，美国并非乐善好施、无私善良的救世主，美国军人也并非恩赐韩国民主、纯洁、仁善的英雄，在他们的认知中，美国更像一个自私无情、高傲冷漠的帝国主义者。

美国研究移民的学者丽莎·洛（Lisa Lowe）指出，亚裔美国移民要成为真正的美国公民，就需要“通过否认历史……忘却亚洲战争的历史，而采用（美国）的国家历史叙事，即否认美国的帝国主义行为”。③ 对于韩裔

① Grace M. Cho, “Performing an Ethics of Entanglement in still Present Pasts: Korean Americans and the ‘Forgotten War’,” *Women & Performance: A Journal of Feminist Theory* 16, no. 2 (2006): 307.

② Cho, “Performing an Ethics of Entanglement in Still Present Pasts: Korean Americans and the ‘Forgotten War’,” p. 307.

③ Lisa Lowe, *Immigrant Acts* (Durham, NC: Duke University Press, 1996), p. 27.

美国人而言，洛的话暗示着他们要认同朝鲜战争是一场美国人帮助韩国取得自由和民主的“胜利”记忆。但是韩裔美国人在战争记忆的问题上不想保持沉默，他们通过文学、艺术、电影以及口述故事等形式，打破了美国官方塑造的“被忘却的胜利”的战争叙事，并基于自身的经历形成了不同于美国官方的战争记忆，他们的记忆也挑战了美国是韩国的“保护者”和“救世主”这一国家身份。

不过，战争记忆是和政治密切关联的，尤其是在美国和朝鲜关系还充满敌意的状态中，朝鲜战争记忆具有很强的政治敏感性，是否会有更多的韩裔美国人能够公开诉说他们的战争记忆依然是一个不确定的事情。

苏联原子能管理的发展与演变*

[俄] 维克托·阿列克谢耶维奇·西多连科 撰
张菊萍**译

[译者按] 本文的作者维克多·阿列克谢耶维奇·西多连科是苏联、俄罗斯杰出的动力工程学家，现为俄罗斯科学院通讯院士，1952 年毕业于莫斯科动力工程学院，1983 年任苏联国家核能工作安全操作监督委员会第一副主席，后担任苏联原子能工业部第一副部长、俄罗斯原子能部副部长、俄罗斯科学中心库尔恰托夫研究所所长等职。特别是 1986 年切尔诺贝利核电站事故发生之后，西多连科负责事故原因调查的工作。作为苏联原子能管理工作的亲历者，西多连科在本文中梳理了苏联（以及后来的俄罗斯）原子能管理机构发展与演变的轨迹，指出核电站的管理是电力系统与原子能系统的交叉点，各相关管理机构不同的行事风格与其相互间的张力是造成事故频发的重要因素之一，而切尔诺贝利核电站发生的重大事故使得苏联原本分散的原子能管理机构更趋集中，同时也愈加强调核电站运行的安全性。苏联的解体导致俄罗斯境内原子能工业和原子能的管理向市场关系转型。这样的新环境亦对俄罗斯原子能的管理提出了新的要求与挑战。

苏联原子能的出现和发展是在苏联中型机器制造部组织结构的范围内进行的。在一定的时期里，相关的工作由国家原子能利用委员会监督。不

---

* 原文题目为《原子能的管理》。本文翻译自 *Сидоренко В. А.*, Управление атомнойэнергетикой.// История атомной энергетики Советского Союза и России. Выпуск 1. ИздАТ, 2001, с. 217–239。

** 张菊萍，华东师范大学历史学系 2018 级博士研究生。

同时期，该委员会以不同的形式得到法律的确认。这实质上是为了让所有和平利用原子能的活动合法化，并且在这一领域开展国际联系。

设计和建设第一批工业核电站（包括别洛亚尔斯克核电站和新沃罗涅日核电站）的工作，由电站建设部下辖各组织进行。该部于 1953 年成立，部长为 И. Т. 诺维科夫。[①] 1957 年，当时在建的别洛亚尔斯克核电站和新沃罗涅日核电站分别成立了各自的管理处。1946 年，电站人民委员部改组后成立了电站部，部长为 Д. Г. 日梅林，其继任者为 А. С. 帕夫连科。1959 年，电站部并入电站建设部。电站建设部辖下成立了基础建设管理总局，该局的职责之一便是负责领导组织核电站的建设工作。

1962 年，在重组国民经济管理结构的过程中，苏联政府设立了全联盟部和联盟共和国部，动力和电力化部便是其中一个联盟共和国部，彼得·斯捷潘诺夫·涅波罗日尼被任命为该部的部长。

彼·斯·涅波罗日尼随后成为原子能发展的热衷者之一，他大力推动大型工程基地的建立，积极支持核电站的新方案及其建设计划的落实。在这样的背景下，彼·斯·涅波罗日尼支持发展 ВВЭР 型反应堆，[②] 反对采用 РБМК 型反应堆，[③] 而这与中型机器制造部领导层的想法相抵触。他根据动力和电力化部专家的意见，引证后一种反应堆具有结构性缺陷。

1953 年 7 月 1 日，苏联政府在苏联部长会议第一总局和第三总局的基础上，设立中型机器制造部，维亚切斯拉夫·亚历山德罗维奇·马雷舍夫被任命为部长。瓦西里·谢苗诺维奇·叶梅利亚诺夫负责领导该部的科学技术管理局，安德拉尼克·米尔科诺维奇·彼得罗相茨则领导设备管理局。

1955 年 2 月，苏联部长会议副主席阿夫拉米·帕夫洛维奇·扎韦尼亚金担任中型机器制造部部长，他去世后，该职位由鲍里斯·利沃维奇·万尼科夫担任。1957 年 4—7 月，苏联部长会议副主席米哈伊尔·格奥尔基耶维奇·别尔乌辛接任中型机器制造部部长。1955 年，安·米·彼得罗相茨和瓦·谢·叶梅利亚诺夫被任命为中型机器制造部的副部长，同时伊万·

① 作者在原文中未提及全称的人名，本文保留了俄文缩写。下同。——译者注

② 即水—水动力型反应堆。——译者注

③ 即大功率管式反应堆，也是切尔诺贝利核电站中发生事故的反应堆堆型。——译者注

伊万诺维奇·诺维科夫接任科学技术管理局局长一职。

1956年3月20日，中型机器制造部设立了国民经济原子能利用总局。国民经济原子能利用总局局长为叶菲姆·帕夫洛维奇·斯拉夫斯基，第一副局长为B. A. 列夫沙，副局长为Д. Ф. 叶夫列莫夫①和尼古拉·安德烈维奇·尼古拉耶夫。1956年4月16日，中型机器制造部国民经济原子能利用总局晋升为苏联部长会议原子能利用总局。该局下设的动力设备管理局由尼·安·尼古拉耶夫领导。

原子能利用总局的成立与苏联部长会议的一份决议紧密相关。1956年3月15日，苏联部长会议通过决议，规定5年间需建设总功率达2175兆瓦的核电站，其中775兆瓦的任务分配给了中型机器制造部，电站部需承担另外1400兆瓦的任务。

1957年7月24日，叶·帕·斯拉夫斯基被任命为中型机器制造部部长，第一副部长为亚历山大·伊万诺维奇·楚林。1957年8月26日，瓦·谢·叶梅利亚诺夫被任命为原子能利用总局局长。

1960年8月26日，在原子能利用总局的基础上形成了中型机器制造部职权范围外的“苏联部长会议国家原子能利用委员会”，该委员会一直以此状态存在至1965年10月。

瓦·谢·叶梅利亚诺夫自苏联部长会议国家原子能利用委员会成立之时起至1962年2月，一直负责领导该委员会。1962年2月14日起，该委员会由安·米·彼得罗相茨领导。委员会的第一副主席为伊戈尔·德米特里耶维奇·莫罗霍夫，副主席为瓦·谢·叶梅利亚诺夫和尼古拉·米哈伊洛维奇·西涅夫。

核电站的核反应堆及反应堆设备（如同核能源的其他方向、其他种类）的研究工作，集中由国家原子能利用委员会下辖的各管理局负责。其中核能设备管理局由安德烈·帕莫维奇·巴尔琴科夫领导，总工程师为阿尔乔姆·尼古拉耶维奇·格里戈良茨。该管理局还负责准备并保障核电站的运行。

---

① 原文如此，应为“Д. В. 叶夫列莫夫”。——译者注

已建成核电站的运行筹备以及运行管理由相应核电站的国家运行（临时）委员会负责，此类（临时）委员会由来自不同部门和组织的代表组成。国家原子能委员会[①]的领导人员负责领导国家运转委员会。比如，新沃罗涅日核电站国家运行（临时）委员会的主席是尼·米·西涅夫[②]。

1964年投入运行的别洛亚尔斯克核电站和新沃罗涅日核电站，直至1966年8月都归中型机器制造部（国家原子能利用委员会）所辖。这两个电站将自己的电力出售给动力和电力化部的地区电业管理局。1966年8月，两个电站转归动力和电力化部管辖。动力和电力化部成立了专门的原子能管理总局——原子能总局，核电站的设计和运行阶段都在其管理范围内，两个在运行和所有在建、在规划的核电站也均归其所辖。原子能总局的局长是阿·尼·格里戈良茨，总工程师是格奥尔吉·维克托罗维奇·叶尔马科夫（1969年底，列昂尼德·米哈伊洛维奇·沃罗宁从新沃罗涅日核电站调任为原子能总局总工程师，直至1978年5月）。

在境外建设核电站的技术协助最初由动力和电力化部的一个管理总局——境外能源总局负责。1971年，在境外能源总局的基础上成立了专门的管理机构"苏联境外原子能管理总局"。弗拉基米尔·彼得罗维奇·涅夫斯基任该局局长，尤里·瓦西里耶维奇·阿尔汉格尔斯基任总工程师。

1965年10月，苏联国家原子能利用委员会不再作为一个独立的机构而存在，该委员会被改组为苏联中型机器制造部原子能利用总局，并冠以第十五总局的名号。不过与此同时，在和平利用原子能问题上，苏联国家原子能利用委员会仍然是负责对外联系和国际交流的基本单位。第十五总局下设九个管理局和九个独立的处，其中动力设备管理局由尼·安·尼古拉耶夫领导。1967年2月，在第十五总局下设的部门中又整合组建出了两个总局和两个管理局，包括原子能设备总局（即第十六总局，由尼·安·尼古拉耶夫领导）、原子能仪器总局（即第十七总局，由A. C. 施坦领导）、加速器和聚变研究管理局（即第十八局，由K. H. 梅谢里亚科夫领导）、国际关

① 原文如此，指的应是国家原子能利用委员会，下同。——译者注

② 1961—1966年担任国家原子能委员会副主席。——译者注

系和科技信息管理局（由伊·德·莫罗霍夫领导）。这些部门归安·米·彼得罗相茨所辖，他被任命为中型机器制造部第一副部长和国家原子能利用委员会主席。1986年之前，国家原子能利用委员会在与外国的相互关系中一直都代表着中型机器制造部。伊·德·莫罗霍夫和尼·米·西涅夫分别为国家原子能利用委员会的第一副主席和副主席。

在中型机器制造部的领导下，核能设备的研究工作还在继续，其中也包括了核电站这一方向。该部设计和建设了列宁格勒核电站、伊格纳利纳核电站、舍甫琴科市[①]快中子反应堆核电站及一系列其他设备。

中型机器制造部第十六总局扮演着决定核电站任务的重要行政角色。第十六总局集中管理着与核能有关的主要科研院所和各建设局、试验中心、新核电站。第十六总局领导人依次如下：

尼·安·尼古拉耶夫；

1968年尼·安·尼古拉耶夫去世后，第十六总局局长的职务由鲍里斯·鲍里索维奇·巴图罗夫担任，直至亚历山大·格里戈里耶维奇·梅什科夫接任；

亚历山大·格里戈里耶维奇·梅什科夫——1969年10月至1979年3月，他先是被任命为中型机器制造部副部长，后出任该部第一副部长；

叶夫根尼·弗拉基米罗维奇·库洛夫——1979年4月至1982年3月，这一时期他也是中型机器制造部副部长；

叶夫根尼·瓦西里耶维奇·库利科夫——1982年4月至1986年6月。

格奥尔吉·维克托罗维奇·叶尔马科夫，1986年10月至2000年底[该部改组之后的最后阶段此职务名称为（联邦部）部长]。

应强调，中型机器制造部及其下辖的第十六总局，不仅是负责对核能设备的建设开展简单的行政管理工作，在很大程度上还担负着整体技术的管理责任，该部及第十六总局虽依靠主要的科学研究机构和结构设计机构，但掌控着所有重要技术的决定权。这种情况非常清晰地表现在РБМК型核电站的建设中。包括核电站的建设和运行在内的技术问题、技术过程，均

① 哈萨克斯坦曼格斯套州首府，现称阿克套市。——译者注

牵涉到中型机器制造部的领导层，尤其是第十六总局的领导层。

可以肯定的是，总体来说第十六总局工作人员的工作能力与他们的权力并不相符。形成和批准的决议，其正确性和有效性在很大程度上取决于个人依靠组织中专家权威的能力（这还很可能广泛地适用于管理工作的合理性）。与管理总局协作的研究所的一些综合目标，一般就是将自己的理解和想法变成总局的理解和想法。

国内原子能的发展规模和苏联在核电站建设领域对外实施技术协助的规模，都需要动力和电力化部在管理结构上做出一些改变。1978 年，在被撤销的原子能总局基础上，依苏联部长会议 1978 年 5 月 23 日第 1044p 号指令成立了全苏原子能工业联合公司。该公司是苏联动力和电力化部系统内完整的、专业化的原子能工业经济综合体，由核电站、核电站的科研和试运转调整机构、核电站维修公司和生产维修核电站装置及备用零件的公司、培养运行人员的专门学训中心组成。全苏原子能工业联合公司在原子能领域施行统一的科学技术政策，同时肩负核电站按时投入运行及保障核电站运行安全的责任。全苏原子能工业联合公司的负责人弗·彼·涅夫斯基（曾任别洛亚尔斯克核电站站长）自苏联境外原子能管理总局调任而来（后一机构的领导人因此变为爱德华·阿尔卡季耶夫·阿科皮扬），第一副手尤里·韦涅季克托维奇·马尔科夫自中型机器制造部第十六总局调任而来，而后又在 1982 年调回中型机器制造部。动力和电力化部中，原子能的领导工作由副部长费奥多尔·雅科夫列维奇·奥夫钦尼科夫（曾任新沃罗涅日核电站站长）分管。1982 年 8 月至 1986 年，该部分管原子能方面的领导工作由副部长根纳季·亚历山德罗维奇·沙沙林（曾任别洛亚尔斯克核电站总工程师，后从苏共中央机关单位调至动力和电力化部）担任。

1982 年弗·彼·涅夫斯基去世后，根纳季·阿纳托利耶维奇·韦列坚尼科夫领导全苏原子能工业联合公司直至 1986 年。

全苏核电站运行科学研究所成为全苏原子能工业联合公司的科研基地，所长为鲍里斯·鲍里索维奇·巴图罗夫（是当时的中型机器制造部动力工程科学研究设计所副所长），换下了此职位上的 В. И. 苏博京。新沃罗涅日核电站开始建立培训 ВВЭР 型反应堆核电站运行人员的学训中心，负责人为列昂尼德·伊万诺维奇·维特科夫斯基)。联合公司还组织了核电站联机控制的调度工作，建立了负责核电站调整工作的生产公司“原子能调试公司”(经理为阿纳托利·格里戈里耶维奇·伊万尼科夫）和负责核电站设备维修方面的生产公司“原子能设备维护公司”。全苏原子能工业联合公司还包括了佩尔洛夫斯基实验工厂。

全苏原子能工业联合公司一直运行至1986年。切尔诺贝利核电站四号动力机组事故之后，为加强核能领导、提高核电站运行的安全性，苏共中央于1986年8月16日通过第986—200号决议，成立了全联盟性质的原子能部，其建立基础便是全苏原子能工业联合公司。原子能部部长是尼古拉·费奥多罗维奇·卢科宁，他曾担任列宁格勒核电站和伊格纳利纳核电站的站长。所有核电站（包括列宁格勒核电站和伊格纳利纳核电站——从中型机器制造部、罗夫诺核电站——从乌克兰动力和电力化部）被移交至原子能部管理，动力和电力化部的设计、调整及其他保障核能的机构以及中型机器制造部的一些设计机构，也都被转入原子能部管理。

重新组成的这个部，其框架内集中了核电站设计、建设和运行的所有阶段。其中还构建了可预防事故的组织结构、成立了配有技术装备的相应部门，强化了全苏核电站运行研究所的作用。

研究反应堆设备的设计单位、执行对研究核电站工作科学领导职能的科研单位、所有与研发和制造核电站核燃料有关的科学和生产结构，都留在了中型机器制造部。中型机器制造部原副部长列夫·德米特里耶维奇·里亚别夫取代斯拉夫斯基成为部长。

如何管理核电站的问题，是长期以来一直为大家所关注和讨论的主题，并且从前述的内容中可以看出，这也是一个不断在革新的主题。

核电站不再只是工业试验设备（这种情况如新沃罗涅日核电站和别洛亚尔斯克核电站的第一批动力机组）之后，便确认了以核燃料作为可靠工业能源是在技术上可行的，如新沃罗涅日核电站第三和第四动力机组、ВВЭР-440系列的实现，展示出它们相较于传统能源的经济竞争力，表明它们是国家电力供应系统中真正的一部分。在除列宁格勒核电站之外所有核电站转归动力和电力化部管理后，选择它们在该体系中运行的最佳方式成为非常具有实际意义的问题：是以全苏原子能工业联合公司的形式维持单独的核电站管理结构，还是将核电站转归与其他发电站相同的电力系统？支持将核电站向电力系统转移的主要论点是，电力系统中已经形成电站运行的文化和经验、优先事项的正确排列顺序和国民经济中可靠电力供应的方法。有人说，自主管理核电站运行，将在经济上阻碍解决系统中现有能源有效、协调利用的任务。这一逻辑得到动力和电力化部下辖研究机构——捷尔任斯基技术情报局（及其局长 B. E. 多罗舒克）的支持。反驳的论点认为，核能源的特征构成一套自己的技术特点，从而对运行有着区别于传统发电站的特殊需求，它需要核能源的运行有特殊的技术等级和独特的文化。核电站运行各方的注意和协助若集中在一个统一的管理结构中，能够保证效率足够高，而单个核电站若存在于分散的电力系统中，则难以为存在着特定核问题情况下的运行提供有效的支持；在分散的能源系统中为核能源建设必要的基础设施是划不来的，而且在可支配资源方面的可行性不强；最重要的是，确保核安全是核文化中技术优先项和中心任务的重中之重，分散的核电站运行管理将使核文化的形成与维持更加困难。从这个意义上说，甚至是将核电站从中型机器制造部转移到动力和电力化部，都削弱了这种与核心基础设施之间的联系。

争论的结果是进行一次技术和管理实验，新建核电站之一——配有第二代（B-213）ВВЭР-440 的罗夫诺核电站，被转移到乌克兰动力和电力化部的电力系统中。

此举直接或间接造成了 ВВЭР-440 运行史上最重大的事故之一。结构中隐藏的根本缺陷在事态发展不那么剧烈的情况下甚至都能够表现出来，于是当核电机组特点所要求的优先事项被明显破坏，不得不让位于为迎合能源体系技术政策标准而制定的优先事项时，便发生了事故。当然，这里还表现出一些核电站站长的“核文化”：很大程度上站长是“唯能论者”，而非“核能论者”，拖延着在正确的时间做出正确的决定。不过这只是一条长链当中的一环，是独自游走的既定后果。

在罗夫诺核电站的蒸汽发生器中，由于一回路的管式冷却器集气管在二回路相界区域的无效安置，集气管管盖的紧固螺柱发生了腐蚀性损坏，结果在长时间的密闭泄漏（一次冷却剂流入第二回路）后，集气管管盖断开，从反应器回路到第二回路大量漏水。除违背反应堆的冷却条件外，蒸汽发生器在二回路区域大量溢流，放射性蒸汽混合物通过安全阀系统发生泄漏。结果是，这导致必须对在运行电站中的此类蒸汽发生器装置施行实质上的现代化措施，并且迫使大家关注 ВВЭР 型反应堆型蒸汽发生器所有后续工作的可靠性。

这一事件暂停了核电站在能源系统中分散的管理趋势，虽然列宁格勒核电站作为一个独立的实体施行管理活动，但也是通过中型机器制造部的系统来进行的。

在很大程度上，切尔诺贝利事故也是行政管理转型不成熟的后果。在后切尔诺贝利时期存在很多判断，认为在更为严格的核工业管理制度中，不可能发生违反操作条例的情况。面对原子项目发展过程中业已发生的事故事实（而这种事故足以让人把克什特姆事故①与储存的放射性废料爆炸联系起来）、中型机器制造部管理下的列宁格勒核电站的事故（不是指切尔诺贝利四号动力机组那样的灾难性事故后果，而是指切尔诺贝利事故前未得到必要关注的所谓"预兆"的明显迹象），很容易就能得出这样武断的推论。不过还是存在有效的判断，即苏联原子能"安全文化"的不足在很大程度上得到弥补：现有的责任感氛围、决策的制定与执行体系、选拔和培训人员的制度、行业内组织之间的联系与相互关系（甚至是在隐秘性、封闭性存在根深蒂固的倾向和传统的环境下还能有信息交流的机会）、原子能继承了国防工业所要求的特点。

在动力和电力化部的框架内，民事部门的"民主主义"得到充分体现，但核电站联合体的孤立性并未就此得到弥补。中型机器制造部与动力和电力化部（在较大的行动自由下具有优先考虑"事情"而非"形式"的优势）的氛围不同，在中型机器制造部内的氛围中，条条框框的系统甚至对人们的办公行为都产生了很大的影响。在事故中一些消极因素会尤显突出，

① 1957 年 9 月 29 日，位于车里雅宾斯克州的玛雅科核燃料处理厂发生事故，一个装有 80 吨固态核废料的容器周围的冷却系统发生故障。放射能迅速加热核废料，液体发生汽化最终导致容器爆炸。该起事故被评为国际原子能事故等级第六级。——译者注

切尔诺贝利事故中的此类因素在两个核能源行政管理机构——动力和电力化部和中型机器制造部——的行政结构方面都有所体现。

切尔诺贝利事故中，动力和电力化部中起消极作用的行政管理因素包括：电站领导层的专业定位是唯能源论而非核能源论，重点关注经济目标的优先事项（建设新的大型动力机组），脱离中型机器制造部中提供研究支撑的组织，同时全苏原子能工业联合公司核技术特点在削弱，过度从属于电力系统的需求而缺乏部门内的管控（在对核安全没有形成完全的国家管控的条件下，实际上也是缺乏部门内核安全管控的）。

这一时期，中型机器制造部的负面因素中有一环非常具有典型性。国家核能工作安全操作监督委员会自其成立后，努力形成部门间的体系，将收集和处理核设施故障、损害和事故的数据（相关数据库）作为积累和交流运行经验的基础，最重要的是了解不成功的操作经验，防止在相同类型的电站再次发生意外和危险的事件。在部际层面这是非常具有现实意义的，因为动力和电力化部、中型机器制造部中都运行着 РБМК 型反应堆。列宁格勒核电站在自 1973 年以来的十年里已经积累了大量经验，这些年发生的事故教训对于其他电站来说都十分重要。其中最为重大的事故之一是一次功率密度场严重变形、燃料组件和燃料通道受损（“过热”）。在这起事故中，表现出了 РБМК 反应堆型和控制系统的明显缺陷，这促使控制系统和反应堆防护系统获得现代化改进（改善局部控制、引进地方紧急防护、改变启动规则），通过将燃料的工作浓缩率从 1.8%增加到 2%，堆芯的物理特性也得到了改善（改变反应堆反应系数、提高中子场的稳定性）。国际原子能机构国际核安全咨询小组将该场事故及其原因以术语“切尔诺贝利事故前兆”命名，足以显示这对于运行经验的利用来说是非常重要的。

实际上动力工程科学研究设计所领导层（具体来说是 И. Я. 叶梅利亚诺夫）阻碍了部门间的经验交流体系，因为受损的情况和事故的信息（实际上这些信息被正式视作机密或是非公开的）无法向其他部门传达。同意创建这种交流制度的中型机器制造部领导层，无法（或认为不重要）突破这些反对意见。因此，切尔诺贝利事故之前，部门间的经验交流经历了通过项目设计人员作为中间人的复杂道路，所传达信息（通常是对项目变更的最终决定或是对运行的建议）的特征也被筛去。结果是，切尔诺贝利核电站的业务人员对反应堆设备的重要特点了解不足，这是在事故发生前违反核电站操作规则的主要原因之一。在切尔诺贝利事故发生后，许多核能专家才很惊讶地知晓了列宁格勒核电站的多次事故。

在消除切尔诺贝利事故后果的过程中，愈加明显的是，技术、人员之技术手段和此时其他需要的主要资源都集中在中型机器制造部，而负责核电站运行的动力和电力化部仅在很小的程度上拥有所需资源。

是否通过电力系统分别安置核电站已经变得无关紧要。早些时候出现的核电站脱离中型机器制造部的进程，以建立一个独立的原子能部而告终。核技术在核电站的发展和运行中占据首要地位也体现在尼·费·卢科宁被任命为部长一事上。他吸取了中型机器制造部的经验，也包括该部对列宁格勒核电站和伊格纳林纳核电站的领导经验。

原子能部和中型机器制造部一直存在到 1989 年。随着苏联政府结构的转变，将核工业的所有资源整合在一个部门是无可争议的。于是在 1989 年 7 月，苏联政府通过决议，将前两个部门合并为原子能工业部。该部部长为维塔利·费奥多罗维奇·科诺瓦洛夫，他邀请维克托·阿列克谢耶维奇·西多连科出任该部分管原子能方面的第一副部长（从国家原子动力工业和原子能安全操作监督委员会调任而来）。核电站和核电的管理结构在广义上开启了一个新阶段。

西方核电体系中，在核电站运行人员了解运行任务的同时，电站管理处（“行政机关”）的角色与责任构成了法人，能够保障运行各方面的安全性与经济方面的合理性。在不同的国家中，核电设施的所有权形式也不同，这些经济实体在占比与配置方面的条例也不同，不过安全运行的责任都集中在他们身上。国际原子能机构在核安全标准顾问组的文件中，总结了对核电站运行国际安全实践的建议，1976—1979 年针对核电站运行的原则性文件指出：

> 营运组织应对核电站的安全运行负全责。虽然电站管理层负有直接的责任，但营运组织必须提供一切必要的支持并执行所需

监督，以确保电站安全运行，特别是要确保其运行符合相应的限制与条例。

监督核电站的选址、设计、建设、启动、运行和退役之时是否遵循安全要求，主要是凭政府许可证来实现。政府许可证允许一些特定的活动，并向许可证的接收者提出条件。

……许可证拥有者对核电站的选址、设计、建设、启动、运行和退役阶段的安全管理负责。

切尔诺贝利事故发生后，隶属于国际原子能机构总干事的国际核安全咨询小组总结并制定了安全的基本原则；组织原则中明确指出："核电站安全的最终责任在于营运组织，不因设计人员、供应商、建设者和监管机构的独立活动和责任而减少。"

苏联曾签署的《核安全公约》于 1994 年在法律上将这些建议做了强化，其中规定：

第 7 条：每一缔约方应建立并维护管理核设施安全的立法与监管框架。

立法与监管框架应包括：……对核设施实行许可证制度和禁止无许可证的核设施运行的制度。

…………

第 9 条：每一缔约方应确保核设施安全的首要责任由有关许可证的持有者承担，并应采取适当步骤确保此种许可证的每一持有者履行其责任。

在苏联的环境中，当经济实体是一个掌管着国有财产的国有企业，其更高的管理层也是国家机关的构成之一时，安全运行的责任以传统的形式分配在不同等级的管理层之间；以此为背景，各类条例规定中将确保安全的责任定义如下（ОПБ–88，即俄罗斯标准的《核电站安全保障总则》，以下简称《总则》）：

第 1.1.4 项：在核电站的选址、设计、建设、启动、运行、退役以及核电站零部件的设计与制造中，《总则》对各部、部门、企业、组织具有强制性。

…………

第 1.2.8 项：营运组织确保核电站的安全，并对其负全部责任……

……营运组织的责任，不因其执行工作或提供服务的企业（组织）、监管机构的独立活动与责任而减少。

…………

第 3.1 项：国家对核电站安全的监管由特别授权的国家机构进行。

以苏联所有核电站经济联合体的形式建立一个营运组织的筹备工作开始进行。原子能工业部成立之后，通过该部机关各管理总局组建的核电站管理体系是无法解决问题的，因为国家机关不能发挥“营运组织”的功能。

原子能工业部机关对核电站运行领导工作的重点是吸取切尔诺贝利事故的教训，以提高核电站的安全性。使核电站现代化的理念与计划也得以制定——每种动力机组和特定核电站都被规划了分阶段实行相关措施的时间表。第一批措施实际上于 1991 年实行，这使全球核社会相信，在开展预定计划里更为长期的工作过程中，这些核电站可以继续安全运行。

与此同时，进一步发展核电及其燃料循环的理念得以形成，并为此类发展制定了详细的战略。

新一代反应堆设备和核电站的研发工作开始启动。配有高功率和中功率 НП-1000、НП-500 型氢反应堆的核电站被确定为优先事项。第一个研发项目进一步发展成为两个功率为 1000 兆瓦的核电站项目：АЭС-91 型和 АЭС-92 型。两种类型的反应堆装置为中等功率的核电站而研发：ВВЭР-640 型和 ВПБР-600 型，它们分别采用了环路设计和集成设计。

进一步研发快中子反应堆和完善石墨通道反应堆的工作也得到开展，

这摆脱了 РБМК-МКР 800 的固有缺陷。

国内导致苏联最终解体的事件，也促使着原子能工业和原子能管理的转型。转型的最初推动力是苏联宣布经济向市场关系转变。

苏联原子能工业部组织、资助并协调了原子科学、核技术、核工业和核能源领域的科研、设计、技术操作以及建设与装配工作，其中也包括国家防务所需的服务，并负责管理行业内的所有企业。该部门是一个封闭的生产研究综合体，技术上与提取铀、生产裂变材料、制造核武器及核电产品、建设及运行核电站、进行放射性废物的处理和掩埋等相关的公司进行协作。

在国内经济改革加速期间，苏联原子能工业部面临着“双重转轨”的困境：武器和军事装备的生产减少，新核电站的规划和建设急剧缩减，一些动力机组退役，铀的开采与加工大幅减少。

当为保持统一完整的原子能综合体所需的经济联系和基础设施条件得到满足时，就会发生向新经济关系的过渡。

在这种情况下，苏联原子能工业部的领导层认为，更为符合市场关系的组织结构（这种组织结构应能确保增加机构和企业在经济活动结果中的经济利益和责任）是创建一家国有集团公司（名为“ATOM”）。该公司随后转变为股份制所有权，并在此基础上成为一家国有股份集团。

该集团公司筹备工作始于 1991 年初，截至年底已取得显著进展。在该集团公司的结构中，还计划建立核电站营运康采恩和核电站建设康采恩。扎波罗热核电站站长 B. K. 布罗尼科夫被认为是核电站营运康采恩负责人的首选，但苏共中央委员会机关按照自己的标准否决了这一候选资格。

随着各加盟共和国主权的发展与联盟的解体，建立这样一个经济组织合理性的第二个要素得以强化。

苏联原子能工业部的企业位于多个共和国，而其中超过 70%在俄罗斯苏维埃联邦社会主义共和国运营，更有超过 80%的集中投资用于保障这些企业的活动。在该行业的国家联盟管理结构不复存在的情况下，经济联合体可以转变为国家间的经济联合体，在保持核电综合体统一的同时，也可以为维持各共和国内企业的技术和经济联系奠定基础。同时，为对留在俄罗斯联邦境内的部分企业的活动进行国家监管，一个相应的俄罗斯苏维埃联邦社会主义共和国政府机构也在筹备中。

具体的计划是在俄罗斯苏维埃联邦社会主义共和国的政府结构中建立一个国家原子工业和能源委员会，以实施长期的核政策、维持核防御平等、发展基础科学、遵守核武器和核能领域的国际义务和保障等。

然而，俄罗斯苏维埃联邦社会主义共和国政府的领导层强烈反对建立共和国间的经济联合体，由于随之而来的苏联解体，其余30%的企业脱离了苏联的核能联合体，其中基本上包括了所有的铀开采企业和近半数的核电站。

由于苏联的解体，苏联原子能工业部还未经历任何重大的变革便不复存在了。

作为一个新的国家，俄罗斯联邦在考虑管理核电综合体的各种选择（包括将综合体的非武器部分与国家原子能委员会合并成为一个经济集团公司的方案，国家原子能委员会不仅负有实行国家调控所有核工业的职能，还负有直接管理与核武器相关的企业的职能）之后，组建了俄罗斯原子能部，部长为维克托·尼基托维奇·米哈伊洛夫。

建立核电站营运组织的工作在当时俄罗斯业已形成的法律基础上得以完成。

俄罗斯开展的改革进程，伴随着私有化以及经济实体活动中组织形式与法律形式的改变，这为核电站的管理工作创造了新的环境。与其他工业领域一样，核电站站长一职也引入了选举的方式，而不是由上级管理任命，同时经济活动的新规则也得以引入。此外，为确保核电站有效、安全运行，新的规范与新的问题也出现了。

《原子能利用法》的编制工作长期由苏联（和后来的俄罗斯）负责。该法规遵循公认的核电工业安全保障方式，其中规定：应组建营运组织，由这种组织开展核电站运行的所有活动，并对之全权负责。

在与国家财产委员会长期合作的过程中，俄罗斯原子能部试图找到这样一种营运组织的组成形式，即它既能够在任务的内容与目标方面行之有效，又可以为当时俄罗斯的立法和监管框架所接受。

俄罗斯原子能部与核电站运行相关的管理机构领导人，其积极性和主动性在很大程度上并不能推动建立一个完善的管理系统，只能是对解决实际问题有所帮助。在新的经济环境下，电站工作人员的物质条件明显得到改善，与此同时，负责领导他们的机关专家，也就是俄罗斯原子能部的工作人员，则有着严格的工资限制，因而导致了管理人员中的高流动性，该部的结构便难以保证达到合格的管理水平。经济实体向上层建筑的地位过渡，本来是可以从根本上改变这种差异的。

原来的情况是这样的，即每一座核电站都要符合“国有企业”的现行规章制度。

消除核电站相关企业的独立地位，并以联合所有核电站的形式建立新企业，这种方案在当时是一项艰难的决定，得不到核电站管理层的支持。向每个核电站的营运组织赋予领导的权力，就破坏了整个体系的统一，对建立统一的运行基础设施和保障统一的技术政策都起到阻碍作用。

由于总统令的筹备工作，1992 年 3 月在原子能部框架内组建的“俄罗斯核电”康采恩获得了“营运组织”的授权（1992 年 9 月 7 日第 1055 号俄罗斯联邦总统令《关于俄罗斯联邦核电站营运组织》）。最终，一个特殊的解决方案得以议定，即在保留各个国有核电站企业的情况下，创建一个国有康采恩企业，在统一的管理下，这个国有康采恩企业能够联合所有核电站的活动。如此一来，预计康采恩（及其管理部门）与核电站（及各管理处）之间的权力分配将由专门的规章制度来确定，该项规章制度将确保整个联合体作为一个统一的机构进行运作，这种统一的机构负有运营组织的职能（就是说，康采恩是所有核电站联合起来的形式。在这种情况下，以其他的术语来说，核电站可以被看作一个统一的“企业”——康采恩的众车间，总统令为这些车间保留了作为独立经济实体——工业企业的特权）。

组建“俄罗斯核电”康采恩背后的推动者是叶夫根尼·伊万诺维奇·伊格纳坚科，后来他成为康采恩的总负责人，埃里克·尼古拉耶维奇·波兹迪舍夫当选为康采恩的总裁，鲍里斯·瓦西里耶维奇·安东诺夫在康采恩中分管核电站的运行工作。

由于电站与康采恩权力划分的相关文件准备了多年，这一目标其实已经被康采恩的领导层有意撇下，结果总统令规定国有企业“俄罗斯核电”康采恩仍留在康采恩的行政管理机关范畴内。所有进一步的实际工作，直到2000年底都是在前述目标与康采恩存在形式之间的这种矛盾下进行的。

保障核电站各方面活动的管理局，从原子能部的机关中转入康采恩辖下，并且作为独立的国有企业。所有在运行、在建设、在规划、业已封存（除列宁格勒核电站外）的核电站，同保障着核电站运行的企业和组织一起被纳入康采恩的活动中（在形式上，这些国有企业和国有组织的联邦财产是在经济管辖权的基础上分配给“俄罗斯核电”康采恩的），其中包括：（1）“能源”科学生产公司（下辖全俄核电站运行科学研究所）；（2）“全苏原子能技术工业”生产公司；（3）“原子能维修”生产公司；（4）“巴拉科沃原子能涡轮机维修”生产修理企业；（5）“库尔斯克原子能涡轮机维修”生产维修企业；（6）“原子能机器修理”工厂；（7）“原子能备件”生产公司；（8）实验和动力设备的实验工厂。

列宁格勒核电站作为一个独立的营运组织，并不在康采恩之列。这成为一项测试两种营运组织（即以个体核电站的形式和核电站联合体的形式）的实验。列宁格勒核电站的地位特殊性得以加强的原因是，所有支持性的基础设施都在康采恩辖下，而从这种基础设施企业的角度来说，新兴金融合同关系的缺陷使其无法确保为列宁格勒核电站持续提供必要的服务。

最开始是原子能部部长维·尼·米哈伊洛夫通过决议，支持列宁格勒核电站领导层“独立性”的强硬路线，这种路线甚至表现在列宁格勒核电站阻止执行准备就绪的关于“俄罗斯核电”康采恩行使多项职能（协调总体技术政策，总结运行经验，保障并发展核电站运行的科学支持与生产技术支持）的进一步决议上。

在随后的几年中，列宁格勒核电站展现出独立的管理能力，甚至表现出更大的责任感，与康采恩中类似的动力机组（库尔斯克核电站）相比，还在采取措施提高安全性、运行机组重建上取得重大成功。这首先要归功于列宁格勒核电站站长阿纳托利·帕夫洛维奇·叶佩林，他也曾是俄罗斯核电负责人的候选人，但他坚持列宁格勒核电站要进行独立管理。

计划2000年底前对核电站营运管理做出进一步的转型，意味着仍旧要建立一个包含所有核电站在内的统一的能源发电综合体（公司）。

“俄罗斯核电”康采恩自其成立伊始，在寻求将各规划组织融入其经济联合体的同时，也在谋求扩大自己的企业资源，以确保履行各监管法律法案中的规定，即其对核电站建立和运行的各阶段应负全部责任，同时它还在不断壮大与订购、建造新核电站相关的组织结构。客观地说，康采恩最初应该将其注意力和资源集中在确保电站运行的可靠性和安全性上，尤其是出于需要进行大量工作以实现现代化、提高安全指标的考虑来讲。投资建设活动大大改变了焦点所在。

尽管如此，既定的自然趋势不断发展，到20世纪90年代末，康采恩的结构中仍旧出现得到充分发展的部门，这些部门能够充当新原子能设施的“订货方”（基础建设、投资、长期规划和开发的部门）。1997年6月，康采恩还成立了规划建设分公司和技术分公司，开始将新开发核电站的规划和建设决策中心迁至营运组织，即“订货方”身上（米哈伊尔·法列耶维奇·罗戈夫从水压机试验设计局调任为规划建设康采恩的副总经理）。

1992年4月，在俄罗斯重新成立的原子能部分配领导层责任的过程中，有关原子能的发展、核电站的建设和运行及其设备制造等问题分归各副部长管理。为了协调该部各部门的行动，制定并实施原子能领域连贯技术的政策，有效解决管理问题并在该领域做出战略决策，由副部长维·阿·西多连科主持的原子能（临时）委员会于1992年11月成立，该（临时）委员会还吸纳了另外两位副部长，即亚·格·梅什科夫和E. A. 列舍特尼科夫，以及多个总局、管理局、委员会和康采恩的负责人——Н. И. 叶尔马科夫、А. Л. 拉普申、В. А. 古巴诺夫、Е. И. 米克林、В. М. 特鲁诺夫、埃·尼·波兹迪舍夫、鲍·瓦·安东诺夫、Л. Д. 普罗斯库里亚科夫。该（临时）委员会工作至列夫·德米特里耶维奇·里亚别夫被任命为第一副部长之时（1993年9月23日），他的职责是协调所有核电工业问题。原子能（临时）委员会在其工作期间，负责审议并就“附录3”[①] 所列问题做出

① 本文的附录皆略去未译。附录3为《俄罗斯联邦原子能部原子能（临时）委员会研究的问题清单》。——译者注

决定。

由俄罗斯原子能部制定或在之后几年中决定性参与拟订的有关原子能管理的重要法律和组织文件包括：（1）国际《核安全公约》，俄罗斯政府于1994年在国际原子能机构签署。（2）《关于原子能的利用》，国家杜马于1995年10月20日通过。（3）俄罗斯联邦国家长期综合燃料和能源计划框架内的核能发展战略（直至2010年）《俄罗斯能源战略》，由原子能部部务委员会于1992年通过决议，并于1994年得到原子能部科学技术委员会批准。（4）俄罗斯联邦1998—2005年核电工业发展计划和2010年之前的核电工业发展计划，由俄罗斯联邦政府于1998年7月21日的第815号法令批准。

为了能够在原子能部各企业的基础上组建经济联合体（新术语称为"原子工业"集团），20世纪90年代末，原子能部新领导层——1998年被任命为部长的叶夫根尼·奥列格维奇·阿达莫夫加快了相关组织结构政策的推行。这件事情的前提条件已经不同于当初，不过更加接近行业的最终目的：在新的金融经济环境下，将本行业所有生产具有需求的和追求盈利的产品的企业集团，集中至一个统一的工业联合体（"整合的资源"）中，以确保本行业在国内和国外市场具有稳定性和竞争力。

* * *

苏联核电发展已得到批准的计划以及对国外核电站建设的协助，都大大扩大了各组织、企业和各部门在该领域进行科学、技术和经济活动的范围。在这种情况下，尤为重要的是要制定协调的科学技术政策，并确保其在核电站和核设备的设计、建立和运行中得到实施。

保障上述任务最重要的决定之一是依照1971年9月16日部长会议第684—200号决议[①]，在苏联中型机器制造部下建立了部门间核电站技术委员会。应当强调的是，该委员会有权通过所有部及其所属企业都需强制性执行的决议。A. П. 亚历山德罗夫院士被任命为部门间核电站技术委员会的主

① 部门间核电站技术委员会的材料由尤·韦·马尔科夫拟定。——原注

席，Е. П. 阿纳尼耶夫为科学秘书（1982 年由尤·韦·马尔科夫接任）。部门间核电站技术委员会的成员包括重要部门［中型机器制造部、动力和电力化部、苏联重型和运输机器制造部（苏联动力机械制造部）、化学和石油机器制造部、电机工业和动力机械制造部、卫生部、国家计划委员会的能源部门、苏联科学院等］的领导人，科研组织（库尔恰托夫原子能研究所、物理能量研究所、列宁原子反应堆科学研究所、全苏无机材料科学研究院、中央“普罗米修斯”结构材料科学研究所、全苏捷尔任斯基热工研究所、波尔祖诺夫中央锅炉和汽轮机科学研究和设计所、中央工艺和机器制造科学研究所、生物物理研究所）的领导人，设计组织（机器制造试验设计局、水压机试验设计局、动力工程科学研究设计所）的领导人，规划组织［全苏热电站设计院（核动力设计院）、全俄能源技术科学研究和设计所］的领导人，生产主要设备的工业企业（伊若拉工厂、波多尔斯克市机器制造厂、哈尔科夫汽轮机厂）的领导人，以及核能领域及相关科学、技术、生产领域的带头学者与专家。这个不完整的组织清单已足够使人了解国内参与解决核能问题的科学、技术和工业资源的广泛程度，也表现出在解决新出现的原则性问题方面所需之协调的复杂程度。

部门间核电站技术委员会职能中的组织和技术保障工作，由中型机器制造部的科学技术委员会承担，该委员会下的各主题分委会实际上完整覆盖了核电综合体的所有子行业。因此，部门间核电站技术委员会的工作在很大程度上可以依靠中型机器制造部科学技术委员会的结论和建议，科学技术委员会负责国内技术发展政策和安全利用核能政策。例如，1970 年 2 月 20 日，中型机器制造部科学技术委员会 1 号分委会制定了《核电站规划、建设和运行的安全保障总则》（即 ОПБ-73）的初版，并于 1972 年 1 月 11 日批准，1972 年 11 月 20 日该文件提交至部门间核电站技术委员会审议，1973 年 2 月 19 日通过修订版。1975 年，该分委会讨论了 ВВЭР-440 型核电站的安全措施（关于停止 В-230 项目，将其过渡到现代化的 В-213 项目问题，被称为“В-230、В-213 问题”）。1976 年 1 月 19 日，部门间核电站技术委员会通过决议，结束了“头脑中的混乱”，做出了对核电工业的进一步发展至关重要的决定，即为核电站配备安全壳，以防反应堆设施的主要循环管突然破裂后的事态扩大（项目 B-213）。

附录 1[①] 列出了部门间核电站技术委员会在其存在期间考虑的问题。

1986 年切尔诺贝利事故发生后，苏共中央委员会和苏联政府都对部门间核电站技术委员会表现出不信任，因为该委员会此前在考虑苏共中央书记弗·伊·多尔吉赫指出 РБМК-1000 型核电站运行有缺陷的文件（依据苏共中央机械制造部副部长阿·伊·沃尔斯基的报告）时，出现了疏漏（部门间核电站技术委员会 1983 年 6 月 13 日和 27 日、7 月 18 日、12 月 19 日的会议）。根据 1986 年 8 月 16 日苏共中央委员会和苏联部长会议第 986—280 号指令，部门间核电站技术委员会从中型机器制造部中除名并撤销，同时在苏联国家科学和技术国家委员会下成立部门间核能问题科学技术委员会，其任务和权力与部门间核电站技术委员会相同。不过，根据 1988 年 2 月 8 日苏联部长会议相关决议，部门间核能问题科学技术委员会被转移到苏联部长会议燃料能源综合体管理局的职权范围内。燃料能源综合体管理局部门间核能问题科学技术委员会的主席由维·阿·西多连科担任，A. M. 布克林斯基被任命为科学秘书。1989 年底，部门间核能问题科学技术委员会的活动组织与技术保障工作由中型机械制造部承担，尤·韦·马尔科夫被任命为科学秘书。因苏联解体和国家重组，1990 年 11 月 30 日部门间核能问题科学技术委员会在举行最后一次会议后解散。

考虑到部门间委员会强大的权力，追踪其人员构成是有意义的。附录 2[②] 列出了该委员会第一届和最后一届的人员组成。

苏共中央委员会的机关在创建和监督苏联核工业管理结构的活动中，一直都发挥着特有的作用。传统上，这些部门位于监管军工复合体的机构中。原子能在这类复合体中作为原子工业复合体的一部分而存在。

---

① 附录 1 中，附录 1. 1 为《1972—1986 年中型机器制造部部门间核电站技术委员会研究的问题清单》，附录 1. 2 为《1988—1990 年苏联部长会议燃料能源综合体管理局部门间核能问题科学技术委员会研究的问题清单》。两份文件未译。——译者注

② 附录 2 中，附录 2. 1 为《苏联中型机械制造部部门间核电站技术委员会人员组成（第一届）》，附录 2. 2 为《苏联部长会议燃料动力综合体管理局部门间核能问题科学技术委员会人员组成（于 1990 年 7 月 6 日由苏联部长会议令批准的最后一届）》。两份文件未译。——译者注

1979年，苏共中央机械制造部设立了分管核能的部门，弗拉基米尔·瓦西里耶维奇·马林一直领导该部门直至1988年。当中央委员会机关中开始整合本行业的部门时，弗·瓦·马林被任命为燃料能源综合体管理局分管原子能问题的第一副主席，苏联部长会议副主席鲍里斯·叶多科莫维奇·谢尔比纳是该局的主席。1989年谢尔比纳去世后，由列·德·里亚别夫一直担任该局的主席直至苏联解体。

从“共同欧洲家园”到“欧洲联邦”

——弗朗索瓦·密特朗与米哈伊尔·戈尔巴乔夫对“更伟大的欧洲”之路的探索*

[俄] 安德烈·格拉乔夫** 撰　李珍珍 译***

摘　要　密特朗与戈尔巴乔夫出于各自目标构想了一个共同的欧洲未来计划。这个计划表现为两种形态。一种形态是“共同欧洲家园”，另一种形态是“欧洲联邦”。“共同欧洲家园”是戈尔巴乔夫于1985年10月访问巴黎行程中提出的，主要内容是建设一个扩大的欧洲，从大西洋到乌拉尔山，由欧共体与苏联构成主要政治框架，包括美国综合拥有共同经济和法律空间，以及一个泛欧洲安全学说。“欧洲联邦”是密特朗在1989年除夕演讲中提出的，主要内容是呼吁建立一个以法德为核心，包括欧共体、东欧、中欧和苏联在内，从大西洋到乌拉尔山，符合欧洲安全与合作会议（以下简称“欧安会”）标准的欧洲联邦，该联邦在战略上具有自主性，拥

* 本文翻译自 Andrei Grachev, “From the Common European Home to European Fonfederation: François Mitterrand and Mikhail Gorbachev in Search of the Road to a Greater Europe,” in Frédéric Bozo, Marie-Pierre Rey, N. Piers Ludlow and Leopoldo Nuti (eds.), *Europe and the End of the Cold War: A Reappraisal*(London and New York: Routledge, 2008), pp. 207-219。本文系国家社科基金青年项目“苏联晚期外交抉择与政策转变研究（1985—1991）”（项目编号：18CSS038）的阶段性成果；国家重大项目“世界反法西斯战争中的欧洲抵抗运动全史”（项目编号：16ZDA140）的阶段性成果。

** 安德烈·格拉乔夫，历史学者，俄罗斯政治分析家和新闻记者，担任过苏共中央委员会国际部副部长，戈尔巴乔夫的顾问，曾是巴黎和京都的访问学者，牛津大学圣安东尼学院高级研究员。

*** 李珍珍，湘潭大学碧泉书院·哲学与历史文化学院历史系讲师，主要从事冷战史研究。

有独立的防卫能力。“共同欧洲家园”与“欧洲联邦”融合的动力来自戈尔巴乔夫的裁军提议、1988 年的苏联内部改革、戈尔巴乔夫的欧洲“内在化”观念、苏联平衡法德关系的策略以及法国关于欧洲未来的计划。于是，赫尔辛基议程重启、新的欧安会进程加速，最终《巴黎宪章》于 1990 年 11 月得以签署，这标志着“更伟大的欧洲”之路进程达到顶峰，同时标志着两个构想的衰落。结果，苏联的崩溃使新的欧洲建设计划并未囊括俄罗斯。

关键词 “共同欧洲家园”“欧洲联邦”“更伟大的欧洲” 密特朗 戈尔巴乔夫

20 世纪 80 年代后半期，弗朗索瓦·密特朗与米哈伊尔·戈尔巴乔夫度过一段特殊的政治合作与共谋的亲密经历，这段经历是一种政治浪漫，最终带来了他们都称之为的“更伟大的欧洲”（la Grande Europe/Boljshaia Europa）计划。不过，他们是从一个相当不同且疏远的立场出发的。事实是，两位领导人出于各自原因，都热衷于法俄/苏特殊关系的历史传统［据于贝尔·韦德里纳（Hubert Védrine）说，密特朗确信，戴高乐签订法苏条约[①]后于 1944 年从莫斯科返回，这是他从慕尼黑返回 6 年之后，肯定了德国的法俄协约关系是欧洲均势的必要］。[②] 尽管如此，他们却被许多政治差异和稳固的个性差异阻隔开了。

可以肯定的是，其中的首要差异是时代差异。与戈尔巴乔夫不同，密特朗属于这样的一代人，这代人已经被一场可怕战争的亲身经历深深地打上了烙印。第二个是教育文化与政治文化的总体差异，尤其是在解决欧洲问题的态度上，这种差异特别明显。当密特朗把很多时间与精力投入以法德两国为核心的欧洲一体化进程中的时候，戈尔巴乔夫基本上忽视了一体化的欧洲这个现实，后者在最初几年的执政中尤其如此。关于德国问题，至少到 1988 年，戈尔巴乔夫毫无疑问低估了德国问题的独特性，低估了二战战败给德国带来的民族分裂创伤的深度。最后一个差异甚至是这样的事

① 此应为 1944 年 12 月 10 日签订的《苏法同盟条约》。——译者注

② Védrine (1988, p. 98). 原文注释如此，译者认为应该指的是贝尔·韦德里纳的私人收藏（private collection）。

实，一个是古典的西欧社会主义者，而另一个是（矛盾的，在当上所在党的总书记之前）虔诚的共产主义者。这样的事实在这两者之间引发了心理障碍，逾越这样的心理障碍比逾越意识形态的对立还要难。意识形态的对立指的是戈尔巴乔夫与强硬保守派之间的对立，罗纳德·里根、玛格丽特·撒切尔夫人就是这样的强硬保守派。那么，到底是什么样的历史与政治逻辑使得两者走到了一起？

正如我们将要看到的，准确地说，可能正是这些重要的相互之间的不同使两位杰出的政治人物首先接近、相互理解彼此之间的差异，最后实现共同筹划决定的行动。这种共同行动不仅基于策略上的相互利用，而且基于对欧洲共同未来的共有战略的设想。这项行动呈现出两种形式的计划，贴上了两个标签，本质上却趋于一致：戈尔巴乔夫的“共同欧洲家园”（common European home）与密特朗的“欧洲联邦”（Conféderation européenne）。

一、俄国提议，法国有所保留

在戈尔巴乔夫执政的6年半中，他的首次和最后一次官方国外之行都是访问法国，与密特朗会面，这不能被认为是历史巧合。戈尔巴乔夫的首次访问是1985年10月他对巴黎的访问，在他当选总书记一职6个月后；最后一次访问是1991年11月对密特朗的乡村别墅拉切（Latché）的访问，在戈尔巴乔夫被迫辞去苏联首任总统一职的几个星期前，苏联即将分崩离析之际。在两次会面中，两位领导人都广泛地谈论了欧洲，两次访问的不同基调清晰地表明了巨大的差距。这里所说的巨大差距主要指，他们在彼此通往欧洲大陆未来的旅程中所存在的差距。

回顾在1985年10月对巴黎访问期间的“共同欧洲家园”计划，戈尔巴乔夫依然遵循苏联对欧洲外交传统中起着重要作用的方法，尽管有使自己远离勃列日涅夫—葛罗米柯倾向的清晰意愿。勃列日涅夫—葛罗米柯倾向指仅将欧洲视为两个超级大国之间争论的一个战利品。正如葛罗米柯的一名前助手所回忆的：“在莫斯科，几十年的冷战后，欧洲被看成与华盛顿战略博弈中的一张政治纸牌，而不是一个拥有它自身价值的独立实体。”①

戈尔巴乔夫对巴黎的访问仅仅发生在他与罗纳德·里根的首次日内瓦峰会一个月之前，巴黎访问主要被用来为苏美两个超级大国会面做准备。戈尔巴乔夫一直抱有这样的希望（他的希望被证实了）：密特朗对戈尔巴乔夫的印象，一旦被传递给里根总统，将为日内瓦峰会上苏联和西方关系的突破奠定基础。这也是戈尔巴乔夫选择在巴黎宣布他在裁军领域的一些新提议的原因，尽管事实上这些提议与其说是对欧洲人说的，倒不如说是对美国人说的。例如，在巴黎期间，作为对美国停止战略防御计划（SDI）的回报，戈尔巴乔夫首次提出美苏双方的战略武器裁减50%，概述了莫斯科最终废除《中导条约》（INF）以及巡航导弹的计划。

与此同时，遵循传统的苏联外交计谋的这位苏联领导人想要从他对法国的访问中获利，即这次访问是为了打欧洲牌以对抗美国。戈尔巴乔夫想要提醒里根的是，俄国人在欧洲比美国人在欧洲更感到如自家般自在，苏联领导人不必看美国的脸色就可以直接与欧洲对话。不过，这种传统的外交道路已迥异于勃列日涅夫时代的外交道路。新苏维埃欧洲战略的根本理念是由戈尔巴乔夫的新外交团队制定的。在新的外交团队中，与葛罗米柯亲近的强硬的美国主义者已经被自由欧洲主义者取代，后者如瓦季姆·扎格拉金（Vadim Zagladin）、阿纳托利·科瓦廖夫、阿纳托利·切尔尼亚耶夫（Anatoly Chernyaev）以及后期的瓦连京·法林（Valentin Falin）。新总书记的外交顾问们意识到政治上可耻的惨败。前任苏联领导层用增加了的军事建设与军事威胁维护苏联在欧洲影响力的时候，政治上可耻的惨败就产生了。军事建设与军事威胁指在苏维埃的常规武器优势基础上增加SS-20洲际战略导弹。戈尔巴乔夫团队的推论是易于理解的：

> 每次通过威胁欧洲的方式，历任苏联领导只会把欧洲推得更靠近美国，那么要重新获得欧洲人的支持并抑制美国人在欧洲存在所做的是，在欧洲方向上从苏联这边发动一次新的和平进攻，

① 安德烈·格拉乔夫对阿纳托利·科瓦廖夫（Anatoly Kovalev）的采访。

这次和平进攻不仅局限在宣传性的声明和修辞的改变上，而且将宣称废除苏联军事在欧洲潜在的“进攻性因素。①

总而言之，尽管新的策略比较“柔和”，但这依旧是在大西洋联盟成员之间插下楔子的传统目标之一。

按照这条思路，戈尔巴乔夫的“共同欧洲家园”构想的首次变体，尽管和戴高乐提出的“从大西洋到乌拉尔的欧洲”概念一样模糊，但仍然以苏联外交的传统目标为基础：将欧洲大陆安全从美苏战略斗争中“隔离”出来，确保莫斯科与欧洲其他国家“面对面”时占据有利地位。

确切地说，这就是包括密特朗在内的大部分西欧领导人对待戈尔巴乔夫的计划时彬彬有礼却充满疑虑的原因。密特朗在1985年10月回答一名记者关于对“共同欧洲家园”概念态度的直接提问时，更愿意含糊其词地答复：“就个人来说，我将不会使用（这个概念）。”②

然而，戈尔巴乔夫“共同欧洲家园”的个人设想并不能仅被简单地看作宣传口号或者被怀疑的外交诡计。戈尔巴乔夫将许多更加深刻的内容吸纳进这个方案中，与他的外交顾问们形成对比。在改革（perestroika）发起初期、乐观的阶段，“共同欧洲家园”计划，反映了戈尔巴乔夫的这样一个信念，即“改良的”（reformed）和民主化的东部的社会主义有能力与“人性化的”（也许是社会民主化的）西部的资本主义在一个共同的欧洲统一计划中融合。戈尔巴乔夫坚信，这种理想主义概念的政治框架必须由两个一体化的组织逐渐融合：西部的欧共体与东部被盟国环绕的脱胎换骨的、焕然一新的苏联。

戈尔巴乔夫选择巴黎作为展示他新欧洲政策的宣讲台，有一些明显的原因。首先，作为受到莫斯科特别优待的伙伴，法国被期待成为跟随苏联发起新版缓和政策的第一个西方国家。自从戴高乐退出北约之后，克里姆林宫流传着一种错误的政治观念，即将法国视为大西洋链条中的一个“薄

① 安德烈·格拉乔夫对瓦连京·法林的采访。

② S. Cohen (1998). Mitterrand et la sortie de la guerre froide, Paris: PUF, p. 36.

弱环节"。法国的外交活动是积极展开与苏联合作，支持赫尔辛基议程的建设性成果。甚至密特朗在SS-20洲际战略导弹问题上的挑衅立场也未被戈尔巴乔夫团队解读为偏向大西洋主义，偏离传统的戴高乐主义路线，因为现在苏美两国互相销毁部署在欧洲的导弹已经成为戈尔巴乔夫的首要事务清单中的一部分。除此之外，苏联专家继续认为，法国人将永远被打上一种反德典型的印迹，这将总是与莫斯科自身对德国的担忧相符合（密特朗对德国统一的观点的过敏反应，至少在柏林墙倒塌之后的最初几个月里，证明苏联专家的认识一定程度上是正确的）。但从总体上看，对戈尔巴乔夫而言，法国以密特朗为领导代表了对欧洲的政治领导。因此，还有比巴黎更适合戈尔巴乔夫发表对欧洲演讲的地方吗?

自然而然地，如果要从法国人那里获得利益，那么理由是法国必须被吹捧并应该得到政治礼物。举实例来说，雄辩的谢瓦尔德纳泽毫不迟疑地称法国为"世界时钟"[1]。而且，戈尔巴乔夫为他的法国之行储备了几项重要的公告。他证实了苏联把欧共体看作一个"政治实体"态度的根本转变，并呼吁签订一个欧共体—经互会合作条约。密特朗是被告知戈尔巴乔夫将把苏联军队从阿富汗撤走的第一个西方国家领导人（也许是希望密特朗把这个消息传给里根）。早在1985年10月1日，戈尔巴乔夫与密特朗第一次面对面会谈时，戈尔巴乔夫就告知法国总统，在未来，苏联不准备也不会以任何方式将法国的核力量纳入美苏之间的核武器库存和裁军协议中。

1986年7月，当密特朗抵达莫斯科的时候，戈尔巴乔夫做了另外一番诱导这位法国总统的努力，概述了有关常规军备控制的苏联新提议以及采取措施的信心（为了斯德哥尔摩会议），并首次召唤新版赫尔辛基议程的可能性。这是苏联又一次向法国传统的示好，以寻求为他们提供一个受到特别优待的地位，即作为新一轮缓和的"缔造者"，同时在美苏领导人之间发挥一个调停者的荣幸作用。

然而，对密特朗而言，这是不够的。两位领导人花了不少于三年时间，

---

① "Visite en France d'Edouard Chevardnadze, Paris, Octobre10-12, 1988," *Actualité Soviétique*, October 19, 1988.

直到1988年才建立个人层面的互信，在政治层面达到共谋的水平，最终在1989—1990年他们才得以采取同心协力的行动。在这个过程中，戈尔巴乔夫毫不犹豫地表达他的不耐烦甚至愤怒，因为法国总统对他持续不断的提议持保留态度，继续不为所动。密特朗的保留态度实际上转变为公开表达分歧，他不同意1986年戈尔巴乔夫和里根的反核协议，该协议在雷克雅未克差点儿达成。

密特朗一定对戈尔巴乔夫展示的政治姿态很敏感。他很乐意成为欢迎苏联新总书记官方访问的第一位西方领导人。然而，仅仅在首届美苏日内瓦峰会后不到一个月，在美苏雷克雅未克峰会期间和为1987年《中导条约》准备的过程中，密特朗观察到，戈尔巴乔夫的外交政策除了承诺给欧洲人美好前景（1987年甚至在形式上被宣布为苏联政治议程中的欧洲年）之外，再次展示出苏联与美国讨论世界主要问题的嗜好，使欧洲在这个过程中被边缘化。

特别是，法国的另一个担忧源于两个超级大国在雷克雅未克的公开声明。这个声明指，两个超级大国宣称朝一个无核世界努力，而美国没有与它的盟友商量且肯定忽视了法国“核威慑”（dissuasion nucleaire）自主权的特殊性。戈尔巴乔夫团队花了些时间才理解为何法国比英国（更依赖美国防务战略）对这件事的反应更充满敌意。尽管事实上莫斯科已经做出很大让步，把法英的核武库排除在军控协议之外。

戈尔巴乔夫和谢瓦尔德纳泽也对巴黎不愿称赞苏美销毁欧洲导弹计划感到尴尬。毫无疑问，苏美忽视了一项对于法国而言意义重大的事情：美苏核裁军进展使得法国前线暴露在更大的打击压力（force de frappe）下，这种压力比勃列日涅夫和葛罗米柯时代苏联对法国前线的压力还大。进一步而言，提议的欧洲无核化增加了常规军力的重要性，在常规军力方面，苏联的优势仍是绝对的。可以肯定的是，只要戈尔巴乔夫所承诺的在苏联内部进行的共产主义体制民主化改革尚未取得具体的成果，法国对前景的憧憬就没有苏联那么有热情。这种前景指，法国与苏联体面地保留在一个指定的“共同欧洲家园”的框架内。

尽管巴黎的“变幻莫测”激起了苏联的失望甚至愤恨情绪——谢瓦尔

德纳泽甚至同法国外交部长罗兰德·杜马斯（Roland Dumas）分享了这些感受，说苏联感到他们做出的“历史性让步”尚未得到巴黎的回报①——也许正是法国立场的坚定迫使戈尔巴乔夫将更多注意力转向欧洲人普遍关心的事务，从1988年②与美国签订《中导条约》开始，调整苏联在常规武器的立场以满足欧洲的意愿。在苏联政治局的一次讲话中，戈尔巴乔夫这样回应质疑之声：

> 对我们核裁军提议的回应是，我们经常被（西方）提醒，我们拥有绝对优势的常规武装和武器。我们也已经做好了解决这个问题的准备。我们赞同包括常规武器在内的所有类型武器的均势。③

1987年5月，戈尔巴乔夫公开声称，苏联承认西欧安全与美国联系的重要与必要。这标志着对传统苏联战略的一次真正背离，这种背离出现在戈尔巴乔夫的西方政策（West Politik）的第一阶段。传统苏联战略指，苏联寻求在大西洋盟友不同成员中钉入楔子。1987年12月，在华盛顿签署《中导条约》时，戈尔巴乔夫煞费苦心地强调在常规武器方面取得突破的必要，类似于一年前他与里根在雷克雅未克取得的核武器方面的突破。④

二、一个被改变的怀疑者的热情

到1988年，法国总统的态度也已经开始转变。这种转变的第一个原因是，随着戈尔巴乔夫裁军提议令人印象深刻地扩大，提议已从核裁军领域扩大到常规军备领域——《欧洲常规武装力量条约》也已在日内瓦签署——密特朗获得了消除华约组织在欧洲武装力量中优势地位的承诺。确定且明

---

① 安德烈·格拉乔夫对罗兰德·杜马斯的采访。

② 原文如此。此处应是作者笔误，应为1987年。——译者注

③ “V Politburo Tse Ka KPSS . . . ,” Moscow: Alpina Business Book, 2006, p. 32.

④ J.M. Newton, *Russia, France, and the Idea of Europe* (Basingstoke: Palgrave Macmillan, 2003).

显不可逆转的美苏核裁军趋势缓和，为实现法国政治和战略思想的长久梦想开辟了一种真正的可能性：把欧洲从作为超级大国对峙前线的人质地位中解放出来。人质地位主要指，欧洲（在西半部）被迫在美国的核保护伞下寻求保护。这是战后历史上欧洲首次能够认真思考属于自己的未来安全系统和防卫战略。

第二个原因是，苏联控制的中东欧地区在戈尔巴乔夫正式废除“勃列日涅夫主义”之后崩塌的可能。这个原因使新欧洲框架的形成加速。密特朗害怕，如果一体化的欧洲之建构还没有形成，此时中东欧就要崩溃，那么1957年发起的整个欧洲一体化进程的未来可能受到危及。在观察到东部政治局势变化出人意料地加速之后，密特朗认识到双重必要性：既要加速一个西部欧洲政治的建构，又应提出建立一种中东欧国家的“等候室”。密特朗相信，中东欧国家的人民在恢复自由后，为了适应新的政治与经济现实，需要有一个相当长的过渡期。

然而，对于密特朗而言，欧洲东部的紧迫问题仍然是苏联内部的演变。到1988年，法国领导人对戈尔巴乔夫在国际政治性质改变中发挥的作用和戈尔巴乔夫在国内民主改革中成功概率的评估已经发生极大变化。从一个尽管好奇却惯持怀疑态度的观察者——在密特朗首次与戈尔巴乔夫面对面谈话后，密特朗和杜马斯分享了他对戈尔巴乔夫的印象，“这个人似乎没有意识到实现他的计划在他的国家和全世界舞台中可能引起的所有后果”。——他已经转变为一名对戈尔巴乔夫政治冒险行为几乎狂热的仰慕者（如果热情这个词能完全用在密特朗身上的话）。根据杜马斯的说法，密特朗完全被戈尔巴乔夫给“迷住了”（envoûté）。[①] 我们不应该忘记，作为一个有坚定信仰的社会主义者，当密特朗发现在铁幕背后可以实现传统的欧洲社会民主长久梦想的时候，也就是发现悔改的共产主义者正在转化为社会民主党人的时候，他不能依旧漠不关心。

密特朗意识到，苏联内部持续的民主改革能够在欧洲局势乃至世界局势的变化中发挥积极作用，他毫不犹豫地优先给予戈尔巴乔夫支持，而不

① 安德烈·格拉乔夫对罗兰德·杜马斯的采访。

是鼓动华约组织内部成员国甚至苏联加盟共和国的反对者运动，因为害怕他们可能节外生枝地危及戈尔巴乔夫的政治地位。在至少三届七国集团（G7）会议上，密特朗表现得像赞许戈尔巴乔夫的政治说客一样，呼吁对苏联领导人经济援助的请求给予积极的回应。

另一个原因是，法国总统为何担心中东欧地区亲苏政权可能崩溃，他害怕欧洲这个敏感地区的局势最终不稳定。很明显，密特朗被二战之后边界有可能回到1913年的问题困扰，这可能导致二战后雅尔塔和波茨坦会议划定的界线被宣告无效。欧洲大陆集团学说在欧洲大陆西部成功地得到验证，作为该学说的忠实信奉者，密特朗支持戈尔巴乔夫的计划。该计划会以联合的形式将华沙条约成员国组建成一个环绕改革过的苏联的松散民主联盟，这种形式的灵感来源于欧洲共同体的范例。

三、通向心灵的会晤

就戈尔巴乔夫而言，从1988年开始他就一直朝着一个与密特朗会晤的时刻准备，这次会晤是由他自己的政治议程表所指引的。在外交层面，戈尔巴乔夫已经与里根签署了《中导条约》，并且面临着美国总统变换带来的不确定性，他转向了欧洲。他这么做并不仅仅是为了寻求外交帮助。戈尔巴乔夫对待欧洲态度逐渐变化，其背后的一个重要因素是，苏联国内改革（perestroika）演变的政治逻辑。这样，欧洲从苏联外交的一个工具与苏联对美施压的一种手段转变为戈尔巴乔夫主要事业中一个受到特别优待的伙伴。这个主要事业指苏联国内社会改革。随着苏联国内改革的进行和国内矛盾的积累，戈尔巴乔夫开始感到，不仅需要与西方停战和结束耗资巨大的军备竞赛，而且需要西方对他的社会改革的援助。前者是戈尔巴乔夫必须首先从美国那里获得的，后者是只有欧洲能够提供的。正是作为一种改革政治视域下的欧洲“内在化”逐渐改变了戈尔巴乔夫“共同欧洲家园”概念的本质，并为其政治行动与密特朗的政治行动的结合开辟了道路。

1988年11月，戈尔巴乔夫在莫斯科接待密特朗的时候，指出到了法苏两国共同建设欧洲的时候，并建议每年召开法苏峰会。[①] 这标志着莫斯科在德法之间微妙的平衡行动的开始。有可能的德国经济援助在苏联解决改革中日益恶化的经济问题时会发挥更重要的作用。对戈尔巴乔夫而言，法国是新欧洲大厦建设中的首要政治伙伴。

1989 年 7 月，戈尔巴乔夫在对联邦德国进行历史性访问的一个月后，出访巴黎。在巴黎，戈尔巴乔夫称密特朗为一体化欧洲的政治领袖，并建议改善苏联与欧共体的关系。戈尔巴乔夫还敦促密特朗支持他呼吁召开第二届赫尔辛基峰会的提议。戈尔巴乔夫又从巴黎飞抵斯特拉斯堡。在这里，他恳请支持一个从大西洋到乌拉尔山的扩大的欧洲。这个扩大的欧洲将把拥有共同经济和法律空间的特点与一个泛欧洲安全学说结合起来。所有的这些倡议都将构成他的“共同欧洲家园”。“共同欧洲家园”由“两翼”组成，这两翼源于赫尔辛基议程（因而在进程中包括美国）。戈尔巴乔夫对欧洲委员会议员大会称，“我们需要欧洲，一个和平、民主的欧洲，在这样的欧洲，我们看到了我们的未来”。[②]

四、法苏构想的兴起与衰落

接着，在 1989 年，东欧政治剧变发生了。紧随着波兰，匈牙利也开启了“天鹅绒革命”时期。随后轮到了两德。当戈尔巴乔夫和密特朗设法追踪这些事件的时候，他们被迫将注意力从平和交流欧洲遥远的未来构想转移到对事件的迅速反应。在这样的情形下，尽管以不同关切的事务为指引，但他们不得不加快他们两项计划的融合。

密特朗最想要保护欧洲一体化进程以及推动欧洲国家的政治联盟建设。与之相反，为了减轻即将发生的华沙条约崩溃和开始于波罗的海国家的首批苏维埃加盟共和国宣布脱离苏联这两个事件的影响，戈尔巴乔夫急切地寻求苏联与西欧之间的有机联系，两位领导人都被不可阻挡的德国统一带

① J. M. Newton, *Russia, France, and the Idea of Europe* (Basingstoke: Palgrave Macmillan, 2003), p. 167.

② 1989 年 11 月 7 日戈尔巴乔夫在斯特拉斯堡欧洲委员会的讲话。

来的无法预测的后果迷惑。

尽管事实是，戈尔巴乔夫和密特朗都已承认在某个不确定的时间点德国统一的不可避免性，但德国“火山”的爆发使得戈尔巴乔夫与密特朗措手不及。戈尔巴乔夫与密特朗一直都坚信，精心设计和组建新的欧洲大厦主要框架，在适当的时候为德国（或者两个德国）找到一个恰当位置之前，他们会有足够的时间。“德国可以等待”是大多数欧洲国家首都和华盛顿的最高政治领导人的非官宣假设。实际上，直到1989年6月戈尔巴乔夫首次正式访问联邦德国时，他才不仅发现德国令人难以置信的经济实力，而且意识到德国人准备好以他们对苏联改革的支持换取通向国家统一的钥匙，因为在德国人看来，德国统一的钥匙是由克里姆林宫保管的。戈尔巴乔夫与科尔在政治上的“一见钟情”（coup de foudre）必定是促使密特朗朝着苏联领导人的方向采取新行动的另一个原因。意识到这样的事实，即法国将永远无法像德国一样成为戈尔巴乔夫改革潜在的经济赞助者，为了吸引戈尔巴乔夫的注意，密特朗选择打政治牌——一项关于欧洲未来的共同政治计划。

在这个方向上，第一步是支持苏联重启赫尔辛基议程与欧安会的提议。在1989年夏，密特朗与杜马斯同意了谢瓦尔德纳泽的两年召开一次新欧安会的提议，并接受于1990年11月在巴黎举行新欧安会。当希望将赫尔辛基议程转变为一个赫尔辛基框架的时候，法国与苏联的外交家们都相信他们能够建立起一个牢固的政治框架，可以控制和引导新欧洲历史的潮流。但当柏林墙突然倒塌之时，所有的政治日程都不得不重新适应新的现实。无论是欧洲东部还是西部（甚至在波恩），没有人有防备。在华盛顿、伦敦、巴黎和莫斯科，都可以感受到政治恐慌之风。四个战胜国的领导人自然迫不及待想要弄清，新德国在没有获得他们的许可决定开始德国统一运动后，将如何表现。

戈尔巴乔夫一门心思想着这样的事实，即在苏联内部，德国的“丧失”会被他的政敌用来反对改革。布什和撒切尔则害怕，联邦德国有可能退出北约并选择中立作为其向莫斯科要求统一的筹码。密特朗有类似的担忧（担忧苏联坦克移到两德边境，就像1953年一样，或被苏联军方用来废黜戈尔巴乔夫——这样一个假设是错误的，但仅仅在两年内），但他最担心的是欧共体的命运。被 1913 年与 1939 年的魔影所萦绕，密特朗也比之前任何时候都更想着德国边界未来的问题，尤其是东部边界未来的问题。

每个人都害怕首先采取行动，担心这种行动会成为激怒他者的政治失态行为。没人知道要做什么，与其说所有人的目光转向德国人，倒不如说他们把目光转向戈尔巴乔夫。但在这次事件中，戈尔巴乔夫比其他人更没准备。就戈尔巴乔夫而言，他还想咨询其他人。幸运的是，在 12 月的最初几天里，戈尔巴乔夫与布什在马耳他有约定的峰会，这次峰会为超级大国提供协调行动的机会。

密特朗不仅扮演着法国总统的角色，更扮演着欧洲发言人的角色，提出与戈尔巴乔夫紧急会晤，谈论德国与欧洲问题。在戈尔巴乔夫与布什 1989 年 12 月 6 日会面三天之后，法苏两国领导人在基辅举行紧急峰会。戈尔巴乔夫从布什那里获得了美国对东欧与德国突然加速历史进程会谨慎对待的保证（就像布什所指出的，将不会有人“在柏林墙上跳舞”）。而戈尔巴乔夫从密特朗那里期待更多，尤其是共谋延缓德国统一。这一观点在科尔的十点计划中就宣布过，发生在联邦德国的联邦议院于 11 月 28 日威胁要削弱法苏领导人的作用到仅仅是观察者之前。据戈尔巴乔夫所言，这种补救有两个方面：首先，尝试维持两个独立的德国并行存在，这种尝试很快被证明是徒劳的；其次，彻底加快可以容纳统一德国的巨擘的新全欧大厦建设。

密特朗和戈尔巴乔夫在第一个方面立即达成一致意见：有必要“抑制”（check）德国人——当然不是通过重建柏林墙，也不是阻止德国统一运动，而仅仅是延缓这个进程，为苏法两个国家（更不用说其他胜利大国）跟上事态节奏赢得时间。密特朗想要科尔在德国最终统一之前就确定科尔忠于欧洲计划，而戈尔巴乔夫则需要时间重新获得国外与国内的政治主动性，并决定如何处理民主德国问题。密特朗与戈尔巴乔夫也都一致认为，既然德国人“拒绝等待”，那么必须要加速详细制定若干欧洲总体性框架，这些框架将用作“石棺”，为欧洲生存政治上的“切尔诺贝利”服务。

在基辅，当戈尔巴乔夫被迫即兴表演时，他尝试运用已掌握的一些要素来更新他的“共同欧洲家园”计划。这样，戈尔巴乔夫谈到了“联盟的联盟”（指北约与华约之间某种形式的合作框架），并重申新版赫尔辛基议程在不牺牲最初基础的情况下适合新环境。最初的基础指，战后边界的合法性与两个德国的存在。对于密特朗而言，同样清楚的是，未来共同家园的长期远景必须迫切地被规划得更具体。戈尔巴乔夫的方案并不能为多种多样的政治与司法问题提供准确的政治解答，这对密特朗来说是明显的。这些政治与司法问题涉及崛起的“更伟大的欧洲”遇到的多样的、极其杂乱的因素。

密特朗尝试以他自己具体的方式来回应戈尔巴乔夫关心的问题。当在基辅的时候，密特朗就向戈尔巴乔夫宣布他打算继续进行他既定的对民主德国（在现在已被罢黜的昂纳克的邀请之下）访问，让戈尔巴乔夫感到意外的是，密特朗甚至提议他与苏联领导人能一起去柏林。接着，在返回巴黎之后，密特朗在1989年除夕演讲中，出乎意料地呼吁建立一个从大西洋到乌拉尔山的欧洲联邦。这个联邦将由以法德为核心的若干个核心圈组成，包括欧共体（西欧）的其他国家，包含东部——例如东欧、中欧和苏联。所有这一切都将按照欧安会的标准建构。事实上，这是法国在往空洞的“共同欧洲家园”计划中填充一些更加具体的内容。

这样的场景在历史上是如此地常见，正是在共同恐惧的基础上，两种最初的关于欧洲的不同设想由于共同原因而终止。在法国外交政策传统中，这种新计划指向周全的准备（tous azimuts），其基本优点是它足够模糊，适合不同的解释。密特朗的欧洲联邦计划被设计用作西欧联合体的屏障，目的是保护西欧联合体免受东部不稳定和最后的混乱局势的影响。它构想了一个为东欧与中欧做出的共同欧洲未来的承诺（经历了过渡期之后，这个过渡期持续了一段不确定的时期）。这代表了对戈尔巴乔夫领导的经过改良的苏联参加“更伟大的欧洲”计划的一次慷慨邀请。

唯一没有被邀请参与该计划的重要大国是美国。在这一点上，密特朗甚至比戴高乐走得更远，因为他设想在战略上自治的欧洲不需要一个大西洋纽带保护自身的安全。这个切断与美国战略联系（而拥抱了苏联）的矛盾的欧洲设想，是一个比戈尔巴乔夫的欧洲—大西洋文明（与安全系统）

设想更大胆的新思想。欧洲—大西洋文明设想覆盖从温哥华到符拉迪沃斯托克的区域。事实上，在马耳他峰会期间，戈尔巴乔夫就已经告诉了布什，莫斯科将美国在欧洲的军事存在视为世界战略稳定的一个积极因素与必要保障。[①]

密特朗建立欧洲联邦的提议受到莫斯科的热情支持，因为戈尔巴乔夫立即将这一计划视为使经互会与苏联本土得以稳定的一个机制，视作反对分裂主义者与离心潮流的一个工具。戈尔巴乔夫与密特朗政治联盟的有效性也在 1990 年 11 月巴黎成功举行的泛欧洲峰会上表现出来，以将欧洲安全与合作会议（CSCE）转变为欧洲安全与合作组织（OSCE）并签署《巴黎宪章》而结束。但是，这次峰会既标志着“更伟大的欧洲”走向顶峰，也标志着这样的时刻，即“更伟大的欧洲”构想的命运开始衰落。

从 1991 年冬天开始——随着华约组织急剧混乱和苏联内部政治危机的加剧——“更伟大的欧洲”的前景便变得黯淡。人们提出不同的原因来解释联邦构想的最终失败。第一个原因就是这样一个事实，即这种产生于巴黎的观念缺乏当时欧洲圈中主要政治参与者的支持。这在西部是真的——联邦德国与美国都礼貌地忽略了它。这在东部也是真的，因为华约与经互会前成员没有准备再次将自身置于一个与莫斯科而非华盛顿有稳定关系的单一框架中。甚至捷克总统瓦茨拉夫·哈维尔（Vaclev Havel）被密特朗授意于 1991 年 6 月在布拉格举行一次共同赞助的重大会议，谈论更伟大的欧洲时，他表现出了极大的保留。

但该计划失败的主要原因则在于其他方面。因为，联邦的观念是基于这样的假设，即欧洲西部变化与东部（包括苏联巨擘自身）变化的政治对称性；同时也基于这样的观念，即最终东西部可能合并。但这样一种被认为用两条腿站立的结构——一个西部，一个东部——在只有一条腿时不可能保持稳固。正如我们现在所知，密特朗在 1989 年末和 1990 年初付出大量的精力并诉诸数次最后通牒的语言，以从德国领导层获得一份实现一体化的欧盟的议程。当密特朗做这些事情的时候，戈尔巴乔夫被迫无助地主导

① 安德烈·格拉乔夫对戈尔巴乔夫的采访。

着苏联经济与政治实体的解体。[①] 造成这种反差的原因并不是一个领导人比另一个领导人更有经验和更熟练（或者也许是狡猾）——在这些品格中他们是完全匹配的。实际上，就像从事情发展中（尽管仅仅在事后）清晰地看到的那样，它假设经过战后几十年发展，西欧盛行的一体化的理性与逻辑将会很容易被欧洲东部国家的社会与政治精英接受，而欧洲东部国家刚刚摆脱“极权主义”的苏联体制强加的不同形式整合的束缚。这个假设就是一个幻想。

我记得，1991 年 11 月，距离戈尔巴乔夫被迫辞职仅仅剩下几周，戈尔巴乔夫与密特朗在拉切举行最后（官方而非正式的）会晤。两位总统在密特朗庄园的农家小屋里进行最后一次促膝长谈，一次又一次地回顾他们共同的欧洲梦。在理智上，两人之间有着彼此完美的契合。然而，当戈尔巴乔夫再次提及建立在两个支柱基础上的一个“更伟大的欧洲”想法时，密特朗将他带回了现实，“目前只有一个支柱。至于我们非常感兴趣的另外一个支柱，那是你的问题所在”。[②] 一个月之后，第二个支柱破裂了。15 年过去了，一个“共同的欧洲家园”作为一种有前途的政治观念诞生于莫斯科，现在正在成为现实，但遵循一种非常不同的构思发展，唉，并且也不包括俄罗斯。

---

① J. Attali, *C'était Fransois Mitterrand* (Paris: Fayard, 2005), p. 331.

② 安德烈·格拉乔夫的私人笔记。

有限的霸权：一战后美国在中东的石油扩张

李时雨 *

摘　要　早在20世纪初，中东地区就因其丰富的石油资源成为欧洲列强争夺的焦点。其中，英国的英波石油公司与土耳其石油公司作为当时的石油巨头，抢占了波斯和美索不达米亚地区的石油租让权。截至一战结束时，英国几乎垄断了中东地区所有的石油资源。一战结束后，美国迫于本国石油资源可能枯竭的压力，尝试打着“门户开放”与“商业机会均等”的旗号，支持本国资本积极进军中东的石油市场，却在初期遭到英国方面的强大阻力。此后，美英双方为了中东地区的石油权益展开多次博弈。经过多年的外交磋商，美英各方终于在1928年7月签署关于中东地区石油开发的《红线协定》，美国历经多年成功在中东确立自己的石油权力。一战后美国在中东的石油扩张，是一种有限的霸权，是以开拓海外市场为主要目的的“经济帝国主义”。

关键词　美国外交　美英关系　中东石油　门户开放　《红线协定》

* 李时雨，中国人民大学历史学院2017级博士研究生，研究方向为中东国际关系史。

经历两次工业革命的快速发展以及美西战争和第一次世界大战后，美国已经崛起为一个世界性的大国。在追求世界领导权的过程中，石油对于美国经济、军事和战略发展的重要性日益凸显。一战后，迫于本国石油资源可能枯竭的压力，美国政府尝试打着“门户开放”的旗号，积极鼓励本国资本进军中东石油市场，并取得了一定成果。作为美国建立其全球石油帝国的初期阶段，一战后美国在中东的石油扩张意义重大，探究其经过不仅有助于我们追寻美国中东石油战略的缘起，同时对解读当下美国的石油霸权主义也大有裨益。目前国内关于这方面的研究尚处于初步阶段,① 许多问题还有进一步讨论的空间。美国为了攫取中东的石油资源进行过哪些斗争与合作？又遇到了怎样的阻力？其在中东的石油扩张取得了怎样的成果？本文依据多份档案和资料，试图梳理出一战后美国对中东石油权力争夺的来龙去脉。

一、一战后英国中东石油霸权的确立

中东是欧洲列强的传统势力范围，该地区的石油租让权（Oil Conce-

---

① 目前国内对于一战后美国中东石油政策的研究主要有：张德明：《美国在亚洲的石油扩张（1860—1960）》，《世界历史》2006 年第 4 期；赵庆寺：《〈红线协定〉与中东石油政治格局的变迁》，《阿拉伯世界研究》2007 年第 4 期；田宗会：《“门户开放”政策与美国中东石油战略的缘起》，《史学集刊》2014 年第 6 期。但上述文章的研究点多集中于 1928 年《红线协定》签署之后美国的中东石油战略，对一战后初期至《红线协定》签署之间美英中东石油权力的斗争着墨较少，这也启发了本文的写作。国外这一领域的研究较为丰富，代表性著述有：Halford L. Hoskins, *Middle East Oil in United States Foreign Policy* (Westport: Hyperion Press, 1976); John A. DeNovo, “The Movement for an Aggressive American Oil Policy Abroad, 1918 - 1920,” *The American Historical Review* 61, no. 4 (1956); B. S. McBeth, *British Oil Policy, 1919 - 1939* (London: Totowa, N. J.: F. Cass, 1985); Nicoline Kokxhoorn, *Oil and Politics: The Domestic Roots of US Expansion in the Middle East* (Bern: Herbert Lang, 1977); Edward W. Chester, *United States Oil Policy and Diplomacy: A Twentieth Century Overview* (Westport, Comecticut: Greenwood Press, 1983); Gerald D. Nash, *United States Oil Policy, 1890 - 1964: Business and Government in Twentieth Century America* (Pittsburgh, Pa.: University of Pittsburgh Press, 1968); Michael J. Hogan, “Informal Entente: Public Policy and Private Management in Anglo-American Petroleum Affairs, 1918-1924,” *The Business History Review* 48, no. 2(1974)。

ssion）早在一战开始前就已成为各国外交和商业争夺的焦点。1901 年 5 月，英国商人威廉·达西（William D'Arcy）在英国政府的支持下，同波斯政府签署了一份石油租让权协议，据此他得到了约 50 万平方英里的租让地，范围涉及整个波斯的中南部地区。在此基础之上，1909 年英波石油公司（The Anglo-Persian Oil Company）成立。[①] 在 1914 年时，英国政府出资购买了英波石油公司 51%的股份，成为该公司最大的股东和实际掌控者，英波石油公司也成为英国在波斯掠夺石油利益的马前卒。到 1919 年时，波斯的石油产出量已经高达年均 750 万桶。[②]

在中东另一盛产石油的美索不达米亚，最早关注到该地的是德国。1901 年时，一个德国技术委员会就出炉了该地石油潜能的报告。1903 年 3 月，德意志银行（Deutsche Bank）同奥斯曼帝国政府签署《巴格达铁路协议》（*Baghdad Railway Agreement*），规定德国有权建设一条从巴格达到巴士拉再到波斯湾的铁路，并且拥有铁路沿线 20 公里范围内所有矿产的开采权。在 1904 年时，德意志银行通过安纳托利亚铁路公司（Anatolian Railway Company），[③] 进一步获得了底格里斯河和幼发拉底河地区的石油开采权，但因为一些原因，这个计划不久便被搁置。

英国方面，1906 年威廉·达西在英国驻君士坦丁堡大使的支持下，请求奥斯曼帝国政府给予其开发美索不达米亚的权利，双方之间的谈判持续了一年之久，最终因为土耳其革命的爆发被打断。此外，从 1908 年到 1912 年，有英国背景的皇家荷兰壳牌公司（Royal Dutch-Shell Company）也参与到争夺美索不达米亚的石油资源中。[④] 1912 年时，一位名叫欧内斯特·卡塞尔（Ernest Cassel）的英国银行家萌生出组建一个英国控股、英德合资集团

---

① 1935 年改名为英伊石油公司（The Anglo-Iranian Oil Company），现英国石油公司（British Petroleum）的前身。

② Halford L. Hoskins, *Middle East Oil in United States Foreign Policy*, pp. 67-69.

③ 1888 年，德意志银行与奥斯曼帝国政府签约，出资 2 亿法郎建立该公司。

④ 皇家荷兰壳牌公司由英国壳牌运输贸易公司（The Shell Transport and Trading Company）和皇家荷兰公司（Royal Dutch）于 1907 年合并而成。其中，壳牌公司占有 40%的股份，皇家荷兰公司占有剩下 60%的股份。

的主意，以协调美索不达米亚地区各方的利益。由此他出资 8 万英镑组建了土耳其石油公司（Turkish Petroleum Company），并期望购得美索不达米亚地区所有的石油租让权。这一计划得到了皇家荷兰壳牌公司和德意志银行的支持，却遭到了英波石油公司的反对。[①]

英波石油公司的顾虑在于，土耳其石油公司开发美索不达米亚地区的石油计划，势必会影响其在波斯的生意。因此，英波石油公司凭借其官方背景，成功说服英国政府介入土耳其石油公司的事务中。[②] 1914 年 3 月 19 日，英国政府召集德意志银行、皇家荷兰壳牌公司、英波石油公司及土耳其石油公司四方在伦敦签署《外交部协议》（*Foreign Office Agreement*），规定：（1）土耳其石油公司重组，英波石油公司占有其中 50%的股份，德意志银行和皇家荷兰壳牌公司各占 25%的股份；（2）英波石油公司及皇家荷兰壳牌公司各出 2. 5%的股份交由土耳其石油公司创始人之一、亚美尼亚商人卡洛斯特·古尔本基安（Calouste Gulbenkian），但是古尔本基安没有投票权；（3）土耳其石油公司的控制权交给达西集团（D'Arcy Group）；（4）所有各方必须遵守“自我否定”原则（Self-Denying），即除非通过土耳其石油公司股东的相互合作，否则任何人不得在奥斯曼帝国单独从事石油开发。[③] 1914 年 6 月，重组后的土耳其石油公司同奥斯曼帝国政府签订协议，规定前者享有摩苏尔和巴格达地区的石油租让权。

随着一战中德国的战败，在 1918 年 12 月，土耳其石油公司中德意志银行 25%的股份作为“战利品”被英国政府收为国有。再加上英国政府在英波石油公司中原有的 50%股份，英国实际已经掌握了土耳其石油公司 72. 5%的股份资产。值得注意的是，皇家荷兰壳牌公司董事长亨利·德特丁

① Edward Mead Earle, "The Turkish Petroleum Company—A Study in Oleaginous Diplomacy," *Political Science Quarterly* 39, no. 2 (1924): 266 - 268; John Carter, "The Bitter Conflict over Turkish Oilfields," *Current History* 23 (1926): 494.

② Martin Gibson, *Britain's Quest for Oil: The First World War and the Peace Conferences* (England: Helion & Company Limited, 2017), p. 25.

③ Edward Mead Earle, "The Turkish Petroleum Company—A Study in Oleaginous Diplomacy," *Political Science Quarterly* 39, no. 2 (1924): 277-279.

（Henri Deterding）在1915年时获得英国国籍，这使得该公司的管理层趋于“英国化”。[①] 至此，到一战结束时，英国几乎垄断了中东地区的石油资源。

二、一战后美国海外石油政策的转向

当欧洲列强在中东积极掠夺石油资源之际，美国政府并未鼓励本国资本进军中东石油业。其中最主要的原因不仅在于美国本土有着丰富的石油资源，而且由于美国资本对于海外石油的兴趣点主要集中在本土附近的墨西哥。[②]

战争促成了美国石油政策的转向。首先，随着一战的进行，美国人越来越意识到占有海外石油资源的重要性：一战中协约国军队80%的石油补给依赖于美国，丰富的石油资源使得美国有能力为欧洲提供强大的燃料保障。[③] 反观他国，法国就因为严重的石油短缺在战争中吃尽苦头，总理克里孟梭为此曾在1917年底致信美国总统威尔逊，表示如果协约国不想输掉战争，就必须保证法国的石油供给。此外，战争也使美国政府意识到石油在国家防卫中的重要性，军事武器例如飞机、潜艇、坦克、炸药的技术革新都有赖于石油的有力支撑。[④] 美国航运委员会主席爱德华·纳什（Edward Nash）曾在1919年7月致信威尔逊总统，呼吁美国建立起全球性的燃料网络，从而保证美国国家安全和航运业的发展。在信中他特别提到了石油的重要性，并提醒威尔逊英国已经实际控制了中东这一未来的石油主要产地。[⑤]

---

① Edward Mead Earle, “The Turkish Petroleum Company—A Study in Oleaginous Diplomacy,” *Political Science Quarterly* 39, no. 2 (1924): 273.

② John A. DeNovo, “The Movement for an Aggressive American Oil Policy Abroad, 1918–1920,” *The American Historical Review* 61, no. 4 (1956): 855.

③ David S. Painter, “Oil and the American Century,” *The Journal of American History* 99, no. 1 (2012): 25.

④ John A. DeNovo, “The Movement for an Aggressive American Oil Policy Abroad, 1918–1920,” *The American Historical Review* 61, no. 4 (1956): 855–856.

⑤ Martin Gibson, *Britain's Quest for Oil: The First World War and the Peace Conferences*, p. 158.

其次，战后的美国出现了担心国内石油资源可能耗尽的声音。1919 年 4 月，美国地质调查局的首席地理学家大卫·怀特（David White）指出，美国的石油存储量大致为 67 亿桶，并将在 17 年之内耗尽。到 1925 年时，预计美国将每年从海外进口 1.5 亿桶石油。1919 年 5 月 16 日，美国地质调查局联合煤炭管理委员会、矿产委员会一道致信国务院，建议“美国应该尽可能地鼓励本国的公司在外国寻求石油资源，并保护国内日益减少的石油资源”。[①] 对于国内石油资源的担心，引发了转变美国海外石油政策的呼吁，美国矿产委员会的负责人冯·曼宁（Van Manning）在 1919 年的报告《国际政治影响世界石油产业》中强调：“没有人比通过帮助美国公民合法地参与开发世界石油能更好地为美国服务。”[②]

最后，一战后英国在中东地区自身委任领土范围内建立经济垄断的做法，加深了美国的担忧。1919 年 9 月，美国标准石油公司（Standard Oil Company）的地质勘探人员试图进入巴勒斯坦和美索不达米亚，却遭到英方的拒绝。尽管美国政府抗议英国这一行为，英国政府却回应称，在明确美索不达米亚的政治地位之前，英国有权拒绝其他国家的任何人或者组织在该地区进行石油勘探。但是，皇家荷兰壳牌公司和英波石油公司的工程师却被允许在此地开展工作。[③] 对于英国试图垄断中东石油的做法，美国显然无法同意。第一，成为战后超级大国的意识在美国国内日益凸显，美国人认为其理应获得一个全球性的商业位置。第二，随着德国的战败，英国成为美国在经济层面最强大的对手，双方之间的竞争日趋激烈。[④] 因此，针对英国拒绝美国公司涉足中东地区石油的回应，美国国会在 1920 年 2 月 25 日通过一项名为《矿产租让法案》（*The Mineral Leasing Act*）的提案，规定内政部门有权拒绝外国人在美国公共土地内开采石油和矿产资源，除非该国

---

① B. S. McBeth, *British Oil Policy, 1919–1939*, p. 56.

② John A. DeNovo, “The Movement for an Aggressive American Oil Policy Abroad, 1918–1920,” *The American Historical Review* 61, no. 4 (1956): 862.

③ *Foreign Relations of the United States (FRUS)*, 1919, Vol. 2, pp. 250–262.

④ John A. DeNovo, “The Movement for an Aggressive American Oil Policy Abroad, 1918–1920,” *The American Historical Review* 61, no. 4 (1956): 858.

允许美国人在这个国家享有同样的权利。[①] 这项法案的通过也得到了国内石油界人士的支持。美国地质调查局的奥蒂斯·史密斯（Otis Smith）指出："对于美国来说，'门户开放'政策是再好不过的了，鼓励美国资本进入国外领域的同时，保护进入到美国国内的外国资本。但是，这种互惠的精神并不要求美国总是单方面对所有国家敞开大门，那些不顾及美国态度的国家显然不值得拥有这个权利。"[②]

但就在此时，英法两国于1920年4月24日在意大利小镇圣雷莫签订了《圣雷莫石油协定》（*San Remo Oil Agreement*），就美索不达米亚地区的石油资源分配达成共识。该协议规定，美索不达米亚（摩苏尔和巴格达地区）的石油由土耳其石油公司开发，英国应当给予法国政府当下市场利率25%的原油净产值（原属于德意志银行的那部分）；私人公司可以开发石油，英国政府可以出售法国政府在该公司25%的股份，英法两国都同意该石油公司由英国永久所有。[③] 据此，英法瓜分了中东的石油资源，美国则被排除在外。

三、"门户开放"之下美国挑战英国石油霸权的初尝试

英法联手将美国人拒之门外的做法，无疑违背了美国一直以来所提倡的"门户开放"政策与"商业机会均等"原则。门户开放政策最早形成于19世纪末，为了争夺中国广阔的市场，从列强口中分得一杯羹，时任美国国务卿海约翰（John Hay）致电美驻英、俄、法等国大使，训令各大使向所驻国政府发出照会，要求各国承认美国在华与他国拥有相同的"商业权

---

① Nicoline Kokxhoorn, *Oil and Politics: The Domestic Toots of US Expansion in the Middle East*, p. 17.

② Harold F. Williamson, *The American Petroleum Industry: The Age of Energy, 1899-1959* (Evanston: Northwestern University Press, 1963), p. 518.

③ J. C. Hurewit (ed.), *Diplomacy in the Near and Middle East: A Documentary Record, 1553-1956*, Vol. 2 (England: Archive Editions, 1987), p. 76; *Foreign Relations of the United States (FRUS)*, 1920, Vol. 2, p. 656.

利”，各国在华应实行所谓的“商业机会均等”原则。[①] 此后，“门户开放”与“门罗主义”（Monroe Doctrine）一道，成为美国对外扩张、称霸世界的战略性政策。

因此，《圣雷莫石油协定》的签署令美国政府和舆论大为震惊，美国国内对于《圣雷莫石油协定》的批评以及反对英国垄断中东石油的声音不绝于耳。波士顿的《环球》杂志认为，“美国在美索不达米亚石油问题上的诉求正是我们一直愿意给予全世界的”。印第安那波利斯的《新闻报》抱怨道：“再没有比《圣雷莫石油协定》更违反国联公平原则和精神的了。”[②] 1920年5月12日，美国驻英大使约翰·戴维斯（John Davis）在威尔逊总统的授意下致信英国外交大臣乔治·寇松（George Curzon），抗议英国在委任统治地区实行的经济垄断：

> 美国政府希望指出，在巴黎和会上所达成的凡尔赛和平协议规定，为了未来世界的和平必须基于以下原则，即各国在和平协议所规定的所有外国领土上都必须拥有平等的商业权利。正是基于这一点，美国政府才同意协约国可以在敌国领土内实现自身利益的最大化。但是，协约国并没有很好地贯彻这一原则——在土耳其被占领土上就没有实现这一点。[③]

戴维斯要求英国政府保证包括美国在内的其他所有国家在美索不达米亚都享有同样的经济权利：

> 美国政府建议：（1）所有国家在关税、商业、运输、石油租让权等其他经济活动层面，享有相同的权利与自由；（2）任何国家不能拥有额外的经济特许权与石油租让权；（3）在委任地区领

① 徐蓝：《美国获得世界领导地位的历史轨迹》，《美国研究》2016年第1期，第147页。

② Edward W. Chester, *United States Oil Policy and Diplomacy: A Twentieth Century Overview*, p. 222.

③ *Foreign Relations of the United States (FRUS)*, 1920, Vol. 2, p. 652.

土范围内，申请政府性活动或者与资源有关的经济性活动时，应做出公开的合理的解释。①

针对美国认为英国垄断美索不达米亚地区石油的质疑，英国并未立刻做出回应。直到1920年8月9日，寇松才在给戴维斯的回信中表达了英国政府的态度。寇松首先否认了对英国没有在土耳其领土上贯彻“门户开放”政策的指责，他指出此时英国石油公司在这片土地上的数量同战争刚爆发时相比不多也不少，英国在美索不达米亚开采石油资源为的是保障未来阿拉伯国家的安全。对于《圣雷莫石油协定》，寇松否认其是一种垄断，他指出该石油协定仅仅把战前德国在土耳其石油公司的股份让渡给了法国，并没有排除其他任何国家的利益集团。对于英国试图阻止美国资本进行海外石油投资的指责，寇松称这完全让人无法理解。他指出，美国生产了全球70%的石油，并且墨西哥的石油也由美国公司控股管理，而这又占到世界石油产量的12%。如此算来，全世界80%的石油产品实际由美国所掌控。相比之下，英帝国仅仅产出全球石油的2.5%。②

虽然寇松否认了英国石油公司对中东石油的垄断，但英国人的解释并未缓解美国石油界的焦虑。在1920年11月18日美国石油研究院的年会上，石油界人士就当前国内的石油开发形势展开商讨。新泽西标准石油公司(Standard Oil of New Jersey)③主席沃尔特·蒂格尔（Walter Teagle）重申了国务院认为英国政府有意为美国开发海外石油资源设置障碍的观点。他指出，海外石油应该作为不断减少的国内石油资源的有效补充。美国地质调查局的专家奥蒂斯·史密斯也赞同蒂格尔主席的观点，认为美国国内的石油只能维持使用9年3个月，因此美国当下对国外石油的需求只能通过全世界范围的勘探来满足，而美国政府理应成为美国石油公司的坚强后盾。洛克萨那石油公司（Roxana Petroleum）的副主席理查德·艾雷（Richard

① *Foreign Relations of the United States (FRUS)*, 1920, Vol. 2, pp. 651-655.

② *Foreign Relations of the United States (FRUS)*, 1920, Vol. 2, pp. 663-667.

③ 新泽西标准石油公司在1972年更名为埃克森公司（Exxon），1998年与美孚石油（Mobil）合并成为现在的埃克森—美孚石油（Exxon Mobil）。

Airey）认为，各国在英国殖民地内应有同样的石油租让权，英国企图垄断中东石油资源的动机是站不住脚的。①

石油界人士主张国内资本积极参与中东石油事务的观点，得到了美国政府的支持。1920 年 11 月 20 日，美国国务卿班布里奇 · 科尔比（Bainbridge Colby）致信寇松，强调英国需要认同美国在一战当中的突出作用，并尊重美国在美索不达米亚地区的合理诉求。科尔比认为：

> 美国作为一战的参与国，对协约国的胜利作出了突出贡献，因此绝不应该被排除在美索不达米亚和巴勒斯坦地区之外。不可忽视的事实是，关于美索不达米亚石油资源的报告引发了包括美国和英国在内所有国家的兴趣。而确立委任制度的目的正是在于，消除因为一国垄断该地区的资源从而引发冲突的可能。②

此外，科尔比还否定了土耳其石油公司的租让权。因为美国心里无比清楚，土耳其石油公司无疑是美国资本进军中东石油市场的最大障碍：

> 美国政府对于英国政府对《圣雷莫石油协定》的解释并不认同。英国政府认为美索不达米亚的石油资源将在未来移交给阿拉伯国家，但这个国家至今还未建立。此外，美国政府注意到英国主管石油事务的部长发表了一项公开声明，大意是说，《圣雷莫石油协定》是基于前奥斯曼土耳其政府所给予的石油租让权原则达成的。但是，根据美国政府收集到的资料，在战争之前，土耳其石油公司在美索不达米亚没有取得石油租让权或开采石油的权利。所以，我并不明白《圣雷莫石油协定》中的规定，即任何可能开发美索不达米亚石油的私人公司都必须"由英国永久所有"这一含义。阁下将美国目前的石油产量与英国的石油产量进行了对比，

---

① B. S. McBeth, *British Oil Policy, 1919–1939*, p. 61.

② *Foreign Relations of the United States (FRUS)*, 1920, Vol. 2, pp. 669–671.

并提到了美国在石油工业中的霸权地位。我对英国政府的这一结论感到遗憾。[①]

正当美英就美索不达米亚的石油开发进行磋商之际，英国在国联的一项提案引发了美国的强烈反对。1920 年 12 月 6 日，英国驻国联的代表阿瑟·贝尔福（Arthur Balfour）向国联秘书处提交了英国关于委任统治美索不达米亚的草案。该草案的第 11 条明确规定，委任统治制度必须承诺，所有的国联成员国在美索不达米亚都拥有相同的权利，包括关税、商业和航海权等。[②] 但是，由于美国并非国联的成员国，所以该协定对于美国石油资本被排除在美索不达米亚之外这一做法并未给予任何保护。对于英国这一提案，美国国务卿科尔比在 1921 年 2 月 21 日致信国联理事会主席，认为美国政府是否同意批准该协议，对于该协议的有效性来说是至关重要的。[③]

尽管遇到了来自美国方面的层层压力，但英国似乎并不想在美索不达米亚石油问题上松口。1921 年 3 月 1 日，英国外交大臣寇松复信戴维斯大使，重申了英国政府无意在美索不达米亚建立石油霸权的态度。他解释道："英国政府很高兴地发现，我们普遍同意美国政府的观点，即世界石油资源应该在不考虑国籍的情况下开放以供开发。"但寇松同时强调，美国必须尊重英国在美索不达米亚地区（摩苏尔和巴格达）的既得利益，并声称土耳其石油公司在该地的石油租让权是通过战前同奥斯曼帝国政府签约获取的，因此这些权利需要得到保留。寇松最后提醒美国，美国所谓的"门户开放"政策，在菲律宾、海地和哥斯达黎加并没有被很好地执行。[④]

可见，虽然战后初期的美国政府采取了更为积极的海外石油政策，并尝试打着"门户开放"的旗号鼓励本国资本进军中东，但是整体来看，威尔逊时代美国政府的这一计划并未取得成功。究其原因，一方面在于英国在美索不达米亚石油问题上的强势，在此经营多年的英国政府及英属石油

① *Foreign Relations of the United States (FRUS)*, 1920, Vol. 2, pp. 672-673.

② *Foreign Relations of the United States (FRUS)*, 1921, Vol. 1, p. 108.

③ *Foreign Relations of the United States (FRUS)*, 1921, Vol. 1, pp. 87-92.

④ *Foreign Relations of the United States (FRUS)*, 1921, Vol. 2, pp. 80-84.

公司，自然不会轻易放弃如此丰厚的石油利益；另一方面在于美国自身外交的失败。1919 年凡尔赛会议上的美国代表，并没有要求会议承认美国在中东的石油开采权，这无疑削弱了其“门户开放”的主张，从而使美国陷入被动。[①]

尽管踏入中东石油事务的步伐遇到了阻力，但美国并不甘心。1921 年 3 月，共和党人沃伦·哈定（Warren Harding）入主白宫，但哈定总统对于石油事务并不感兴趣，因此为美国资本攫取海外石油的任务便落在了新任国务卿查尔斯·休斯（Charles Hughes）肩上。1921 年 5 月，在华盛顿召开了石油公司的官方会议，在这个会议上，国务卿休斯和商务部长赫伯特·胡佛（Herbert Hoover）建议，为了能够更好地涉足石油资源富足的中东，美国石油公司应该展开相互合作。[②] 并且，休斯承诺新一届政府将一如既往地坚持“门户开放”政策，支持美国石油资本开拓中东市场。他在 1921 年时曾致信蒂格尔，表示：“对我而言，获知标准石油公司正积极寻求机会，开采美索不达米亚地区的石油这一行动是有帮助的。而且我认为，贵公司的计划和目标值得称赞。”[③] 休斯的这一表态无疑密切了美国政府与石油巨头之间的关系。

此外，休斯还继承了前任科尔比的观点，他同样拒绝承认土耳其石油公司在战前同奥斯曼帝国政府达成的石油租让权。他认为，如果《圣雷莫石油协定》得到执行，那么美国将被排除在美索不达米亚市场之外。为此，休斯曾在 1921 年春致信英国有关方面，质疑土耳其石油公司租让权的“合法性”。但休斯的努力并未取得成功，英国回应称，土耳其石油公司的租让权同新泽西标准石油公司在苏丹的租让权及美国石油公司同墨西哥政府签

① Gerald D. Nash, *United States Oil Policy, 1890–1964: Business and Government in Twentieth Century America*, p. 53.

② 1921 年 11 月，七家美国石油公司成立了由新泽西标准石油公司牵头的“美国集团”，俗称“七姐妹”（seven sisters）。见 Michael J. Hogan, “Informal Entente: Public Policy and Private Management in Anglo-American Petroleum Affairs, 1918–1924,” *The Business History Review* 48, no. 2 (1974): 190。

③ Nicoline Kokxhoorn, *Oil and Politics: The Domestic Toots of US Expansion in the Middle East*, p. 28.

订的石油租让权相比并无二致。①

鉴于此，休斯改变了其对于土耳其石油公司的态度，决定将该公司的租让权提交国联仲裁。他在1921年8月4日给美国新任驻英大使乔治·哈维（George Harvey）的信中表达了这一观点，并希望哈维能向伦敦转达美国的态度。休斯指出，协约国之所以能够在奥斯曼帝国领土上实现委任统治，全靠对德国的军事胜利，而美国在其中起了关键性作用。根据巴黎和会达成的原则，美国政府在这些地区应该享有公平的商业机会。休斯认为，如果土耳其石油公司针对美索不达米亚地区的石油协定继续有效，那么其租让权必须得到国联合适的仲裁。休斯最后承诺，作为补偿，美国政府将尽力使英国在菲律宾的利益得到满足。②

与此同时，国务卿休斯也在国联积极地寻求支持。1921年8月，休斯致信协约国总领事会，坚称战后美国在土耳其的委任领土范围内拥有与其他国家平等的商业权利。对于委任统治的方案，他建议"门户开放"政策应当适用于所有国家。休斯的建议得到了总领事会的认可，他们认为有必要对贝尔福所提出的委任统治草案做出调整。对于美国这一提议，英国大为恼火。英方代表罗伯特·赛西（Robert Cecil）强烈批评了美国对于委任统治的态度，并督促总领事会迅速通过委任统治的方案，因为委任地区领土上的人民现在急需保护。但赛西的抗议遭到总领事会拒绝，后者称必须在美国同意的前提下才能通过该草案。③

虽然英国在美索不达米亚石油问题上的立场依然强硬，但20世纪20年代的欧洲局势让英国不得不面对现实：经历过一战的英国元气大伤，拖欠美国巨额债务，整个欧洲的稳定和安全秩序的重建还需要美国的支持。在此背景下，英美在中东石油市场的妥协可谓大势所趋，也就有了新泽西标准石油公司与英波石油公司在波斯地区的合作，而这也间接促成了英美在

① Gerald D. Nash, *United States Oil Policy, 1890-1964: Business and Government in Twentieth Century America*, p. 56.

② *Foreign Relations of the United States (FRUS)*, 1921, Vol. 2, pp. 106-110.

③ Quincy Wright, "The United States and the Mandates," *Michigan Law Review* 23, no. 7 (1925): 735-736.

美索不达米亚石油问题上的和解。

四、从垄断到均势：美国石油扩张政策的初步胜利

波斯是英国的传统势力范围，早在19世纪英国便在此地同俄国展开战略角逐，其所属的英波石油公司也在波斯拥有丰厚的石油利益。随着1917年十月革命的爆发，新成立的苏维埃政府宣布放弃其在该地的利益，俄国的退出使英国成为战后波斯国土上唯一的大国势力。鉴于此，英国加紧了对波斯的渗透，特别是原属于俄国势力范围内波斯北部的石油产区。[①] 1919年8月9日，英国外交大臣寇松与波斯总理签署了一份秘密协定，称为《1919年英波协定》。该协定规定：（1）英国是波斯交通、武器、通信等设备的唯一外国供应商；（2）波斯政府向英国政府贷款200万英镑，英国在波斯拥有特殊的政治和经济权利。[②]

但波斯政府对于英国独掌英波石油公司，并借此干涉波斯内政的做法并不满意，他们希望借助增强美国的力量来平衡英国，并且美国本身也可以为波斯提供可观的经济援助。而美国资本在被拒绝染指美索不达米亚地区的石油事务后，便积极地寻求与波斯合作。因此，美波两国一拍即合，在1921年11月，波斯政府同意了新泽西标准石油公司的开发方案，规定该公司在波斯北部拥有50年的石油租让权。[③]

在获知新泽西标准石油公司准备开拓波斯石油市场后，美国政府对其给予了支持。为此，美国政府找到一个名叫阿卡迪亚·科斯塔利亚（Arcady khoshtaria）的俄国商人。该商人曾在1916年3月获得了波斯北部的石油和矿产开采权，但他从未在该地区真正获利，美国人希望从他手里获得该地

---

① Kamyar Ghaneabassiri, "U. S. Foreign Policy and Persia, 1856-1921," *Iranian Studies* 35, no. 1/3 (2002): 166.

② J. C. Hurewit (ed.), *Diplomacy in the Near and Middle East: A Documentary Record, 1553-1956*, Vol. 2, pp. 64-65.

③ B. S. McBeth, *British Oil Policy, 1919-1939*, p. 71.

区的石油租让权，但是这一行为遭到了英国的强烈反对。① 对此，1921 年 6 月 21 日美国政府驻波斯的行政专员致电国务院，认为明智的做法是英美能够在该地展开合作："出于地理上的原因，英国人在该地建立影响总体来讲是有利的。因此，如果美国资本决定在波斯北部投资，那么我们应该诚挚地邀请伦敦一道合作。否则，波斯人肯定会尝试使用古老的东方做法，让英美两国相互斗争，从中坐收渔利。"②

对于美国石油资本进入波斯的计划，英国内心充满了矛盾。一方面，英国深知新泽西标准石油公司的加入，将使英波石油公司失去一部分可观的经济收入；另一方面，英国又急需美国在战后的欧洲重建中发挥作用，特别是在战后的赔款问题上，英国需要美国的支持。③ 此外，英国人认为，如果英美能在波斯实现合作，不仅可以避免波斯政府从英美对抗中渔利，而且会稳定英国国内局势，加强英国在该地区的实力，有助于对抗布尔什维克主义和波斯左翼民族主义的威胁。④

而美国人也明白，如果新泽西标准石油公司能和英波石油公司在波斯展开合作，则远比双方在此地竞争好。同时，美国人也意识到，从技术层面上讲，美国公司如果想顺利开发波斯北部的石油，也需要同英波石油公司展开合作，因为该公司垄断了这一地区所有的石油管道和港口的石油装卸设备。⑤ 最后，美国期待与英国在波斯地区的合作可以促成美国在美索不达米亚和巴勒斯坦地区获得相同的利益。

鉴于以上原因，英国建议双方的石油公司在波斯北部成立一个联合公司，共同参与开发该地的石油资源。1921 年 12 月，新泽西标准石油公司董事长阿尔弗雷德·贝德福德（Alfred Bedford）和英波石油公司主席查尔

---

① Kamyar Ghaneabassiri, "U. S. Foreign Policy and Persia, 1856-1921," *Iranian Studies* 35, no. 1/3 (2002): 172.

② *Foreign Relations of the United States (FRUS)*, 1921, Vol. 2, pp. 634-635.

③ Nicoline Kokxhoorn, *Oil and Politics: The Domestic Toots of US Expansion in the Middle East*, p. 30.

④ Michael J. Hogan, "Informal Entente: Public Policy and Private Management in Anglo-American Petroleum Affairs, 1918-1924," *The Business History Review* 48, no. 2 (1974): 197-198.

⑤ Michael A. Rubin, "Stumbling through the 'Open Door': The U. S. in Persia and the Standard-Sinclair Oil Dispute, 1920-1925," *Iranian Studies* 28, no. 3/4 (1995): 211-212.

斯·格林威（Charles Greenway）爵士在伦敦举行会谈，就两公司在波斯石油领域的合作展开磋商。1922 年 2 月 28 日，英美双方石油代表签署协议，规定：（1）英波石油公司和新泽西标准石油公司共同组建一个新的波美石油公司（Perso-American Petroleum Company）管理波斯北部的石油事务；（2）英波石油公司和新泽西标准石油公司各占该公司 40%的股份，其余的 20%股份由波斯当地政府享有。[①] 其间，英国殖民事务部和外交部紧盯会议的进程，并期待两国在波斯的石油合作同样可以在美索不达米亚地区实现。而新泽西标准石油公司在波斯的成功，也为美国资本入股土耳其石油公司，打开美索不达米亚地区市场赢得了谈判筹码。

1922 年 4 月 9 日，贝德福德作为美国石油“七姐妹”集团的代表，同英方代表格林威，就美国资本入股土耳其石油公司的相关事宜展开前期磋商。关于这次谈判，贝德福德提出“抛开政治因素，只单单考虑商业合作”的原则。对此格林威表示赞同，但是他指出在英美公司正式谈判之前，美国政府必须首先承认土耳其石油公司的租让权，最起码双方之间的磋商不能对其租让权带有偏见。[②]

1922 年 6 月 27 日，贝德福德致信休斯，请求国务院对英美公司的石油谈判给予外交支持。[③] 思量再三之后，国务卿休斯原则上同意美国资本入股土耳其石油公司的谈判请求，但是关于这次会谈，休斯有三点要求。首先，英国需要尊重并认同美国的“门户开放”政策。其次，国务院关于土耳其石油公司租让权无效的声明依然存在，但是如果土耳其石油公司做出让步，同美国公司达成合作的协议，那么新的租让权将会得到美方承认。最后，新协议中美国所占石油股份应该增加。[④] 对此，英方代表格林威表示赞同。

在此之前，英国在美索不达米亚石油开发问题上的态度一直较为强硬，现在之所以同意与美国进行谈判，有以下三点原因。

---

① Nicoline Kokxhoorn, *Oil and Politics: The Domestic Toots of US Expansion in the Middle East*, p. 30; Benjamin Shwadran, *The Middle East, Oil and the Great Powers* (New York: Wiley, 1974), p. 74.

② Martin Gibson, *Britain's Quest for Oil: The First World War and the Peace Conferences*, p. 169.

③ *Foreign Relations of the United States (FRUS)*, 1922, Vol. 2, p. 338.

④ *Foreign Relations of the United States (FRUS)*, 1922, Vol. 2, p. 339.

首先，英国官员认为，美国资本的参与将保护土耳其石油公司及英国在美索不达米亚的既得利益。1922年1月，英国石油部门负责人劳合·格雷姆（Lloyd Graeme）告诉丘吉尔，同标准石油公司在美索不达米亚达成合作协议，是英国唯一可以避免与美国产生石油争端的方法。[①] 并且，英国在中东的委任统治也需要得到美国的支持。1922年2月1日，丘吉尔给寇松的一封信中提到了这一点："如果美国被排除在伊拉克的石油开发之外，我们将会在中东遇到无穷无尽的困难。反之，如果我们能在石油方面满足其诉求，那么委任制度被国联批准的压力就会变得小很多。"[②]

其次，因为土希战争中土耳其人的胜利，安卡拉政府想要收回摩苏尔的诉求越来越高，其对伊拉克北部的军事威胁正急剧增加。相比之下，英国人此时则急需缩减其军事开支，为此1921年时英军已经开始从该地区撤退，英土双方在该地的形势对比正在发生变化，英国在中东面临前所未有的压力。同时英国人认为，土耳其很有可能得到了美国的暗中支持，因为如果土耳其成功收回摩苏尔，那么美国从土耳其直接获取石油租让权显然会容易很多，因此英国需要同美国妥协。[③] 英国中东事务部的赫伯特·扬（Hurbert Young）指出："一个重要的事实就是，如果我们想移除安卡拉政府背后可能存在的黑手的话，我们必须在一定程度上让美国人参与其中。"[④]

最后，英国外交部门和石油部门的负责人认为，英国垄断美索不达米亚石油的举措，并不利于伊拉克本身的经济收入，这必然会影响到新成立的伊拉克政府的统治。这些官员认为，如果仅仅依靠土耳其石油公司自己的能力，开发摩苏尔和巴格达地区的石油将耗费很长时间。但是，如果英美能实现合作，那么开采美索不达米亚地区的石油将会变得容易很多，而这将会给伊拉克政府带来颇为可观的财政收入。如此看来，美国资本的加

---

① Martin Gibson, *Britain's Quest for Oil: The First World War and the Peace Conferences*, p. 166.

② Edward W. Chester, *United States Oil Policy and Diplomacy: A Twentieth Century Overview*, p. 223.

③ Svante Karlsson, *Oil and the World Order: American Foreign Oil Policy* (Totowa, N. J.: Barnes & Noble, 1986), p. 28.

④ Habibollah Atarodi, *Great Powers, Oil and the Kurds in Mosul, 1910-1925* (New York: Univer-sity Press of America, 2003), pp. 111-112.

入反而可以服务于大英帝国的殖民政策。[1]

正是由此，英国决定在美索不达米亚石油领域与美国展开合作。而美国资本的加入，必然涉及土耳其石油公司原有各方利益的再分配。因此，英国只能召集其他原有各方代表进行会晤。经过十几天的紧急磋商，会晤方于 1922 年 12 月 12 日在伦敦达成协议，原则上同意美国资本的加入，英、美、法、荷四方在土耳其石油公司拥有相同的份额，各占 24%的股份，剩余的 4%股份由古尔本基安获得（没有投票权）。[2]

同日，在伦敦的新泽西标准石油公司代表蒙塔古·皮耶斯（Montagu Piesse）致电国务卿休斯，说英、法、荷三方已经同意美国资本可以获得土耳其石油公司 24%的股份，但条件是美国需要撤销拒绝承认这家公司租让权的决定。同时，贝德福德和蒂格尔也请求休斯通知洛桑会议的美方代表支持这项决议。[3] 英美双方本有可能就美索不达米亚地区的石油开发达成共识，但这一决定遭到休斯的拒绝，原因是美国依然否认土耳其石油公司的租让权。并且，美国政府需要确认“门户开放”政策对所有美国资本都适用，美国政府不能做出联合一家美国公司去对抗另外一家美国公司的举措，特别是涉及奥斯曼—美国发展公司（Ottoman-American Development Company）。[4]

虽然休斯并未批准上述石油协定，但美国意图打破英国中东石油霸权的努力已经取得了初步胜利，美欧在中东石油市场的斗争已经走向了各方相互妥协的新格局。迫于中东局势和战后美国日益强大的影响力，英国放弃了其垄断中东石油的政策，并有意以让渡经济利益的形式来换取美国对其支配中东的支持。

---

① William Stivers, “International Politics and Iraqi Oil, 1918 - 1928: A Study in Anglo-American Diplomacy,” *The Business History Review* 55, no. 4 (1981): 524-525.

② *Foreign Relations of the United States (FRUS)*, 1922, Vol. 2, p. 348.

③ *Foreign Relations of the United States (FRUS)*, 1922, Vol. 2, p. 347.

④ *Foreign Relations of the United States (FRUS)*, 1922, Vol. 2, pp. 348-349.

五、困惑与抉择："切斯特计划"的失败

科尔比·切斯特（Colby Chester）是美国海军的退伍少将，一战前曾在土耳其附近地区任职。作为舰长，他曾关注到土耳其缺乏必要的良港与基础设施。在1908年时，他前往君士坦丁堡对土耳其做更为深入的调查，并得到时任美国总统西奥多·罗斯福（Theodore Roosevelt）和纽约商会（New York Chamber of Commerce）的大力支持。1909年时，切斯特首次提出他的开发计划，内容包括取得奥斯曼帝国境内（主要是美索不达米亚地区）铁路的筑路权，并获得铁路沿线20公里范围内的矿产开采权。在1909年3月9日，该计划被奥斯曼帝国公务部长批准，但遗憾的是并未获得奥斯曼帝国议会的同意。1909年11月时，切斯特成立了属于自己的奥斯曼—美国发展公司。1912年时，切斯特将该公司的所有资产转移到了奥斯曼—美国勘探公司（Ottoman-American Exploration Company）名下。①

随着巴尔干战争和一战的爆发，"切斯特计划"（Chester Project）被打断，奥斯曼—美国发展公司也不复存在。一战结束后，土耳其的安卡拉政府询问切斯特，是否依然对这个经济合作计划感兴趣。土耳其政府力邀美国资本参与美索不达米亚地区的经济开发，为的是获得美国的支持从而增加土耳其夺回摩苏尔的筹码。而且在1920—1922年，切斯特本人亦频繁造访国务院试图寻求帮助。② 其所属的奥斯曼—美国发展公司也在1922年3月重新成立，并派代表来到安卡拉同土耳其政府进行磋商，以期恢复搁置多年的"切斯特计划"。但是，关于如何开发美索不达米亚地区，切斯特并没有一个明确的方案，其背后也没有相应的资本支持，所以国务院对于切斯特的请求并未给予明确答复。③

① D. R. Alfred, "Chester Concession Inflames World Struggle for Oil," *New York Times*, April 22, 1923; Benjamin Shwadran, *The Middle East, Oil and the Great Powers*, pp. 197-198.

② *Foreign Relations of the United States (FRUS)*, 1921, Vol. 2, pp. 917-918; *Foreign Relations of the United States (FRUS)*, 1922, Vol. 2, pp. 966-967.

③ *Foreign Relations of the United States (FRUS)*, 1921, Vol. 2, pp. 921-924.

但洛桑会议的召开给“切斯特计划”带来了转机。由于安卡拉政权在土希战争中的胜利，《色佛尔条约》变成了一张废纸，因此协约国决定于1922年11月在瑞士洛桑召开会议，重新讨论对土合约，美国则派出观察员列会。相比于会议准备讨论的政治事务，美国更在意其在土耳其的经济利益。为此，1922年10月30日，国务卿休斯发电报给美国驻伦敦、巴黎和罗马的大使，要求美国观察员在洛桑会议上阐明自己的利益诉求，包括：(1) 坚持“门户开放”政策与“商业机会均等”原则；(2) 反对《色佛尔条约》中体现出的贸易保护主义色彩。此外，休斯还要求美国代表抓住适当的时机同土耳其签署条约，以保护美国在该地区的利益。[①]

11月20日，洛桑会议正式召开，英国为了加强其对美索不达米亚地区的控制，企图将保证土耳其石油公司租让权的要求写进新的条款。对于英国这一做法，美国显然无法答应，这无疑违背了美国“门户开放”政策。因此，美国决心同英国抗争到底，而这也改变了政府对于“切斯特计划”态度。在1922年12月7日和1923年1月15日，休斯两次致电美国驻伊斯坦布尔的代理专员，要求其对切斯特与土耳其政府的谈判给予充分的外交支持。[②] 1923年1月23日，美国在洛桑会议的观察员表达了美国坚持在美索不达米亚地区实行“门户开放”政策的态度，并要求所有的美国资本都必须被公平地对待。因此，允许美国资本入股土耳其石油公司并不意味着“切斯特计划”要被放弃。[③]

在美国政府的外交支持和凯末尔政府本身的意愿下，1923年4月11日，土耳其立法机构授予切斯特及其奥斯曼—美国发展公司一个新的广阔的协议（全称：《土耳其政府与奥斯曼—美国发展公司关于东阿纳托利亚铁路的协议》），内容涉及铁路建设和石油开发等方面，包括：切斯特有权建立一条从摩苏尔到基尔库克（Kirkuk）再到苏莱曼尼亚（Sulaimaniya）的铁路，并且拥有铁路线两侧20公里范围内的矿产和石油的开采权，时限为

---

① *Foreign Relations of the United States (FRUS)*, 1923, Vol. 2, pp. 884–888.

② *Foreign Relations of the United States (FRUS)*, 1922, Vol. 2, pp. 980–981.

③ *Foreign Relations of the United States (FRUS)*, 1923, Vol. 2, pp. 957–958.

99年。[1]

土耳其政府之所以同奥斯曼—美国发展公司达成协议，是因为凯末尔相信切斯特作为美国海军少将，可以向美国政府施压，取消他国在土耳其的治外法权。而且，凯末尔还认为美国不会像英法那样，通过运用经济投资的方式，达到控制土耳其的政治目的。[2]

虽然土耳其政府批准了美国的“切斯特计划”协议，但要想真正实施该方案，可谓困难重重。首先，尽管土耳其拥有对摩苏尔法理上的主权，但该地被英国实际占有。并且，英法曾签署涉及摩苏尔石油的《圣雷莫石油协定》，两国在摩苏尔都有巨大的石油利益。因此，“切斯特计划”协议的签署显然不能令英法满意。1923年4月11日，在伊斯坦布尔的法国代表向安卡拉政府提交了抗议书，抗议土耳其议会批准“切斯特计划”，称此举严重损害了法国的利益。[3] 英国驻华盛顿大使埃里克·戈德斯（Eric Geddes）也在4月30日致信美国国务卿休斯，表达了英国对该计划的反对，“当下，美索不达米亚并不在安卡拉政府的管辖范围之内，因此英国政府不能赞同安卡拉政府关于美索不达米亚租让权的决定”。[4] 同时，英国政府也在起草一份新的对土和平协议，试图将“切斯特计划”排除在美索不达米亚之外。该协议的第97条明确规定：“奥斯曼帝国政府或地方政权授予或转让任何特许权的有效性，不被协约国所承认。”[5]

土耳其试图通过“切斯特计划”拉拢美国对抗英国的想法失败了，霸权初起的美国似乎并不愿过多地介入该地的政治事务。1923年10月29日，国务卿休斯致信美国驻伊斯坦布尔的行政专员，表达了“美国政府不会因为切斯特计划介入到土耳其的政治事务，以及对土耳其的领土争端没有任何责任与义务”的态度。[6] 而在洛桑会议期间，美国观察员代表也没有就摩

① *Foreign Relations of the United States (FRUS)*, 1923, Vol. 2, pp. 1216–1240.

② Edward W. Chester, *United States Oil Policy and Diplomacy: A Twentieth Century Overview*, p. 225.

③ “Lausanne and the Chester Concession,” *Advocate of Peace through Justice* 85, no. 5 (1923): 195.

④ *Foreign Relations of the United States (FRUS)*, 1923, Vol. 2, pp. 1208–1209.

⑤ Habibollah Atarodi, *Great Powers, Oil and the Kurds in Mosul, 1910–1925*, p. 120.

⑥ *Foreign Relations of the United States (FRUS)*, 1923, Vol. 2, pp. 1248–1249.

苏尔问题为土耳其发声。1922 年 12 月 16 日国务院给洛桑会议的美方代表的电报再次印证了这一点，休斯称，“获得切斯特租让权并不会改变华盛顿的态度”，“美国政府不会因为切斯特租让权而改变其政策，也不会因此卷入到领土争端事务中”。[①]

因此，在土耳其凯末尔政府与切斯特签署协议的 7 个月后，土耳其国会便在 1923 年 12 月 18 日取消了该租让权。值得一提的是，“切斯特计划”本身亦存在诸多问题，不仅在于其糟糕的管理模式，最重要的是没有资金的支持。[②]“切斯特计划”从“起死回生”到最终失败，显露出美国在权衡经济利益与政治责任之间利弊的复杂心态与艰难抉择：一方面，“门户开放”政策之下的共和党政府为了打开海外石油市场，期望为每一个美国资本赢得公平竞争机会，因此对于“七姐妹”集团与“切斯特计划”美国政府采取了一视同仁的态度。另一方面，“孤立主义”的盛行又使得美国对政治与领土事务采取了敬而远之的态度，并不愿意承担与其经济地位相匹配的大国责任。此时的美国，对自己是否要真正实现“领导世界”的身份存在犹豫不决。“切斯特计划”的破产也预示着，美国石油资本想要进入美索不达米亚的计划，只能通过入股土耳其石油公司来实现。

六、《红线协定》之下美国霸权的无奈

在洛桑会议的前后，美国“七姐妹”集团与土耳其石油公司的谈判在继续。1923 年 2 月 28 日，英方石油代表亨利·德特丁、约翰·卡德曼爵士（John Cadman）和 H. E. 尼克尔斯（H. E. Nicholls）前往纽约，就美国资本参与美索不达米亚石油开发事宜同美方继续展开磋商。[③] 在 4 月 12 日的会谈上，英美双方达成了坚持“门户开放”的合作原则，这个原则也为美国

---

① William Stivers, *Supremacy and Oil: Iraq, Turkey, and the Anglo-American World Order, 1918–1930* (Ithaca, N. Y.: Cornell University Press, 1982), pp. 186–187.

② Roger R. Trask, “The United States and Turkish Nationalism: Investments and Technical Aid during the Atatürk Era,” *The Business History Review* 38, no. 1, International Government-BusinessIssue (1964): 61–62.

③ B. S. McBeth, *British Oil Policy, 1919–1939*, p. 70.

资本进入美索不达米亚奠定了基础。[①] 4 月 17 日，新泽西标准石油公司主席蒂格尔致信休斯，请求国务院批准该合作方案。[②] 随后，该合作方案被国务卿休斯认同。但该合作方案能够实施的条件在于，土耳其石油公司必须同伊拉克政府签署一个新的石油租让权协定。[③]

鉴于此，土耳其石油公司迅速派出谈判代表前往巴格达，同伊拉克政府就美索不达米亚地区的石油开发展开磋商。9 月，双方达成协议，确认土耳其石油公司拥有美索不达米亚地区的石油租让权。[④] 10 月，美国国务院也对“七姐妹”集体入股土耳其石油公司的计划予以支持：“如果该计划的实现被认为有利于美国的经济利益，那么国务院将对其予以支持，而这也表达了政府在美索不达米亚资源开发问题上的立场。”[⑤] 11 月 8 日，休斯也向蒂格尔本人表达了这一态度。[⑥] 显然，针对土耳其石油公司的新租让权，美国政府放弃了之前的强硬立场，采取了更加务实的态度。1923 年 11 月休斯在给柯立芝的电报中，似乎也印证了美国的无奈：“美国政府一直为坚持‘门户开放’政策和均等的商业机会而努力。但是，我们并不试图承担政府无法履行该义务的责任。”[⑦] 可见，虽然一战后的美国政府一直极力打破英国的垄断，并试图通过否认土耳其石油公司的租让权来撬开中东石油市场的大门。但对于取代英国成为中东的石油霸主，美国本身并未完全做好准备，因此也只能选择对英国妥协。并且，此时的美国还无力在中东构建真正意义上的“门户开放”的责任体系。

虽然土耳其石油公司与伊拉克政府就该公司的租让权已达成初步共识，

---

① *Foreign Relations of the United States (FRUS)*, 1923, Vol. 2, pp. 243-245.

② *Foreign Relations of the United States (FRUS)*, 1923, Vol. 2, p. 243.

③ Gerald D. Nash, *United States Oil Policy, 1890-1964: Business and Government in Twentieth Century America*, p. 59.

④ B. S. McBeth, *British Oil Policy, 1919-1939*, p. 72.

⑤ Fiona Venn, "Oleaginous Diplomacy: Oil, Anglo-American Relations and the Lausanne Conference, 1922-1923," *Diplomacy & Statecraft* 20, no. 3 (2009): 429.

⑥ *Foreign Relations of the United States (FRUS)*, 1923, Vol. 2, pp. 257-259.

⑦ J. C. Hurewit (ed.), *Diplomacy in the Near and Middle East: A Documentary Record, 1553-1956*, Vol. 2, p. 80.

但双方的谈判并非一帆风顺。其矛盾主要在于，伊拉克政府坚持要求得到土耳其石油公司20%的股份比例，并威胁称如果该要求得不到满足，土耳其石油公司的租让权将不会被伊政府承认。对此，英国政府辩称出于对该地区和平的考虑，伊政府有责任与义务授予土耳其石油公司租让权。同时，英政府要求英国驻伊拉克的行政长官亨利·多布斯（Henry Dobbs）向伊政府极限施压，督促伊政府接受这一协议。[①] 在重重压力之下，1925年3月14日，伊拉克政府同土耳其石油公司签署协议，该协议主要规定：（1）土耳其石油公司有权开采伊拉克境内摩苏尔和巴格达地区的石油资源，时限为75年；（2）土耳其石油公司更名为伊拉克石油公司（Iraq Petroleum Company）。[②] 这个石油协议被美国国务院和“七姐妹”集团所欢迎，作为回报，美国赞同了英国对伊拉克的委任统治权。

虽然伊拉克石油公司获得了美索不达米亚地区的石油租让权，但关于该公司创始人古尔本基安的持股问题依然悬而未决。其中的难题在于，作为自己持股的回报，古尔本基安要求土耳其石油公司的所有投资方都必须付给其一定的权利金（royalty payment），而1914年《外交部协议》中的“自我否定”条款又使得这一问题复杂化：任何参与开发奥斯曼帝国石油资源的资本，都必须通过入股伊拉克石油公司来实现，这意味着美国需要为此支付古尔本基安大量的回报金。并且，由于伊拉克石油公司的租让权仅限于该国境内，因此但凡日后美国资本想要开发中东其他任何地区的石油资源，都必须额外付出高昂的代价。[③]

此后，经过为期三年多的艰苦磋商与谈判，直到1928年7月31日，英、美、法、荷四方才在比利时的奥斯坦德与古尔本基安就中东地区（包括现伊拉克、土耳其、除去科威特外的沙特阿拉伯半岛）的石油开发达成

---

① B. S. McBeth, *British Oil Policy, 1919–1939*, pp. 73–74.

② J. C. Hurewit (ed.), *Diplomacy in the Near and Middle East: A Documentary Record, 1553–1956*, Vol. 2, pp. 131–132.

③ William Stivers, “A Note on the Red Line Agreement,” *Diplomatic History* 7, no. 1 (1983): 28.

协议，后被称为《红线协定》（*The Red Line Agreement*）。[①] 该协议主要规定，"七姐妹"中的五家公司作为美方资本，重组为近东开发公司（Near East Development Corporation），共获得伊拉克石油公司 23.75%的股份。其中，新泽西标准石油公司和纽约标准石油公司各获得美方资本中的 25%，剩余的三家石油公司海湾炼油公司（Gulf Refining Company）、大西洋炼油公司（Atlantic Refining Company）、泛美石油和运输公司（Pan American Petroleum and Transport Company）平分剩余的 50%的股份，每家分得 16.67%的股份；英波石油公司、皇家荷兰壳牌公司和法国石油公司（Compagnie Française des Pétroles）各获得伊拉克石油公司 23.75%的股份；剩下的 5%股份由古尔本基安获得。此外，1914 年《外交部协议》中的"自我否定"条款得到保留。[②] 至此，一战后美国为了攫取中东石油资源的外交斗争暂时落下帷幕。《红线协定》的签署与最终出台，是美国资本历经多年冲破英法限制，染指中东石油资源、扩张石油权力的一个重要里程碑。但美国资本进军中东石油市场的雄心，最终也只能通过入股土耳其石油公司的形式才得以实现。同时，保留"自我否定"条款又使得美国的石油权力在日后很长一段时间内受到限制，这无疑是其有限性霸权的一种真实写照。

七、结语

一战结束后，迫于国内石油资源将要枯竭的压力，美国采取了更为积极的海外石油政策，打着"门户开放"的旗号支持本国企业撬开中东石油市场。而"门户开放"政策在推动本国石油公司冲破英法等国垄断的中东

---

① 之所以称为《红线协定》，有多种解释，其中一个版本为：因为在 1928 年 7 月，英、美、法、荷同古尔本基安最后一次谈判中，各方就土耳其石油公司在奥斯曼帝国的经营范围产生分歧，除了古尔本基安外没有人知道奥斯曼帝国的确切国界线。面对这一难题，古尔本基安起身用一支红色的笔在中东地图上画了一根线，并称："这就是我所知道的 1914 年时奥斯曼帝国的边界线。"见 William Stivers, "A Note on the Red Line Agreement," *Diplomatic History* 7, no. 1 (1983): 24。

② J. C. Hurewit (ed.), *Diplomacy in the Near and Middle East: A Documentary Record, 1553-1956*, Vol. 2, pp. 161-168; B. S. McBeth, *British Oil Policy, 1919-1939*, p. 77.

石油市场过程中，起到了保护美国商业资本扩张的巨大作用。一战后美国在中东的石油政策斗争，显露出美国意欲挑战英国中东霸主的野心，是其二战后全球霸权主义的初现。但是，美国国内“孤立主义”的盛行让一战后的美国更为在意包括石油权益在内的经济权利，却竭力避免自己卷入政治和领土争端事务。因此，一战后美国霸权的初起，更多的是一种“有限的霸权”，是一种以开拓海外市场为主要目的的“经济帝国主义”，存有对其是否要真正承担“世界领导者”角色的困惑。

二战结束后，世界形势发生巨变。老牌资本主义国家英、法、荷等纷纷衰落，其石油权力也被严重削弱，美苏成为世界两极，开始在全球范围内扩张其影响。在此背景下，美国“自由世界”领导者的身份已然清晰，其石油政策也必然再次转向。随着美苏冷战的开始，美国急需大量开发中东地区的石油资源，以供欧洲盟国使用。同时，美国也需要加强对中东石油产出国的控制，以稳定遏制苏联南下的前沿阵地。因此，《红线协定》特别是其中的“自我否定”条款，已经退化为美国进一步扩张其石油权力的绊脚石。为了摆脱《红线协定》的束缚，从 1946 年 12 月到 1948 年 11 月，新泽西标准石油公司和纽约标准石油公司先后与伊拉克石油公司参股各方达成协议，《红线协定》于 1948 年 11 月被废除。《红线协定》的废止最终确立了美国石油资本在中东的主导权，也意味着美国开始取代英国成为中东及世界的掌权者。虽然在 20 世纪 70 年代的第一次石油危机中，美国的石油霸权地位遭到挑战，但其很快调整策略，巩固与沙特的关系，维护了美国在中东的石油与战略利益。1991 年海湾战争和 2003 年伊拉克战争后，美国更是直接征服了伊拉克这个觊觎已久的石油资源国。而伊拉克战争对于石油供应及石油价格的影响，一直延续至今。

"自助互助"与"行动自由"：从北约的形成看战后美国外交政策的悖论

陆宏谋*

摘　要　杜鲁门当局决定构建北大西洋安全体系时，面临的首要障碍是美国在和平时期不与美洲以外的国家结盟的传统。为此，参议员阿瑟·范登堡协助形成了《范登堡决议案》，为美欧结盟解除了束缚。但"松绑"是有条件的，决议案设置了"自助互助"与"行动自由"两项原则，以保证美国不会为西欧的安全承担过分的义务，且不会自动卷入他国的战争。这两项原则最终也体现在了《北大西洋公约》的核心条款中。两项原则所体现的美国对待条约义务的态度，对于观察特朗普当局的外交政策，有一定启示意义。

关键词　《范登堡决议案》　"自助互助"　"行动自由"　《北大西洋公约》

* 陆宏谋，海南师范大学历史文化学院讲师。

北大西洋公约组织（北约）成立至今已有70余年的历史，一直是国际政治中的一支重要力量，美国作为北约的首要成员，承担了主要的安全义务。但在这几十年中，美国时常与盟国就承担的义务发生争论，且时常表现出某种独立性，甚至不顾盟友的反对自行其是。特朗普上台后，奉行狭隘保守的“美国优先”原则，屡次抨击北约防务费用的分配比例，一再要求其他成员增加防务开支，在与盟国的关系中大行单边主义，甚至扬言退出北约，在其他国际性问题上一再“退群废约”。

特朗普当局的作为有现实考虑，从美国外交理念及实践的历史考察，还可以看到其种种现象在当初组建北约时就有迹可循。美欧正式开启结盟谈判前，美国就确定了“自助互助”和“行动自由”两项原则。一方面，主张美国承担义务的有限性，防止西欧国家对美国的帮助过分依赖；另一方面，确保美国在承担义务时，保持足够的行动自主性。这两项原则包含在1948年美国参议院通过的《范登堡决议案》中，又最终体现在《北大西洋公约》的核心条款中。

国内学界对于北大西洋联盟的形成多侧重美欧双方在推进结盟过程中的行动与作用，未充分重视美国为结盟设定的“自助互助”和“行动自由”原则，尤其是前者。① 国外学界的相关研究成果丰富，早期注重美欧双方的互动过程，后期更加注重从结盟过程中挖掘影响之后北约的发展及成员国关系的根本性问题。② 本文将在国内外学界相关研究的基础上，考察美国筹建北约时提出“自助互助”和“行动自由”原则的原因、内涵和影响，以期从新的角度拓展和深化对战后初期美国军事及外交政策的认识，或许也可为观察当下特朗普当局的政策提供一种有益的参照。

---

① 国内代表性成果参见许海云：《锻造冷战联盟：美国“大西洋联盟政策”研究（1945—1955）》，中国人民大学出版社，2007。

② 国外代表性著作参见：Lawrence S. Kaplan, *NATO 1948: The Birth of the Transatlantic Alliance* (Lanham, Md.: Rowman & Littlefield, 2007)；Lawrence S. Kaplan, *The United States and NATO: The Formative Years* (Lexington: University Press of Kentucky, 1984)。

一、战后北大西洋联盟的缘起

二战结束后，苏联与美英等国在诸多问题上都存在矛盾分歧，对立日渐加剧，尤其在德国问题上矛盾突出。美英等国把苏联而非德国视作战后的主要威胁，因而改变了对德政策，从开始主张限制、肢解德国转而扶植德国，把德国看作西欧复兴的重要一环，主张先实现“经济统一”，后考虑“政治统一”。苏联则坚持先肃清德国军国主义毒瘤，成立全德中央政府，实现政治统一，在此以前不愿看到德国经济的复兴。起初，法国在德国问题上与苏联的立场接近，对扶持德国怀有戒心，担心德国复兴过快，东山再起继而重启侵略。在美英对法国的安全做出某些承诺后，法国在对德政策上逐渐向美英靠拢。英国给法国的承诺最终落实为 1947 年 3 月两国签订的针对德国的《英法互助同盟条约》，也称《敦刻尔克条约》，决定在德国再次发动侵略时采取互助措施。

苏联与美英等国在联合国安理会的斗争也十分激烈。自 1946 年 2 月苏联就英法从黎、叙撤兵问题否决相关决议，至 1948 年 4 月，安理会的运行过程中一共出现了 23 个否决权，且全部为苏联行使。苏联多次否决了安理会关于处理希腊与阿尔巴尼亚等国边境争端的决议，以及关于意大利等国加入联合国的决议。[①] 苏联的举动、毫不妥协的态度，令美英等国十分反感。

加之，苏联自冷战开始以来日益加强对东欧的控制，支持东欧各国政府中亲苏联的共产党人，排挤亲西方的政治力量。在西方引起巨大震动的是 1948 年 2 月，捷克斯洛伐克发生政变，非共产党人士被清除出政府，多党联合的政权变成共产党政权。这一事件加深了西欧、美国对共产主义“夺权”的恐惧。

诸多矛盾焦点导致了冷战对抗的僵局，西欧诸国在寻求复兴经济的同时，愈来愈担心自身的实体安全与政治安全，安全重心也从防范德国再次

---

① Security Council Veto List, http://research.un.org/en/docs/sc/quick/veto.

侵略，变成防范苏联可能的军事入侵，以及苏联支持下共产主义的扩张与颠覆。战后，西欧大国普遍经济低迷，政治不稳，军力虚弱，社会及政治变革的要求高涨，各国主张变革的社会民主党或共产党力量都很强大，资产阶级对既存制度能否维持普遍缺乏信心。在外部，苏联的军事力量一直推进到中东欧，占领着德国的东部，形成向西欧进逼的态势。为此，不少人担心苏联会与西欧的共产党人相呼应，一举拿下西欧。在西欧内部，随着英美转向复兴德国的政策，如何防范德国东山再起的问题更加突出，法国对此最为敏感，《敦刻尔克条约》就是在此背景下形成的。然而，无论是恢复经济、稳定政治，还是安全上防范苏联可能的入侵或德国东山再起，西欧国家当时都深感力不从心，所以要设法与大西洋彼岸强大的美国结盟，使其留在西欧，承担长期的安全义务，提供经济和军事援助，以利于西欧的恢复，并抗衡苏联，也约束将要复兴的德国。

冷战僵局之下，西欧有与美国结盟的需要，而美国也有为西欧承担安全义务的需要。战后美国成为超级大国，其势力已经深入欧洲，与苏联的力量在欧洲中部正面相遇。对美国而言，西欧是资本主义世界体系最重要的组成部分，是美国最重要的海外市场和经济伙伴，更是美国自身安全的前沿地带，过去美国不允许纳粹德国独霸欧洲，而在打败纳粹德国后，如果西欧被苏联或内部的共产主义力量所控制，世界资本主义体系就会瓦解，美国自身安全也将受到致命威胁，更谈不上经济的繁荣发展。所以，美国要出面抗衡苏联，要为西欧的安全承担义务，帮助西欧恢复经济，扶持德国的复兴，希望西欧国家团结起来，还须解决德国复兴可能给欧洲造成的麻烦。这些构成了美国战后对欧政策的基本内涵。正是在这些因素的相互作用下，形成了美国的大西洋联盟政策。

首先站出来为西欧安全谋划出路的是英国，英国最初的设想是以英国为首建立一个西欧国家的联盟，同时让美国和加拿大与这个联盟建立关系，承担一定的义务，以加强抗苏的力量。1947 年 12 月，为解决德国问题而召开的伦敦外长会议，因激烈的意见分歧而休会，英国外交大臣欧内斯特·贝文（Ernest Bevin）觉得讨论把美国拉入某种多边安全机制的时机已经成熟，但这一提议必须是含糊的，重要的是启迪这一想法，让结果自然萌生。

12 月 17 日，贝文向美国国务卿马歇尔提议，在西欧建立某种受美国和加拿大支持的联盟，让西欧国家获得某种信心——共产主义的进一步侵袭将被阻止。但不是要美国和西欧结成正式的联盟，只是构建“一种由实力、财力、决断力作为支撑的谅解，一种西方世界的精神联盟”。① 贝文的提议十分含糊，希望得到美国和加拿大的“支持”，但何种支持没说清楚，明明是想拉美国进入某种多边安全机制，却又说是“精神联盟”。他的提议实际上包括两环，第一环是西欧国家自己的联盟，第二环是包含美加的跨大西洋“精神联盟”。② 对贝文的建议，马歇尔只是说他正忙于欧洲复兴计划，应对这一方面给予更多的关注，并表示愿意就贝文的建议进一步讨论。事后，马歇尔向美国国务院的其他官员透露了其真实想法，他认为任何联盟应仅仅是欧洲范围内的，美国的参与仅局限于为西欧安全机制的缔约国提供物质援助，而且当时他正在争取国会通过欧洲复兴计划，把安全问题牵扯进来会使局面变得十分复杂。③

1948 年 1 月 13 日，英国驻美国大使英弗查佩尔（Inverchapel）向美国国务院转交了贝文关于英、法、荷、比、卢五国建立西方联盟（West Union）的备忘录，贝文指出马歇尔计划不足以应付苏联威胁，而建立西方联盟的条件已经成熟，这需要美国与加拿大的支持，英国将在这一过程中起带头作用。但贝文只笼统地说需要美加支持，仍未具体说明希望美加充当何种角色。另外，他打算按照《敦刻尔克条约》的模式，由英、法与比、荷、卢签订一系列双边条约。收到贝文的备忘录后，美国国务院欧洲事务办公室主任约翰·希克逊（John Hickerson）向马歇尔表明了其看法。希克逊认为，贝文的目标本来是应对苏联威胁，但又准备扩大一个旨在针对德国的

① Peter Weiler, *Ernest Bevin* (Manchester: Manchester University Press, 1993), p. 176.

② United States Department of State Office of the Historian, *The Origins of NATO: The North Atlantic Treaty Organization* (Washington D. C.: U. S. Dept. of State, Bureau of Public Affairs, Office of the Historian, 1999), p. 3.

③ Don Cook, *Forging the Alliance: NATO, 1945–1950* (New York: Arbor House, 1989), p. 110; "The Charge in London (Gallman) to the Secretary of State, December 22, 1947," *FRUS*, 1948, Vol. Ⅲ, Document 1, p. 2.

条约，令人生疑，如果西欧以《美洲国家间互助条约》为模板签订条约，针对任何可能的外部侵略，这是对西欧安全问题的最佳答案。而且，他认为要让条约真正有效，美国必须加入。在伦敦外长会议后，希克逊就已经了解贝文的“两环构想”，尽管马歇尔犹豫不决，希克逊从一开始就坚决支持美国和西欧建立直接的军事联盟。① 1月20日，马歇尔给英弗查佩尔回信，赞赏贝文在西方联盟问题上的主动性，乐见其成，但没有给出具体而明确的支持，也没有表明美国将与这个联盟发生何种关系。

自1月下旬起，英法开始就西方联盟事宜与比、荷、卢协商，英法坚持按照《敦刻尔克条约》的模式缔结多个双边条约，这遭到了比、荷、卢三国的反对。2月19日，三国向英法提交了共同备忘录，表示如果以《敦刻尔克条约》为模板，签订以防范德国为目标的条约，并不足以应付“现实需要”，即苏联威胁，应考虑以《联合国宪章》第51条至第53条为基础建立西欧的区域组织，签订《美洲国家间互助条约》式的多边条约。②

紧接着，捷克斯洛伐克发生“二月事件”，加速了西欧五国协商的进程，它们最终决定以《美洲国家间互助条约》为模板，组成区域性同盟。3月17日，英、法、比、荷、卢缔结《布鲁塞尔条约》，组成军事同盟。该条约的核心是第4条，即“若任一缔约国在欧洲成为武装攻击的目标，其他缔约国应依据《联合国宪章》第51条的规定，尽力为受攻击的缔约国提供一切军事及其他援助”。③ 这意味着任一缔约国受到武装攻击，其他缔约国应自动地做出军事回应。在当天的国会演讲中，杜鲁门也赞扬《布鲁塞尔条约》是向着团结一致保护欧洲文明迈出的重要一步，这一发展值得美国全力支持，“美国将通过合适的方式根据形势所需为自由国家提供支持”。④

---

① Don Cook, *Forging the Alliance: NATO, 1945-1950*, pp. 110-111; “Memorandum by the Director of the Office of European Affairs (Hickerson) to the Secretary of State, January 19, 1948,” *FRUS*, 1948, Vol. Ⅲ, Document 4, pp. 6-7.

② “The Ambassador in France (Caffery) to the Secretary of State, February 19, 1948,” *FRUS*, 1948, Vol. Ⅲ, Document 19, pp. 26-27.

③ *The Brussels Treaty*, https://www.nato.int/cps/on/natohq/official_texts_17072.htm.

④ Harry S. Truman, *Special Message to the Congress on the Threat to the Freedom of Europe*, March 17, 1948, https://www.presidency.ucsb.edu/node/232488.

在西欧五国协商缔约之际，美方的支持态度变得逐渐明确，而且由“支持”西欧的安全努力转向“参与”西欧的安全安排，包括直接与西欧“结盟”。这一转变不是因为美国此时对苏联意图的估计发生了重大变化，也不是因为美国此时已做好为西欧安全承担更大责任的准备，而主要是为提振西欧国家的士气，缓解“二月事件”带来的战争恐慌。[①] 3月8日，也就是《布鲁塞尔条约》签订之前，希克逊向马歇尔提交了备忘录，认为苏联错误地以为美国正值大选年，不会对它在西欧的各种扩张行径有强烈反应，而西欧各国因为得不到美国切实的支持，加之“二月事件”造成的心理恐慌，已经到了快要失去抵抗意志的边缘，因此需要展现美国抵抗共产主义扩张的决心。一方面，西欧的安全机制需要各国把武装力量整合起来；另一方面，美国应该表现出“参与或支持这一机制的意愿”，才能增强西欧各国的信心。[②] 到3月中旬，欧洲复兴计划在国会进展顺利，最终通过指日可待，马歇尔对于美欧结盟也基本没有后顾之忧，支持美欧结盟开始成为国务院的主流意见。杜鲁门也认为：“即使《布鲁塞尔条约》签订，显然还需采取更重要的政治行动来消除西欧国家的恐惧，重建他们的信心。国务院已经做了广泛的研究，列出了可能采取的行动。我毫不怀疑，还须做更多的事重振他们抵抗共产主义和复兴经济的意志。”[③] 杜鲁门没有说明“更重要的政治行动”或“更多的事”具体是什么，但从之后的发展进程来看，他显然是采纳了国务院的主流意见。

与此同时，贝文对于美欧结盟也不再含糊其辞，经过一段时间的酝酿和准备，终于明确提出了美欧结盟的建议。3月11日，英弗查佩尔向美国国务院转交了贝文渲染苏联威胁的备忘录。贝文建议，大西洋区域内直接受苏联威胁的国家，包括美国、加拿大、英国、法国、爱尔兰、冰岛、挪

① Wallace J. Thies, *Friendly Rivals: Bargaining and Burden-Shifting in NATO* (New York: M. E. Sharp, 2002), pp. 32-33.

② "Memorandum by the Director of the Office of European Affairs (Hickerson) to the Secretary of State, March 8, 1948," *FRUS*, 1948, Vol. Ⅲ, Document 31, pp. 40-42.

③ Harry Truman, *Memoirs: Years of Trial and Hope* (New York: Doubleday, 1956), p. 243.

威等国，以《联合国宪章》第51条为依据，缔结大西洋区域互助条约。[①] 3月12日，请示杜鲁门后，马歇尔让英弗查佩尔转告贝文，美方已准备立即与英国就建立大西洋安全体系进行讨论，请英国下周派出代表。至此，杜鲁门当局已下定决心，建立大西洋安全体系以遏制苏联与共产主义的扩张。

在杜鲁门当局确定美欧结盟抗苏的新政策时，美国国会也产生了类似的思路，其主要代表是参议院的重量级人物，时任参议院外交关系委员会主席的共和党参议员阿瑟·范登堡。当时，苏联与美英等国在联合国的对抗，引起美国国会方面许多人的关注。针对安理会因苏联频繁行使否决权而无法发挥作用的情况，国会一时间涌现出了很多议案，如提议惩罚侵略者时废除安理会否决权、全面改写《联合国宪章》等。范登堡认为，这些议案根本上改变了联合国的机制，反而会令联合国陷入瘫痪，无助于解决问题，应该在联合国的现有机制下寻找其他办法抗衡苏联。他曾表示："我完全理解大多数人对联合国的悲观情绪。无视莫斯科与华盛顿之间愈发糟糕的关系，既愚蠢又危险。但有一个办法可以规避该死的'否决权'——就像我们在里约展示的那样。"[②] 这段话是范登堡在1947年9月参加"美洲国家维持和平与安全会议"后说的，所谓"就像我们在里约展示的那样"，是指像会议签订的《美洲国家间互助条约》那样，依据《联合国宪章》第51—54条，尤其是第51条，形成区域同盟，在"联合国内、否决权外"行事，从而规避了否决权，但又未推翻联合国机制。[③] 这段话也表明，范登堡很早就开始考虑把在西半球的经验推行到其他地区。到1948年初，他认为美国在处理欧洲安全问题时，也可以像在西半球那样，走区域性同盟的道路。这与杜鲁门当局的思路不谋而合。

---

① "The British Embassy to the Department of State, March 11, 1948," *FRUS*, 1948, Vol. Ⅲ, Document 31, pp. 46-48.

② Arthur H. Vandenberg, Jr. (ed.), *The Private Papers of Senator Vandenberg* (Boston: Houghton Mifflin, 1952), pp. 400-401.

③ 范登堡对《联合国宪章》第51条和《美洲国家间互助条约》的形成发挥过重要作用，详见陆宏谋、黄正柏：《从旧金山到里约：阿瑟·范登堡与战后美洲区域集体安全》，《史学集刊》2017年第4期。

但是，欧洲不是南北美洲，在和平时期不与美洲以外的国家缔结同盟，是美国外交的一个传统，是孤立主义的一条准则。突破这个传统和准则，为西欧安全承担长期的条约义务，包括军事安全上的义务，无疑是美国外交政策的一场颠覆性变革，在美国国内是有争议的，能否得到国会的支持也很难说。第一，美国和西欧实力悬殊，若西欧以此为由，把所有的安全担子丢给美国，坐享“安全车”，美国上下是不会接受的。第二，军事安全义务可能要求美国在某些情况下派出军事力量，自动卷入战争，这是握有宣战权的美国国会不会答应的。这也成了杜鲁门当局和范登堡在考虑美欧结盟时，需面对和努力解决的问题。

二、有条件的“松绑”：《范登堡决议案》

1948 年 3 月 12 日，美国告知英国准备就建立大西洋安全体系与其进行讨论后，美国国务院就开启了准备工作。23 日，国务院政策规划司提交了一份关于扩大西方联盟的报告（PPS27）。报告认为，美国的目标是加强自由国家抵抗苏联主导的世界共产主义侵略的决心，使其有足够的力量对抗苏联，打消苏联想进一步侵略的念头。报告建议西方联盟与更多欧洲及中东的自由国家联合起来，协调各国间的军事和情报力量，并缔结互助防御协定，在协定产生效力之前，若发生针对这些国家的武装攻击，将被视作对美国的武装攻击，美国将依据《联合国宪章》第 51 条做出回应。①

3 月 22 日起，美国、加拿大、英国在美国五角大楼就建立大西洋安全体系举行秘密会议。4 月 1 日，三国代表通过了一份意见书，即“五角大楼文件”，文件鼓励《布鲁塞尔条约》五国扩大条约范围，在此基础上，美国总统将向《布鲁塞尔条约》五国和可能加入该条约的国家发出邀请，共商缔结北大西洋集体防务协定事宜。同时，由美国单方面声明，依照《布鲁塞尔条约》五国承担的义务，在北大西洋集体防务协定缔结以前，北大西

① “Report Prepared by the Policy Planning Staff Concerning Western Union and Related Problems, March 23, 1948,” *FRUS*, 1948, Vol. Ⅲ, Document 50, pp. 62-63.

洋地区发生的对《布鲁塞尔条约》缔约国的武装攻击，将被视作对美国的武装攻击，美国将依据《联合国宪章》第51条应对，对于加入《布鲁塞尔条约》的任何其他西欧民主国家，美国将提供同样的援助。[①]

“五角大楼文件”的核心是，美国愿意加入北大西洋集体防务安排，在这种安排建立前由美国单方面向相关国家做出安全保证。要实现这一设想，杜鲁门当局面临的首要问题是，如何突破美国在和平时期不与美洲以外的国家缔结同盟的束缚，给其将要采取的政策松绑。此时，杜鲁门当局还没有明确的想法，但十分清楚国会的支持是必不可少的。所以，在4月1日最后一次美、加、英会议上，美方声明，“五角大楼文件”在执行以前，需要先后获得罗伯特·罗维特（Robert Lovett，副国务卿）、马歇尔、詹姆斯·福莱斯特（James Forrestal，国防部长）或国家安全委员会、总统的支持，最后得到“包括范登堡在内少数国会领导人的同意”。“五角大楼文件”的序言也明确指出：“本文件的目的是建议某种行动步骤，足以使3月17日总统声明支持欧洲自由国家的演讲生效。这些建议需要与两党领导人密切协商，目的在于无论形成什么样的政策都会是真正两党一致的美国政策。”[②]身为参议院外交关系委员会主席的范登堡就是在这样的背景下参与了相关讨论与协商，并对相关问题施加了重要影响。

3月底，马歇尔赴哥伦比亚参加第9次美洲国家会议，由罗维特暂代国务卿一职，负责与国会领导人探讨北大西洋集体防务协定的问题。4月初，罗维特就“五角大楼文件”中的计划——由总统向相关国家发出邀请共商缔结北大西洋集体防务协定，试探范登堡的意见。尽管范登堡早有按《美洲国家间互助条约》的方式形成美欧联盟的想法，此时却反问为什么要让杜鲁门“抢占所有的功劳”，并建议由参议院要求总统谈判达成一个这样的

---

① “Minutes of the Sixth Meeting of the United States-United Kingdom-Canada Security Conversations, April 1, 1948,” *FRUS*, 1948, Vol. Ⅲ, Document 63, pp. 73-75.

② “Minutes of the Sixth Meeting of the United States-United Kingdom-Canada Security Conversations, April 1, 1948,” *FRUS*, 1948, Vol. Ⅲ, Document 63, p. 72.

联盟，为最终得到两党参议员的一致支持开个好头。[1] 此后在4月间，罗维特多次与范登堡讨论北大西洋集体防务协定的问题，罗维特以备忘录的形式记录了其中的三次。

第一次有记录的讨论发生在4月11日，两人以PPS27文件、“五角大楼文件”以及融合了这两份文件的PPS27/1[2] 为基础进行了广泛讨论。范登堡大体上赞成相关文件把欧洲的安全问题一分为二的策略，即短期计划和长期计划。短期计划要求美国立即给予西欧某种合理有效的安全保证，即在集体防务协定缔结以前，把对相关国家的武装攻击视作对美国的武装攻击；长期计划则要求缔结某种与联合国相容的集体防务协定。同时，范登堡提出了保留意见：第一，他认为美国有必要保证提供某种协助，但应该自行决定在何种情况下提供何种协助，而且他反复告诫罗维特，参议院不会允许美国因为其他国家的一系列偶发事件而自动卷入战争；第二，他认为相关文件给人一种印象，即美国要为任何能得到协助的国家提供无限帮助，这样会造成两种后果，有关国家要么袖手旁观，把责任都推给“山姆大叔”，要么得到一种过分的安全感，从而态度强硬，甚至敢于挑衅。[3] 这些意见体现了范登堡一贯的谨慎与保守。一方面，美国需要在安全方面给西欧某种协助，但“量”不宜过大，防止欧洲人对美国的帮助过分依赖抑或过分自信，这实际上是之后他提倡“自助互助”原则的初衷。另一方面，必须保证美国的“行动自由”，何时以何种方式协助由美国自己说了算，同时必须顾及国会宣战权，不能自动卷入他国的战争。

除了以上保留意见，范登堡提出了解决欧洲安全问题的另一方向。长

---

① Theodore C. Achilles, *Fingerprints on History: The NATO Memoirs of Theodore C. Achilles* (Kent: Lyman L. Lemnitzer Center for NATO and European Community Studies, Kent State University, 1992), p. 16.

② 形成于4月6日，没有原文，参见 *FRUS*, 1948, Vol. Ⅲ, p. 78, 注释一。之后，美国国家安全委员会在PPS27/1文件的基础上形成了NSC9，参见 *FRUS*, 1948, Vol. Ⅲ, p. 85, 注释二。NSC9原文，参见 “The Position of the United States With Respect to Support for Western Union and other Related Free Countries, April 13, 1948,” *Digital National Security Archives, Presidential Directives on National Security* (以下简称DNSA), PD00019。

③ “Memorandum of Conversation by the Acting Secretary of State, April 11, 1948,” *FRUS*, 1948, Vol. Ⅲ, Document 69, p. 82.

期计划要求形成某种与“联合国相容”的集体防务协定，一段时期以来国会也一直在探索如何加强联合国应对国际安全问题的能力，范登堡考虑由参议院外交关系委员会形成一个决议案，强调使联合国成为维护国际和平之有效机构的重要性，要求总统考虑某些完善联合国的行动，并笼统地、概括性地涉及其他安全问题。罗维特认为，除非决议案表明美国有决心采取必要行动以实现联合国国际和平的目标，否则该决议案是不会有什么效果的。两人的讨论，倒是给了罗维特某种启示，他希望借助这样的决议案对此前相关文件设想的总统声明[①]给出某种程度的支持，但侧重的又是其他方面，即借一个强调联合国的决议案，体现出美国给予西欧国家的安全保证。[②] 简言之，两人考虑打着加强联合国的旗号，使总统对西欧国家的安全保证变得名正言顺，同时使美欧结盟的新思路获得更多的支持。事实上，这也成了之后两人努力的方向。

罗维特与范登堡第二次有记录的讨论发生在 4 月 18 日，两人的讨论围绕的是一个综合了 PP27/1 与 NSC9 的新文件[③]。此次讨论中，范登堡已经意识到，倘若没有国会的支持，仅由总统通过声明向西欧国家做出安全保证是不充分的，而先由参议院通过相关决议案基本上可以解决这一问题。自此，范登堡与罗维特确定以国会文件的方式，强化美国给西欧国家的安全保证，肯定美国可以在和平时期加入美洲以外的区域性同盟并承担相应义务。

新文件第一段的第一部分，建议缔结一个类似《布鲁塞尔条约》和《美洲国家间互助条约》的防务条约，范登堡希望一个条约都不提。在他看来，《布鲁塞尔条约》的缺陷是没有清楚地表明缔约国之间的相互义务，而

---

① 即“五角大楼文件”行动步骤中的第三步，在北大西洋集体防务协定缔结以前，北大西洋地区发生的对《布鲁塞尔条约》缔约国的武装攻击，将被视作对美国的武装攻击。

② “Memorandum of Conversation by the Acting Secretary of State, April 11, 1948,” *FRUS*, 1948, Vol. Ⅲ, Document 69, p. 83.

③ 没有原文，参见 *FRUS*，1948，Vol. Ⅲ，p. 92，注释一。

《美洲国家间互助条约》要求以“多数票”指挥成员国的行动,[①] 这不适用于北大西洋地区，超出了美国应承担的义务。经过反复讨论，范登堡最终同意将以下内容写入参议院决议案，即“强化联合国、提升自由国家之安全的措施应包括，依据宪章的规定，逐渐形成一些致力于维持国际和平与安全的区域安排（regional arrangements）”，这一内容实际上就是最终通过的《范登堡决议案》第二条的前身。[②]

新文件第一段的第二部分，参考了杜鲁门在3月17日演讲中所说的“美国将通过合适的方式根据形势所需为自由国家提供支持”，建议“协助任何欧洲的自由国家”。范登堡反对这样含有无限承诺的表述，而且他认为强调这种“优先协助的原则”（优先协助自由国家）能达到的效果与作用，不及由国会直接声明支持美国加入某个规定了“自助与互助”的条约。两人最终协商的结果是，把以下内容写入参议院决议案，即“美国准备在自助与互助的基础上，加入某些影响国家安全的区域安排”，这一内容实际上就是最终通过的《范登堡决议案》第3条的前身。[③]

强调“自助与互助”，可以让那些态度犹豫的参议员确信，西欧在加强自身防务时会发挥积极作用，美国不用独自承担西方世界的防务，必要时西欧也会给予美国帮助。而且，一旦西欧的防务达到一定水平，美国就可以削减自己的投入。“自助与互助”原则的核心是防止美国为欧洲安全承担过分的义务，该原则在之后的谈判过程中一直为美方所强调，最终也写入《北大西洋公约》。[④] 会后，罗维特把范登堡的这些意见提交给了国家安全委

① 《美洲国家间互助条约》第17条和第20条规定，经三分之二多数条约签字国同意而决定的制裁措施，全体条约签字国都必须履行。

② “Memorandum of Conversation by the Acting Secretary of State, April 18, 1948,” *FRUS*, 1948, Vol. Ⅲ, Document 75, p. 93.

③ “Memorandum of Conversation by the Acting Secretary of State, April 18, 1948,” *FRUS*, 1948, Vol. Ⅲ, Document 75, p. 93.

④ Timothy P. Ireland, *Creating the Entangling Alliance: The Origins of the North Atlantic Treaty Organization* (Westport, Conn.: Greenwood Press, 1981), p. 85.

员会，后者把范登堡的意见写入了 NSC9 文件，形成了新文件 NSC9/1。[①]

罗维特与范登堡第三次有记录的讨论发生于 4 月 27 日，一同参与讨论的还有马歇尔、约翰·杜勒斯[②]（John Dulles），四人的讨论围绕的是文件 NSC9/1。

对于由总统发出协商集体防务协定的邀请，范登堡认为美国不应处在请其他国家带着“购物清单”来美国的境地，那样美国就成了“第二个试图建立卫星国的苏联”。实际上，他担心“主动邀请”会让美国背负过重，这一意见得到了杜勒斯和马歇尔的支持。四人最终决定在参议院通过相关决议案后，国务院安排《布鲁塞尔条约》五国邀请美国就影响国际和平与安全的问题与五国进行协商，总统再声明美国准备接受邀请，考虑在自助与互助的基础上加入影响美国安全的区域安排。[③] 这一策略扭转了自“五角大楼文件”发布以来美国在协商北大西洋集体防务协定上的“首倡形象”，使美国由“主动”变为“被动”，给人以美国是“被请来的”印象，设定了“自助与互助”的条件，也改变了此前各项文件中美国会提供无限援助的印象。

此外，范登堡认为仅强调“区域安排”是不够的，试图用一个所谓的区域协定覆盖过多国家，这样的区域安排无论从地理上还是政治上都得不到充分的理论支持。他认为，区域办法只涉及《联合国宪章》第 52—54 条，美国应主要利用第 51 条的“集体安排”。而且，在北大西洋地区利用区域安排本身就有一定问题，因为美国和大西洋东岸的这些欧洲国家并不存在像美国和拉丁美洲国家这样的区域及历史联系，再者像意大利这样的国家不是北大西洋国家，加入北大西洋的区域安排也难讲通，除非意大利

① “The Director of the Policy Planning Staff (Kennan) to the Executive Secretary of the National Security Council (Souers), April 23, 1948,” *FRUS*, 1948, Vol. Ⅲ, Document 80, pp. 100-103; “The Position of the United States With Respect to Support for Western Union and other Related Free Countries, April 23, 1948,” *DNSA*, PD00020.

② 杜勒斯当时是共和党外交政策领域的重要人物之一。

③ “Memorandum of Conversation by the Acting Secretary of State, April 27, 1948,” *FRUS*, 1948, Vol. Ⅲ, Document 83, pp. 105-107.

先加入《布鲁塞尔条约》。[①]四人初步探讨了这一问题，都表示愿意进一步讨论。

5月7日，国务院最终完成了决议案的起草，决议案得到了杜鲁门的批准。5月11日，范登堡将决议案提交参议院外交关系委员会审议，委员会随即开始对决议案举行秘密听证会，决议案被正式命名为参议院第239号决议案，也被称作《范登堡决议案》。

5月11日的听证会上，范登堡解释了形成这一决议案的初衷。他指出，当时国会已经出现了很多改革联合国的决议案，这些决议案要么会彻底推翻联合国，要么不符合美国自身的利益。此外，美国又在持续讨论与欧洲建立怎样的安全关系，他和罗维特在前期工作中已达成共识，应避免美国为欧洲的防务承担任何自动的义务，美国的合作与支持要以欧洲国家自身的安全努力和美国的利益为前提。他希望把这两方面的问题结合起来，找到一个焦点，形成一个为大多数人所同意的意见书。[②]

同时，范登堡建议在决议案的第三条中加入"依据宪法程序"的内容，即"美国依据宪法程序，加入这些基于自助与互助、影响美国安全的区域和其他集体安排"。他希望借此表明，"虽然建议总统利用区域安排和《联合国宪章》第51条，但这不表示在总统缔结条约时，我们会放弃提出建议与批准条约的宪法职权"。[③] 5月12日，委员会成员亨利·洛奇（Henry Lodge Jr.）提出把"区域和其他集体安排"的限定语"基于自助与互助"改为"能证明有效自助与互助"，范登堡认为"能证明"在强度上不如"基于"，并主张把"有效的自助与互助"改为"持续有效的自助与互助"，洛奇

① Daryl J. Hudson, "Vandenberg Reconsidered: Senate Resolution 239 and American Foreign Policy," *Diplomatic History* 1, no. 1 (Jan. 1977): 59; "Memorandum of Conversation by the Acting Secretary of State, April 27, 1948," *FRUS*, 1948, Vol. Ⅲ, Document 83, pp. 105-106.

② United States Congress Senate Committee on Foreign Relations, *Hearings Before the Committee On Foreign Relations, United States Senate, on Vandenberg Resolution and the North Atlantic Treaty* (Washington, D. C.: U. S. Government Printing Office, 1973), p. 1.

③ United States Congress Senate Committee on Foreign Relations, *Hearings Before the Committee On Foreign Relations, United States Senate, on Vandenberg Resolution and the North Atlantic Treaty*, pp. 2-3.

接受了范登堡的建议”。[1]最终将第三条修改为：“美国依据宪法程序，加入这些基于持续有效的自助与互助、影响美国安全的区域和其他集体安排。”[2]

最终，5 月 19 日，参议院外交关系委员会以 13 票全部赞成的结果通过了修改后的决议案，范登堡将新决议案提交参议院审议。

参议院审议多日后，为争取参议员们的支持，范登堡指出美国正在为欧洲国家的经济复兴倾注心血，但在这一目标实现以前，欧洲面临实体安全问题，国内外都在推测美国在这一集体安全中的角色，而决议案已经给出了答案。一方面，决议案鼓励在《联合国宪章》内、安理会否决权外以单独或集体自卫应对武装攻击，且已表明美国对区域安排的兴趣，美国愿意依据适当的宪法程序，在美国的国家利益牵涉其中时，通过某种方式与这些区域安排合作。另一方面，美国的合作是有条件和限制的，美国拒绝为西欧的命运承担单方面的责任，自助与互助是前提，是不可分的，而且自助在前，美国的合作只能是补充，而不能替代其他国家充分且持续的防务活动。[3] 最终，参议院以 64 票赞成、6 票反对的多数票通过了决议案。决议案的核心内容如下：

> 参议院重申美国的政策是通过联合国实现国际和平与安全，因此除非出于共同利益的需要否则不得使用武力，应告知总统参议院的意见，即本国政府应依据宪法程序、以《联合国宪章》为依据追求以下目标：
>
> …………
>
> 第二，依据宪章的宗旨、原则与规定，逐步发展以单独和集体自卫为目的的区域和其他集体安排。

---

① United States Congress Senate Committee on Foreign Relations, *Hearings Before the Committee On Foreign Relations, United States Senate, on Vandenberg Resolution and the North Atlantic Treaty*, pp. 20-21.

② United States Congress Senate Committee on Foreign Relations, *Hearings Before the Committee On Foreign Relations, United States Senate, on Vandenberg Resolution and the North Atlantic Treaty*, p. 328.

③ The United States Congress, *Congressional Record*, Vol. 94 (Washington: Government Printing Office, 1948), pp. 7791-7792.

第三，美国依据宪法程序，加入这些基于持续有效的自助与互助、影响美国安全的区域和其他集体安排。

第四，如果发生任何影响美国安全的武装攻击，美国将表明其依据宪章第51条行使单独或集体自卫权的决心，以维护和平。[①]

决议案具有重大意义，它起到了“松绑”的作用，突破了和平时期美国不与美洲以外的国家结盟的传统，表达了国会支持美国加入美洲以外的区域性同盟的立场，是美国外交史上的一件大事，为之后美国参与北大西洋地区的集体防务协商，以及最终参议院批准《北大西洋公约》铺平了道路。但同时，范登堡反复强调不能为欧洲的安全承担过分的义务、不能自动卷入战争、不能破坏宪法程序，并把“自助与互助”“依据宪法程序”等原则写入了决议案。这些都是在“松绑”这个大前提下具体考虑的问题，是为提前消除国内对于允许美国在和平时期与非美洲国家结盟的各种反对意见和阻力，同时也表明美国为欧洲安全承担义务是有条件的、有限度的，美国既要与欧洲结盟，实现自己的战略目标，又不愿被捆住手脚，要保持自己的行动自由。

三、《北大西洋公约》中的“自助互助”和“行动自由”原则

《范登堡决议案》通过后，经美国国务院的运作，美国、加拿大及《布鲁塞尔条约》五国[②]自1948年7月6日起在华盛顿举行“关于安全的探索性会谈”。马歇尔认为会议的目的不是做出最终决定，而且正值美国总统大选前夕，为避免会谈卷入国内政治而节外生枝，因而降低了会议的级别，《布鲁塞尔条约》五国与加拿大的首席代表是各国驻美国大使，而不是各国外交部的人员，美国的首席代表是罗维特，会上也没有各国军事方面的特

① Senate Resolution 239, http://avalon.law.yale.edu/20th_century/decad040.asp.

② 卢森堡未派代表参会，由比利时代表之。

别代表。[①] 美国代表团小心翼翼地在《范登堡决议案》内行事，在会谈中始终强调美国加入“安全安排”的条件：第一，有关安排必须在《联合国宪章》的框架内；第二，美国的加入必须依据其宪法程序；第三，有关安排必须建立在持续有效的自助与互助基础上；第四，有关安排需影响美国的安全。罗维特更是在7月6日会谈一开始，就强调《范登堡决议案》是美国解决西欧安全与防卫问题的基础。

会谈争论的一大焦点是北大西洋防务安排的性质，即参与防卫安排的缔约国承担何种义务的问题。《布鲁塞尔条约》五国的代表主张，以《布鲁塞尔条约》第4条为模板，即“若任一缔约国在欧洲成为武装攻击的目标，其他缔约国应依据《联合国宪章》第51条的规定，尽力为受攻击的缔约国提供一切军事及其他援助”。这意味着，一旦其他北大西洋条约签字国家遭受武装攻击，美国就要投入军事力量参与防卫，这是军力羸弱的《布鲁塞尔条约》国家所期望的。美方对此表示反对，不希望协助的方式过于明确，理由是美国不会罔顾其宪法程序去加入一个规定美国自动卷入战争的条约，因为这违背了国会的宣战权，有碍美国的行动自由。美方主张以《美洲国家间互助条约》第3条为模板，该条第2款规定在受攻击的某个国家或多个国家发出请求后，相关机构达成集体措施以前，各国为履行自己的义务，自行决定应单独采取的紧急措施。[②] 也就是说，美方希望，若发生其他北大西洋条约签字国家遭受武装攻击的情况，在达成集体措施以前，美国拥有决定采取何种协助措施的自由，不必一开始就以军事力量介入。最终，美方和《布鲁塞尔条约》五国的代表同意结合《布鲁塞尔条约》与《美洲国家间互助条约》的相关条款。

最终，历经7轮会谈及多次工作小组会议后，在9月9日形成了一份包含以上焦点问题的备忘录，被称作“华盛顿文件”，供各国政府研究和讨论。该文件附有一份供日后参考的“北大西洋安全公约概要”，其第4条规

---

① United States Department of State Office of the Historian, *The Origins of NATO: The North Atlantic Treaty Organization*, p. 12.

② Inter-American Treaty of Reciprocal Assistance, https://www.state.gov/p/wha/rls/70681.htm.，访问日期：2018年12月1日。

定："（缔约国）单独及共同地通过持续有效的自助与互助的方式，加强它们独自抵抗和集体抵抗侵略的能力。"同时，第 4 条的注解指出："该条能在任何武装攻击或针对和平的威胁发生前，为（缔约国）相互提供物质援助、协调生产与战略方面的安排提供依据。"① 第 4 条的内容显然源自《范登堡决议案》，这一条既反映了《布鲁塞尔条约》五国从美国获得军事援助的愿望，也反映了美国避免为欧洲安全单方面承担义务的意图，前者看重"互助"，后者则看重"自助"。②

公约概要第 5 条涉及缔约国应该承担的义务，其规定："缔约国在行使《联合国宪章》第 51 条所承认的单独的或集体的自卫权应对武装攻击时应相互协助"。具体如何相互协助，第 5 条的注解指出了《布鲁塞尔条约》五国与美国在这一问题上的分歧和妥协。分歧即上文提到的以《布鲁塞尔条约》第 4 条还是以《美洲国家间互助条约》第 3 条为模板的问题。最终双方达成妥协条款，即"每一缔约国应同意，任何行为，在其看来构成对条约覆盖地区其他任何缔约国的武装攻击，应被视作对其自身的武装攻击，并应依据其宪法程序，尽力通过一切军事、经济及其他手段，行使《联合国宪章》第 51 条承认的单独的或集体的自卫权，在抵御攻击方面提供协助。"③ 这一妥协条款虽保留了《布鲁塞尔条约》第 4 条中明确要求缔约国运用军事等手段提供协助的内容，但这些协助手段是要"依据宪法程序"的，美国以军事手段提供协助还是需要国会批准的。这体现了《范登堡决议案》中的"行动自由"原则，因此《布鲁塞尔条约》五国期望在遭到武装攻击后美国以武力介入加以协助是没有保证的。

"华盛顿文件"形成后，杜鲁门当局的重心转向大选，因而暂停了"关

① "Memorandum by the Participants in the Washington Security Talks, July 6 to September 9," Submitted to Their Respective Governments for Study and Comment, September 9, 1948, *FRUS*, 1948, Vol. Ⅲ, Document 150, pp. 246-247.

② Timothy P. Ireland, *Creating the Entangling Alliance: The Origins of the North Atlantic Treaty Organization*, p. 107.

③ "Memorandum by the Participants in the Washington Security Talks, July 6 to September 9," Submitted to Their Respective Governments for Study and Comment, September 9, 1948, *FRUS*, 1948, Vol. Ⅲ, Document 150, p. 247.

于安全的探索性会谈”。1948 年 11 月 2 日，杜鲁门以微弱优势赢得总统大选，民主党也重夺国会两院多数席位，汤姆·康纳利（Tom Connally）取代范登堡成为参议院外交关系委员会主席。

美国大选结束后，美国与相关国家很快开启了第二阶段的“关于安全的探索性会谈”。11 月 6 日，杜鲁门批准了“华盛顿文件”，并指示国务院进一步开展“缔约”工作，而加拿大、《布鲁塞尔条约》五国在 10 月就已先后宣布接受“华盛顿文件”。12 月 10 日，第 8 轮会谈在华盛顿召开，讨论北大西洋安全公约概要，此前未参与会谈的卢森堡也派出了驻美公使。七国代表于 12 月 24 日形成公约草案，交由各国政府审议。草案的核心是第 5 条，涉及缔约国应承担的义务。

公约草案第 5 条第 1 款规定：“缔约国一致同意……对某个或多个缔约国的武装攻击应视为对所有缔约国的攻击。因此，若发生此类武装攻击，每一缔约国应行使《联合国宪章》第 51 条承认的单独的或集体的自卫权，单独并会同其他缔约国立即采取必要的军事或其他行动，协助被攻击的某个或多个缔约国，以恢复和确保北大西洋地区的安全。”① 相比第一阶段会谈中通过的公约概要第 5 条，采取军事行动协助受攻击的缔约国成为首要选择，而要依据宪法程序的内容也被省去了。

第一阶段会谈中通过的公约概要第 4 条经稍加修改后，成为了公约草案的第 3 条：“为更好地确保北大西洋地区的安全，缔约国应尽力单独及共同地通过持续有效的自助与互助的方式，加强它们独自抵抗和集体抵抗侵略的能力。”②

公约草案形成后，国务院沿袭此前的做法，立即就草案的内容咨询国会两党领袖的意见，并做出必要修改。1949 年 2 月 3 日、5 日，新任国务卿艾奇逊与国会两党领袖范登堡、康纳利会面，对公约草案进行逐条审议。两位参议员对草案第 5 条尤为关注，因为该条规定一旦出现缔约国受攻击的

① “Report of the International Working Group to the Ambassadors' Committee, December 24, 1948,” *FRUS*, 1948, Vol. Ⅲ, Document 199, p. 335.

② “Report of the International Working Group to the Ambassadors' Committee, December 24, 1948,” *FRUS*, 1948, Vol. Ⅲ, Document 199, p. 335.

情况，其他缔约国就要采取军事等行动予以协助，两人认为这具有“自动卷入战争”的意味，破坏了国会拥有宣战权的宪法原则，因而要求对第5条做出修改，以保证各国拥有采取何种行动的自由，避免因条约义务而“自动卷入战争”的风险。

2月8日，在第12轮“关于安全的探索性会谈”上，艾奇逊向各国大使介绍了范登堡与康纳利关于公约草案第5条的意见，两人担心“美国一头陷入某种自动的义务”，而他本人也说第5条中的“军事或其他行动”是不必要的装饰，“军事或其他行动”的意思就是“行动”，包括军事的、外交的、经济的及任何其他行动。[①] 范登堡、康纳利以及艾奇逊的意见引起了各国大使的不安，他们认为任何将第5条的义务弱化、模糊化的修改，都将降低结盟的价值。此后，艾奇逊继续就修改第5条的问题同范登堡、康纳利保持接触，同时继续参加“关于安全的探索性会谈”，并不时与各国大使进行单独的会谈，要在两方之间找到一个妥协办法。

范登堡仍然担心美国会承担过分的义务和自动卷入战争，希望美国在符合宪法程序的基础上，既承担同盟义务，又要保持足够的行动自由。他认为：“若让我们西欧的朋友对公约做出超越客观现实的解读，我不能想出比这更大的悲剧。一个现实就是我们不能承诺在未来自动卷入战争……我们只能承认美国宪法业已规定的现实……若严格地在美国宪法和《联合国宪章》内行事，我们能实现北大西洋公约的每一重要目标。”[②] 为此，范登堡建议以“采取其认为必要的行动”代替第5条中“采取必要的军事或其他行动”的提法，得到了参议院外交关系委员会的一致同意。“采取其认为必要的行动”的提法更为模糊，各国自行决定的空间更大，意味着所有缔约国承诺采取行动，但由其自行决定需采取何种行动，美国国会可决定参战是否必要，即使采取行动，也不一定是“军事行动”，因此自动卷入战争的意味大为削弱。原本，为应对苏联可能的攻击，西欧国家十分希望美国承担约束性的军事义务，一旦发生受攻击的情况，美国可以立即做出军事

① “Minutes of the Twelfth Meeting of the Washington Exploratory Talks on Security, February 8, 1949,” *FRUS*, 1949, Vol. Ⅳ, Document 56, pp. 74, 85.

② Arthur H. Vandenberg, Jr. (ed.), *The Private Papers of Senator Vandenberg*, p. 478.

反应。参议院外交关系委员会的一致意见令他们担心，如果不能清楚地向苏联表明美国会立即参战，公约的威慑作用就会大大减弱。为安抚各国大使，美国方面同意保留“立即”，并写入“包括武力的使用”，即“单独并会同其他缔约国立即采取其认为必要的行动，包括武力的使用，协助被攻击的某个或多个缔约国，以恢复和确保北大西洋地区的安全”。“包括武力的使用”明确军事手段是选项之一，“立即”采取行动则使西欧国家有望在第一时间能得到帮助。最终，新修改的第 5 条为参议院外交关系委员会与各国大使所接受。①

但在范登堡等人看来，这还不足以避免美国自动卷入战争的风险。鉴于 1948 年 12 月 24 日形成的公约草案全文都未提及“依据宪法程序”，1949 年 2 月 18 日、3 月 8 日在艾奇逊出席参议院外交关系委员会的会议时，范登堡等人要求加入新条款，规定“条约的批准及其条款的执行需依据缔约国各自的宪法程序”，这实际上给新修改的第 5 条加上了一重保险，明确了第 5 条的执行不能绕开美国宪法程序和国会宣战权，这一意见实际上就是最终条约文本的第 11 条。②

3 月 15 日，最后一轮“关于安全的探索性会谈”召开，公约经过少量微小调整，获得通过。18 日，《北大西洋公约》对外公布。其间，挪威于 3 月初参与“会谈”。3 月 17 日，参与“会谈”的 8 国（美、加、英、法、荷、比、卢、挪）向丹麦、冰岛、意大利、葡萄牙发出邀请。4 月 4 日，12 国外长齐聚华盛顿，举行《北大西洋公约》的签字仪式，并决定成立北大西洋公约组织。

4 月 27 日起，参议院外交关系委员会开始就《北大西洋公约》举行听

① Theodore C. Achilles, *Fingerprints on History: The NATO Memoirs of Theodore C. Achilles*, pp. 22–23; Dean Acheson, *Present at the Creation: My Years in the State Department* (New York: Norton, 1969), pp. 280–281; Lawrence S. Kaplan, *The United States and NATO: The Formative Years* (Lexington: University Press of Kentucky, 1984), pp. 114–115; Don Cook, *Forging the Alliance: NATO 1945–1950*, pp. 208–214.

② Timothy P. Ireland, *Creating the Entangling Alliance: The Origins of the North Atlantic Treaty Organization*, pp. 111–112; Arthur H. Vandenberg, Jr. (ed.), *The Private Papers of Senator Vandenberg*, p. 476.

证会，持续至5月。6月6日，参议院外交关系委员会全票通过了《北大西洋公约》，次日公约提交参议院辩论。最终，1949年7月，参议院以82票赞成、13票反对的结果通过了《北大西洋公约》。到8月24日，所有缔约国都完成了批准公约的手续。至此，公约正式生效，北约组织正式成立。

四、余论

在筹建北大西洋联盟的过程中，对于如何承担对外义务，美国政界逐渐形成了两点共识。第一，美国对外承担义务是有限度的，这是“自助互助”原则的核心，同盟伙伴首先要为自己的安全出力，然后才是盟友间的互助。第二，拒绝承担约束性的义务，保留“行动自由”，由自己决定是否行动和如何行动，这是与盟国订立条约的前提。这也是出于对国际关系本质的认识，美国是主权国家，条约是主权国家之间的契约，其实行与否、如何实行，不是条约说了算，而是由美国自己决定。

“自助互助”和“行动自由”，实质上反映了战后美国外交政策中一个深层次的悖论。一方面，美国作为战后头号超级大国，为充当“自由国家”的领导者，与苏联争霸，四处结盟，为此承担了相应的义务。另一方面，美国又要避免这种义务超出其实力限度，更不想因结盟而失去行动自由。美国需要在这两方面之间兼顾和平衡，遵循所谓“权力的限度”。然而，要实现这种兼顾和平衡并非易事。在战后的一段时期，美国实力超群，其盟国普遍虚弱，而苏联威胁又迫在眉睫，美国为盟国承担了最大的安全负担，提供各种援助。由于美国实力强大，这一悖论并不突出，“自助互助”实际上成为美国的大包大揽，美国对盟国的“自助”和自身的“行动自由”方面强调不多，反而是豪气万丈，仿佛美国无所不能，权力“无限”，可以在承担众多的义务的同时又能保持自身的健康发展。肯尼迪就任总统时所称“美国准备付出任何代价，挑起任何重担，对付任何困难，支持任何朋友，反对任何敌人，以确保自由的存在与胜利”，就体现了这种心态。但这种政策导致美国战线太长，负担过重，其积累效应终会显现。到了20世纪60年代末70年代初，当美国的经济出现困难，力量相对衰落，美国对外政策中的这一悖论就凸显出来。而此时，美国的主要盟国已逐渐恢复，却仍然依赖美国，不愿为自己的安全多出钱出力。到尼克松上台时，美国内外交困，为摆脱困局，尼克松开始收缩力量，要求盟国对自己的安全承担更多责任，减轻美国的负担。这在战后美国外交政策史上不止出现一次，每当美国自身困难，或是想把更多的力量转向国内问题时，就会抱怨盟国出力太少，自己承担义务太多。

特朗普政府又一次这样做，只是言语更尖锐，态度更坚决，行动更极端，其在外交上的作为表面看是一种“反常”或“异类”，从另一角度看却是美国力量衰退导致其外交政策中的深层悖论突出的体现。在“美国优先”的理念指导下，有限义务变成了动辄拒绝承担义务，行动自由变成了不顾盟国主张和条约义务的单边行动，以及在更广泛的国际问题上“退群废约”。特朗普给出的主要理由就是美国承担的义务过多，导致了美国的困难和削弱。鉴于美国在国际社会中的地位和影响，特朗普政府的作为会冲击二战后建立起来的国际体系和规则，可能导致整个现存国际体系的倒退，这正是其危险性所在。

卡特政府时期美古秘密接触的成果与障碍

许文芳*

摘　要　1961 年 1 月 3 日美国宣布和古巴断交后，两国之间除了公开的敌视与对抗，也曾尝试通过接触走向和解。相较于往届政府，卡特为实现两国关系正常化做出了坚决而长期的努力。这一时期，双方通过多方渠道进行接触，并在海洋疆界和渔业问题、释放政治犯和探亲旅行问题上达成了一致意见。然而，在冷战背景下，美国政府将古巴完全视为“苏联代理人”，忽视其作为主权国家外交政策中的民族主义因素，致使卡特政府中的强硬派将“断绝古苏关系”“古巴完全撤出非洲”等要求作为两国关系正常化的先决条件，进而导致两国对话陷入僵局，接触未能超越对抗。总的来看，两国利益的共同点促使卡特政府尝试超越意识形态藩篱，实现与古巴关系的正常化，而在涉及各自国家利益的重大问题上的分歧则决定两国保持在敌对状态。

关键词　卡特政府　卡斯特罗政权　对抗　接触　冷战

* 许文芳，暨南大学中华民族凝聚力研究院讲师，铸牢中华民族共同体意识研究基地副研究员。

2002年5月，吉米·卡特（Jimmy Carter）访问古巴。这是两国断交40余年来，美国总统级别的政治家首次造访古巴，并向古巴人民发表讲话。在访问中，卡特呼吁两国实现关系正常化，提请人们注意40余年的贸易禁运和旅行限制已经过时。[①] 卡特的古巴之行引发了美国各界对美国对古巴政策的关注与争论，也为美国政府重新思考两国关系提供了契机。事实上，早在1977年就任总统之际，卡特便已明确将与古巴革命政府和解作为美国外交政策的目标。

学界关于这一时期美古关系的研究多聚焦于古巴在非洲的军事活动[②]和古巴难民问题，[③] 或侧重对两国外交政策的评析，[④] 对两国致力于接触和对话的历史[⑤]关注不足。本文将在解密档案和相关研究成果的基础上，系统介绍卡特执政期间两国秘密接触的历史，为进一步理解冷战时期意识形态和国家利益对国家间关系的影响提供参考。

一、卡特执政初期美古接触的动因及其成果

卡特政府寻求与古巴接触是国内外因素共同作用的结果。从美国国内来看，在官方层面，虽然此前基辛格主导的缓和政策受到地区和国际局势

① Peter Kornbuh, "Mr. Carter Goes to Cuba," *The Nation* 274, no. 21 (June 3, 2002).

② 如 Piero Gleijeses, *Visions of Freedom: Havana, Washington, Pretoria and the Struggle for Southern Africa, 1976–1991* (Chapel Hill: University of North Carolina Press, 2013)。

③ 如 Kathleen Hawk, Ron Villella, etc., *Florida and the Mariel Boatlift of 1980: The First Twenty Days* (Tuscaloosa: University of Alabama Press, 2014)。

④ 如 Jorge I. Domínguez, *To Make a World Safe for Revolution: Cuba's Foreign Policy* (Cleveland: Center for International Affairs, 1989); H. Michael Erisman, *Cuba's International Relations: The Anatomy of a Nationalistic Foreign Policy* (NY: Routledge, 2019)。

⑤ 关于美古两国接触与对话的研究成果，其中比较具有代表性的著作包括：Robert M. Levine, *Secret Missions to Cuba: Fidel Castro, Bernardo Benes and Cuban Miami* (New York: Palgrave Macmillan, 2001); William M. LeoGrande and Peter Kornbluh, *Back Channel to Cuba: The Hidden History of Negotiations between Washington and Havana* (Chapel Hill: The University of Carolina Press, 2014)。

的影响，[1] 但美古之间的官方接触仍在继续，[2] 国会内部对于转变对古巴政策的阻力较小。在民间层面，古巴裔社区对卡斯特罗政权的敌视与厌恶一直是影响美国对古政策的重要因素之一，但到了 20 世纪 70 年代后期，古巴裔社区在对待古巴的问题上不再铁板一块，开始呈现分化趋势。[3] 从外部局势来看，在国际层面，这一时期苏攻美守的战略态势，以及越战结束、中美关系正常化等局势，都促使美国寻求改善与古巴的关系。在地区层面，古巴与地区国家间的经贸联系打破了美国的封锁，拉美国家向美国施压要求缓和与古巴的关系。

在这一背景下，1977 年 2 月底 3 月初，美国官方就古巴问题筹备和召开了多方参与的政策评估委员会会议（PRC Meeting）。在对现行政策进行讨论和分析的基础上，与会者设定了美国希望且能够从美古谈判中达成的目标，以及谈判过程中可采取的策略。从长期目标上来看，对于美国来说，两国关系正常化可以减轻古巴对苏联的依赖；鼓励古巴停止对他国的干预，并且向第三世界证明美国愿意容忍不同意识形态的政权；改善古巴的人权状况；以及获得古巴对被没收的美国资产的补偿。对于古巴来说，则可能希望通过重建两国关系，促使美国承认古巴主权，并且变相接受革命政权；遏制古巴流亡者针对古巴的恐怖活动；归还关塔那摩基地和解除禁运等。此外，两国在渔业问题和反劫持协议方面存在共同利益，双方贸易的互补

---

① 指古巴支持波多黎各独立，以及古巴对安哥拉内战进行军事干涉。

② 1977 年 2 月中旬，众议员宾汉姆（Jonathan Bingham）访问古巴，与卡斯特罗和其他古巴高级官员进行会谈。参见 "Telegram from the Department of State to Secretary of State Vance in Cairo, Subject: My Debriefing of Bingham on His Havana Trip, February 17, 1977," *FRUS*, 1977-1980, Vol. XXIII, Mexico, Cuba and the Caribbean, Document 3 (Washington D. C.: United States Government Publishing Office, 2016), p. 4。

③ 这一时期，美国 65 万古巴社区居民中，在美古关系正常化的问题上，年长者坚持彻底敌视古巴，30 岁以下的年轻一代则分化为一半赞成、一半反对。参见 "Briefing Memorandum From the Assistant Secretary of State for Inter-American Affairs (Todman) to Secretary of State Vance, February 22, 1977," *FRUS*, 1977-1980, Vol. XXIII, Mexico, Cuba, and the Caribbean, Document 3, p. 8。

性促使两国希望建立外贸联系。[①] 基于上述议题的复杂性及其困难度，委员会最终达成了分阶段渐进改善美古关系的谈判策略，即最初阶段进行涉及渔业、反劫持协议和体育交流等相对容易达成一致的议题的谈判；接着将谈判扩展至与人权、禁运、古巴的某些外交政策和关塔那摩等有难度但可谈判的议题上，这些议题处理得当的话两国可建立正式的外交关系；而后进入第三阶段，处理那些诸如索赔和补偿、古巴从安哥拉全面撤军、释放政治犯等不易协调的问题。[②]

一系列铺垫之后，卡特总统于3月15日签发了第6号总统令，主张美国应当"以一种谨慎有度的方式与古巴政府代表开展直接的秘密谈判"。[③] 根据这一指示，3月24日，负责美洲事务的助理国务卿特伦斯·托德曼（Terence Todman）率领美国代表团在纽约与古巴代表进行探索性对话。托德曼提出了总统令中列出的所有问题，包括两国之间的捕捞和海上疆界、反劫持协定、古巴人权状况、古巴在非洲等地的境外活动、古巴关于波多黎各的行动、两国科教文卫交流、古巴政府对被征收的美国财产的补偿、建立贸易关系的可能性，以及在瑞士大使馆建立美国利益代表处等。[④] 但古巴代表仅被授权谈判渔业和海洋疆界协议，关于这一议题，卡特就任不到一周，古巴副外长就曾委托瑞士驻哈瓦那大使艾蒂安·塞拉（Etienne Serra）向美国转达了相关照会，表达解决这一问题的意愿。[⑤]

---

① 主要参与人隶属部门：国务院、国防部、财政部、国家政策委员会、副总统办公室、中情局、参谋长联席会议、司法部和商务部。参见"Summary of Conclusions of a Policy Review Committee Meeting, Subject: Cuba, March 9, 1977," *FRUS*, 1977-1980, Vol. XXIII, Mexico, Cuba and the Caribbean, Document 8, pp. 19-20。

② "Summary of Conclusions of a Policy Review Committee Meeting, Subject: Cuba, March 9, 1977," *FRUS*, 1977-1980, Vol. XXIII, Mexico, Cuba and the Caribbean, Document 8, p. 21.

③ "Presidential Directive/NSC-6, Subject: Cuba, March 15, 1977," *FRUS*, 1977-1980, Vol. XXIII, Mexico, Cuba and the Caribbean, Document 9, pp. 21-22.

④ 关于第6号总统令（PD/NSC6）的具体内容，参见 *Presidential Directive/NSC-6*, Subject: Cuba, Washington, D. C.: The white house, March 15, 1977。

⑤ "Briefing Memorandum from the Acting Assistant Secretary of State for Inter-American Affairs (Luers) to Secretary of State Vance, Title: Cuban Initiative on Fisheries, January 28, 1977," *FRUS*, 1977-1980, Vol. XXIII, Mexico, Cuba and the Caribbean, Document 1, p. 1.

美国存在与古巴缓和关系的多重动机。在美国代表团赴古巴参与第二次会议之前，参议员乔治·麦戈文（George McGovern）提交给卡特总统的一份备忘录中，分析了美国部分解除对古巴禁运的优点。他认为美国通过这一策略可以实现其对古巴的三重目标：地缘政治层面，会对古巴的国际行为有一定的影响；双边关系层面，将在美国关注的某些具体问题上取得进展；人道主义层面，可以协助或至少不妨害古巴政府真正致力于为贫弱的人民创造美好生活。[①] 这三个目标都可以通过逐步恢复两国经济关系来实现。以此为铺垫，4 月 25 日，美国代表团前往哈瓦那，双方最终达成了关于捕捞和海洋疆界的协定。

这一时期，除了官方代表团之间的正式谈判，美国公民对古巴的私人访问也日益频繁。5 月底，海湾与西方工业公司董事长查尔斯·布卢多恩（Charles Bluhdorn）受卡斯特罗邀请，前往哈瓦那与之会面。二者就古巴在非洲的军事存在和经济领域的问题进行了深入讨论，卡斯特罗邀请布卢多恩随时与他直接沟通并进行深入的对话，后者表示乐意作为两国之间“非正式的沟通渠道”。[②] 加州议员德勒姆斯（Ron Dellums）在访问哈瓦那之后，向总统汇报了他与卡斯特罗的会谈。他认为“卡斯特罗真诚希望与美国建立更好的关系，因为他不想过度依赖苏联”，同时表示虽然现在两国政府正在进行直接接触，但有需要的情况下，他可以随时充当美国与卡斯特罗之间的秘密媒介。[③] 美古关系总体上呈良好态势。

然而，卡特执政初期两国之间的关系缓和态势并未持久。在双方谋求进一步改善关系时，古巴再度卷入非洲地区错综复杂的地缘政治斗争。福特政府时期古巴干涉安哥拉内战导致的分歧尚未弥合，古巴又于卡特政府

---

① “Memorandum From Senator George McGovern to President Carter, Subject: Merits and Tactics of Partially Lifting the Cuban Embargo, April 19, 1977,” *FRUS*, 1977-1980, Vol. XXIII, Document 13, p. 30.

② “Memorandum of Conversation, Subject: Bluhdorn's Meeting with Fidel Castro, June 3, 1977,” *FRUS*, 1977-1980, Vol. XXIII, Document 16, p. 41.

③ “Briefing Memorandum From the Assistant Secretary of State for Inter-American Affairs (Todman) to Secretary of State Vance, Title: Congressman Dellums' Visit to Havana, July 6, 1977,” *FRUS*, 1977-1980, Vol. XXIII, Document 17, pp. 42-43.

时期介入埃塞俄比亚与索马里之间的欧加登战争。非洲问题成为美古谈判难以逾越的障碍。[①]

二、卡特执政中期美古接触的“双轨渠道”

古巴干预非洲之角的战争，进一步加深了卡特政府中负责制定古巴政策的外交团队之间的嫌隙，成为促使两国关系正常化陷入僵局的一个关键因素。

受到古巴在非洲行动的影响，美国官方对古巴的评估和政策导向一分为二。一种观点主张加强“对那些在非洲的古巴人进行秘密宣传活动，特别是向古巴国内提供有关古巴在非洲的伤亡事件和相关问题的资料”；[②] 加强争取安哥拉彻底独立全国联盟（安盟）势力，使古巴在安哥拉的干涉复杂化，从而限制古巴在南部非洲的扩张；[③] 甚至考虑对古巴再度实施全面禁运，并以此作为胁迫古巴撤出非洲的筹码。另一种观点则主张“找到一种积极而非消极的方式来影响卡斯特罗”，“让他认为在与一个新的政治团队打交道”；[④] 并认为“古巴不会为了推进与美国关系正常化而在非洲问题上做出让步”，美国应该继续就释放囚犯、遣返美国公民及其古巴家属等问题

① 关于这一时期古巴在非洲军事干预的详细情况，参见 Piero Gleijeses, *Visions of Freedom: Havana, Washington, Pretoria and the Struggle for Southern Africa, 1976-1991*。

② “Summary of Conclusions of a Special Coordination Committee Meeting, Subject: Horn of Africa, March 27, 1978,” *FRUS*, 1977-1980, Vol. XXIII, Mexico, Cuba and the Caribbean, Document 29, p. 70.

③ “Note from Paul Henze of the National Security Council Staff to the President's Assistant for National Security Affairs (Brzezinski), Subject: Castro on His Involvements in Africa—Significant CIA Report, May 4, 1978,” *FRUS*, 1977-1980, Vol. XXIII, Mexico, Cuba and the Caribbean, Document 30, p. 71.

④ “Memorandum from Rick Inderfurth of the National Security Council Staff to the President's Assistant for National Security Affairs (Brzezinski) and the President's Deputy Assistant for National Security Affairs (Aaron), Subject: Cuba and Africa: Next Steps, March 23, 1978,” *FRUS*, 1977-1980, Vol. XXIII, Mexico, Cuba and the Caribbean, Document 28, p. 68.

进行对话等。[①] 在冷战时期意识形态对抗的背景下，卡特政府选择了对古巴的行为进行严厉谴责，并将其从非洲撤军作为两国进一步谈判的条件。卡斯特罗则猛烈抨击美国政府，并坚持古巴的非洲政策不可谈判。

在非洲问题上的僵持中断了两国官方对话，但日趋恶化的形势促使双方寻求其他渠道探索缓和关系的可能性。从美国方面来看，卡特计划委派其密友保罗·奥斯汀（Paul Austin）前往古巴。作为可口可乐公司总裁兼首席执行官，奥斯汀自20世纪70年代中期便已开始寻求再度打入古巴市场，但遭到基辛格的反对。1977年6月，作为卡特密友兼“非正式外交官”的奥斯汀访问古巴，会见卡斯特罗并与其讨论在古巴开设可口可乐装瓶厂的可行性。卡斯特罗坦率地表达了对卡特政府友好姿态的赞赏，以及“最终解除禁运和实现关系正常化”的愿望。[②] 1978年2月，奥斯汀与卡斯特罗会面。卡特希望能够通过私人接触对古巴方面有一个较为直接的评估，但奥斯汀带回的仅是一个热切但含糊的回应。[③]

在美国方面寻求秘密渠道进行沟通的同时，古巴一方则选中古巴裔美国律师兼银行家贝尔纳多·贝内斯（Bernardo Benes），作为美古以及卡斯特罗与古巴裔社区之间的对话者。[④] 1978年2月12日，贝内斯飞往牙买加与古巴代表何塞·帕德龙（Jose Luis Padron）会面，随后前往古巴会见卡斯特罗。这一行动表明卡斯特罗对待迈阿密古巴流亡者的态度开始转变，从革命之初称其为“革命的蠕虫”，到将其视为“古巴裔的海外社区”。[⑤]卡斯特

---

① “Telegram from the U. S. Interests Section in Cuba to the Department of State, Subject: MINREX Vice-Minister Comments on Africa and Other Topics in U. S. -Cuban Relations, May 15, 1978,” *FRUS*, 1977–1980, Vol. XXIII, Mexico, Cuba and the Caribbean, Document 31, p. 73.

② Jimmy Carter, *White House Diary* (New York: Picador USA, 2011), p. 62.

③ Jimmy Carter, *White House Diary*, p. 62.

④ 关于贝尔纳多·贝内斯在这一时期的美古秘密接触中扮演的角色和作用，美国历史学家莱文在其著作《古巴密使》一书中做了详细的记录和分析。参见 Robert M. Levine, *Secret Missions to Cuba: Fidel Castro, Bernardo Benes and Cuban Miami*, pp. 85–148。

⑤ “Memorandum from the Executive Secretary of the Department of State (Tarnoff) to the President's Assistant for National Security Affairs (Brzezinski), Subject: Castro Appeals to the Cuban-American Community, September 13, 1978,” *FRUS*, 1977–1980, Vol. XXIII, Mexico, Cuba and the Caribbean, Document 35, p. 81.

罗希望能够借助贝内斯在古巴裔社区中的影响力传达其寻求和解的真诚意图，而贝内斯的主要使命则主要包括释放政治犯、扩大探亲旅行和分裂家庭团聚等问题的解决。卡斯特罗回应了在这些问题上的可谈判立场，但表示作为交换，希望美国能够解除对古巴的贸易禁运。3 月 20—22 日，贝内斯与帕德龙在墨西哥城会面，后者向贝内斯表示卡斯特罗“非常有兴趣建立沟通渠道来交换观点”，且已经准备好与美国进行释放部分政治犯和准许流亡者探亲的谈判。① 贝内斯将对话的主要内容报告给布热津斯基（Zbigniew Brzezinski），后者将此事交予副手大卫·亚伦（David Aaron），并由此开启美古官员之间持续近一年的秘密会议。

值得注意的是，这一时期，基于对事态发展的不同判断，在是否继续推进与古巴对话的问题上，国家安全顾问布热津斯基和国务卿万斯（Cyrus Vance）之间存在分歧。在征得总统同意的情况下，二者采取了一种“双轨渠道”，即国家安全委员会以公开渠道与古巴讨论较宽泛的政治议题；国务院则通过秘密渠道与古巴讨论释放政治犯，以及准许他们前往美国的操作细节。② 6 月 15 日，美国代表戴夫·纽瑟姆（Dave Newsum）与古巴代表帕德龙在纽约进行会谈。古巴同意部分囚犯及其家属离开，并提交了准许离开的人员名单；美方代表则表示需要国务院进行审查之后予以回应。③ 7 月 5 日，帕德龙前往华盛顿与国务卿特别助理彼德·塔尔诺夫（Peter Tarnoff）和纽森进行第二次会谈。古巴方面表示，准许美国国务院列出的双重国籍者及其家属离开古巴，同时将在不久后放松对古巴裔赴古巴探亲旅行的限制。当美方将对话延展至更宽泛的赔偿问题时，古巴代表则以禁运问题进行回应；涉及非洲问题时，古巴代表则表示愿意“在国与国的基础上，通

---

① William M. LeoGrande and Peter Kornbluh, *Back Channel to Cuba: The Hidden History of Negotiations between Washington and Havana*, p. 182.

② William M. LeoGrande and Peter Kornbluh, *Back Channel to Cuba: The Hidden History of Negotiations between Washington and Havana*, p. 185.

③ “Memorandum From Secretary of State Vance to President Carter, Subject: Contact with Castro's Representative, Jose Luis Padron, June 19, 1978,” *FRUS*, 1977 - 1980, Vol. XXIII, Mexico, Cuba and the Caribbean, Document 33, p. 79.

过和平谈判的方式解决非洲问题”。[1]

关于以何种形式开展后续对话，以及是否应涉及更宽泛议题，国家安全委员会和国务院之间存在严重分歧。折中的办法是1978年后期到1980年秋，美国代表团始终包括两个部门的代表。从对话内容来看，除了继续就释放政治犯的操作细节进行谈判外，一成不变涉及古巴地区和国际政策。具体来看，美国要求古巴在波多黎各问题上克制其反美情绪，古巴则解释二者的历史联系促使其恪守波多黎各的独立原则；美国反对古巴在非洲的活动，古巴一再坚持其外交政策与美古关系无关；古巴要求美国解除贸易禁运，美国则坚持以古巴军队撤出安哥拉为前提条件。从结果上来看，双方谈判陷入了一种“恶性循环”，一方提出诉求，另一方无法接受，虽然对话一直在进行，但彼此立场并未趋近。10月底，美古官员之间的私人会晤彻底陷入僵局，卡特总统强调“不要再计划新的会议”。[2]

官方谈判暂时告一段落之后，私人渠道再度被用来打破僵局。由于无法在政府间对话中发挥作用，贝内斯转而致力于充当卡斯特罗与古巴流亡社区之间的媒介。他集合了一批温和的古巴裔美国人，组成“75人委员会”(Committee of 75)[3]。1978年11月20—22日和12月8—9日，“75人委员会”与卡斯特罗进行了两次会议，卡斯特罗于12月9日同古巴流亡社区代表签署了“最后文件”，约有3600名古巴政治犯被释放并被允许离开古巴。

然而，释放政治犯协议的达成，未能扭转美古关系的恶化趋势。在签署了“最后文件”后，卡斯特罗旋即表示美古关系“趋向恶化”，对卡特政

---

① William M. LeoGrande and Peter Kornbluh, *Back Channel to Cuba: The Hidden History of Negotiations between Washington and Havana*, p. 185.

② “Memorandum from the President's Deputy Assistant for National Security Affairs (Aaron) to President Carter, Subject: Private Meeting with the Cubans, October 30, 1978,” *FRUS*, 1977 - 1980, Vol. XXIII, Mexico, Cuba and the Caribbean, Document 37, p. 85, Footnote 4.

③ 以古巴裔银行家贝内斯为代表、对古巴革命政权态度相对温和的古巴流亡者组成的一个“对话小组”。75人是虚指，实际参与人数不等。值得注意的是，这一委员会成员内部并非铁板一块，意识形态各异；他们致力于在卡斯特罗和古巴裔社区之间架起沟通桥梁的举动被认为加剧了流亡者之间的嫌隙，贝内斯甚至被诋毁为叛徒。参见 Robert M. Levine, *Secret Missions to Cuba: Fidel Castro, Bernardo Benes and Cuban Miami*。

府进行指摘。首先，卡斯特罗谴责美国政府在渔业政策执行过程中的“欺诈”行为，即1977年两国签署一般国际渔业协定时，美国承诺尊重古巴在“美国200海里渔业保护区的历史捕捞权”，但美国严苛的条件和要求决定了古巴不可能在美国区域捕鱼。其次，美国指控卡斯特罗政府介入沙巴地区的叛乱活动挑战了他的个人诚信，但实际上并无确凿证据表明古巴介入此地叛乱。此外，卡斯特罗表示，美国SR-71侦察机公然侵犯古巴的领空权；美国谴责古巴部署MIG-23型飞机的进攻性质与事实不符。[①]但与此同时，卡斯特罗也承认卡特政府所采取的积极政策，并表明古巴在禁运问题上与美国对话的强烈愿望。

官方秘密对话的终结和两国关系的恶化，使得双方致力于正常化的热情冷却下来。虽然对话和沟通仍在继续，比如1979年初，科德尔·宾厄姆（Codel Bingham）率美国国会代表团与卡斯特罗会面，就古巴在非洲、中国、贸易禁运、赔偿美国被征收财产、释放剩余美国政治犯、非洲之角等问题上的立场交换意见；[②] 1979年中，联合国开发计划署执行主任彼得·伯恩（Peter Bourne）会见卡斯特罗，就美国大选、古巴对非洲干预、古巴反美论调、古巴卫生保健系统等问题进行讨论等。[③] 然而，一时间卡特政府在古巴问题上并没有明确的政策导向。

与此同时，驻扎在古巴进行战术训练的苏联军事人员成为美国的主要关切。1979年8月31日，美国情报机构报告称，苏联在古巴驻有一个旅的作战部队。参议院外交委员会主席弗兰克·丘奇（Frank Church）收到报告

---

① “Telegram From the U. S. Interests Section in Cuba to the Department of State, Subject: Castro Takes Pessimistic Line on US Relations, December 11, 1978,” *FRUS*, 1977-1980, Vol. XXIII, Mexico, Cuba and the Caribbean, Document 42, p. 96.

② “Telegram From the Embassy in the Dominican Republic to the Department of State, Subject: Codel Bingham Meeting with Castro, January 9, 1979,” *FRUS*, 1977-1980, Vol. XXIII, Mexico, Cuba and the Caribbean, Document 44, pp. 99-102.

③ “Memorandum for the Record by Peter Bourne, Executive Director of the UN Development Programme, Subject: Meeting with Fidel Castro, June 1, 1979,” *FRUS*, 1977-1980, Vol. XXIII, Mexico, Cuba and the Caribbean, Document 49, pp. 107-109.

后，当即举行记者招待会，竭力把这一报告升级为轰动一时的事件。[①] 9月中旬，卡特总统召开国家安全委员会会议，讨论苏联在古巴保有地面力量对美苏关系的长期影响，以及美国人民和第三国对此事的态度。从美苏关系来看，万斯主张通过外交渠道，要求苏联提供相关详细资料；若苏联不予合作，布热津斯基和国防部长布朗·哈罗德（Harold Brown）支持美国“单方面采取行动改变古巴现状”，包括加强对古巴的情报监测，增援在关塔那摩海军基地的地面部队等。从美国人民对此事的反应来看，由于受到媒体渲染，加上对昔日古巴导弹危机的联想，部分民众希望政府做出强势反应。第三国对此事的反应与1962年古巴导弹危机时形成鲜明对比，当时欧洲国家皆对美国的强硬态度表示支持，这次则没有国家发表支持声明；拉美国家中的保守政府（如巴西、阿根廷、乌拉圭等）虽认为关于苏联地面部队的报道证实了自身对苏—古军事活动的担忧，但并未将战斗旅视为真正的威胁。[②] 后续调查确证这些地面部队只是20世纪60年代初便驻扎于此的部队残余，并未对美国构成威胁。[③]

1979年10月初，在卡特政府内部敦促苏联撤出战斗部队之际，20世纪60年代曾数次与卡斯特罗会谈的美国外交官威廉·阿特伍德（William Attwood）抵达哈瓦那。在二者对话中，卡斯特罗谴责了美国披露的关于苏联战斗旅的两个“谎言”，即美国宣称苏联部队是新增的，但实际上这些部队自1962年便已存在；美国声称这些部队的使命是战斗性的，但实际上该部队的使命是提供培训。同时，古巴对苏联在这一问题上的坚定立场表示感激。卡斯特罗认为卡特政府在此事中接受了“糟糕的建议”，但危机已翻篇，两国应为停滞了一段时间的和解进程注入新动力。此外，两人还就古

① Jimmy Carter, *Keeping Faith: Memoirs of a President* (New York: Bantam Book, 1982), p. 262.

② “Memorandum From Marshall Brement of the National Security Council Staff to the President's Assistant for National Security Affairs (Brzezinski) and the President's Deputy Assistant for National Security Affairs (Aaron), Subject: Foreign Reaction to the Brigade Issue, September 14, 1979,” *FRUS*, 1977-1980, Vol. XXIII, Mexico, Cuba and the Caribbean, Document 73, p. 154.

③ Jimmy Carter, *Keeping Faith: Memoirs of a President*, p. 264.

巴在中美洲和非洲的活动交换了意见。[①] 虽然这次对话坦诚且友好，但并未能对两国关系的改善发挥作用。

在冷战背景之下，卡特政府虽有动机改善两国关系，但无意看到古巴国际影响力的增强。这一时期，古巴作为不结盟运动的轮值主席国，有望获取联合国安理会的拉美席位。为阻挠古巴进一步增强其影响力，卡特政府于10月4日签署了第52号总统令。总纲领是“继续将古巴视为暴力革命的源头”，对古政策的具体目标则包括减少并最终移除古巴在国外的军事力量，削弱古巴在第三世界的领导力，限制古巴干预波多黎各问题，遏制苏联对古巴军事力量的支持等。[②]此外，美国还经由哥伦比亚游说拉美国家代表和不结盟国家中的温和派，阻挠古巴获取这一席位；加上1979年底苏联入侵阿富汗，古巴拒绝公开谴责苏联侵略的外交立场，最终墨西哥获取了多数支持，赢得了上述席位。

基于对中美洲和加勒比地区动荡局势的关切，卡特政府再度选择与卡斯特罗进行对话。1980年1月16—17日，国务卿特别助理塔尔诺夫和国家安全委员会工作人员罗伯特·帕斯特（Robert Pastor）赴古巴与卡斯特罗会面，并围绕美国关注的议题进行讨论。对于美古关系，虽然意识到前景黯淡，但卡斯特罗明确表现出对继续接触和关系正常化的兴趣；对于古苏关系，美方敦促卡斯特罗公开发表声明谴责苏联入侵阿富汗，但卡斯特罗表示古巴不是“机会主义者”，不会“背叛苏联”，古巴革命“没有苏联的支持就会消亡，我们不会忘记这一点”。[③]关于古巴在中美洲和加勒比地区的政策，卡斯特罗对二者加以区分，中美洲国家对古巴采取敌对政策，而大多数加勒比国家则愿意在相互尊重的基础上与古巴打交道，同时认为中美洲

---

① “Notes Prepared by William Attwood, Title: Notes on Conversation with President Fidel Castro on October 3, 1979,” *FRUS*, 1977-1980, Vol. XXIII, Mexico, Cuba and the Caribbean, Document 80, pp. 171-173.

② Presidential Directive/NSC-52, Subject: U. S. Policy to Cuba, October 4, 1979, https://fas.org/irp/offdocs/pd/pd52.pdf.

③ “Memorandum from the Executive Secretary of the Department of State (Tarnoff) and Robert Pastor of the National Security Council Staff to President Carter, Subject: Discussions with Fidel Castro, January 16-17, 1980,” *FRUS*, 1977-1980, Vol. XXIII, Mexico, Cuba and the Caribbean, Document 86, p. 192.

的“真正问题是贫困和油价”，此地最严重的暴力行为是“军队和寡头造成的，而非抱有革命理想的青年”。关于非洲问题，卡斯特罗再次表明古巴愿意将部队撤离安哥拉和埃塞俄比亚，但要等政府势力更加巩固、局势更加稳定之后。①

总的来看，相较于1979年两国之间的紧张关系，这次对话直接且友好。卡特看完本次对话的报告后，认为“卡斯特罗的坦诚令人吃惊”。② 虽然对话依然未能带来两国关系中的重大突破，双方立场上的鸿沟也没有弥合，但通过对话表达关切、阐明分歧，有助于彼此采取更为理性和有效的政策。

三、卡特执政后期美古的接触及其影响

卡特政府时期的美古关系进程，可以说是“一波未平，一波又起”。对话的新进展往往伴随着新的危机；旧有危机尚未解决，新的危机又在滋生。

20世纪70年代末80年代初，古巴国内的不利状况和美国的政策支持导致大批古巴人非法劫持船只前往美国。首先，诸多因素促使古巴经济面临困境，人民生活日趋拮据，比如古巴境内糖类和烟草作物遭遇病害，猪流感肆虐造成猪肉短缺，镍出口未达到计划指标，200海里商业捕鱼区限制导致古巴从其传统捕捞区被驱逐等。③其次，自1978年底两国达成允许美籍古巴裔探亲旅行以来，约10万人奔赴古巴探亲访友，他们所展示的美国经济和文化吸引力与古巴国内的困顿形成鲜明对比，刺激着古巴人移居美国

---

① “Memorandum from the Executive Secretary of the Department of State (Tarnoff) and Robert Pastor of the National Security Council Staff to President Carter, Subject: Discussions with Fidel Castro, January 16-17, 1980,” *FRUS*, 1977-1980, Vol. XXIII, Mexico, Cuba and the Caribbean, Document 86, pp. 194-195.

② 卡特1980年1月18日的日记。参见吉米·卡特：《我不会对你们说谎！吉米·卡特总统白宫日记》，王海舟、董献利译，广西师范大学出版社，2013，第399页。

③ William M. LeoGrande and Peter Kornbluh, *Back Channel to Cuba: The Hidden History of Negotiations between Washington and Havana*, p. 214.

的倾向。再次，美国先后通过《古巴调适法》[1] 和《移民和国籍法修正案》[2]，为抵达美国的古巴公民留居此地开了绿灯。最后，对古巴的禁运以及 1973 年美古之间自由航班的取缔，阻断了绝大多数古巴人合法移居美国的通道；而且非法劫持船只被视为对革命政权的反制措施，受到美国（尤其是迈阿密的古巴流亡者社区）的欢迎。

以上种种因素促成了卡特执政末期古巴公民劫持船只和涌向外国使馆寻求政治庇护等事件的发生。[3] 起初，古巴政府想要通过各方合作尽早结束这一尴尬事件，同意将难民空运至哥斯达黎加，而后转移至各自的目的地。然而，哥斯达黎加总统罗德里格·卡拉索（Rodrigo Carazo）对古巴难民的欢迎吸引了媒体的注意，引发了对难民悲惨故事的大肆报道。1980 年 4 月 18 日，卡斯特罗暂停了飞往哥斯达黎加的难民航班。21 日，古巴官媒《格拉玛报》刊载社论，表示古巴裔美国人可以前往古巴，接走难民或其亲属。因此，大批古巴人聚集在马里埃尔（Mariel）港等待前往美国。

为了防止这一事件再度引发 20 世纪 60 年代中期蜂拥而至的难民潮，美国国务院发表声明敦促古巴立即恢复航班运送难民，同时警告古巴裔社区，私自运送难民违反了美国法律，将被处以重罚。[4] 然而，这一警告并未起到

---

① 1966 年 11 月 2 日，美国国会通过《古巴调适法》（*Cuban Adjustment Act*），由林登·约翰逊总统签署成为法律，规定凡是抵达美国并留居两年以上的古巴人皆可获得永久居留权。参见 *Public Law 89-732*, November 2, 1966, http://uscode.house.gov/statutes/pl/89/732.pdf。

② 1976 年 10 月 20 日，美国国会通过《移民和国籍法修正案》（*Immigration and Nationality Act Amendments*），规定古巴公民只需成功抵达美国且留居满一年，即可获得永久居留权。参见 *Public Law 94-571*, October 20, 1976, https://www.gpo.gov/fdsys/pkg/STATUTE-90/pdf/STATUTE-90-Pg2703.pdf。

③ 此类事件如 1980 年 2 月 24 日，一艘古巴渔船遭到劫持后被用来运送难民前往佛罗里达州；4 月 9 日上午，超过 1 万名古巴人涌入秘鲁驻哈瓦那使馆空地。这一时期的档案文件记录了美国就应对难民问题进行的一系列沟通和讨论，参见 *FRUS*, 1977-1980, Vol. XXIII, Mexico, Cuba and the Caribbean, pp. 199-224。

④ 国务院声明私自运送难民是重罪，最高将被处以 5 年徒刑、2000 美元罚金并没收船只等惩罚；同时，海岸警卫队被告知将截获一切非法运送难民的船只。参见 "Summary of Conclusions of a Mini-Policy Review, Committee Meeting, April 22, 1980," *FRUS*, 1977-1980, Vol. XXIII, Mexico, Cuba and the Caribbean, Document 92, p. 207。

威慑作用。4月底，布热津斯基给卡特总统的一份备忘录显示，佛罗里达海峡的恶劣天气和美古之间海域的1000艘小船使得处理难民问题迫在眉睫，本来涉及多国的国际难民问题转化为美古危机。[①] 5月2日，一批前古巴政治犯聚集在美国驻哈瓦那的利益代表处，希望离开古巴前往美国。当受到亲卡斯特罗政府的团体攻击后，约有400人滞留在美国利益代表处。这一外交事件造成了美古之间的冲突升级。美国驻哈瓦那利益代表处开始疏散员工及家属，销毁部分分类材料；卡特总统要求相关部门对美国及其盟军和古巴在加勒比地区的军事力量进行评估。[②]

在国家安全委员会、国防部等相关机构研究向古巴强力施压，切断难民涌入美国通道的同时，美国政府也在寻求通过对话说服卡斯特罗，从源头上解决这一问题。起初，美国试图经由哥斯达黎加总统卡拉索提出多边对话的倡议，但遭到古巴的拒绝。之后，卡特赞成进行双边对话。6月17日，塔尔诺夫和帕斯特赶赴哈瓦那同古巴高级官员进行会谈。谈判的核心围绕关塔那摩海军基地、禁运和美国侦察机飞越古巴领空等问题进行。美方代表很快发现，除非美国愿意就“取消禁运、放弃关塔那摩海军基地、停止飞越古巴领空”等问题进行谈判，否则古巴方面对难民和移民问题的谈判兴致缺乏。[③] 美国方面认为，古巴的这种姿态一是因为难民问题是卡斯特罗影响美国立场仅剩的筹码；二是以此将民众的注意力从古巴国内严重的政治和经济问题转嫁到美国身上。这次会谈虽然有助于美国了解古巴在广泛问题上的看法，但并未能够找到解决问题的钥匙。

---

① “Memorandum from the President's Assistant for National Security Affairs (Brzezinski) to President Carter, Subject: U. S. Policy on Cuban Refugees, April 26, 1980,” *FRUS*, 1977–1980, Vol. XXIII, Mexico, Cuba and the Caribbean, Document 97, p. 214.

② “Memorandum from the President's Assistant for National Security Affairs (Brzezinski) to President Carter, Subject: U. S. and Friendly Forces Versus Cuban Forces in the Caribbean, May 14, 1980,” *FRUS*, 1977–1980, Vol. XXIII, Mexico, Cuba and the Caribbean, Document 104, p. 226.

③ “Memorandum from the Executive Secretary of the Department of State (Tarnoff) and Robert Pastor of the National Security Council Staff to President Carter, Subject: Cuban Discussions, June 17, 1980—Summary and Next Steps,” *FRUS*, 1977–1980, Vol. XXIII, Mexico, Cuba and the Caribbean, Document 108, p. 233.

虽然美国海岸警卫队和司法部门采取了一系列打击非法移民的措施，到了8月份，古巴人仍旧以每天80—100人的规模源源不断涌入佛罗里达。伴随着正常难民而来的，还有大量获刑的犯罪分子和不受欢迎者。[①] 除了决定加大执法力度，以及借助国际组织多边平台向古巴施压，美国政府还评估了一些同古巴谈判的备选方案。

在官方接触陷入僵局找不到突破口之际，奥斯汀再度出场。9月3日，奥斯汀会见了卡斯特罗和副总统罗德里格斯。在传达了卡特总统关于两国建立小规模精英团体秘密磋商机制的提议，以及准备着手解除对古巴的药品禁运的立场之后，奥斯汀向卡斯特罗强调了古巴在美国的大选年中采取克制和中立立场的重要性。随后奥斯汀提出，古巴方面可以切断马里埃尔港的难民流动，在不进行打击报复的情况下允许一些难民返回古巴等。考虑到美国大选年的复杂性，以及里根当选可能给美古关系带来的灾难，卡斯特罗表示古巴将在打击"空中强盗"和处理难民问题上尽力与美国合作。[②] 9月11日，古巴外交官加西亚-罗德里格斯（Garcia-Rodriguez）在纽约被一群武装流亡者谋杀。9月12日发往哈瓦那的电报中，美国国务院向卡斯特罗转达卡特总统的哀悼，并保证将犯罪者绳之以法；新任国务卿埃德蒙德·马斯基（Edmund Muskie）发表公开声明，谴责了这一犯罪行径。[③]

基于上述铺垫，9月13日，卡斯特罗与塔尔诺夫进行了最为积极的两次会面。卡斯特罗表示，为了不影响卡特总统连任选举，古巴将在接下来几周采取一些单方面措施来回应美方关切。具体措施包括：9月16日，古

---

① 根据相关档案中的数据，在约1.6万留在难民营的古巴人中，约有1500人有严重的精神问题；还有2000名左右无人陪伴的未成年人；另外还有许多人患有严重的心理问题；此外约有1700多人坦白有严重犯罪行为，并被监禁在联邦监狱。参见"Summary of Conclusions of a Mini-Special Coordination Committee Meeting, August 20, 1980," *FRUS*, 1977-1980, Vol. XXIII, Mexico, Cuba and the Caribbean, Document 118, p. 255。

② "Memorandum for the Record by the Executive Secretary of the Department of State (Tarnoff), Subject: Account of Mr. Paul Austin's Conversation with Cuban President Fidel Castro, September 8, 1980," *FRUS*, 1977-1980, Vol. XXIII, Mexico, Cuba and the Caribbean, Document 123, p. 266.

③ "Situation Room Checklist, Footnote 2, September 13, 1980," *FRUS*, 1977-1980, Vol. XXIII, Mexico, Cuba and the Caribbean, Document 124, p. 268.

巴宣布未来任何劫持美国飞机到古巴的人员将被古巴判处死刑或遣返回美国接受审判，大多数劫机者将被驱逐出境。那些最近肇事的劫机者将会受到审判和责罚，但新的更严厉的举措不溯及既往。9 月 25 日，古巴将暂停马里埃尔港所有船只出港，但卡斯特罗只保证会一直关闭到 11 月 4 日，之后将再度评估这一情况。另外，古巴准许特定的美国航班带走所有在美国利益代表处寻求庇护的人；并且将宣布无条件赦免在古巴的 33 名被监禁的美国人，允许他们自由选择留在古巴或移居美国或其他国家。作为缓和紧张局势的一部分行动，古巴表示这些举措是单方面的和无条件的。①

从后续档案记录来看，卡斯特罗切断了马里埃尔港难民通道，佛罗里达南部的海岸警卫队和海军力量部署也在 10 月底下调至危机前的水平。②卡斯特罗“履行了他的全部承诺”。③ 然而，这些温和举措并未能挽救卡特的竞选败局，这一时期美古两国政府之间的接触也未能超越对抗。

四、美古未能实现关系正常化的原因分析

作为同两国之间公开的敌对立场相背离的外交举措，美古之间秘密接触的开展和中断深受国内因素和国际局势的影响。

从美国国内政治制度来看，基于其分权制衡原则，不同机构和部门间的权力和利益之争，导致一些政策久拖不决或各行其道，限制着对话者的斡旋空间和议题范畴。美国对古巴的政策制定和修正是诸如国务院、国防部、财政部、国家安全委员会、中央情报局等一系列机构协调博弈的结果，不同机构基于自身利益和视角会提出不同乃至截然对立的政策建议。卡特执政时期，国家安全委员会和国务院两个部门的政策分歧，是影响两国关

---

① “Situation Room Checklist, September 13, 1980,” *FRUS*, 1977–1980, Vol. XXIII, Mexico, Cuba and the Caribbean, Document 124, pp. 268–269.

② “Memorandum from the President's Deputy Assistant for National Security Affairs (Aaron) to President Carter, Subject: Phase Down of Coast Guard and Navy Units in Florida, September 30, 1980,” *FRUS*, 1977–1980, Vol. XXIII, Mexico, Cuba and the Caribbean, Document 126, p. 271.

③ 吉米·卡特：《我不会对你们说谎！吉米·卡特总统白宫日记》，第 434 页。

系正常化进程的重要因素。

媒体作为强有力的宣传机构，其关注焦点和报道倾向影响着公众舆论，进而影响政治决策。曾任美国副总统的斯皮罗·阿格纽（Spiro Agnew）评价媒体时说道："这是一小撮未经选举的精英。他们掌握着自由选择、呈现和解释国家重大问题的权柄。"①随着媒体越发无孔不入，幕后渠道进行秘密接触被曝光的概率上升，一定程度上影响领导人决定是否采取进一步行动。卡特执政时期，参议员弗兰克·丘奇借由媒体大肆渲染未经证实的"苏联战斗旅"情报，激起部分民众要求政府对古巴采取强硬立场，促使这一时期的官方对话被迫中断。卡特就此事评论称"这是民主制度中固有危险的一个案例"，政客甚至是他们中的一些人的价值取向或关注焦点"常常会把人们弄得惊慌失措"，而"这种兴趣和倾向常常得到报界的鼓励和煽动，从而掀起轩然大波"。②

对话过程中，大国与小国之间要价和筹码的不对等决定了二者很难从根本上弥合分歧。20 世纪 70 年代末，在同美国官员的对话中，卡斯特罗在对卡特总统致力缓和两国关系的举措表示赞赏的同时，表达了古巴的无奈和被动。他说"古巴很难找到办法表现自己的诚意"，古巴要求美国停止侦察机飞越古巴领空，但很难做出对等回应，因为古巴未曾侵犯美国领空；如果美国取消对古巴的禁运，古巴也不能回应，因为古巴从未对美国实施过禁运。③

美古交恶或者改善关系不可能在地缘政治真空中进行，而是受到地区和国际局势的影响。冷战背景下，古苏关系不时刺痛美古两国舒缓的神经。20 世纪 70 年代中期古巴对非洲的干预和 70 年代末期的苏联驻扎在古巴的部队，一再导致两国谈判陷入僵局。美古缓和的批评者和反对者坚持将古巴视为苏联的代理人，忽视其外交政策中蕴含的民族主义元素和国家利益考量。卡特在回顾其执政时期与古巴的关系时，认为"也许我们过分强调

---

① 理查德·里夫斯：《尼克松：孤独的白宫主人》，吴雯芳译，商务印书馆，2014，第 152 页。

② Jimmy Carter, *Keeping Faith: Memoirs of a President*, p. 263.

③ "Memorandum from Senator Frank Church to President Carter, Subject: Visit to Cuba, August 12, 1977," *FRUS*, 1977-1980, Vol. XXIII, Mexico, Cuba and the Caribbean, Document 22, p. 57.

了古苏关系与古巴在非洲埃塞俄比亚的革命输出行动”。[1]

五、结语

美古两国在台前上演敌视与对抗的同时，也在幕后致力于接触与对话。相较于两国断交以来的过往几届政府，卡特政府对古巴最为友好坦诚，并且曾真正想要跨越意识形态樊篱、实现两国关系正常化。然而，卡特政府的古巴政策是一场理想主义和现实主义的拉锯。一旦追求和平与人权的理想主义目标与维护国家利益的现实主义原则相冲突，对话旋即让位于对抗。

总的来看，卡特政府对古巴的政策仍然受到冷战思维影响。自成立之初，卡斯特罗的革命政权便产生了与其规模和资源不相符的地区和国际影响。20 世纪 70 年代中期，随着古巴干预非洲，为第三世界国家提供军事和发展援助，该国的外交政策溢出地区范畴，发展成真正的全球性政策。冷战背景下，美国将古巴完全视为苏联代理人，忽视了其外交政策中的民族主义表达，掩盖了卡斯特罗外交政策的复杂性和实质。在“超越对共产主义的过度恐惧”和“冷战仍在继续”的天平中，卡特最终选择了后者，美古接触最终未能超越对抗。

① William M. LeoGrande and Peter Kornbluh, *Back Channel to Cuba: The Hidden History of Negotiations between Washington and Havana*, p. 224.

“20世纪亚洲的移民、贸易与安全”
——第五届国际关系史工作坊研讨综述

李继高*

[**编者按**]　2020年11月，华侨大学和首都师范大学联合举办的“20世纪亚洲的移民、贸易与安全”——第五届国际关系史工作坊以网络在线形式召开。本期选登会议综述和日方学者论文一篇。

2020年11月29日，“20世纪亚洲的移民、贸易与安全”——第五届国际关系史工作坊以网络在线形式召开。本次工作坊由华侨大学国际关系学院世界史学科和首都师范大学历史学院世界史学科共同举办，主要邀请了中日两国史学研究重镇的15位中青年学者，以及两位主旨演讲嘉宾与会。开幕式上，华侨大学国际关系学院院长林宏宇教授和首都师范大学历史学院副院长姚百慧教授分别代表主办双方致辞。林宏宇教授对受邀的演讲嘉宾和与会的中青年学者对华侨大学世界史的关注和支持表示感谢，并简要介绍了华侨大学国际关系学院和世界史学位点发展的历史、特色和前景。作为工作坊的主要发起人之一，姚百慧教授介绍了工作坊的创办背景和历次的举办情况，并借机表达了对中青年学者的关心和期望。

本次会议的主题是“20世纪亚洲的移民、贸易与安全”，受邀的著名国际关系史研究专家崔丕教授和中日关系史研究专家史桂芳教授，围绕20世纪亚洲的安全问题，分别以《美日返还琉球群岛施政权谈判的进程与特点》

* 李继高，华侨大学国际关系学院讲师。

和《日本教科书关于中日战争的书写及评析》为题进行了精彩的主旨演讲。崔丕教授以数十年的相关研究积累为基础，试图在冷战时期美日关系史特别是琉球群岛地位与钓鱼岛归属问题的研究方面，逐渐构建和确立起中国学者的学术体系，进而提高了中国学者在冷战时期美日关系史研究领域的话语权。崔丕教授认为，为此目的必须考订厘清有关琉球群岛地位与钓鱼岛归属问题的重大事实，并阐释其中蕴含的历史意义。他个人以身作则，近年围绕该问题发表了一系列重要文章。演讲中，他总结了美日学术界关于冷战时期琉球群岛地位问题研究存在的六个方面的问题，并对美日返还琉球群岛施政权的政策与策略，以及谈判的特点进行了细致讲解。史桂芳教授从日本教科书审定制度入手，以“九一八事变”“卢沟桥事变与日本全面侵华战争”和“南京大屠杀及日军暴行”三个重要事件为例，分析了日本历史教科书关于中日战争的书写和存在的问题，并简要介绍了日本历史教科书三次“改恶”事件。史桂芳教授总结认为，日本历史教科书不单纯是教育教学问题，其编写、使用同时受到战后国际形势、历史认识和现实政治的影响。日本历史教科书关于抗日战争的书写，反映了日本人对战争性质的认识。对中国抗战地位的评价，是日本历史研究成果在高中教育教学中的呈现。

为了确保交流和研讨效果，每位学者就论文发言的同时，都承担了对他人论文的阅读和评议工作。此外，会务组在阅读学者们提交的论文的基础上，总结提炼了三个分组的议题，便于与会学者集中深入研讨。下面就各组的研讨情况，进行简要的介绍。

第一组报告的议题是“中国周边外交”。浙江大学尤淑君老师以1943—1949年《傅秉常日记》为基础史料，分析了在此期间中苏两国由亲转疏的原因，认为国民党内的派系斗争影响了国民政府的对苏政策，而傅秉常作为“太子派”孙科的重要亲信骨干，自然也无法置身事外。不过，傅秉常凭其才能卓识，借战时外事之机，在驻苏大使一职上得到蒋介石国民政府的倚重。然而，囿于中国国力有限和国共内争，尤其是美苏冷战的兴起和影响，国民政府与苏联的关系逐渐由亲转疏。东京大学山影统老师详细考察了新中国成立前中共外事组织机构的建立、功能、人员构成及其发展演变，认为新中国成立后的中国共产党外事组织是从以前各种各样不同时期具有不同功能的外事工作组织逐渐集中和演变而成的，为新中国“另起炉灶”方针在外交外事工作上的贯彻执行提供了人员和组织保证。厦门大学高艳杰老师注意到1959—1961年印尼排华事件中，中印尼外交斗而不破的微妙情形，认为这是因为双方在当时既不存在战略利益冲突，也没有长期对抗的动机和必要，因此在苏加诺再度访华时两国关系迅速重归友好。暨南大学吴尔蓓密老师对“马来西亚计划”提出后，印尼与新马经济对抗过程中，中国对三国采取的策略和政策选择进行了分析，认为此间中国的对外贸易政策兼具灵活性和务实性。上海大学蒋华杰老师针对1974年中国和马来西亚建交后双边关系长期无法真正改善的现象，从中国东南亚安全战略角度进行了解释，认为东南亚地区冷战的结构性制约是其根本原因，而非马共和华人问题的外在阻碍。

第二组的学者发言围绕“20世纪亚洲历史与当代世界的形成”议题进行。日本东洋大学荒川雪老师分析了战后中国留日同学总会机关报的广告刊登情况，总结认为冷战初期该报刊登的广告以日文广告为主，当办刊遇到困难时广告收入是其经费来源之一。在日华人华侨及其团体和企业，既是该报的主要读者群体，也是学生总会遇到困难时求助的对象。这段历史在很大程度上塑造了当代在日华侨华人移民群体的文化心理。首都师范大学翟韬老师讲述了1942—1969年美国对华宣传策略及重点与美国心理战略战败之间的关系，认为中国因素在美国全球心理战略和公共外交中扮演了极为重要的角色。同时，美国的对华政策被美国附加了诸如第三世界政策的试验场、美国“全球治理”效能的检验处、美国自身国家抱负的投射等多重意义，从而超出了中美关系的范畴而关乎全球格局及其走向。中国科学院自然科学史研究所李云逸老师重点考察了中美缓和过程中，中法关系与中美关系的相互影响，认为在中美和解的决策未做出之前，法国想通过增进与中国的关系解决印度支那问题，中国当时则迫切希望改变对抗苏联时的孤立状况，这都超出了双方的认知或能力范畴。法国缓和与中国关系的努力受挫后，转而助推中美缓和。中美关系的改善，客观上使中国改变了对法国及其所提出的印度支那问题的态度。这种迂回即“曲线救国”的外交策略，是国际关系历史给当代人留下的宝贵经验。华侨大学李继高老师将中国引进英国三叉戟飞机的过程，置于美苏冷战、中国周边局势、中美关系和中西贸易的多边三角国际互动关系中进行考察，总结认为中国在外部环境恶化的背景下，需要综合考虑影响引进利用西方的高新技术和产品的结构性因素，即中国周边局势、中美关系和中西贸易的一个因素或方向上的突破，会带来结构性和系统的变化。首都师范大学崔金柱老师通过比较中国学者王红生的《二十世纪世界史》和日本学者木畑洋一的《20世纪史》两本通史性著作，关注思考了东亚学者书写20世纪世界史的风格、视角和特点。

第三组报告的中心议题是“台湾与冷战”。台湾辅仁大学萧道中老师探究了世界反法西斯同盟形成过程中，中国倡议并于1941年底在重庆召开的联席军事会议的意义，认为此次会议象征着中国与美英的结盟，即东亚反轴心同盟的建立，以及中国国际地位的提升。他同时也指出这些“成就”基本上仅存在于形式上，而且很大程度上暴露了中国与英美国家战略的差异和东西方文化的不同。日本大阪大学冈野翔太老师视角异常新颖，他通过细致考察歌曲《我爱我的台湾》的流变，论述了战后日本华侨华人的政治认同观念及其所想象的“新中国”形象。大连理工大学宋良老师详细考察了1972年英国撤销在台联络人员的过程，认为英国撤销相关机构的决定是英国对华政策的重大调整，目的是为了推动与新中国政府建交，撤销相关联络机构行动总体上是一次成功的现实主义外交实践，也体现了西方阵营内部关系的脆弱性与复杂性。华东师范大学韩长青老师注意到1974年中马宣布建交后台湾当局的激烈反应，以及马来西亚承认“一个中国”的前提下台湾与马来西亚的联络机构继续存在的矛盾现象，总结认为这与马来西亚20世纪60年代末以来改行中立不结盟政策路线，以及台湾当局将吉隆坡视作重要性不亚于曼谷的东南亚反共桥头堡，并因此加强对马来西亚拉萨克政府政治经济攻势，企图延缓并阻止马来西亚与中国大陆接近的努力和应对有关。

总体来看，本次工作坊中与会学者的发言，虽然以国家间的政治外交和安全为主，但从新的视角研究关注华侨华人移民及其社会状况以及各国对外贸易政策和经贸往来的论文，也占据了很重要的位置。此外，文化心理战、20 世纪世界史的书写、中共外事组织组建过程，这种较少受到关注和研究的议题，也成为工作坊研讨的一部分。可以预见，工作坊与会中青年学者关注和研究的议题，将会成为未来世界史和国际关系史发展的重要方向和潮流。会议闭幕式由华侨大学李继高老师主持，首都师范大学崔金柱老师代表姚百慧副院长，就下一届国际关系史工作坊的举办，征求了学者们的意见和建议。

山雨欲来风满楼：二战爆发前中国知识界的“第二次世界大战”意象*

朱大伟**

摘　要　从20世纪20年代末到第二次世界大战爆发前，中国知识界对日趋紧张的国际局势保持着持续的关切和思考。在他们的预判中，源于国际政治日益错综复杂的矛盾，第二次世界大战不可避免，时间大致在30年代中期到40年代初期，燃点则最有可能在欧洲。第二次世界大战的性质具有多面性的特征，既含有帝国主义间掠夺性的一面，也存有和平阵线反对法西斯主义侵略阵线，争取民族独立的另一面，是非正义与正义的统一。他们还认为战争的爆发之于中国是危机与转机并存，如果应对得当，将是中华民族复兴的契机，为此他们建议国家以备战为中心，从经济、军事、教育、政治和外交等方面加以改造。中国知识界于特殊情势下生成的“第二次世界大战”意象与随后爆发的第二次世界大战历程高度契合，做出的一些判断在今天依然有很大的前瞻性，对于我们今天第二次世界大战记忆完整图景的构筑有着相应的价值。

关键词　帝国主义　第二次世界大战　中国知识界　九一八事变　和平

---

* 本文是国家社会科学基金项目“东南亚国家二战历史记忆建构研究”（项目编号：19BSS043）的研究成果。

** 朱大伟，历史学博士，赣南师范大学新加坡研究中心副教授，研究方向为第二次世界大战的历史与记忆、新加坡非传统安全问题。

如果说第一次世界大战后的和平大厦是由凡尔赛—华盛顿体系构筑的话，那么这种体系由于其自身的设计缺陷，从成立之日起，就注定走向崩塌。如胡慕萱所论，“第二次世界大战于第一次大战结束时即已种下胚胎”。[①]一战后，列强间围绕殖民地、势力范围、市场以及海洋霸权的争夺，西方资本主义国家与社会主义苏联之间的矛盾，还有被压迫民族与帝国主义之间的矛盾等，都使得当时的国际政治波谲云诡，暗流涌动。此种形势致使包括我国知识界在内的国际社会纷纷发出警告，提醒人们“第二次世界大战”到来的紧迫性和危险性。

早在20世纪20年代末，在中国知识界对国际政治的观察和评论语境中，就已经开始较早地和普遍地提及“第二次世界大战”一词，[②]他们发出的“狼来了”的意味已经很明显。随着1929年世界大萧条的爆发和持续，尤其是“九一八事变”后，中国国难日深，欧洲上空也变得阴霾密布，“第二次世界大战”一词更是成为国内舆论界的一个热门术语。如中国近代著名历史学家雷海宗所论，“今日凡对世界大局关心的人，心中有意无意都有‘二次大战’的暗影”。[③]“评论第二次世界大战的舆论，到了现在，真可谓声达霄汉了。”[④]彼时我国知识界对第二次世界大战这一主题的关注热度反映在该时期报刊刊登的以第二次世界大战为主题的论文、时评的数据信息中。

---

① 胡慕萱：《箭在弦上之第二次世界大战》，《新中华（1933年）》1934年第2卷第8期，第5页。

② 早期的探究可见：马全鳌：《引起第二次世界大战之列强军备（上）》，《晨报副刊：国际》1927年第82期；愈之：《英俄冲突与二次世界大战》，《一般（上海，1926）》1927年第3卷第1期；许性初：《准备参加二次世界大战》，《向前进》1928年第14期；万里：《二次世界大战的导火线》，《民国日报·觉悟》1928年第12卷第24期；文思：《中国与世界：第二次世界大战预报》，《现代中国（上海，1928）》1928年第2卷第3期；观彬：《第二次世界大战之危机》，《国民公论（上海，1928）》1928年创刊号；林民：《第二次世界大战与中国解放》，《新生命》1928年第2卷第9号；朱剑秋：《第二次世界大战与世界革命的前途》，《现代中国（上海，1928）》1929年第3卷第1期；高凤鸣：《第二次世界大战与中国》，《现代青年（北平）》1929年第4期等。

③ 雷海宗：《第二次世界大战何时发生》，《清华周刊》1936年第45卷第7期，第33页。

④ 梁伟才：《从列强军备的扩充论到远东军事冲突与第二次世界大战的连续性》，《知用学生》1936年第1卷第7期，第5页。

在全国报刊索引数据库中，如果把检索词设定为“第二次世界大战”，时间上限为巴黎和会后的1919年，下限到通常认为的大战爆发的1939年，精确检索题名中含有该词的论著，数据库显示有840条；如果检索词放宽为“二次世界大战”则有1078条；如果改为“世界大战”一次作为检索对象，检索结果则高达3687条之多。[①] 从这些数据可以看出，两次世界大战之间，尤其是“九一八事变”后中国知识界对其关注度之高。

在探讨中国知识界这一时期的“第二次世界大战”意象前，需要说明的是他们话语中不时歧异的第二次世界大战起点观。中国20世纪三四十年代的知识界主流把1939年9月1日德国进攻波兰视为第二次世界大战的起点。比如，胡今在德国袭击波兰后声称，“壮烈的第二次世界大战——人类再一次的空前浩劫于一九三九年秋天希特拉毅然进攻波兰而爆发了”。[②] 但也有不少知识分子认为，“九一八事变”即为第二次世界大战的起点，德国进攻波兰，英法对德宣战，只是第二次世界大战的扩大而已。如张铁生在《第二次世界大战与中国》一文中，开篇提出，“谈到第二次世界大战，我们先要问一问，究竟这次大战是以德波战争而开始呢？还是自‘九一八’以后就开始了呢？回答是：自‘九一八’后第二次世界大战就开始了”。他还继续谈论道：“现在，由于德波战争爆发以后英法的参战，早已开始了的第二次世界大战便开始由局部的，进而成为普遍的，换句话说更由片面性的进而成为全面性的了。”[③] 宋云彬也持此种论点，称“德国的法西斯侵略者悍然进攻波兰，英法为实践其保证波兰诺言，向德国宣战，于是一般人大喊着：第二次世界大战爆发了！其实，第二次世界大战是早已在八年前爆发了的。爆发的地点，在亚细亚洲的东部，就是我们的辽宁省沈阳；爆发的时日，是一九三一年的九月十八日；而开始进行这侵略战争者是日本帝国主义。日本帝国主义者在东方放了一把火，就慢慢延及全世界，到现

---

① 数据来源：全国报刊索引数据库；检索词：第二次世界大战；检索位置：题名；时间段：1919—1939年。

② 胡今：《论第二次世界大战》，《十日间》1939年第1期，第9页。其中的希特拉是希特勒。

③ 张铁生：《第二次世界大战与中国》，《中学生》1939年第9期，第4页。

在已成了燎原之势了"。[1] 由此可知，中国第二次世界大战史起源研究中的"1931年说"由来已久。但鉴于中国知识界第二次世界大战起点观中"1931年说"是主流，故本文所用的史料以及讨论的时间下限设定为1939年9月前，也就是国际史学界通常认为的第二次世界大战正式爆发的时间。

20世纪30年代，有着治国平天下情怀的中国知识分子立足于中华民族的安全、解放和复兴，在风云变幻的世界局势中，对未来第二次世界大战的可能起源、性质、战争状态以及在不可避免的第二次世界大战到来时中国的应对之策等问题加以探究和研判，充斥着满满的天下担当与家国情怀。本文通过对这一时期中国知识界在报刊杂志上发表的以"第二次世界大战"为主题的论文、时评以及出版的论著的文本分析和比较分析，试图对大战爆发前中国知识界的"第二次世界大战"意象做一解构，以期对国人第二次世界大战记忆完整图景的构建有所裨益。

一、知识界对第二次世界大战必然性及爆发时空的判断

从20世纪20年代中后期到30年代初期的这一历史时段，在近代以来的国际关系史上都是最为暗流涌动、风起云涌的年代。这一时期，随着法西斯主义在意大利的崛起、德国纳粹党的上台以及日本的军国主义化，他们作为不满现状者开始积极扩军备战，在欧洲、非洲和东亚频频发起对凡尔赛—华盛顿体系的挑衅和破坏。"九一八事变"后，国人亡国灭种的风险日益显明。再考虑到彼时国际政治存在的纠葛不清的重重矛盾，中国知识界自感第二次世界大战已成必然。如当时我国历史学家雷海宗所指出的那样，"有人希望它早日来临，有人愿意它缓期实现，也有人苦想使它不致发生的方法，但没有人否认它的可能性，多数都承认它的必然性"。[2]

胡慕萱在剖析了世界经济大萧条给资本主义世界带来的恐慌性情势后，得出结论道，"资本主义者在恐慌的袭击之下，是决计用饮鸩止渴的手段求

① 宋云彬：《第二次世界大战的展开及其前途》，《中学生》1939年第9期，第7页。

② 雷海宗：《第二次世界大战何时发生》，第33页。

取生路，殖民地再分割的战争是无可避免的。正所谓箭在弦上，不得不发，第二次世界大战已经迫在眉睫”。[①] 柳棠也指出："我们只要稍稍去观察一下近年来各帝国主义国家间像赛跑一样准备竞争和备战狂热，很快便可以察觉到：我们正处在人类空前未有的浩劫——第二次世界大战——快要到来的前夜！"[②] 玉田在考察了国际政治中的三大矛盾，即帝国主义与殖民地、半殖民地的矛盾，如朝鲜之反抗日本帝国主义、中美诸邦及菲律宾群岛之反抗美帝国主义，印度、埃及之反抗英帝国主义等；帝国主义与帝国主义之间的矛盾，最显著者如法德的对立，其次是太平洋上日美之间的矛盾难以调和；同时还有帝国主义与社会主义国家间的矛盾，如资本主义世界与社会主义国家苏联的对立，随后他得出结论道："现阶段的帝国主义，其本身内外的一切矛盾，是极度的复杂和尖锐化了，只待等着一个历史的创口爆发出来，第二次世界大战，必不可避免的来临，我们再把一次大战后帝国主义国家对于军备的扩张，加以一番考察，自不难把握着第二次世界大战爆发的必然性。"[③]

由上可知，彼时中国知识界对第二次世界大战爆发的必然性有着普遍的、充分的认知。在20世纪30年代初期，第二次世界大战爆发的“1936年说”在中国知识界非常流行，形成了舆论界话语中的“1936年危机”。[④] 很多学者推测1936年是最有可能爆发新一轮世界大战的一年，认为该年是“凶年”。各卜认为1936年是全世界的危机，是千真万确有其必然的绝对可能性。[⑤] 张逸灵在《第二次世界大战的前哨战》一文中甚至指出，第二次世界大战早已爆发，只不过被国际社会称为内战，这个战争就是1936年7月

---

① 胡慕萱：《箭在弦上之第二次世界大战》，第7页。

② 柳棠：《第二次世界大战与中国》，《新中华（1933年）》1934年第2卷第13期，第59页。

③ 玉田：《从帝国主义诸矛盾说到第二次世界大战的必然性》，《国防论坛》1935年第4卷第6期。关于不可避免的言论，还可参见社评：《第二次世界大战的难免》，《华年》1936年第5卷第24期；玄同：《第二次世界大战发生的必然性》，《交大周刊》1933年第6卷第3期；林劲草：《第二次世界大战与中华民族之出路》，《华侨半月刊》1934年第48期；

④ 董希白：《第二次世界大战与一九三六年之危机》，《中法大学月刊》1934年第5卷第2期，第1—8页。

⑤ 各卜：《世界大战与中国存亡》，《东北旬刊》1934年第34期，第11页。

17 日所爆发的西班牙战事。[①]

中国近代国际法学家周鲠生对当时知识界流行的"1936 年说"虽然不太赞成，但也明确承认国际关系已处于危急情势之中，战争迫在眉睫。他评论道："预言是危险事，预言战事，尤其靠不住。今之预言一九三六年世界大战者，纵不像预言火灾之渺茫，至少也像预言地震之缺乏准确性，国际政局，有时于最危险的关头，居然平静的渡过。而在他方面，国际战祸的爆发，则亦常常出人意料之外。一九一四年欧战爆发之后，谁又曾断定世界大战必于那年发生？所以严格说起来，今日说一九三六年将发生世界大战，总不免带几分揣测或宣传的意味。不过现今国际危机的出现，世界战争的祸种的存在，则是不可否认的事。而推测一九三六年左右国际局势特别危急，也有充分的理由。"在他看来，通常认为的"1936 年说"成立依据有，"第一，一九二二年华府海军协约及一九三零年伦敦海军协约到一九三六年十二月都将满期，一九三五年当重开海军会议。其次，苏俄第二次五年计划到一九三六年又将告完成。复次，日本及德国退出国联之通知，都于一九三五年中开始生效，而就日本说，则那时候尚有南洋委任统治地的保留，要成重大问题。复次，欧洲的萨尔区域现行管理制将于一九三五年满期，而须举行人民投票，由国联决定最终的解决。最后，则世界经济问题，国际裁军问题，尤其德国军备平等问题等等重大的国际悬案，都要求急切的解决，在最近一两年内也许发生更可怕的危机。鉴于上述的情势，我们虽然不敢预言一九三六年世界大战必定发生，然亦不可不觉悟国际政局的危局及最近将来战争爆发的可能"。[②]

张锦帆也对第二次世界大战爆发的"1936 年说"持怀疑态度，他在对英、美、日、德等之间错综复杂的关系加以分析后，认为第二次世界大战的酝酿尚未成熟，而且当时世界火药库比 1914 年以前少，因此他指出，"二次世界大战固不可免，然爆发之日，或不在一九三六年也"。[③] 有些知识

---

① 张逸灵：《第二次世界大战的前哨战》，《星洲日报》1938 年第 17 期，第 3 页。

② 周鲠生：《第二次世界大战与中国》，《时事月报》1934 年第 10 卷第 1—6 期，第 154 页。

③ 张锦帆：《我之"第二次世界大战观"》，《湖南大学季刊》1936 年第 2 卷第 1 期；邓西屏《第二次世界大战与中国》，《内外什志》1937 年第 2 卷第 1 期。

分子在研判时局后，对战争爆发时间做了进一步推测，认为第二次世界大战的爆发，“在三年之内，至迟亦不出一九四〇年”。[①] “从几方面的考虑可以知道，这战事不会发生得太远，在最近三四年里或不免发生，绝不会在十年八年后远不发生的。”[②] 站在今天的角度上来看，彼时中国知识界对第二次世界大战爆发时间的这一预判，的确有着惊人的精准性。

至于第二次世界大战的爆发地点问题，战前中国知识界也做出了自己的评判。剑父在考察了一战后国际关系的演进后认为，“东方的太平洋和西方的欧洲大陆是帝国主义冲突汇合的焦点。而社会主义的苏联领土又横跨欧亚两大陆，因而太平洋问题与欧洲问题不仅包含了帝国主义与帝国主义相互间之冲突和帝国主义与殖民地之冲突，更错综着帝国主义与苏联的对立关系。所以许多人都说欧洲问题和太平洋问题是第二次世界大战的两大火药库，这两大火药库随着世界经济恐慌之发展，国际对立之激化而逼近爆发的前夜”。[③] 滕雪壑对此也做出类似判断，“在大战未发动以前，一个最值得注意的疑迷要算是大战的地域一项了。按时势可能的趋向和吾人知识领域的所及，能够引起世界大战的地域，大约不是欧陆，就是远东”。[④] 可以看出，据他们判定，欧洲与太平洋沿岸是最可能的爆发点。

再者，中国知识界立足中国自身安危情势，并基于对远东形势的判断，认为远东，尤其是满洲问题最有可能引爆第二次世界大战，在他们看来，满洲是东方的“巴尔干火药桶”。早在1931年时，钟晓初就预测道：“然则大战将发于何地乎？盖太平洋为宇内交通之枢纽，军事上之要塞，有之可以制海内列国之伸缩，总天下之金库，法之租界广州湾，英之领印度，日之占雅浦，美之领菲律宾，此列强早有侵占太平洋之计划，是太平洋为其逐鹿之场无疑矣，大战之爆发不在此安可得乎？吾国人谅能知之其亦知所

① 袁道丰：《假如第二次世界大战发生》，《东方杂志》1936年第33卷第13号，第146页。

② 臧哲先：《第二次世界大战》，《读书青年》1936年第1卷第11期，第15页。

③ 剑父：《第二次世界大战的两大火药库》，《新中华（1933年）》1934年第2卷第13期，第17页。

④ 滕雪壑：《世界大战与东案》，《黑白半月刊》1934年第1卷第5期，第11页。

准备乎?!"①

但对此流行的说法，中国知识界也有持异议者。雷海宗就认为，大战仍然会以欧洲为中心展开。“欧洲仍为国际政治的重心。近年来我们听惯太平洋问题的各种论调，与美国为世界经济盟主的说法，往往就以为欧洲已不似先前能左右世界大局。我们中国人处在远东的危机之下，尤其难以相信我们的问题不如欧洲问题重要。但政治经济利益的冲突，军备的扩充与竞争，民族间的仇恨等等，欧洲一隅较世界任何部分都要严重复杂。把欧洲作为一个单位来看，它的战斗力远在东亚或美洲之上。因为欧洲如此重要，所以别处发生战争，不见得能引起欧洲的冲突，欧洲若发生大国间的正面冲突，全世界就必将卷入。因此，二战无论如何发生，它必定仍是以欧洲为中心的战争。纵然直接导火线不必在欧洲，但二战的第一炮或第一枪仍以由欧洲放掷的可能居多。"② 事实也的确如此，1939 年 9 月 1 日，德国闪击波兰，正式揭开了第二次世界大战的序幕。

二、知识界对第二次世界大战起源与性质的研判

未来第二次世界大战的起源和性质是当时中国知识界关注和思考的重要议题，其之所以被关注，如黄醒初所论，“战争是历史的现象，其原因并非由于人类的劣根性，也不是政府的坏政策，乃是社会分裂，阶级对立，而产生出来的现象，我们要反对世界大战，必须要首先明了战争的性质及其原因”。③ 胡今也撰文指出研究战争原因与性质的重要性，认为“无论研究哪一事物的现象，形态及其发展的规律，必须从那一事件的本质着手；只有正确了解哪一事物是为哪样的性质所规定着，才不会给任何一时的片面的复杂性所迷乱”。④

① 钟晓初：《第二次世界大战之推测》，《高农期刊》1931 年创刊号，第 4 页。

② 雷海宗：《第二次世界大战何时发生》，第 33 页。

③ 黄醒初：《第二次世界大战的几个中心问题》，《新生命（1929 年）》1930 年第 3 卷第 1 期，第 7 页。

④ 胡今：《论第二次世界大战》，第 9—10 页。

在彼时的中国知识界整体看来，未来第二次世界大战的起源和性质是相互交织的两个问题，在某种意义上，战争的起源与起因很大程度上决定着战争的性质。在他们中的多数人看来，同一战一样，未来的第二次世界大战仍是起源于帝国主义之间对资源、市场和殖民地的争夺和再分配，争夺和再分配的根源则是帝国主义政治经济发展的不平衡，此即未来必然爆发的第二次世界大战的本质所在。

这一时期，有关帝国主义是战争根源的阐释，代表性的如朱剑秋等人所论，“因为帝国主义的发展是不平衡的，尤其是生产力的恢复且超过了战前，因此，新市场的开拓成为目前帝国主义最迫切的要求。可是世界市场，无论是在亚细亚州，还是阿非利加州，早已被帝国主义宰割，只有从别的帝国主义手里面夺过来。目前这一争夺市场的冲突非常厉害，美日、法德、法意、英美的冲突都紧张起来，形成了不可避免的第二次世界大战爆发的严重空气”。[①]“世界政治中，有三个矛盾：帝国主义与帝国主义，帝国主义与社会主义苏联及帝国主义内部的人民大众，帝国主义与殖民地和半殖民地。然而，这三个矛盾是怎样产生的呢？一句话，是由于资本主义发展的不平衡。”[②]“处此列强势力不平均之今日，无论从何方面观察，第二次世界大战有一触即发之势，已毋庸讳言”。[③]由此可以看出，在他们看来，因为发展不平衡而导致的权力再分配斗争是第二次世界大战的本质属性所在。

此外，谈及帝国主义是战争的根源时，大多数中国知识分子都注意到了经济危机，尤其是1929—1933年的大萧条在推动帝国主义间爆发战争时的可能作用。黄金涛认为，经济危机在其中起着催化剂的作用，它激化了帝国主义之间的矛盾，“因为资本帝国主义，第一次世界大战的结果没有解决其本身的严重矛盾，潜伏到了二十年后的今日，又在扩大再生产的基础上，更尖锐和深刻化起来了，资本主义的世界，已踏入了战前的那种状态，

① 朱剑秋：《第二次世界大战与世界革命的前途》，第1页。

② 莫高芳：《对于第二次世界大战的看法》，《民族公论》1939年第2卷第1期，第95页。

③ 黄金涛：《第二次世界大战与我国重工业及军需工业》，《时事月报》1934年第10卷第1—6期，第266页；还可参见高粲夫：《由认识帝国主义谈到第二次世界大战爆发的必然性》，《长城季刊》1936年第1卷第3期，第2—11页。

革命和战争的新狂潮日益紧迫逼近，凡尔赛和华府会议的世界分割，业已被帝国主义者一脚踏破了，在历史的日程上，又提出了用武力重新分割世界的问题，这在战后的帝国主义发展时期，在资本主义的总恐慌时期，不平衡的发展法则表现得特别显明而有力”。[①] 玉田则注意到经济危机爆发的情势下，帝国主义争夺目标的侧重点变化，即集中于世界市场，“重新瓜分世界的帝国主义战争是一天一天地迫近了。这已不再是列强外交部和参谋本部里密议的问题，实际上已在各处爆发了。世界经济恐慌与资本主义相对稳定的终结，造成了一个国际关系的极端不安；争夺世界市场的斗争已发展为猛烈的经济战争”。[②]

在中国知识界看来，决定帝国主义间矛盾必然爆发的根本因素还是在于资本主义私有制的生产关系及其内在矛盾。黄醒初指出，“近代资本主义的战争，是帝国主义国家争夺殖民地的战争，这个原因乃有他的历史背景，质言之，即为生产工具私有制度的直接结果”。[③] 对于资本主义内在矛盾诱发经济危机，进而导致上层建筑的变动问题，金良本做了一个代表性阐述，“现代的经济组织制度，无疑是资本主义而且是金融资本主义的经济组织制度（除俄苏外）。因为资本主义的出发点完全是为自私自利，所以生产的无政府状态，使一切分配消费失去平衡的发展；生产物的过剩，资本的膨胀，引起国与国间的争夺市场战。而同时，因资本主义自由竞拼的结果，致国内的经济集中到少数人的手中，陷一般劳动者除了出卖劳动力之外，一无所有的状态，于是形成国内贫富悬殊两大阶级的存在——资产阶级与无产阶级，他们各为其阶级的利益，必然的引起冲突与斗争。由是，资本主义的经济恐慌是必然要到来的。政治不过是经济组织的上层建筑而已，现在经济制度既经走上了内在矛盾爆发的阶段，那末，其上层建筑的政治自然会起纠纷，所以我们要研究今后战争的属性问题，必须要为解这点起”。最

---

① 玉田：《从帝国主义诸矛盾说到第二次世界大战的必然》，《国防论坛》1935年第4卷第6期，第9页。彭瑞夫：《未来世界大战与中华民族出路之展望》，《国衡》1935年第1卷第8期。

② 马学之：《第二次世界大战和目前反战运动的情形》，《客观》1935年第1卷第6期，第10页。

③ 黄醒初：《第二次世界大战的几个中心问题》，第7页。

后，他还得出结论道，“那末，二次的大战争是属于哪一种性质呢？无疑的只有资本主义者群的混战。所谓现时国际间所闹的什么货币战，关税战，汇兑战，市场问题，军备问题，均不过是资本帝国主义者斗争的各种方式罢了”。①

故而，从整体来看，中国知识界多判定，第二次世界大战的性质同一战一样，还将是一场帝国主义在发展不平衡规律支配下，围绕着资本、市场竞争而展开的掠夺战和权力争夺战。

然而，也有一部分中国知识分子注意到了未来第二次世界大战性质的复杂一面。胡今在坚持战争性质的主要方面是帝国主义掠夺战的同时，也承认未来战争的复杂性质的另一面，即“这一次的战争要更富于曲折性和复杂性。这次比第一次大战重大的特点，是反侵略阵线与侵略阵线的战争，但仍是帝国主义的战争，这是明白的”。② 沈因明也觉察到了未来大战性质的多面性，“未来大战的性质怎样，一般地说来，总不外下列数种，即帝国主义相互间争夺殖民地的战争，资本主义与社会主义的战争，殖民地革命战争，社会革命战争”。③ 柳棠在《第二次世界大战与中国》一文中也提到，“一般的说法，是把第二次世界大战的性质分成两种，一种是帝国主义间的战争；另一种便是进攻苏联的战争。自然，这两种性质的战争，我们不能把它对立起来看或者平行的来看，而应该结合起来”。④

在认识到未来大战性质复杂性的基础上，中国还有一些知识分子进一步注意到了第二次世界大战中蕴含的非帝国主义属性的进步主义因素，进而使得他们对未来战争的性质做出了另一种界定。1939 年 9 月 6 日，也即第二次世界大战正式爆发五天后，胡今撰文指出，“虽然这场战争是帝国主义战争，但法西斯侵略者也为全世界民主国家、弱小民族、殖民地及一切努力推进和平事业人士（包括法西斯国内劳苦大众）的当前死敌，反战反

① 金良本：《二次世界大战的属性问题》，《空军》1934 年第 96 期，第 5—6 页。

② 胡今：《论第二次世界大战》，第 9 页。

③ 沈因明：《世界大战的两个范畴及其可能性》，《东方杂志》1934 年第 31 卷第 22 号，第 35 页。

④ 柳棠：《第二次世界大战与中国》，第 59 页。

法西斯是世界和平的唯一事业，在世界政治舞台上便产生了法西斯侵略阵线与和平的民主阵线的新的对立。因此，今日的第二次世界大战同时又是这两条阵线对立的发展，全世界革命群众及法西斯国内进步分子，都应该支持英法保存现状派，猛力摧毁最反动的法西斯侵略政权，争取公正的民主和平。事物是这样辩证的统一着的”。①

更有进一步者，莫高芳②从未来相互冲突的两大阵营的正义与非正义属性上，对未来第二次世界大战的性质加以解读，直接表明未来的战争是一场进步势力对抗反动势力的正义战争。“由于这三个矛盾的发展，在它的发展过程中便产生了两个集团。这两个集团就是世人皆知的和平阵线与侵略阵线。这两条阵线的组成，在今天已是铁一般的事实，只有头脑不清楚的人才否定它。只有为法西斯做走狗的托派才否定它。我们再把这两条阵线的组成部分分析一下就知道，一个是进步的势力，一个是反动的势力，进步势力的和平阵线包含有三个不同的成分：社会主义的苏联和各帝国主义国内爱好和平的人民大众是一个，殖民地和半殖民地是一个，要维持现状的资本主义民主国家是一个，至于反动势力的侵略阵线只是由少数的金融资本家及其爪牙所组成；明白地说，就是德意日法西斯”。他还进一步指出，“提到和平阵线和侵略阵线，我们也必然加入其中的一个，绝不能站在这二者之外，今天的事实已经告诉我们，我们不但已加入了和平阵线，而且正在为和平阵线而努力，成了和平阵线重要的一环。世界大战就是和平阵线与侵略阵线的战争，这个战争是一个进步势力打击和消灭历史的反动势力的战争”。③

莫高芳还对第二次世界大战是帝国主义战争的判断做出批评道，“几个

① 胡今：《论第二次世界大战》，第9—10页。

② 莫高芳，别名张英，1914年出生，广西灵川人，1937年加入中国共产党。莫高芳在桂林读小学、初中。父亲去世后，他在姐姐的资助下，到北平私立朝阳学院读书。1931年“九一八事变”后，莫高芳回到桂林，在雷平县立师范讲习所当教员。1935年，他考入上海大夏大学，积极参加救亡活动，曾经担任过上海学生界救亡协会党团书记、中共上海学委组织部部长。1938年，他作为党员骨干被抽调到新四军工作，改名张英，担任路东特委组织部长。

③ 莫高芳：《对于第二次世界大战的看法》，第95、99页。

月以前，某大报的社论说，这次大战和以前第一次世界大战一样，仍是帝国主义与帝国主义的战争，这是不对的。这不但把历史重复起来而且抹杀了当前国际上这个主要矛盾的事实，抹杀了两条阵线的存在，抹杀了进步的势力在准备打击反动势力”。最后，他得出结论，“我们的抗战就是世界大战的一部分，是世界大战的前哨，因此我们的抗战和世界大战分不开。我们对日的抗战是进步的战争，那么世界大战也就是进步的战争。因为这是世界的统一战线结成起来打击反动者法西斯”。[①]

三、危机与转机：未来大战之于中国

第二次世界大战爆发前，中国知识界对第二次世界大战的观察和研判有着突出的民族本位意识，在思考国际形势和战争可能走势的同时，探求着中国在战争到来时需要面对的种种情形，如中国是否能孤立于战争之外？对于中国来说，是危险还是机遇？在他们眼中，未来的这场战争关系中国命运极大。梁苦飘指出，“第二次世界大战的爆发，对于中国的存亡问题到底是怎样？我始终认定，中国前途的命运，则完全系于这次战争的结果”。[②]那么在他们看来，中华民族的命运到底又会如何呢？

首先，在知识界看来，中国在未来的战争中是不可能置身事外的，只能是参战的一员，而且还是重要的一员。有知识分子从世界的整体发展角度论证这一点，如“现在的世界，是一个错综复杂，千变万化的连环套，中国不消说是这个套子里面的一个，这是因为种种政治经济文化的关系，把世界各国联成为一个息息相关的国际，没有一个国家能够站在这个套子之外单独地生存。所以世界局势的一举一动，马上就会牵动到中国，而目前这个世界又无日不在变动之中，中国也就无日不受此种整个变动的重大影响”。[③]

还有知识分子从可能引发第二次世界大战的国际矛盾的复杂性这一角

① 莫高芳：《对于第二次世界大战的看法》，第100页。

② 梁苦飘：《第二次世界大战爆发与中国存亡问题》，《铁血月刊》1934年第4期，第26页。

③ 陈敏书：《中国要做第二次世界大战的主人翁》，《空军》1933年第27期，第10页。

度，来证明第二次世界大战中没有任何一国能置身事外，如陈敏书认为的那样，“二十一年来国际形势起了根本的变化。目前战机的威胁比一九一四年严重得多。所以第二次世界大战和第一次大战的区别，首先就在其范围之大，在这一次战争中，一切战争的形态，两个制度的根本冲突，帝国主义列强间的战争，掠夺殖民地与被压迫民族的解放运动，以及各资本主义国家的国内战争——均密切地交织在一起，因此在这一次大战中，没有一个国家，没有一个民族，甚至没有一个个人可抱中立态度的”。[①] 剑平在《从国际现势谈到第二次世界大战问题》一文中也明确指出，“第二次世界大战是无可避免的事实，世界上的国家都逃不出这个战区的范围，而中国尤其是其中的主要之一”。[②] 柳棠也认为，战火的毒焰将燃烧到全世界，特别是中国。他还警告道：“企图在侥幸中能够避免战祸的，那是在做着愚蠢的美梦！”[③]

此外，有知识分子非但认为中国不但会卷入大战，而且“如若战争爆发，中国决不是处于边缘地带的国家”。[④] 干卓在分析了满洲问题的国际性后，指出“满洲问题，就如同一九一二年与一九一三年的巴尔干问题，那么中国毫无疑义的是第二次世界大战的主要角色”。[⑤] 在他们看来，中国一旦卷入第二次世界大战，注定在战争进程中发挥重要作用。

其次，彼时中国知识界在达成第二次世界大战之于中国是不可避免的共识后，他们还认为，未来战争之于中国将是危险与机遇并存。

一方面，所谓危险，也即战争若爆发给中国可能带来的挑战与风险。胡庶华从中国不能中立、经济社会文化的落后以及将来任人宰割的命运等方面论证，将来大战之于中国存在着四重危险。他具体分析道，“豪强互撕

---

① 马学之：《第二次世界大战和目前反战运动的情形》，第 10—11 页。

② 剑平：《从国际现势谈到第二次世界大战问题》（未完），《津声周刊》1929 年第 4 期，第 1 页。

③ 柳棠：《第二次世界大战与中国》，第 66 页。

④ 剑平：《从国际现势谈到第二次世界大战问题（四续）》（未完），《津声周刊》1929 年第 10 期，第 1 页。

⑤ 干卓：《第二次世界大战的危机》，《前途》1933 年第 1 卷第 6 期，第 11 页。

于吾人之堂。欲守中立而不可得。此中国所处地位极其困难与危险者一。吾国海岸各口易受敌舰封锁，全恃自己力量挣扎于战争旋涡之中。此中国所处极其困难与危险者二。吾国农村破产，工业落后，金融枯窘，纵能卧薪尝胆，已属时不我待。何况举国蒙昧，不知燃眉之急。此中国所处地位极其困难与危险者三。人为刀俎，我为鱼肉。此中国所处地位极其困难与危险者四”。[①] 李吉仁对战争爆发后中国可能的遭遇抱悲观看法，认为战争爆发之于中国是亡国灭种的挑战，称：“东四省已亡于暴日；外蒙早已沦为苏俄之附庸；新疆军阀斗争；西藏实则受英帝国主义之唆使；西南之滇桂，英法帝国主义者又常问鼎；东南之闽域，暴日现正自台湾而观望。以上所举出之情势，疆土日渐缩小，国内纷争不断，各帝国主义间之任何一国，即需数小时之间，数十艘战舰由三江而直进，则数千年遗传下之华国将非我所有矣！”[②] 三立也对中国在将来战争中可能被帝国主义趁火打劫的命运表示担忧，认为“不论是帝国主义一致进攻苏联的战争或是资本主义国家相互间的厮杀，中国都不能不卷入旋涡的。前者要以中国的东北和西北作为战场。后一个战争若爆发于远东，则中国沿海各省都要变成帝国主义者的用武场；若爆发于中欧或东非，则日本必乘机进入中国，像第一次世界大战时的二十一条和最近两国间许多纷争的事件，恐怕到那时候要变本加厉些，也未可知”。[③]

另一方面，中国知识界也普遍注意到第二次世界大战的爆发对于中国可能产生的积极影响，认为它是中华民族求解放、走向伟大复兴的历史机遇。像孤帆所讲的那样，“多难兴邦，我们正该趁着此国家多事之秋，来复兴我们的民族，唤醒我们的国魂”。[④] 刘梯岳也明确指出，“这是中华民族的危机，也是中华民族复兴的征兆！”[⑤] 袁道丰称，“国危矣！时急矣！国家兴

---

① 胡庶华：《中国在第二次世界大战中所处地位与所应采之方略》，《时事月报》1934 年第 10 卷第 1—6 期，第 157—159 页。

② 李吉仁：《第二次世界大战与中国》，《感化月刊》1935 年第 9—10 期合刊，第 165 页。

③ 三立：《第二次世界大战与中国》，《通俗文化》1935 年第 2 卷第 5 号，第 117 页。

④ 孤帆：《第二次世界大战与我们应有的准备》，《学校生活》1933 年第 62 期，第 10 页。

⑤ 刘梯岳：《人类历史的演进与二次世界大战》，《铁血月刊》1934 年第 5 期，第 26 页。

亡在此一着……设能从此充实国力，外联与国，则安知世界大战结束之日，非我中华民族起死回生之时！”① 其他知识分子如陈敏书、干卓和窦培恩也都提到了如果我们把握得当，战争将是中华民族走向复兴的契机。“什么时候才是中国复兴的日子呢？我以为什么时候世界发生重大的骚动，那个时候便是中国复兴的日子。换句话说，中国的复兴，系于第二次世界大战。”②“中国在第二次世界大战中，不是做铁鎚，便是做铁砧，如果能做大战中的铁鎚，那末，不仅失地可以无条件的收回，则民族国家也可应运而生，甚至乎台湾亦可归还我有，如果做了大战中的铁砧，则不仅失地不能收回，即国内陷入无政府状态。甚至四分五裂，不可收拾。所以第二次世界大战是中国盛衰存亡的关键。”③“中国是远东的唯一大国，也是各帝国主义侵略角逐的目标；远东和平破裂，或第二次世界大战爆发，则中国首当其冲，必然的要遭受重大的牺柱。而这种牺牲，固可以使中国民族陷于万劫不复，然而也可以成为中国民族复兴的楔机，要看我们的努力如何而已。”④

四、未雨绸缪：中国的因应之道

由上可知，在中国知识界看来，第二次世界大战之于中华民族将是一场重大危机，但危中有机，如果处理得当，将会迎来民族复兴的重大机遇。就像彭瑞夫指出的那样，“在现时，中华民族是处在划时代的阶段，在未来战争中的出路，只有两条：不是灭亡便是复兴，而未来究竟是吉是凶，就只看我们在这一阶段里，准备如何而决定”。他还进一步分析道，“中国目前是在风雨飘摇的大战时期中，又是民族危急存亡之秋，中国的前途，存亡间不容发，如果以中国目前的经济、政治、军事而论，中国难免有极大

---

① 袁道丰：《一九三六年与第二次世界大战》，《时事月报》1934 年第 10 卷第 1—6 期，第 153 页。

② 陈敏书：《中国要做第二次世界大战的主人翁》，第 10 页。

③ 干卓：《第二次世界大战的危机》，第 11 页。

④ 窦培恩：《伦敦海缩预备协商与第二次世界大战》，《四十年代》1934 年第 4 卷第 2—3 期，第 16 页。

的牺牲；然而，就整个历史的进程来推测，我们也不必悲观，二次世界大战也就是中国复兴的好机会。不是战斗便是没落！不是胜利便是灭亡！事实是这样地呈现在我们面前，我们唯一的答案是战斗！从多重的压迫下站起来英勇的战斗，重建新国家！”[①] 由此可知，在他看来，抗战也是建设国家的一个契机。那么，危机和转机中的中国又应该何以自处呢？

著名老一辈漫画家高龙生先生在其所作的一幅名为《某国人准备第二次世界大战》的漫画[②]（见图 1）中，对当时国人持有的应对第二次世界大战的种种错误的观念加以批评。图中有人跳出红尘，企图飞升成仙；有人隐居山洞，远离世俗；有人苦练奇门遁甲，以求金刚不坏之身；有人造船想到北极去，远离战争之地；有人赶造寿材，悲观面对未来；同时有人学习日语，研究日本。玉田在对国内存在的悲观主义和乐观主义加以批判的基础上，也为国人指出了应对的方向。他提出，“由于国际的国内的许多不合理的必经的事实，悲观者发出‘中国不亡，宁有天理’的感慨，乐观者则终日沉溺于‘金迷纸酒、醇酒美人’的极端放纵的浪漫生活之中，这些都是亡国的象征，同时也是大时代将要到临的反映，中国人不应该逃避苦难，应该和苦难奋斗，应该冲破一切恶势力的包围，而创造自己的新生命”。[③] 骆继常也大声疾呼，“赶快站在时代的前头，重拍帝国主义的阵线，打出民族血路，负起救亡复兴的责任”。[④]

那么，在彼时的中国知识界看来，面对即将到来的第二次世界大战，中华民族又应该如何消除错误认识，积极应对，以借机争取中华民族的伟大复兴呢？我国知识界提出的应对倡议，荦荦大者，有如下五个方面。

第一，经济应对方面。在彼时的中国知识界看来，一个国家要发展，首先就得发展经济，但当时的国民经济十分落后与混乱不堪，以备战为中心的整顿与建设可以说迫在眉睫。林劲草在分析中国的进出口和列强在华

① 彭瑞夫：《未来世界大战与中华民族出路之展望》，第 28 页。

② 高龙生：《某国人准备第二次世界大战：［漫画多幅］》，《论语》1935 年第 59 期，第 22 页。

③ 玉田：《从帝国主义诸矛盾说到第二次世界大战的必然》，第 12 页。

④ 骆继常：《第二次世界大战前夕的中国复兴问题》，《觉是青年》1934 年第 1 卷第 2 期，第 33 页。

图1　某国人准备第二次世界大战（高龙生作）

投资情况后，主张“目前中国应尽量发展中国的民族工业，以及国营工业。必要时应该实施经济统制。如在经济生产方面、在交易方面、在消费方面加以统制”。[①] 军需工业尤其优先发展，“无论何国，未有重工业不建设完

① 林劲草：《第二次世界大战与中华民族之出路》，第6页。

全，而军需工业可以充分发展者”。[①] 他还列举了需要着重发展的产业，如钢铁工业、燃料工业、电气工业和其他工业。实行经济统制的办法也得到骆继常的认可，他也认为“中国应该实行经济统制，即在重工业、交通、税收方面合作起来，做一个整盘的打算，让人民群众在战时状态下，有自求自给的经济能力”。[②]

此外，他们还认为要实施全国经济的总动员，没有强有力的财政支持是行不通的。因此，林劲草建议“国家应该设立一种完善的管理货币以及可操控自如的全国金融组织，树立一种极完善的租税制度及良好的公债信用”。[③] 胡庶华还建议发行公债，“一方面由国家银行，集中现金，发行纸币；一方面发行内国公债，以资应用。既系对外作战，则人民有毁家纾难之心，公债之募集自易。要在能发展国民经济，鼓励生产事业，以培植民力，然后金融不至枯竭。至必要时，虽实行总理钱币革命方法，发行能力本位制的兑换券以救一时之急，亦无不可”。[④]

第二，军事应对方面。胡庶华认为，20 世纪的战争几乎靠科学技术，人力物力并驾齐驱，数量与质量并重，中国人口数量虽然居世界第一位，但整体作战实力弱小。因而他建议，“除了将现有军队严加淘汰切实整顿外，尤其需要使全国人民接受军事训练，如操练民团或者实行征兵制等措施”。[⑤] 骆继常认为应实行军事统制，即统一编制，实行征兵制和保甲法。他提出把全国海陆空军集中于中央政府指挥之下，不许私人拥兵自肥；厉行征兵制度和保甲法，使全国皆兵，以捍卫国家，复兴民族。[⑥] 林劲草也主张加强军队的统帅权，称“为应付第二次世界大战的到来，全国的军队，应该在中央指挥之下，进行着同一的步骤”。[⑦]

---

① 黄金涛：《第二次世界大战与我国重工业及军需工业》，第 266 页。

② 骆继常：《第二次世界大战前夕的中国复兴问题》，第 35 页。

③ 林劲草：《第二次世界大战与中华民族之出路》，第 6 页。

④ 胡庶华：《中国在第二次世界大战中所处的地位与所应采之方略》，第 162 页。

⑤ 胡庶华：《中国在第二次世界大战中所处的地位与所应采之方略》，第 160 页。

⑥ 骆继常：《第二次世界大战前夕的中国复兴问题》，第 36 页。

⑦ 林劲草：《第二次世界大战与中华民族之出路》，第 6 页。

周怀勖还建议国防建设应有突出的着力点，他还草拟了详尽的国防建设大纲，要领有“兵役法之革新；建制之改善；国防机关之集权组织；军事中心点之改定；交通网之构成；要塞之建筑；资源之开发；军需工业之创建等八项原则”。①

第三，外交应对方面。外交是军事的后盾，在中国知识界看来，外交同样可以作为弱者的武器。孤帆以普鲁士首相俾斯麦以精巧的外交捭阖成功实现德意志的统一为例，强调了外交的重要性。他建议道，“我们应该运用远大的目光、巧妙的手段，去联络他国，使站在第三者的中立国、作为敌人的仇敌，成为我们的朋友，理论上可以得到友邦的帮助”。② 张仲实则具体提出了我们交好的对象国和联络国，认为，“如果第二次世界大战是帝国主义进攻苏联的战争，则中国应当与苏联相友相助，因为苏联与中国一样都受到帝国主义的压迫，并且苏联是中国反对帝国主义的有力的友军；假使第二次世界大战是帝国主义间的战争，则中国应当联合世界上被压迫的民众与民族，共同反对世界帝国主义的统治。只有在这种情况下，中国才能达到真正的民族独立与解放”。③ 张铁生也提出中国应积极联苏联美的观点。④ 陈光敬则做了进一步的补充，称“中国应积极构筑中美同盟、中俄同盟，同时积极联络英国以及列强在东南亚的殖民地，务必不使他们落入日本的圈套，并认为这是当务之急”。⑤

第四，教育应对方面。在很多知识分子看来，现代战争是科学战争，一国人口接受教育和技能的程度，也是一国综合国力的重要体现。孤帆指出，“教育是立国之本，关系一个民族的盛衰，所以第一要普及民众教育，扑灭文盲；第二要注意生产教育，使每个学校里培养出来的人才，个个至

---

① 周怀勖：《未来世界大战与国防建设问题》，《新中华（1933 年）》1933 年第 1 卷第 7 期，第 10—14 页。

② 孤帆：《第二次世界大战与我们应有之准备》，第 10 页。

③ 张仲实：《第二次世界大战与中国之前途》，《新中华杂志（1933 年）》1935 年第 3 卷第 15 期，第 22 页。

④ 张铁生：《第二次世界大战与中国》，第 6 页。

⑤ 陈光敬：《第二次世界大战之展望与我国今后之外交方针》，《民鸣周刊》1934 年第 1 卷第 23 期，第 8 页。

少有一技之长，能够生产；第三要加紧军事教育，严格训练青年学生，使其具有刻苦耐劳的精神”。[①] 而在胡庶华看来，教育作为一项国家政策手段，决定着战争的胜负，认为“盍战争之胜负，与教育有密切之关系，尤其是关乎民族生存之争，非举全国之民力悉赴于战场，决不足以操胜算。如何能使全国人民有敌忾同仇之心，杀敌报国之志，则非教育不为功。民族性之培养，自信方之陶冶，牺牲精神之振起，固赖教育。而在近代科学战争时期，专门技术人才之造就，普通工程常识之灌输，更赖有良好之教育。尤其在平时专赖外货战时又易被封锁之国家，实验室中，必须有不断之研究，以补各种物质之缺乏”。[②] 总之，在他们眼中，不管是战争相关的技能人才培养，还是爱国主义精神、牺牲奉献精神的培育都有赖于教育的重建。

第五，政治应对方面。中国知识界深为国家分裂、党派对立的政治情势感到忧心。在他们看来，在这样的环境下，中国难有闲心去抵御外来侵略。为更好地应对即将到来的第二次世界战，中国在政治上必须实现统一，有一个统一的领导阶层。孤帆强调道，“我们须要一个健全的政府——在以往国际地位低下，内战之众多，无容讳言，自然是无健全政府所致。所以今后，我们希望有个中心领袖来扶植国民，对外采取民族外交，力求主权之独立，并且整顿国防，增加军备。至于对内，我们希望政府以最高最大的权力，实施统一政策，增加民族自卫的力量，来坚固中华民族的基础”。[③] 骆继常也提出在非常时期，政治方面要实行政治统制，即在国难期实行独裁政治，如苏联的斯大林、意大利的墨索里尼、德意志的希特勒、美国的罗斯福都掌握一国的政权。[④] 林劲草也比较激进，他甚至认为只有独裁才能救中国。[⑤]

由上可知，中国知识界对未来第二次世界大战的观感抱有谨慎的乐观态度，认为在未来第二次世界大战的爆发不可阻挡的情况下，它之于中国

① 孤帆：《第二次世界大战与我们应有之准备》，第 10 页。

② 胡庶华：《中国在第二次世界大战中所处的地位与所应采之方略》，第 160 页。

③ 孤帆：《第二次世界大战与我们应有的准备》，第 9 页。

④ 骆继常：《第二次世界大战前夕的中国复兴问题》，第 36 页。

⑤ 林劲草：《第二次世界大战与中华民族之出路》，第 5 页。

是一场巨大危机的同时，只要我们曲突徙薪，积极面对和应对，也可能迎来中华民族伟大复兴的机遇。这些集中地体现在张锦帆的“第二次世界大战观”中，即“二次大战之爆发，仅时间上之早晚问题耳，吾知始作俑者，不为德意即为日本，而火药库不在中欧即在中国，大战果发生于远东，其结果，中国纵不为日本独存，亦必为列强共管或瓜分。苟中国，能即刻整饬内政以巩固国基，扩充军备以坚实国防，注重外交，联络舆国，则日本将不敢再侵，而远东大战，庶可避免。大战即不能免，中国亦可与列强共谋日本，一战而胜当可完全独立而增高在国际上之地位焉”。①

五、结语

两次世界大战之间的20世纪二三十年代，对世界，尤其对中国而言，都是一个多难之秋。从1931年的“九一八事变”，到通常认为的第二次世界大战爆发的1939年9月1日德国袭击波兰，中华民族的艰难抗战与苦难行军已经行进了8年之久。在民族存亡绝续的关头，心忧天下，有着平天下情怀的中国知识界密切关注国际时局的发展态势，尤其是对关乎中国命运的太平洋问题，构建了他们自己的“第二次世界大战”意象，并立足中国本位，提出了化战争危机为复兴转机的因应之策。

大战爆发前，中国知识界的“第二次世界大战”意象的生成多是基于对一战以来国际关系演进史实的实证考察和思考。尽管他们的应对建议因为战争造成的艰难情势未能一一落实，但他们对即将爆发的第二次世界大战的整体样貌和战略走向，也的确形成了相对客观的研判。如他们对第二次世界大战爆发必然性的判断，对爆发时间和地点的精准预测，有意或无意运用唯物史观对帝国主义战争根源的剖析和对国际政治主要矛盾的把握，以及战争爆发后国际阵营分化组合的透视，大多为战争爆发后的历史经验所证实。

此外，中国部分知识分子于纷繁复杂、浮云蔽日的国际局势中，也难

① 张锦帆：《我之“第二次世界大战观”》，第33页。

得地做出了在今天看来依然具有高度前瞻性的论断。比如，第二次世界大战是中华民族走向伟大复兴的开端，第二次世界大战始于“九一八事变”，中国抗战是世界反法西斯战争的组成部分以及第二次世界大战在某种意义上是进步战争等观点，在今天的第二次世界大战史研究和抗战史研究话语中也不失为一种前沿表述。对这些问题的探讨与揭示，在丰富国人第二次世界大战记忆图景的同时，无疑对我们今天的第二次世界大战研究也有着重要的推动意义。

第二次世界大战与 1945 年底英国外贸政策的转变*

尚彦军**

摘 要 1945 年底，英国向美国承诺分阶段取消帝国特惠制，英国对外贸易从坚守帝国特惠制的政策转变为分阶段取消帝国特惠制的政策，这为战后多边贸易体制的建立奠定了基础。英国对外贸易政策的转变与第二次世界大战有着密切关系。首先，在 1941—1942 年英美租借补偿谈判期间，由于第二次世界大战使英国的经济政治形势不断恶化，为了得到美国的租借援助，以及巩固与美国的政治关系，英国接受了《美英互助协定》第 7 条中的非歧视原则，这为 1945 年底英国对外贸易政策的转变提供了法律依据。其次，在 1945 年底英美贸易谈判期间，由于第二次世界大战导致英国政府面临严重的财政危机，为了获得美国的财政援助，英国最终向美国承诺分阶段取消帝国特惠制。总之，第二次世界大战是导致 1945 年底英国对外贸易政策转变的政治因素。

关键词 第二次世界大战 帝国特惠制 歧视待遇 经济援助 多边贸易体制

---

* 本文是首都师范大学历史学院研究生科研立项"英美贸易谈判研究"（项目编号：2019LS27）的阶段性成果。

** 尚彦军，首都师范大学历史学院博士研究生，研究方向为现代国际关系史。

国际经济关系中贸易摩擦屡见不鲜。1929 年资本主义世界经济危机爆发，美国于 1930 年率先实施高关税政策以保护美国国内就业，作为关税反制措施，英国于 1931 年提高了进口关税，在 1932 年决定实施帝国特惠制。主要资本主义国家间的关税战导致国际贸易进一步萎缩，也使美国深受其害。1934 年，美国出台《互惠贸易协定法》，该法案提出非歧视原则，并授权总统进行关税减让的谈判。但是，英美有关非歧视原则的贸易谈判一直没有取得进展，第二次世界大战的爆发为这一问题的谈判提供了契机。关于第二次世界大战爆发后英美贸易谈判的研究，国内外学者多从英美经济霸权转移、关税与贸易总协定的起源、美国对外贸易政策以及英联邦关系等角度进行分析，[①] 而从英国对外贸易政策的角度进行研究的论著比较少，[②] 还有一些问题有待继续探索。譬如，20 世纪 30 年代英国对帝国特惠制始终避而不谈，但是为什么第二次世界大战爆发后英国对这一政策开始松动，英国对外贸易政策的转变与外部政治环境有什么关系？鉴于此，本文拟利用英美等国档案资料及相关研究成果，对这一问题进行探讨，以就教于方家。

---

① 国内外相关成果如：Richard N. Gardner, *Sterling-Dollar Diplomacy in Current Perspective: The Origins and the Prospects of Our International Economic Order* (Oxford: Clarendon Press, 1956) ; Jay Culbert, "War-time Anglo-American Talks and the Making of the GATT," *The World Economy* 10 (December 1987) ; Randall Bennett Woods, *A Changing of the Guard: Anglo-American Relations, 1941-1946* (Chapel Hill: The University of North Carolina Press, 1990) ; Thomas W. Zeiler, *Free Trade, Free World: The Advent of GATT* (Chapel Hill: University of North Carolina Press, 1999) ; Francine McKenzie, *Redefining the Bonds of Commonwealth, 1939-1948: The Politics of Preference* (New York: Palgrave Macmillan, 2002) ; Douglas A. Irwin, Petros C. Mavroidis and Alan O. Sykes, *The Genesis of the GATT* (New York: Cambridge University Press, 2008) ; Andreas Dür, *Protection for Exporters: Power and Discrimination in Transatlantic Trade Relations, 1930-2010* (Ithaca: Cornell University Press, 2010) ; 张振江：《从英镑到美元：国际经济霸权的转移》，人民出版社，2006；舒建中：《多边贸易体系与美国霸权——关贸总协定制度研究》，南京大学出版社，2009；黄贵荣：《1945 年美英贸易谈判和 GATT 的起源》，《思想战线》2002 年第 6 期。

② 代表性论著如 L. S. Pressnell, *External Economic Policy since the War* (London: Her Majestys Stationery Office, 1986) 。作者指出，在 1945 年英美贸易谈判中，英国政府妥协的原因是美国对英国进行的财政援助外交，但是对这一问题没有进行系统论证。

一、第二次世界大战爆发前的英国对外贸易政策

1929 年资本主义世界经济危机的爆发促使主要资本主义国家之间的经济斗争空前加剧。各国为了缓和和摆脱危机，竞相提高进口税率，高筑关税壁垒，限制外国商品输入，以保护国内市场。剧烈的关税战，使困难重重的世界经济更深地陷入危机的泥沼之中。为了摆脱这种局面，一些国家企图通过订立互惠的关税协定，以扫除彼此之间的通商障碍。1932 年 7 月 21 日到 8 月 20 日，英国召集其自治领和殖民地在渥太华举行帝国经济会议。通过英联邦国家间签订双边性贸易协定，以英国为核心的英联邦国家制定了一种双边性贸易政策，即帝国特惠制。帝国特惠制的主要内容为，英国对从各自治领和殖民地输入的商品给予减税或免税的优待，并限制自己从帝国以外进口农产品的数量；各自治领和殖民地对从英国进口的工业品，也同样给予优惠待遇，并提高从英国以外国家进口商品的税率。显然，帝国特惠制的建立有利于加强英国在国际市场上的竞争地位。

面对经济危机，资本主义国家纷纷出台了贸易保护主义政策，这导致国际贸易秩序混乱，世界贸易总量急剧下降。鉴于这些政策也损害了美国的利益，美国总统富兰克林·罗斯福（Franklin D. Roosevelt）于 1934 年 6 月 12 日签署《互惠贸易协定法》，该法案提出非歧视原则，并授权总统进行关税减让的谈判。由于帝国特惠制给美国造成巨大损失，美国在出台《互惠贸易协定法》后，开始积极与英国进行贸易谈判。然而，英国政府对美国的贸易外交毫无兴趣，对美国的贸易攻势基本上采取了敬而远之的态度。在美国的持续压力下，1936 年冬，尤其是 1937 年，英国的态度有所转变，即由最初拒绝谈判变为在确保渥太华会议上签订的协定不受侵犯的条件下进行一般贸易谈判。这一转变源自英国对两国关系的认识。20 世纪 30 年代中后期，随着法西斯势力的崛起和凡尔赛—华盛顿体系的逐渐坍塌，英国有识之士认识到英美合作的重要性。1937 年英国驻美大使林赛（Lindsay）指出，“一旦欧洲发生一次重大的危机，最妨碍美国政府采取任何有利于大英帝国的措施的因素将是（美国的）中西部。而与联合王国缔

结一项贸易条约对中西部将有直接的有利的影响，……这甚至可能成为美国采取什么态度的决定性因素”。[①]

1938 年 2—11 月，英美贸易谈判在风云诡谲的国际形势下展开。2 月 23 日，英国代表团抵达美国，英美谈判正式开始，它在很大程度上受到欧洲局势的影响。进入 1938 年以后，德日法西斯的侵略已使凡尔赛—华盛顿体系濒于崩溃，3 月 11 日德国吞并奥地利，5 月捷克斯洛伐克危机发生，10 月希特勒吞并了捷克斯洛伐克苏台德地区，欧洲战云密布，随时有失控的危险。英国不可能视而不见，如“一位（英国）外交官的记载，‘一份令人满意的协定的结果——近在咫尺——最低程度上也会在目前令人焦虑不安的时刻起到维护和平的有限作用’”。[②] 英国为此急于谈判、签约。同样，欧洲的形势也使得大西洋彼岸的美国不可能置若罔闻，如美国国务卿科德尔·赫尔（Cordell Hull）所言：“我们寻求它（一项英美贸易协定），主要是因为它能成为调整目前世界到处不稳定的政治与经济局势的有力工具，在我们看来，在欧洲乃至在世界其他地区，没有一项法律的贡献会如此之大，足以平息对世界政治和经济稳定的威胁。”[③] 鉴于此，英美于 1938 年 11 月 17 日在华盛顿正式签署《英美互惠贸易条约》。通览该协定，英美就农业、矿业、家畜、林木和机电等 400 余种产品达成减税和承诺不再增税。由于它在很大程度上是一项政治产品，没有得到切实贯彻。条约出台后，美国没有修改其原有的重要产品的征税计划，还征收特别税。以纺织品为例，进口税常常高达 50%，如此之高，实际构成阻止英国纺织品出口的屏障。[④] 而且，由于英国坚持在渥太华会议上签订的协定不受侵犯的条件下进行谈判，英帝国特惠制没有被触动。

---

① 麦克唐纳：《美国、英国与绥靖：1936—1939》，何抗生等译，中国对外翻译出版公司，1986，第 30 页。

② Ian M. Drummond and Norman Hillmer, *Negotiating Freer Trade: The United Kingdom, the United States, Canada and the Trade Agreements of 1938* (Waterloo: Wilfrid Laurier University Press, 1989), p. 115.

③ Ian M. Drummond and Norman Hillmer, *Negotiating Freer Trade: The United Kingdom, the United States, Canada and the Trade Agreements of 1938*, p. 117.

④ 周军：《略论 1938 年美英互惠贸易协定》，《安徽师范大学学报》（人文社会科学版）2003 年第 6 期。

二、1941—1942 年的英美租借补偿谈判

1941 年 3 月 11 日，美国总统罗斯福签署《租借法案》，该法案明确规定，总统有权向“对美国国防具有重大作用的一切国家”提供相应的军事援助，但亦规定“对美国利益的支付或偿还可以采取财产的方式，或采取总统认为满意的其他任何直接或间接的利益的方式”。[①] 于是，英美租借补偿谈判应运而生。为了缓解租借前的财政困难，英国政府于 5 月上旬派遣财政部顾问约翰·梅纳德·凯恩斯（John Maynard Keynes）赴美就租借协定等问题同美国进行初步交涉。但由于双方分歧较大，租借补偿谈判没有取得实质进展。

12 月 2 日晚，美国助理国务卿迪安·艾奇逊（Dean Acheson）和国务院国际经济事务顾问赫伯特·菲斯（Herbert Feis）约见英国驻美大使爱德华·哈利法克斯（Edward Halifax）和英国驻美大使馆经济事务顾问雷德弗斯·奥佩（Redvers Opie），向他们递交了经过再次修改的“临时租借协定”修正案，其第 7 条的措辞包含了英国要求的“根据当时的经济条件”的句子。但是，在贸易歧视方面，它与 7 月 28 日的方案立场一致，仍然强调“取消国际贸易中任何形式的歧视待遇，削减关税以及其他形式的贸易壁垒”。[②] 艾奇逊和菲斯指出，第 7 条没有特别提及帝国特惠制，其目的在于避免英国政府在政治上陷入窘境。但他们接着声称，帝国特惠制必须包含在第 7 条的一般规定之中，一旦有人公开质疑，美英双方都必须承认这一点。最后，他们强调总统将在 1942 年 1 月“向国会申请新的租借拨款，到那时，两国政府达成协定是至关重要的”，哈利法克斯只好表示将敦促伦敦

① 王绳祖、何春超、吴世民选编《国际关系史资料选编（17 世纪中叶—1945）》，法律出版社，1988，第 800—801 页；齐世荣主编《世界通史资料选辑·现代部分（第三分册）》，商务印书馆，2007，第 192—195 页。

② U. S. Department of State, *Foreign Relations of the United States: Diplomatic Papers (FRUS)*, 1941, Vol. Ⅲ (Washington, D. C: U. S. Government Printing Office, 1959), pp. 45-46; “W. P. (42) 21, January 14, 1942,” pp. 4-5, CAB 66/2, http://www.nationalarchives.gov.uk/, accessed October 15, 2018.

尽快考虑此事。①

就在谈判的关键时刻，珍珠港事件爆发，美国于1941年12月8日对日宣战。英国首相温斯顿·丘吉尔（Winston Churchill）认为，由于美国参战改变了租借补偿的基础，在租借补偿问题上不必浪费时间了。② 他还进一步指出，美国租借物资的补偿概念只存在于美国参战之前，而美国参战完全改变了租借补偿的基础，"最好把我们的注意力放到关系人民生死存亡的战争上"，"现在租借问题实际上不存在了"。③ 也就是说，美国运送的战略物资已经不再是租借的，而应该成为对赢得战争的贡献。④ 基于这种对美国参战后形势的判断，正在访问美国的丘吉尔于1942年1月10日建议哈利法克斯拖延国务院的任何要求。1月12日，赫尔在白宫晚宴上亲自向丘吉尔提出了租借补偿的问题，但丘吉尔"明确地说，他绝对拒绝同意放弃帝国特惠关税，也拒绝接受在租借协定中加入这样一个条款"。⑤

鉴于在2月的第一周国务院需向国会就租借协定的谈判现状做证，1月底，艾奇逊向总统寻求指示，罗斯福宣布两国必须马上解决租借补偿问题。1月29日，总统对这一问题做出指示，认为租借补偿谈判存在两种可能性，一是英国政府迅速接受当时的草案，二是如果英国政府继续对第7条中的歧视条款感到困难，美国政府将把第7条全部删除。但是，由于第二个方案将"使英国未来的经济形势更加困难"，罗斯福强烈希望英国接受当时的草案。当晚，艾奇逊把这一指示通知哈利法克斯。⑥ 第二天，赫尔致电美国驻英大

① *FRUS*, 1941, Vol. Ⅲ, pp. 43-45.

② "Mr. J. M. Martin to Lord Halifax, January 6, 1942," the Public Record Office, PREM 4/17/3 (Reading: Gale Company, 1998), p. 365.

③ "Mr. Chruchill to Lord Halifax, January 10, 1942," *CHAR* 20/67/1, http://www.churchillarchive.com/2019-01-19; "Mr. Chruchill to Lord Halifax, January 10, 1942," PREM 4/17/3, pp. 363-364.

④ 舒建中：《多边贸易体系与美国霸权——关贸总协定制度研究》，第49页。

⑤ Cordell Hull, *The Memoirs of Cordell Hull*, Vol. Ⅱ (New York: The Macmillan Company, 1948), pp. 1152-1153.

⑥ U. S. Department of State, *FRUS*, 1942, Vol. Ⅰ (Washington, D. C.: U. S. Government Printing Office, 1960), pp. 525-527; "W. P. (42) 58, February 2, 1942," p. 4, CAB 66/21; "From Washington to Foreign Office, No. 542, January 30, 1942," PREM 4/17/3, p. 326.

使约翰·怀南特（John Winant），再一次通告了罗斯福的指示，并指出双方就租借补偿问题达成协定将有助于国会顺利批准新的拨款。迫于罗斯福总统和国务院的敦促，2月1日，英国不管部大臣兼战后重建委员会主席阿瑟·格林伍德（Arthur Greenwood）向首相建议第二天召开一次内阁特别会议讨论这一问题。[①]

2月2日，内阁特别会议召开。会议上，财政大臣金斯利·伍德（Kingsley Wood）拒绝接受第7条现有条款，他认为同意第7条"将在这个国家和各自治领引起激烈的政治争论"，避免引起政治麻烦的"唯一办法是从歧视清单中删去帝国特惠制"。[②] 然而，外交大臣安东尼·艾登（Anthony Eden）主张接受第7条现有条款。[③] 2月4日，外交部在吸收财政部意见的基础上提出一份新的草案，建议英国政府同意"以目前的形式签署协定"，以及"确保所有相关大臣达成一致的最实际的方式是安排在签署协议的同时交换照会，以对第7条的含义做出一致的解释"。照会主要内容为：(1)"美国政府代表注意到英国在战后的特殊地位，这种特殊地位源于英国对国际贸易的严重依赖，也注意到英国政府在战后必须处理的国际收支问题的严重性"。(2)"英国政府代表声明，他不理解用'歧视'一词来描述诸如英联邦或美国与其领地之间属于一个联邦内部的特殊安排，因此在接受涉及对现存帝国特惠制进行修改的任何明确义务之前，英国政府自然需要同各联邦政府进行协商"。(3)"缔约国政府的代表均认为，实现租借协定第7条所列目标的进程必须是渐进的，第7条的任何条款都不应使缔约一方政府在不顾及另一方利益的情况下采取单方面行动"。[④] 但是，财政部也提出一份新的草案，仍然拒绝接受第7条现有条款。伍德指出，"对有关两国经济关系的问题进行谈判之前，我们不宜签订包含解决这些问题的条款的协定"。[⑤] 就在这一天，罗斯福亲自致函丘吉尔："我要求国务院通过哈利法克斯和

---

① "Mr. T. L. Rowan to Prime Minister, February 1, 1942," PREM 4/17/3, p. 324.

② "W. P. (42) 25, January 17, 1942," CAB 66/21.

③ "W. M. (42) 14, February 2, 1942," CAB 65/25.

④ "W. P. (42) 62, February 4, 1942," CAB 66/21.

⑤ "W. P. (42) 62, February 4, 1942," CAB 66/21.

怀南特向英国政府表达我强烈的希望：尽速接受临时租借协定的现有条款……我认为对协定的进一步拖延将会危及你我两国的利益，我还确信现在的草案不仅公正公平，而且也符合您的一些同事的想法。”[①]

针对罗斯福的函电，2月5日，内阁迅速起草了答复罗斯福的回信，丘吉尔进行了修改。在信中丘吉尔指出，2月2日的内阁会议中，内阁成员普遍拒绝接受第7条中非歧视的规定。[②] 但是经过权衡，丘吉尔没有将这封回信发出，最后他更倾向于接受外交部提出的草案。同一天，艾登担心美国不会接受外交部于2月4日提出的草案，于是提出了另一份做出进一步让步的草案，其中删掉了上述照会中的前两点内容，并对第三点内容的表述进行了修改。[③]

2月6日的内阁会议对财政部和外交部提交的草案以及首相回复罗斯福的信进行了讨论，内阁一致决定由外交部向驻美大使发出外交部在2月4日提出的草案，要求丘吉尔将回复罗斯福的信进行修改后发出，并强调“拒绝用对帝国特惠制的任何承诺来交换根据租借法案获得的利益”。[④] 当天下午，艾登分别通过哈利法克斯和怀南特向美国国务院发出外交部在2月4日提出的草案。[⑤] 丘吉尔对回复罗斯福的信进行大面积的修改后，于2月8日下午发出，对英国的建议草案进行了解释，他指出“我在内阁第二次会议上发现，在这个问题上，内阁更加坚决地反对将帝国特惠原则作为租借的补偿”，并表示“我一向对帝国特惠制持反对或者冷淡的态度”以及“我们的总目标是与你们共同努力，构建一个战后世界的自由和繁荣的经济政策。

---

① *FRUS*, 1942, Vol. Ⅰ, p. 529; Warren F. Kimball, *Churchill & Roosevelt: The Complete Correspondence*, Vol. Ⅰ (Princeton, New Jersey: Princeton University Press, 1984), pp. 344-345; “From the President to the Prime Minister, February 5, 1942,” CHAR 20/69B/127-128; “From the President to the Prime Minister, February 5, 1942,” PREM 4/17/3, p. 307.

② “Former Naval Person to President, February 5, 1942,” PREM 4/17/3, pp. 299, 303; Warren F. Kimball, *Churchill & Roosevelt: The Complete Correspondence*, Vol. Ⅰ, p. 345.

③ “W. P. (42) 66, February 5, 1942,” CAB 66/21.

④ “W. M. (42) 17, February 6, 1942,” CAB 65/25.

⑤ “From Foreign Office to Washington, No. 846, 1942, February 6,” PREM 4/17/3, pp. 278-281; *FRUS*, 1942, Vol. Ⅰ, pp. 530-531.

因此，我真诚地希望你们能体谅这些困难，并尽力通过外交部和国务院促进接受我们目前提出的建议”。[①] 2月11日，罗斯福以个人函电的形式对丘吉尔做了如下回复：“我想向你表明，我无意要求你以帝国特惠原则交换租借。……看来困扰内阁的是我们想事先得到取消帝国特惠制的承诺，我们没有这样的要求，我也可以说第7条中也不包括这样的承诺。我倒认为即便我们想得到这一承诺，而你们现在也可以不要那么做，而且从我的角度出发，我十分肯定我们不能进行相应的承诺，即对我们关税政策进行重大修正。”但罗斯福同时也指出，在考虑“战后世界的自由和繁荣的经济政策”时，“任何问题均不应排除在讨论之外”。罗斯福在函电中还强调指出，对租借协定附加照会的做法“似乎冲淡了我们的既定目标”。有鉴于此，罗斯福建议丘吉尔放弃互换照会的想法，“在上述保证的基础上签订租借协定”。[②]

由于罗斯福保证第7条本身不含有立即取消帝国特惠制的承诺，这就部分满足了英国的要求，英国政府决定接受罗斯福的建议。[③] 2月12日，丘吉尔回函罗斯福，“对您所说的深表感激，它完全解决了我的难题”，并提醒罗斯福“当我被问及对公开文件的态度时，我当然会以对您所做保证的理解进行阐释”。[④] 第二天，英国联邦事务部致电各联邦政府要求签署租借协定，[⑤] 并很快收到了肯定的回复。2月23日，英美两国在华盛顿正式签署了《美英互助协定》，其中的第7条明确规定，两国致力于“取消国际贸易中任何形式的歧视待遇，削减关税以及其他形式的贸易壁垒。……两国政府应尽早开始谈判，根据当时的经济条件，确定通过他们的共同行动实现上

---

① “From Foreign Office to Washington, No. 904, February 8, 1942,” CHAR 20/69B/148 - 149, “Extract from Telegram Sent by Prime Minister to the President, February 7, 1942,” PREM 4/17/3, p. 298.

② *FRUS*, 1942, Vol. Ⅰ, pp. 535-536; “Letter from H. Freeman Matthews to WSC, February 12, 1942,” CHAR 20/70/24 - 25; “W. M. (42) 20, February 12,” CAB 65/25; Warren F. Kimball, *Churchill & Roosevelt: The Complete Correspondence*, Vol. Ⅰ, pp. 357-358.

③ “W. M. (42) 20, February 12, 1942,” CAB 65/25.

④ “From Former Naval Person to President, No. 28, February 12, 1942,” CHAR 20/70/30; Warren F. Kimball, *Churchill & Roosevelt: The Complete Correspondence*, pp. 360-361.

⑤ “From D. O. to Canada, Australia, New Zealand and South Africa Govt., February 13, 1942,” PREM 4/17/3, p. 274. 租借协定在正式签署时被称为互助协定。

述目标的最好方法，确定争取其他具有相同理念的政府采取共同行动的最好方法”。[①]

总之，租借补偿谈判期间，虽然英国捍卫了帝国特惠制，但是最终同意接受《美英互助协定》第7条，尤其是接受了其中的非歧视原则。

英国接受《美英互助协定》第7条为1945年9月召开的华盛顿经济会议期间英国向美国承诺分阶段取消帝国特惠制提供了法律依据。华盛顿经济会议召开之前，凯恩斯于1945年8月13日向财政部提交《我们的海外财政前景》的报告，他指出：“我们不应设法逃避《美英互助协定》第7条规定的义务。”[②] 8月24日，英美双方就9月召开的经济谈判的议程安排规定：“谈判将在《美英互助协定》第7条的框架下进行。”[③] 10月9日，英国代表提出的要求伦敦授权的草案也规定，英国将根据《美英互助协定》第7条的义务向美国承诺分阶段取消特惠关税。[④]

第二次世界大战对英国接受《美英互助协定》第7条的影响表现在以下两个方面。

第一，第二次世界大战导致英国的国际收支状况严重恶化。第二次世界大战爆发后，英国进口了大量军火和战略物资，而出口却下降了，到1941年有形贸易逆差迅速扩大（参见表1）。从1940年8月到1941年3月，英国不得不变卖约7000万英镑的海外资产。[⑤] 到1941年6月，英国的黄金

---

① “Mutual Aid Agreement, February 24, 1942,” *HANSARD, 1803-2005*, https://api.parliament.uk/historic-hansard/index.html/2019-03-30; *The Department of State Bulletin*, Vol. Ⅵ (Washington: United States Government Printing Office, 1942), p. 192; L. S. Pressnell, *External Economic Policy since the War*, p. 372.

② “C. P. (45) 112, August 14, 1945,” p. 6, *CAB* 129/1; Roger Bullen and M. E. Pelly (eds.), *Documents on British Policy Overseas* (DBPO), Series Ⅰ, Vol. Ⅲ (London: Her Majestys Stationery Office, 1986), p. 36; Donald Moggridge (ed.), *The Collected Writtings of John Maynard Keynes*, Vol. XXIV (London: The Macmillan Press, 1979), p. 410.

③ “From Foreign Office to Washington, No. 586, August 25, 1945,” UE 4146/32/71, *DBPO*, https://vpn2.nlc.cn/prx/000/https/search.proquest.com/dbpo/2018-10-15.

④ *DBPO*, Series Ⅰ, Vol. Ⅲ, pp. 205-206.

⑤ Alan P. Dobson, *US Wartime Aid to Britain, 1940-1946* (Kent: Croom Helm, 1986), p. 24.

储备已减少到不足 5 亿美元，外汇储备减少到不足 10 亿美元。[①] 1940 年 12 月 7 日，丘吉尔致函罗斯福："我们不能再用现金支付船舶和其他物资的时刻即将到来。……我相信您一定同意这样的看法，即如果英国在这场斗争的高潮中所有可出售的资产被剥夺一空，……那在原则上是错误的，其结果对双方都是不利的。这样的方针在道义上和经济上是不符合我们任何一国利益的。"[②] 凯恩斯在赴美交涉租借补偿问题时也向罗斯福的外交顾问哈里·霍普金斯（Harry Hopkins）表示，英国当时的国际收支状况"几乎不足以维持对英镑的支持，以及维持英镑区的运转"。[③] 因此，英国急切希望美国国会通过新的租借拨款。1942 年 2 月 6 日召开的内阁会议上，艾登在陈述接受第 7 条的理由时表示，"如果国会在这个问题上出现麻烦，那将是不幸的"。[④] 总之，第二次世界大战爆发后，英国政府面临着严重的财政困难问题，为了获得美国的租借援助，最终接受了《美英互助协定》第 7 条。

表 1　英国有形贸易差额

单位：百万英镑

年份	出口额	进口额	有形贸易逆差额	出口数量指数	进口数量指数
1938	471	858	387	100	100
1939	440	840	400	94	97
1941	365	1132	767	56	82
1943	234	1228	994	29	77
1945	399	1053	654	46	62

资料来源：Sidney Pollard, *The Development of the British Economy, 1914–1990* (London: Edward Arnold, 1992), p. 177。

① Randall Bennett Woods, *A Changing of the Guard: Anglo-American Relations, 1941–1946*, p. 28.

② U. S. Department of State, *FRUS*, 1940, Vol. Ⅲ (Washington, D. C.: U. S. Government Printing Office, 1958), p. 25; Warren F. Kimball, *Churchill & Roosevelt: The Complete Correspondence*, Vol. Ⅰ, p. 108.

③ Randall Bennett Woods, *A Changing of the Guard: Anglo-American Relations, 1941–1946*, p. 28.

④ "W. M. (42) 17, February 6, 1942," CAB 65/25.

第二，面对共同的法西斯敌人，英国希望巩固与美国的政治关系。太平洋战争爆发后，日本开始进攻英国在太平洋地区的势力范围。1942 年 1 月 31 日，最后一批盟军军队撤离马来亚，英镑区重要成员马来亚失陷。在这种情况下，英国政府中关于加强与美国未来经济合作的呼声越来越高。1942 年 2 月 2 日召开的内阁特别会议上，外交大臣艾登指出，拒绝接受第 7 条现有条款“可能恶化与美国的关系”。[①] 英国外交部政务次官理查德·劳（Richard Law）于 2 月 4 日向外交大臣提交的备忘录指出，“与美国关系恶化所引发的争吵将会更加激烈，造成更大的破坏”。[②] 2 月 5 日，丘吉尔在考虑租借补偿问题时强调，拒绝签署包含第 7 条的租借协定“似乎是短视的政策，这很可能被理解为一个征兆，即我们正在考虑一场贸易战，并与美国争夺市场而不是合作”。[③] 2 月 6 日，艾登在内阁会议上陈述接受第 7 条的理由时表示，“目前最重要的是避免损害与美国的关系”。[④] 总之，由于面临严重的外部威胁，英国政府接受了《美英互助协定》第 7 条。

三、1945 年底的英美贸易谈判

1945 年 8 月初，美国政府派遣负责经济事务的助理国务卿威廉·克莱顿（William Clayton）赶赴英国，就未来的经济对话进行准备工作。8 月 24 日，克莱顿向凯恩斯等英方代表正式提出，将在 9 月召开的华盛顿会谈的议程安排包括租借、财政问题、贸易政策以及剩余资产的处理等议题，英方“同意它大体上包括了我们会谈的范围”。[⑤]

9—12 月，英美两国有关战后经济安排的谈判在美国华盛顿举行。10 月 1 日，英美贸易代表团在华盛顿组成英美贸易政策委员会并举行了第一次会谈。10 月 2 日，英美贸易政策委员会举行第二次会谈，英美双方围绕取消

---

① “W. M. (42) 14, February 2, 1942,” CAB 65/25.

② “R. Law to A. E., February 4, 1942,” PREM 4/17/3, p. 321.

③ PREM 4/17/3, p. 310.

④ “W. M. (42) 17, February 6, 1942,” CAB 65/25.

⑤ “From Foreign Office to Washington, No. 586, August 25, 1945,” UE 4146/32/71, *DBPO*.

特惠制问题展开了一场激烈的争论。英国代表发给伦敦的一份报告宣称，"美国显然没有放弃在协定中争取取消特惠条款的企图"，"克莱顿意识到这将给我们造成困难，但他还是声明没有这一条款就不可能说服国会批准对英国的财政援助。我们当即坦率地表示无法接受这一立场"。[①] 英国代表进而表示，"削减特惠差额已经构成了英国能够做出的重要让步的基础，并应以此作为对其他国家关税减让的交换，而取消特惠制将使英国在谈判中处于没有任何保护的境地"。[②] 克莱顿指出美国的计划不是要求英国做出单方面的牺牲，并提出了一份新的草案，即美国政府进一步补充完善的"国际贸易组织计划"中有关关税与特惠的条款。该条款即"进口关税与特惠"，它规定，成员国将同意按照协商一致的方法采取有效和迅速的措施，以期大幅削减进口关税和取消特惠关税；根据《美英互助协定》第 7 条的原则，削减关税和取消特惠应联系起来加以处理，具体规则如下：（1）绝对不增加任何商品上的特惠差额；（2）最惠国关税的削减应自动导致特惠差额的削减或取消；（3）为履行上述规则，应放弃维持特惠差额的现行国际义务，也不应规定新的此类义务；（4）作为关税和特惠谈判的一部分，应对实行上述原则后未被取消的特惠关税做出适当安排，以便尽早取消。[③] 由此可见，英美双方分歧的重心有所转移，美国坚持主张立即对取消帝国特惠制做出有关安排，而英国则仅仅同意在关税与特惠相联系的前提下削减特惠差额，拒绝立刻对取消特惠制做出承诺。[④]

英国代表团意识到"用最简单的话来说，我们的问题是美国对财政援助做出进一步承诺之前要我们在特惠的削减与取消上进行明确表态"，以及美国的态度是如果没有取消特惠的措施，国会将很难批准财政援助。[⑤] 因此，英国代表团不得不开始谋求打破僵局的其他办法。10 月 9 日，他们提

---

① *DBPO*, Series Ⅰ, Vol. Ⅲ, p. 181.

② *FRUS*, 1945, Vol. Ⅵ (Washington, D. C.: U. S. Government Printing Office, 1969), p. 138.

③ *FRUS*, 1945, Vol. Ⅵ, p. 138; "From British Missions (Washington) to Cabinet Offices, October 3, 1945," UE 4708/1094/53, *DBPO*.

④ 舒建中：《多边贸易体系与美国霸权——关贸总协定制度研究》，第 80 页。

⑤ *DBPO*, Series Ⅰ, Vol. Ⅲ, p. 201.

出了自己的计划，并要求伦敦授权：第一，英国将根据《美英互助协定》第 7 条的义务向美国承诺分阶段解决关税与特惠问题，即尽管英政府不能做出一次性地取消特惠的承诺，但愿意同意，在未来的某一时间，根据经济条件的许可，可以由国际贸易组织召开会议以进一步削减关税或做出其他的让步，如果我们认为比较合适，可以对特惠进一步削减；第二，英国准备接受下列草案，将其列入“进口关税和特惠”项下的原则声明。该草案规定，成员国将同意按照协商一致的方法采取有效和迅速的措施，以期大幅削减进口关税和取消特惠关税；根据《美英互助协定》第 7 条的原则，关税与特惠关税应联系起来加以处理，具体规则如下：（1）坚决不增加任何商品上的特惠差额，也不应施加新的特惠；（2）只要总的关税有所减少，这种削减将自动适用于削减或取消特惠差额；（3）所有的特惠差额都可以被谈判，在条约实施前有关各方所达成的维持差额不变的承诺都可以被修正；（4）如果存在一些由于先前实施的原则所不能取消的特惠，那么在经济条件许可的范围内，国际贸易组织有权在未来的某一时间召集会议达成是否进一步削减关税以促使特惠走向取消。① 显然，英国代表团在这里又做出了新的让步。因为在谈判之初，他们仅仅同意在关税与特惠相联系的前提下削减特惠差额，拒绝立刻就对取消特惠制做出承诺。但是面对美国坚决不让步的态度，代表团对《美英互助协定》第 7 条进行反复研究，提出了将关税与特惠相联系并分阶段取消特惠制的草案。

10 月 12 日下午，英国内阁会议同意向美国承诺分阶段取消特惠制，并对这一草案提出了修改意见。② 从 10 月 12—31 日，英美贸易政策委员会没有正式举行会谈，有关问题交由小组委员会研究处理。10 月 15 日，英国代表向美方提出了经修改的草案，克莱顿当即拒绝。他表示，他不能接受英国提出的草案，“鉴于国会和舆论非常关注英镑区和帝国特惠制这些问题，在财政援助的情况下，必须有更明确的规定来取消特惠关税”。在这种情况下，英国代表敦促克莱顿进一步考虑此事，并希望他同意双方的一些官员

① *DBPO*, Series Ⅰ, Vol. Ⅲ, pp. 205-206.

② “From Cabinet Offices to J. S. M. Washington, October 12, 1945,” T 236/465, *DBPO*.

尽力拟订一份草案，而这份草案应既能体现英国所建议的原则，又能成功地向两国的国会和议会分别陈述。[①]

在接下来的会谈中，英美代表就这一草案的拟定进行了非正式谈判。10月19日下午，美国谈判代表终于在英方草案的基础上提出了一份草案，它规定："第一，根据《美英互助协定》第7条的原则，成员国应开始明确地安排大幅削减关税与取消特惠关税。作为取消特惠关税进程的第一步，应达成以下条款：（1）现存的国际义务不应妨碍特惠关税方面已达成的行动；（2）所有已达成的按最惠国关税原则进行的关税削减将自动适用于特惠差额的削减或取消；（3）坚决不增加任何商品上的特惠差额，也不应施加新的特惠。第二，特惠关税的取消应同足以大幅削减世界贸易壁垒的措施相联系，以此作为本文件所设想的互惠互利的国际安排的一部分。"但这一草案还没有得到克莱顿和财政部长弗雷德里克·文森（Frederick Vinson）的批准。[②] 为了促使美国政府接受这一草案，英国拿出了自治领这个杀手锏。10月26日，英国贸易大臣斯塔福德·克里普斯（Stafford Cripps）致电英国贸易代表团团长珀西法尔·利欣（Percival Liesching），表示英国愿意考虑实质性地取消英国所享受的特惠，但由于自治领在很大程度上依赖这种特惠，他们不愿意放弃他们在我们市场上所享受的特惠。鉴于此，克里普斯明确表示，英国政府承诺分阶段取消特惠关税，并声明"如果美国人接受了我们的立场声明，我们就可以与他们合作，从而设计出最好的方式，将其纳入美国关于建立国际贸易组织的计划中"。[③] 事实上，关于帝国特惠制问题的谈判过程中，澳大利亚和新西兰因担心利益受损，极力反对取消帝国特惠关税。10月23日，澳大利亚总理约瑟夫·奇夫利（Joseph Chifley）致电英国首相克莱门特·艾德礼（Clement Attlee）表示，"我不愿意在这个阶段

① "From J. S. M. Washington to Cabinet Offices, October 16, 1945," T 236/454, *DBPO*.

② "From J. S. M. Washington to Cabinet Offices, October 19, 1945," UE 4958/1094/53, *DBPO*.

③ *DBPO*, Series Ⅰ, Vol. Ⅲ, pp. 264-267.

在帝国特惠关税问题上使澳大利亚承担责任”。[①] 英国自治领事务大臣克里斯托弗·艾迪生（Christopher Addison）也表示，“10 月 23 日收到的澳大利亚和新西兰的电报显示出两国对谈判结果的极大焦虑，特别是在特惠关税问题上”。[②]

此时，美国国务院的目标是争取在 11 月中上旬完成财政谈判，以确保《布雷顿森林协定》及时生效。但是财政谈判步履维艰，如果能够早日完成贸易谈判，显然可以推动财政对话的进程，更为重要的是，英国代表团所提出的草案显示英国政府基本接受了美国的贸易要求。[③] 鉴于此，10 月 28 日，克莱顿和文森最后同意批准美国代表在 10 月 19 日提出的草案，[④] 英美贸易政策小组委员会就特惠制问题终于达成了妥协。总的来说，这一妥协的方案使“美国取得了对取消‘特惠’的确认”，同时也满足了英国提出的分阶段取消特惠的要求，主要表现为：“它仅仅承诺‘开始安排’某些行动。因此，不存在立即取消帝国特惠的问题；取消特惠应同‘足以大幅削减’包括关税在内的所有‘贸易壁垒’的措施相联系；而且最终的解决结果应是‘互惠互利的’。”[⑤]

11 月 5 日举行的英美贸易政策委员会上，克莱顿在英美贸易政策谈判成果的基础上，提出了经修订的“供贸易和就业国际会议审议之计划”（美国国务院在 12 月 6 日公布时将名称改为“扩大世界贸易和就业计划”[⑥]）。在该计划第三部分的国际贸易组织计划中，对特惠制问题规定，“根据《美英互助协定》第 7 条的原则，成员国应开始安排大幅削减关税与取消特惠关税，以及取消特惠关税的行动应同足以大幅削减世界贸易壁垒的措施相

---

① W. J. Hudson and Wendy Way (eds.), *Document on Australian Foreign Policy, 1937-1939*, Vol. Ⅷ: 1945 (Canberra: Australian Government Publishing Service, 1989), p. 525; “From Australia Government to D. O., October 23, 1945,” p. 2, T 230/142, *DBPO*.

② “C. P. (45) 295, November 22, 1945,” *CAB* 129/4.

③ 张振江：《从英镑到美元：国际经济霸权的转移》，第 370 页。

④ *DBPO*, Series Ⅰ, Vol. Ⅲ, p. 267.

⑤ Richard N. Gardner, *Sterling-dollar Diplomacy in Current Perspective: The Origins and the Prospects of Our International Economic Order*, pp. 152-153.

⑥ *FRUS*, 1945, Vol. Ⅵ, p. 160.

联系，以此作为本文件所设想的互惠互利的国际安排的一部分”。该计划还规定“作为取消特惠关税进程的第一步，应达成以下条款：（1）现存的国际义务不应妨碍特惠关税方面已达成的行动；（2）所有已达成的按最惠国关税原则进行的关税削减将自动适用于特惠差额的削减或取消；（3）绝对不增加任何商品上的特惠差额，也不应施加新的特惠”。[①] 11 月 6 日，英国内阁表示支持美国提出的国际贸易组织计划。[②]

与此同时，英美财政谈判经过紧张激烈的讨价还价亦于 12 月 5 日宣告结束。12 月 6 日，《英美财政协定》在华盛顿签署，该协定规定贷款额度的目标之一是协助英国遵守本协定以及其他协定中确定的多边贸易义务。[③] 在《英美财政协定》签署的同一天，美国政府公布了“扩大世界贸易和就业计划”。同一天，英美两国政府发表联合声明，英国政府表示“完全同意”美国“扩大世界贸易和就业计划”中的“所有重要观点”，“接受将它们作为国际谈判的基础”，[④]英国政府进而承诺将与美国政府协调一致，尽其最大努力以促使有关谈判顺利进行并缔结成功的协定。英美两国政府在联合声明中还对谈判和实施这些计划的程序表示同意。[⑤]

综上所述，1945 年底英美贸易谈判取得了重大成果，表现在 1945 年 10 月 28 日英美贸易政策小组委员会达成的妥协方案、1945 年 12 月 1 日英美

① “C. P. (45) 269, November 6, 1945,” p. 2, *CAB* 129/4; *DBPO*, Series Ⅰ, Vol. Ⅲ, p. 294-295; *The Department of State Bulletin*, Vol. XIII (Washington: United States Government Printing Office, 1946), pp. 920-921.

② “C. M. (45) 50th Conclusions, November 6, 1945,” p. 10, *CAB* 128/4.

③ *The Department of State Bulletin*, Vol. XIII, p. 907; Raymond Dennett and Robert K. Turner (eds.), *Documents on American Foreign Relations*, Vol. Ⅷ, 1945-1946 (Boston: World Peace Foundation, 1948), p. 645.

④ *DBPO*, Series Ⅰ, Vol. Ⅲ, p. 443; Raymond Dennett and Robert K. Turner (eds.), *Documents on American Foreign Relations*, Vol. Ⅷ, 1945-1946, p. 627; U. S. Department of State, *A Decade of American Foreign Policy: Basic Document, 1941-1949* (Washington, D. C.: U. S. Government Printing Office, 1950), p. 737.

⑤ Raymond Dennett and Robert K. Turner (eds.), *Documents on American Foreign Relations*, Vol. Ⅷ, 1945-1946, p. 627; U. S. Department of State, *A Decade of American Foreign Policy: Basic Document, 1941-1949*, p. 737.

贸易政策委员会通过的“供贸易和就业国际会议审议之计划”以及1945年12月6日英美两国政府就贸易政策达成的联合声明。这些谈判成果均体现了英国承诺分阶段取消帝国特惠制，也说明英国对外贸易政策从坚守帝国特惠制的政策转变为分阶段取消帝国特惠制的政策。它为战后多边贸易体制的建立奠定了基础。①

1945年底英国对外贸易政策转变的直接原因是第二次世界大战导致英国政府面临严重的财政危机。第二次世界大战给英国财政带来严重后果，到战争结束时，英国已经负债累累，财政赤字累计高达100亿英镑；② 到1945年中，英国海外债务达到33.55亿英镑（参见表2）。因此，新选举上台的工党政府迫切需要援助以避免财政危机。③ 1945年8月13日，凯恩斯在向财政部提交的报告《我们的海外财政前景》中表示，避免陷入“财政上的敦刻尔克”的条件之一是“以我们所能接受的条件获得美国的巨大援助”。④ 然而，美国向英国提供财政援助的条件之一是英国需在帝国特惠制问题上做出让步。10月2日，英美贸易政策委员会举行第二次会谈，英国拒绝立刻对取消特惠制做出承诺。为了达到取消帝国特惠制的目的，美国在会议结束时拿出了财政援助的法宝。美国财政部长文森于10月3日会议结束的总结中明确声明美国政府的立场，即“除非能够去除帝国特惠制这一妖魔，否则在给予财政援助方面面临着不可克服的政治困难”。10月9日，英国代表团意识到美国的态度是“他们担心如果没有取消特惠的措施，国会将很难批准财政援助”，⑤ 于是提出了要求伦敦授权的分阶段取消帝国特惠制的草案。

① 黄贵荣：《1945年美英贸易谈判和GATT的起源》，第120页。

② 王章辉：《英国经济史》，中国社会科学出版社，2013，第428页。

③ Francine McKenzie, *Redefining the Bonds of Commonwealth, 1939-1948: The Politics of Preference*, p. 138.

④ "C. P. (45) 112, August 14, 1945," p. 6, *CAB* 129/1; *DBPO*, Series Ⅰ, Vol. Ⅲ, pp. 36-37; Donald Moggridge (ed.), *The Collected Writtings of John Maynard Keynes*, Vol. XXIV, p. 410.

⑤ *DBPO*, Series Ⅰ, Vol. Ⅲ, pp. 182, 201.

表 2　1945 年英国海外债务表

单位：百万英镑

英镑区			非英镑区			
澳大利亚、新西兰、南非、爱尔兰	印度、缅甸、中东地区	其他殖民地与其他英镑区	南北美洲	欧洲国家与附属国	其余国家	合计
384	1732	607	303	267	62	
2723			303	267	62	3355

资料来源：Sidney Pollard, *The Development of the British Economy, 1914-1990* (London: Edward Arnold, 1992), p. 179。

四、结论

1929 年资本主义世界经济危机的爆发促使主要资本主义国家相互之间展开了一场激烈的关税战，造成国际贸易进一步萎缩。为了摆脱这种局面，1932 年英国确立了帝国特惠制。直到第二次世界大战结束，英国始终固守这一政策。但是 1945 年底，英国向美国承诺分阶段取消帝国特惠制，英国对外贸易政策从坚守帝国特惠制的政策转变为分阶段取消帝国特惠制的政策，这为战后多边贸易体制的建立奠定了基础。英国对外贸易政策的转变与第二次世界大战有着密切关系。首先，在 1941—1942 年英美租借补偿谈判期间，由于第二次世界大战使英国的经济政治形势不断恶化，为了得到美国的租借援助，以及巩固与美国的政治关系，英国接受了《美英互助协定》第 7 条中的非歧视原则，这为 1945 年底英国对外贸易政策的转变提供了法律依据。其次，在 1945 年底英美贸易谈判期间，英国对外贸易政策发生了转变，其直接原因是是第二次世界大战导致英国政府面临严重的财政危机，为了获得美国的财政援助，英国最终向美国承诺分阶段取消帝国特惠制。总之，第二次世界大战是导致 1945 年底英国对外贸易政策转变的政治因素。

保皇会与抵制美货运动

胡若辰*

摘　要　1905年，为了反对美国的排华运动，在民族主义思潮影响和海内外华人的抗议声援下，中国爆发了抵制美货运动。保皇会作为当时在美影响最大的华人团体之一，在美国维护华人利益，敢于提出抗议，力促中美两国官方对话，并积极与美国政府协商解决方法。同时，它还在中国内地积极宣传，捐款筹资，支持国内抵制美货运动。保皇会在排华运动中的行为不仅加强了海内外华人的联系，也缓和了抵制运动时期中美的紧张关系。保皇会在客观上推动了近代民族国家意识和爱国思想在海外华侨社会的传播，对美国华人社会的政治生态和社会形态产生了巨大的影响。

关键词　抵制美货运动　保皇会　康有为　梁启超

1905年中国抵制美货运动的起因与美国的排华政策有着密切关联。19世纪中叶，大量华人进入美国从事劳动服务业，而美国社会的排华问题也随之而来。1882年，美国国会通过《排华法案》，将“排华”合法化。此后，美国又通过了一系列排华政策。1904年，《中美会订限禁来美华工保护寓美华人条款》即将满期，中美两国对于该条约的续订问题产生了分歧。此时，中国民众的反美情绪积累到了一个顶点，1905年，爆发了全国范围内的抵制美货运动。

---

* 胡若辰，复旦大学历史学系2021级博士研究生。

在1905年抵制美货运动中，作为美国最大的华人社团之一，保皇会积极参与其中，发挥了重要作用，并且对中国国内政局、中美关系和美国华人社会均产生了不同程度的影响。然而，海内外学术界有关这一重要问题的探讨似有未见。抵制美货运动是史学界常议常新的话题，其研究重心主要偏于中国国内如何抵制美货，仅有少数学者探讨美国华人与抵制美货运动的关系。德尔伯·L. 麦基（Delber L. McKee）对相关问题进行了研究，但是由于中文史料的不足，他对于保皇会在抵制美货运动中的作用缺乏深入的讨论。[①] 近年来，抵制美货运动中的华侨研究逐渐得到关注，在美华侨不仅通过捐款、报纸宣传等方式支持国内的抵制美货运动，还发挥了对整个运动的支撑和引导的作用。[②] 一些海外华人社团的作为也十分值得关注，这些不同的团体有组织、有计划地将华侨们聚集在一起，对抵制运动产生了重要的影响。美国的华人团体从有影响的中国领导人和政府内外的各种组织中获得了特殊的力量。伍廷芳、康有为、旧金山华人六大会馆等都参与到抵制运动中来，使得旅美华侨的抵制力量更为强大。[③] 新加坡学者黄贤强提到，华人团体通过募捐款项来推动国内抵制运动的深入发展，并将美国的最新反应及时通知大洋彼岸。旧金山的社团甚至致电威胁外务部，抗议国内政府的抵制态度。[④] 黄先生在另一篇文章《孙中山和革命党人与1905年抵制美货运动》[⑤] 中讨论了孙中山与抵制美货运动的关系，指出孙中山本人的经验和言论表明其密切关注抵制运动。从孙中山亲自调和两大革命党报的纷争行为，以及与孙中山有密切交往的革命党人积极参与抵制美货运动的事实中，他判断革命党对此运动的支持。留美华裔学者王冠华认为保皇会与抵制美货运动有着密切的关系，尽管保皇会与上海商人的联系是间

---

① 德尔伯·L. 麦基：《旅美华侨在一九〇五至一九〇六年中国抵制美货运动中的作用》，杜继东译，《华侨华人历史研究》1991年第4期。

② 吴金平：《美国华侨与1905年抵制美货运动》，《华侨华人历史研究》2000年第1期。

③ 德尔伯·L. 麦基：《旅美华侨在一九〇五至一九〇六年中国抵制美货运动中的作用》。

④ 黄贤强：《1905年抵制美货运动：中国城市抗争的研究》，高俊译，上海辞书出版社，2010。

⑤ 黄贤强：《孙中山和革命党人与1905年抵制美货运动》，《中山大学学报论丛》1995年第5期。

接而有限的，但它通过《时报》与上海建立起来的实质性联系，成为抵制运动在上海发动的一个重要因素。[①] 秦素菡在《保皇派在美国华侨社会的主要活动述评》中提到保皇会在抵制运动中号召华侨不购美货，造成不小影响。[②] 1997 年，《康梁与保皇会：谭良在美国所藏资料汇编》[③] 出版，此书刊出谭良在美国所收藏的有关北美保皇会的档案资料，通过这些一手史料可以证明保皇会当时积极参与抵制美货运动，呼吁民众与商会联合抵制美货，并为运动提供资金支持。保皇会在抵制运动中发挥的作用、产生的影响与对美国的华人社会和政治形态的影响都是值得深入探究的议题。从保皇会的角度入手可以更加多面地了解抵制美货运动，也为研究保皇会对抵制美货运动的影响提供了一个新思路。

一、保皇会参与抵制美货运动的原因

保皇会是康有为、梁启超在戊戌变法失败，逃亡海外后建立的政治团体。该会以保救光绪、“忠君爱国”为宗旨，在海外华人华侨中有很大的影响力。

抵制运动的根源在于不平等的中美关系，尤其是美国的排华行为。在抵制运动爆发之前，梁启超就已经关注到美国排华的势态不容小觑。他在 1903 年游美过程中有着亲身体会，“先生到表雪地[④]。该地游华人六百余，生活颇瘠苦，全美以此市待华人最酷……所以会中别立一联卫部，专贮积公款，为相周相救之用”。[⑤]此后，梁启超密切关注华人在异国的艰难处境。他在《记华工禁约》中探究了华工被压迫的百年历史，开篇就言：“华工之往矣，实由美人之使来也。”他认为排华的最主要原因是：“中国人以勤俭之性质，且移住者率无家属，以低廉工价亦足自给，不惜稍贬以相迁就。故

① 王冠华：《寻求正义：1905—1906 年的抵制美货运动》，刘甜甜译，江苏人民出版社，2008。

② 秦素菡：《保皇派在美国华侨社会的主要活动述评》，《广东社会科学》2009 年第 5 期。

③ 方志钦编《康梁与保皇会：谭良在美国所藏资料汇编》，天津古籍出版社，1997。

④ 表雪地为美国蒙大拿州比尤特市。

⑤ 丁文江、赵丰田编《梁启超年谱长编》，上海人民出版社，1983，第 327 页。

资本家益用中国人，而美工得业者愈少。于是相妒相憎相仇之。”[①]梁启超对华工境遇的实地考察与亲历见闻，使其深刻地意识到排华运动对华人的伤害。康有为也在《论强国富民之法》中揭露了华人在美国的艰难处境，认为“其在美国，惟旧人许入口者，皆囚于木屋，七十五日往来验实，乃释放登岸。其在美境中，为美人踢打凌辱，皆受之不敢较，即杀死亦无事，盖不独不能比于黑人，且不能比于犬马矣”。[②] 康有为、梁启超两位保皇会领导者对美国排华运动的实质有着深刻认识与亲历体会，保皇会参与抵制运动也是自然而然之事。

1905 年的抵制运动的重要原因之一是国人民族意识的觉醒。[③] 时任美国驻华公使柔克义（William W. Rockhill）[④] 对抵制美货运动中民众的团结决心表示出不小的震惊。他在给美国国务卿的文件中表示，在很多中国爱国演讲中，发言者们敦促在场的每一个人都保持坚定的立场，向世界表明，无论如何中国是一个统一的国家。比如，“一些美国人嘲笑我们说没有什么好害怕的，因为我们中国人永远不会团结起来，甚至前美国国务卿在最近的一次讲话中也同样冷嘲热讽地暗示过。我们将以身作则向这些美国人展示这一想法是多么错误”。[⑤] 在抵制美货运动中，民族情感将海外华人的命运与数百万国人的命运紧紧地联系在一起。保皇会的二位领导者均来自广

---

① 梁启超：《华工禁约记》，载沈云龙主编《近代中国史料丛刊·一辑》，文海出版社，1966，第 436、438 页。

② 康有为：《论强国富民之法》，载姜义华编《康有为全集·第七集》，中国人民大学出版社，2007，第 202 页。

③ 关于民族主义与抵制运动的关系，在台湾学者张存武的《光绪三十一年中美工约风潮》、王立新的《中国近代民族主义的兴起与抵制美货运动》、金希教的《抵制美货运动时期中国民众的“近代性”》、吴金平的《美国华侨与 1905 年抵制美货运动》、黄贤强的《1905 年抵制美货运动：中国城市抗争的研究》等文章中都有论述。学界认为在抵制运动中表现出了民族主义性质，人们对运动的支持是出于“民族觉醒”；《排华法案》对中国人利益和尊严的侵犯，使得人们奋起反抗，发起抵制运动。

④ 柔克义（William W. Rockhill，1854—1914），又译为罗克希尔，美国外交官、汉学家，来华后，他在北京美国驻华公使馆先后任二秘、一秘。1905—1909 年，他任美国驻华公使。

⑤ “Minister Rockhill to the Secretary of State, July 26, 1905,” *FRUS*, 1901-1909, Theodore Roosevelt 1905, China, p. 211.

东，而当时的海外华侨大部分也来自东南沿海一带。康有为就曾说道：“我皇帝之亿万子孙弥满中国，而吾中国亦环地球皆见日光，若其游于美洲者，又皆吾粤人也。”① 密切的宗族乡土感情、共同的命运联系、对同胞艰难处境的同情都使得保皇会在情感精神方面倾向于参与抵制运动。

保皇会参与抵制美货运动最重要的一个原因是，它可以借机扩大影响力。保皇会是一个借重华侨以成救皇的政治团体，改革者们需要获得广大海外华侨们的经济和政治支持。同时，保皇会又具有影响力上的双重性，使其能成为国内外沟通的桥梁，保皇会可以利用其影响力向国内寻求支持。排华运动使得华人们的生活处境愈发艰难，此时保皇会以一种领导者的身份出现，不仅是为了团结众人反抗排华，更是为了吸引华人入会，达到保皇救国的革命目的。康有为在美期间为呼吁各方支持抵制运动举行了多场集会演说。

> 这场运动正式开始了，我们不会停止，直到美国对待我们如同对待其他国家的人民一样。这场运动开始在中国传播西方思想，任何一处的中国人都将觉醒，并意识到一个事实那就是我们的国家必须要进步了。我们不期望能得到比美国给其他国家更好的待遇，只不过因为中国是美国商品的最大买家，我们理应有权利要求我们得到比现在更好的待遇。有些人或许会认为这场运动只是在几个有影响力的商人之中发生的，然而你们将会看到这场运动的影响远比你们预期的大。②

康有为在演说中将抵制运动与国家兴亡联系在一起，正是符合保皇会政治宣传的目的。海外华人的支持是保皇会在海外生存的基础，排华运动也会直接损害保皇会的利益。无论是受到爱国主义和民族主义的影响，还

① 汤志钧编《康有为政论集》，中华书局，1981，第401页。

② “To Push Chinese Boycott: Kwang Yu Wei, Head Center of the Reform Party. Addresses a Secret Meeting of Chinese Merchants-Program is to Spread Boycott to Every Chinese Port (August 6, 1905),” *The Sun*, Page 11, Image 11.

是为了保全自身利益，保皇会都势必要卷入和参与到抵制运动中来。

二、保皇会参与抵制美货运动

1905年，反排华的抵制美货运动发起，保皇会也在第一时间支持抵制美货运动，并参与到抵制运动中来。当时已在洛杉矶的康有为向保皇会发了一封公开电文：

> 美续禁约，梁使不签名美今遣使往北京，改请外部画押，已开行十日。此事关我华人生命，粤人尤甚。计粤人在此岁入数千万，若能破约，岁增无量数。吾国生计已穷，若美工尽绝，势必大乱。今各咸发愤，各电争于外部。惟外部畏法，若美使恐吓，即画押。生死之机，在此一举。望大集志士，开会鼓动，电政府及各省督抚力争，并以报纸激发人心，或可挽回。所有支用，当俟后汇，勿吝小费，美中必源源接济。①

美国要续签华工禁约，这对于华侨来说无疑是关乎生存的大事。康有为在公开电文中强调了《排华法案》对在美华侨的损害，呼吁政府与各级督抚为华人争取利益，并以官方身份对美抗议。收到康有为公开电文的梁启超为鼓舞在美各埠的保皇会，发起了一封名为《致各埠列位同志义兄弟书》的公开电文：

> 乃公议当从何埠起手，则上海、香港两处同为要区，而上海握长江之口，为中国商务之冠，最有力量。而我党所设立之《时报》馆，现销报至万份，全国官场无不阅购，发言最为有力……因思现在各省奉旨开办商会，虽有名无实，然即此团体亦可利用

① 《致各埠列位同志义兄弟书》（光绪三十一年五月初五日），载方志钦编《康梁与保皇会：谭良在美国所藏资料汇编》，第113页。

以办此事，欲即从上海商会发手。继又思此事与广东人关系最切，当先由广东人提倡，乃可有成。①

保皇会利用报纸和商会，从上海和香港入手为华侨利益争斗。因为此次利益最为攸关的乃是广东籍华人，广东人的血缘地域联系也成为支持运动在广东开展的一个重要原因。针对海内外华人的艰难处境，保皇会当日就拟定七条决议，鼓动美国华侨也参与抵制美货运动以抗议美国排华，同时又联系国内，要求政府出面解决与美国官方沟通。

一、不许购买美国货物；二、凡中国出美国货物，不许出口；三、美国货物入口者到码头时，不许工人代其起货；四、凡美国各洋行所雇用之中国人，上自买办、写字、下至传话、侍仔，一齐退职；五、即将此决议发电北京外部、商部及各省督抚及华盛顿钦差，劝其坚持废约；六、即将此决议通知上海之美国商会，嘱其转告该国领事，转达该国政府；七、即将此决议发电内地各埠，令其集众商议，一律开办，以壮声势。②

美国各埠保皇会立即采取行动，在各会馆、堂号中发表演说鼓励华人支持抵制美货运动，恳请清政府不与美国签订续约。各地保皇会发布激励公函以示抗争到底的决心，推动了抵制运动的进程，造成了广泛的影响。《拒禁约传单：旅美华人来稿》中反映了各地华侨积极行动反抗《排华法案》，想方设法团结各方力量，拟订方案的情形。

各埠相互寄函激励，俾热心愤发，每七日互发一激励公函；各埠宜公举妥人到小埠演说，俾大众周知临危之祸，俾各发愤；

① 《致各埠列位同志义兄弟书》，载方志钦编《康梁与保皇会：谭良在美国所藏资料汇编》，第114页。

② 《致各埠列位同志义兄弟书》，载方志钦编《康梁与保皇会：谭良在美国所藏资料汇编》，第114—115页。

> 各埠预备上禀外部及伦贝子、振贝子力争；拟电致北京戴、伍两侍郎及谏广东京官；拟电东北爱育堂、广仁善堂；港电云开拒约会，极佳。美中似宜照办，以此事凡华人皆同受害者也，望各埠各自向本埠中华会馆及各堂号演说，会合力争。当此同舟共济之时，即有仇嫌，亦当捐弃而办大事。①

保皇会使得在美国的华人们团结起来，表达了对《排华法案》的不满。国内外华人统一战线，共同对抗《排华法案》，各地联系日益紧密。

三、保皇会对抵制美货运动的资金支持

保皇会不仅为在美华人发声，出面抗议斡旋，更重要的是为中国国内的抵制美货运动提供资金支持。在《拒禁约传单：旅美华人来稿》中就明确提出要为抵制运动汇款募捐，“令横滨、上海、香港、广东四处合力同争，且令一切支出用盘费皆先拨行事，随后即汇，由联卫会款支出”。“禁约关全国生计命脉，即当鼓动沪中志士照粤、港例开拒约会，照争粤汉铁路办法，大派报纸单张，分电政府、疆吏力争。惟沪中无从筹款，人皆待之于夷，无力难于鼓动，且此为美事，望从美筹款接济。”② 除此之外，根据美国报纸记载，保皇会的核心领导者康有为发起了一场与中国商人的秘密会面，目的是将抵制运动扩展到每个中国港口，扩大抵制运动的影响力。“康有为告诉中国人，进行抵制需要资金，经过一番讨论之后，决定要求在美国的每个中国人都捐献五美元。在会议上就筹措到了相当可观的资金，

---

① 《拒禁约传单：旅美华人来稿》，载方志钦编《康梁与保皇会：谭良在美国所藏资料汇编》，第 382 页。

② 《拒禁约传单：旅美华人来稿》，载方志钦编《康梁与保皇会：谭良在美国所藏资料汇编》，第 381、383 页。

这些钱会被送往中国。”①

1905年，美国华侨在夏威夷成立抵制美货运动基金，保皇会也参与其中。只在夏威夷一地就收到3万美元的捐款，《夏威夷星报》（*The Hawaiian Star*）对捐款事项进行了报道：“据说预计捐款可达到50000元，这些钱会送到中国以支持抵制运动。”② 华人对美国《排华法案》的报复方式就是将自己的辛苦所得投入国内的抵制运动中去，希望能够通过此法提升华人的地位，改善被歧视的处境。关于如何利用资金的问题，经过数次会议，抵制美货运动基金委员会决定将1.3万美元的抵制基金分配给旧金山救济基金和广州医院。夏威夷中华总会馆的主席，同时也是抵制美货运动基金委员会的主席说到这件事，承诺捐款分配一定会在会议上得到解决。“我们将会把我们的钱全部拿出来一半汇给旧金山，一半给广东。”③

但是，由于国内抵制运动遭到政府镇压，在各方压力之下运动慢慢衰落。到了1906年，抵制美货运动基金委员会已经出现内部分歧，各个阶层利益冲突、各团体对捐款的操纵成为众人最为关心的事情。在抵制基金剩余钱款的分配问题上，抵制美货运动基金委员会的会员们产生了非常激烈的矛盾，甚至警方也介入处理资金的问题中。因为这笔捐款相当可观，大约有1.5万美元，抵制美货运动基金委员会中一部分人认为这些钱款会另作他用，而另一部分人想将钱捐给中国内地的学校。然而，当抵制美货运动基金委员会还在讨论如何处置这笔钱的时候，保皇会已经将这笔钱汇给广东医院。这一行为使得反对者们十分愤怒，并且将争议推向了一个高潮。保皇会在抵制美货运动基金委员会中属于少数派，所以他们对资金的处置被认为是独断专行。对钱款的处置使得保皇会成为众矢之的，虽不清楚保皇会的汇款动机，但已成既定事实，资金汇到了国内。不过，报纸的评议

---

① To Push Chinese Boycott: Kwang Yu Wei, Head Center of the Reform Party. Addresses a Secret Meeting of Chinese Merchants-Program is to spread Boycott to Every Chinese Port, *The Sun*, August 6, 1905, Page 11, Image 11.

② “Chinese Money for Boycott: Hawaiian Orientals Have already Subscribed very Liberally for Propaganda,” *The Hawaiian Star*, July 10, 1905, Image 1.

③ “Chinese Money Goes Both Ways,” *The Pacific Commercial Advertiser*, April 27, 1906, Page 2, Image 2.

也从侧面附和了保皇会的“善意”，“据说如果捐款的初衷最终是为了夏威夷华人的利益，而这似乎是确定无疑的，那么从数字上看，抵制美货运动基金委员会赞成捐款的人占多数”。[①]

抵制美货运动基金委员会里的复杂利益纠葛暂且不表，但正是有了海外华侨资金的支持，抵制运动才得以持续下去。保皇会所筹集的善款一方面直接汇入国内，用于抵制团体的运转，另一方面则是扶持报刊的发行。1905 年 6 月 22 日，一封名为《高德、高山致康有为书》的书信中提到需要钱款维持《时报》的发行，“今欲为实行抵制法之倡，决议不登美国告白。如此办法，报馆每月约亏折数百金，然为大局计也不能惜也。将来实行之时，须多发传单，刊布美国调查表，又须添派人员赴内地游说，以期风靡全国”。[②] 发布传单，刊布美国货物列表，深化了底层民众们对抵制运动的认识和对美货的反感情绪。报刊这样影响力巨大的大众传媒对抵制运动的宣传报道起到了关键作用，保皇会的支持对抵制运动来说意义重大。

四、康有为与抵制美货运动

保皇会除了支援抵制美货运动，其领导人之一康有为更是亲自到美国与西奥多·罗斯福总统会面，力争华人权利。康有为在 1905 年 2 月 11 日自美加边境的苏玛斯进入美国，5 月 5 日，康有为在写给女儿康同璧的信中表示：“即到华盛顿，顷力争禁约一事，或有补大局也。”他在 5 月 13 日给铭三、文卿的信中说：“拒约事上海大集，欲拒美货，此事或可望。”[③] 康有为自入美以来，除却发展保皇会势力，更是全程关注美国的排华浪潮。在游历美国的途中四处宣讲演说，鼓动华人反抗《排华法案》，支持各地的拒约

① “The Boycott Fund Feud: A 5000 Gift to Canton Hospital Causes Trouble,” *The Pacific Commercial Advertiser*, June 26, 1906, Page 2, Image 2.

② 《高德、高山致康有为书》，载方志钦编《康梁与保皇会：谭良在美国所藏资料汇编》，第 322 页。

③ 张启祯、张启礽编《康有为在海外·美洲辑》，商务印书馆，2018，第 64—71 页。

活动。

与此同时，中国境内的抵制美货运动正进行得如火如荼，美国在中国的商业利益受到重创。以美国亚洲协会（American Asiatic Association）所代表的商业集团认为最终能终止抵制运动的解决方案不在中国，而是在于美国的移民政策。为保护其自身利益，美国亚洲协会对西奥多·罗斯福政府的政策表示反对，认为《排华法案》影响了中美商业贸易，损害了他们的利益。[①] 在此背景下，西奥多·罗斯福总统为将抵制美货运动的伤害降到最低，积极寻求缓和中美关系之道。于是西奥多·罗斯福在6月15日邀请康有为会面，在美国政府看来康有为有着政府级别的话语权，报纸中亦称其为“亲王”，[②] 背负起如此重担的康为自然而然成为中美两国之间非正式的沟通桥梁。据报道，西奥多·罗斯福总统召开内阁会议讨论排华问题，国务卿海约翰（John Hay）在日记中写道：“总统决心想方设法阻止移民办事处的暴力行径。”[③] 康有为也当面要求美国废止限制与排斥华工的法律与条约，力证华人移民为美国社会的繁荣和经济发展作出了不可磨灭的贡献，为华工争取应有的权益。“今午已见总统。（梁诚力阻三日）总统言禁约事，不忍刻酷，必竭力挽回。上等人、游客、学生、商人必宽待云云。”6月18日，康有为在匹兹堡第四大道的浸会教堂发表了三个小时的演讲，主要议题是关于西奥多·罗斯福总统承诺修改《排华法案》，并确保到美国的学者和学生可以根据此法顺利入境。[④] 康有为又在6月23日接受了《洛杉矶先驱报》（*Los Angeles Herald*）的采访，其中很明确地表明了自己对排华问题和抵制运动的看法。他说道：“原则上，这样的立法根本是错误的。所有的中国人都应该被这个国家承认，我的意思是说中国人所受的待遇不应该和其他国家拥有移民资格的人相异。特别是学生、旅行者和商人应该被允许

---

① James J. Lorence, “Business and Reform: The American Asiatic Association and the Exclusion Laws, 1905-1907,” *Pacific Historical Review* 39, no. 4 (Nov. 1970): 421-438.

② “The Man of the Week: Prince Kang Yu Wei, July 23, 1905,” *Los Angeles Herald*, Image 31.

③ Shih-shan Henry Tsai, *China and the Overseas Chinese in the United States*, 1868 - 1911 (Fayetteville: University of Arkansas Press, 1983), p. 134.

④ 张启祯、张启礽编《康有为在海外·美洲辑》，第76—77页。

进入美国。美国人将会认识到学生会对中国的未来产生巨大的影响，如果这样严厉的政策实施了，中国的青年学生们就会去英国或是法国学习，将贸易转移到其他国家去。”[①] 康有为在采访中特别提到了《排华法案》对于中国留美学生的影响，因为排华问题不仅会伤害两国经济贸易往来，更重要的是会阻碍文化交流。留学生流失的问题同样也引起了美国国内各界人士的注意，美国在华传教士明恩溥（Arthur Henderson Smith）向西奥多·罗斯福总统建议，美国应当将庚子赔款中未用的部分返还给中国，并且将钱应用于巩固两国在未来数年的友好关系，即美国将用这笔钱资助中国学生在美国高校的教育，并在中国建立和维持一所美国学院。[②] 驻华公使柔克义也极力劝说西奥多·罗斯福支持将退款用于教育，柔克义本人也为“庚款兴学”的具体落实作出了很大贡献，他是促成清政府创办清华学堂的重要推动者之一。[③] 1908 年，西奥多·罗斯福总统大力支持利用赔偿金建立教育和文化机构，以巩固美中关系。这项教育计划最明显的好处是，数以百计的中国人以学生的身份离开美国，回到中国，成为医生、工程师、科学家和教师，许多庚子赔款学者在国内外都取得了卓越的成就。可以说，康有为的话，对于西奥多·罗斯福总统决定把庚子赔款用于资助中国学生留美也是有一定影响的。

6 月 24 日，康有为又第二次拜访西奥多·罗斯福，当日总统就颁布行政命令，勒令一些美国机构公平客气地对待中国移民。[④] 6 月 28 日，康有为接受了《纽约先驱报》（*New York Herald*）的采访：“在渡船上，康有为通过他的翻译告诉记者说，西奥多·罗斯福总统非常礼貌地接待了他，并且承诺对待来美中国人的政策不会那么严苛。他还说上个周六西奥多·罗斯福

① “The Man of the Week: Prince Kang Yu Wei, July 23, 1905,” *Los Angeles Herald*, Image 31.

② Theodore D. Pappas, “Arthur Henderson Smith and the American Mission in China,” *The Wisconsin Magazine of History* 70, no. 3 (Spring, 1987): 162-186.

③ 崔志海：《柔克义与美国第一次庚款兴学》，《史学月刊》2016 年第 1 期。

④ Shih-shan Henry Tsai, *China and the Overseas Chinese in the United States*, 1868-1911, p. 134.

总统曾向所有美国驻华领事馆发出指示，坚持要给予中国人更好的待遇。”① 据德尔伯·L. 麦基的研究，1905 年 6 月和 7 月，美国华裔加强支持中国抵制美货运动的行为与康有为在美国的活动有很大关系。康有为与西奥多·罗斯福取得了密切的联系，并被获准在众议院发表演说，都意味着抵制运动走向了一个新的高潮。② 康有为的言论与行动表现出保皇会是反排华运动的中坚力量，尽管保皇会关心的是立宪保皇，但是他们将抵制运动看作实现最终目标的必不可少的斗争。保皇会建立起与国内商人间接而又实际的联系，成为抵制运动能顺利进行的重要原因之一。

抵制运动中以梁启超、康有为为领导的保皇会维护华人利益，积极宣传，唤醒同胞的爱国之情；捐款筹资，支持国内抵制运动；与中美两国官方对话，敢于提出抗议并协商解决方法；不仅加强海内外华人的联系，维护华侨利益，更缓和了抵制运动期间中美的紧张关系，保皇会在抵制运动中起着不可小觑的作用和影响。

五、抵制美货运动的衰落与抵制美货运动后华人在美国待遇的改善

抵制美货运动发生后，美国在华商业损失惨重，美国政府的第一反应就是镇压运动。西奥多·罗斯福总统采取外交手段和军事手段双管齐下的办法，他通过驻华公使柔克义向清政府施加各种压力，以维护两国友谊为借口，要求清政府必须立即采取有力措施，尽早结束抵制运动及压制国人的反美情绪，称“中国数处通商口岸现有结党不买美货，至其倡论之言均属毫无根据之语。据云美国有格外虐待驻美华人情事，当请贵亲王自拟高见，力行禁止此无知之言。因其不能成事，只能挑唆愚民顿生忿恨致伤两国睦谊。如中国政府不明示各处所传之言皆属不确，恐将生出意外事端”。

① “Chinese Reformer Here: Kang Yu Wei, Head of Millions Tells of Talk with President, June 28, 1905,” *New York Herald*, Page 3, Image 3.

② 德尔伯·L. 麦基：《旅美华侨在一九〇五至一九〇六年中国抵制美货运动中的作用》，杜继东译，《华侨华人历史研究》1991 年第 4 期。

美国政府甚至逼迫清政府承担抵制运动期间美商的经济损失，问责抵制运动的发起人曾少卿。“以广东上海等埠华商结党禁用美货阻碍美国商务，如有亏损应责成中国政府，并请将上海商会曾少卿革惩。工约俟将抵制美货之事办结，再议各等因。查禁用美货之义出自商民，并非中国政府之意，自不能代担责成。即曾少卿亦不过商会中一人，未便遽加究惩更激公愤。惟中美两国睦谊素敦，从无彼此抵牾之事，是以中国於此事视为紧要。”① 美国方面报道：“七月六日，中国政府已经采取措施阻止反美的鼓动和抵制美货的运动。柔克义公使在北京给中国政府发出电报，经过美国公使馆的反复和紧急的交涉，平息反美浪潮和阻止抵制美货运动的命令已下达到中国的外交部、各省总督和清帝国的官员当中。”② 这些事例在梁启超《致各埠列位同志义兄弟书》中得到佐证：

> 其时适美国新公使柔克义搭满洲轮船到上海。柔克义者，即美国特派来北京，欲以恫喝我政府画押者也……席间，美公使及美领事多为说辞，大约说谓续约比以前更宽，并无为难华人之处，望公等切勿捕风捉影，遽行抵制，以伤两国交情云云……曾君少卿又将弟所著《华工禁约记》呈与美使，令其反省。美含糊其词，不能确答。而反对党报馆因美使之言，乃谓续约果无苛禁，皆我《时报》妄造谣言，希图蛊惑云云，人心几为所摇。③

在美国高压之下，清政府对运动加强了镇压力度。采取措施保护美国在华利益，抵制运动渐次平息。抵制美货运动在 1905 年结束，但这却是一次宝贵的斗争经历。尤其是海外华人在排华运动的大环境下，生存艰难，切身利益得不到保障。抵制运动开始后，他们第一时间奋起反抗，深深地

---

① “中央研究院”近代史研究所编《中国近代史资料汇编：清季华工出国史料（1863—1910）》，“中央研究院”近代史研究所，1984，第 95、113 页。

② “News of the Nation: The Chinese Boycott,” *Belding Banner*, July 6, 1905, Image 2.

③ 《致各埠列位同志义兄弟书》，载方志钦编《康梁与保皇会：谭良在美国所藏资料汇编》，第 115—116 页。

卷入到中国的抵制政治中。这场民族运动激起了中国人作为一个民族群体的自觉性，同时激发了国内外华人的爱国之情。

抵制运动虽然没有促成彻底废除《排华法案》，但是在一定程度上改善了华人在美国的待遇。《旧金山晚报》（*The San Francisco Call*）在1905年12月15日公开发表了总统西奥多·罗斯福的信，信中说道：

> 毫无疑问，抵制的主要原因之一就是美国政府在对中国人的待遇上处理不当，为了我们的雇佣工人的利益，我们有权利和义务将中国的苦力阶级，即那些有技能或无技能的劳工们拒之门外。在上个条约中，这样相互的关系被两个国家明确地继承下来了。中国人完全有权利来阻止我们的雇佣工人，而我们也有相同的权利。但我们绝对没有任何借口来掩饰我们没有用最为自由和宽松的精神来对待所有中国的商人、官员、学生和旅游者的过失。①

考虑到抵制美货运动对美国利益的损害以及对中美关系的深远影响，西奥多·罗斯福加强了处理力度。他对排华政策的某些方面进行改良，并呼吁国会修改排华法，与中国签订新的移民条约，在华人来美的问题上适当放松政策。② 1906年，美国在华人出入境的问题上进行商讨改善，驻美公使梁诚给外务部的电报中说道：“晓谕商民俾知华人赴美已经允优待，而华工之约仍须商改订定，庶免日后误会。”新的移民条例中规定，“凡有条规则例有关于华人入美境者，宜先照会中国政府及得其允许放得颁行。自经两国政府定妥之后，非得中国政府先行允愿，不得随时更易”。此次条例修改被提升到国家层面，非政府交涉不得更改，这对华人权益无疑是一种保障。条约中规定：“凡驻华美领事应有全权发给文凭与有意赴美之华人，除工人之外，已发给之后美国政府需承认此文凭之人有权入美之确据，非有

① “President Discussion Exclusion Lawsand Boycott: Merchants of this City Receive Letter from Nation's Executive,” *The San Francisco Call*, December 15, 1905, Page 11, Image 11.

② “The Annual Message of the President Transmitted to Congress, December 5, 1905,” See Papers Relating to the Foreign Relations of the United States, 1905.

假冒真情。执此文凭之人应准登岸，不得梗阻侮辱扣留。”它还另外规定，“凡华人当入美境时，因查验扣留，如能觅有殷实担保，保其到案，应准将案押候，允其登岸。若欲延聘律师，应听其便。如查觅之判案不利于彼，应即将判案之事通知其人，此人可以向美国高等法庭将案上控以求最后之判案”。条约中关注了以往华人出入境时的惨状，给予华人基本的人权与尊重。“凡华人一入美境之后，应得美政府之保护，且得享最优待国民之权利自由。不得於辖治最优待国民条例之外，使其损失应得之权利及使其服从何等特别律例章程。如有受何等人虐待欺辱，受损之人有权向美国法庭控诉申理要求赔偿或用别法以求应得之公道。”此条不仅保障华人在美国享有的权益与服务，更申明华人的申诉权，这为华人的反抗斗争提供了法律依据。“凡与美华人应有权携带父母妻子在美同居，又有权携带其未届年岁之弟妹。如有妇女求入美境者，美国政府可令其人先从保护妇女之妥当善堂领得文凭一证其为两集妇女合入美境。”① 此条对于入境人数与身份的宽限，为华人争取到一家团聚的机会。

新的条约改善了华人出入境困难的情况，提高了华人入美时的待遇。抵制美货运动为华侨文化融入美国文化提供了一个良好的开端，此后在无数华人的不断斗争下，华人的地位在美国逐渐提升，直至 1943 年《排华法案》最终废除，华人也能以美国公民的身份与其他人一样享受应有的权益。

六、结论

早期在美华人主要因血缘和地域联系在一起，他们建立起一连串的同乡会馆，大大小小的会馆相互嵌套在一起，这样的小型地缘会馆的组合方式被孔飞力称为“共同地缘的认同的弹性结构”。② 华人依靠着同乡情缘团结在一起，以追求经济利益为目标，对国家的认同感与归属感很弱。康有

① “中央研究院”近代史研究所编《中国近代史资料汇编：清季华工出国史料（1863—1910）》，第 256—258 页。

② 孔飞力：《他者中的华人：中国近现代移民史》，李明欢译，江苏人民出版社，2016，第 206 页。

为就曾评价道："中国人浸于旧日天下之义，故知有身家而不知有国家，知有私而不知有公。缘是之故，中国人之性质风俗，好分而不好和，好散而不好聚，故遂至好少儿不好多，好独而不好群。故以一中国而分为万国，虽以四万万人而各为一人。"①

《排华法案》的出台让原本就艰难求生的华人处于更加残酷的境地，面临失业、歧视、暴力行为，还有随时被遣返的可能，造成这一时期的华人出现了认同危机。他们在孤立无助之时，保皇会出现了，他们四处宣传图存救国的政治思想，使华人们意识到只有祖国强大才能摆脱被歧视压迫的处境。同时，梁启超、康有为的演讲与保皇会在美国的宣传也推动了美国华侨民族意识的觉醒，改变了华人社会的政治形态。越来越多的华侨关心政治斗争，关心国家命运，甚至亲自投身其中，这种强烈的民族自豪感将华侨与祖国紧密地联系在一起。中国在改良派与革命派的推动下迈向现代民族国家的道路，祖国的变化开始推动美国华人以更积极的姿态去应对《排华法案》，他们的行为直接影响了抵制美货运动。

在反排华运动中，保皇会努力维护华人利益，支持抵制美货运动，积极奔走呼吁海内外华人团结一致，提供资金维持运动进行。尽管从保皇会在抵制美货运动基金委员会中独断专行的行为可以判断出其政治诉求与抵制运动的复杂关联，但是保皇会积极筹措资金，甚至不惜以触犯众怒的代价将钱款用于抵制运动的做法，为抵制运动的维持提供了实际支持。华侨对保皇会的支持也体现出了爱国情结与政治认同，尤其是新兴的华人资产阶级更是希望祖国独立富强，改善华人在海外的境遇与社会地位，他们的政治诉求与保皇会不谋而合，从而达到了康梁二人将寻求社会变革、救亡图存的目标延伸到海外华人之中的愿望。在这场抵制美货运动中，国内外的华人加强了联系。从广义上看，此次运动也是美国20世纪上半叶民权运动的重要组成部分，在消除美国的种族歧视方面作出了一定的社会贡献。

---

① 康有为：《论强国富民之法》，载姜义华编《康有为全集·第七集》，中国人民大学出版社，2007，第204页。

技术的政治

——对泰缅铁路的历史考察（19世纪80年代至1946年）

陈燕华*

摘　要　铁路作为一项交通技术，对地理位置的政治意义产生了巨大的影响，不仅是经济项目，更带有浓厚的政治色彩。在不同时期，铁路在观念和实践上被赋予了不同的功能性价值。近代以来，泰缅铁路经历了从“帝国之路”到“战争之路”再到“记忆之路”的转变。就泰缅铁路而言，英国殖民者的首要目标是增加经济利益和重构帝国秩序，日本殖民者则将其视为巩固战争优势和获得军事胜利的工具，战后泰国政府无力维持这条铁路的一体化和专业化经营，该铁路逐渐演变成承载二战记忆的物质载体。本文利用《泰缅铁路：文献和选集（1942—1946）》及相关的日记、回忆录材料，对19世纪80年代至二战后英国、泰国和日本对泰缅铁路的设想、政策、建设以及战后处置办法进行考察，分析技术的政治性功能，即铁路的不同功能是各国为获得战略优势的宏伟蓝图在技术设施领域的物质表现。

关键词　泰缅铁路　日泰同盟　盟军战俘　强迫劳动

* 陈燕华，华东师范大学历史学系2018级硕士研究生，厦门市翔安第一中学教师。

泰缅铁路、巴丹死亡行军和南京大屠杀是远东国际军事法庭判决书中提到的日军远东三大战争暴行。

国外已经出版了许多关于泰缅铁路的回忆录和日记史料，相关研究利用了英国、荷兰和澳大利亚的档案，主要集中于三个角度，一是控诉日军对待战俘和劳工的不人道行为，二是揭示泰缅铁路的修建者们所患的疾病以及他们如何抵抗疾病侵袭，[①] 三是分析战争中个体的复杂性。[②] 学者们将重点放在战争对士兵的伤害——不仅关注盟军士兵，还有日本士兵和朝鲜士兵，包括身体的、心理的、对家庭的影响和后遗症等。其缺憾之处在于：泰国及日本的档案利用程度较低；已有的讨论不约而同地指向细微之处，而没有将泰缅铁路放在一个长时段的历史进程中来考察；缺乏对英帝国和泰国[③]的关照，泰缅铁路在英国殖民统治中的地位、泰国的对策以及背后的真正态度，这些问题为以往的研究所忽视；也缺乏对日军修建泰缅铁路的决策、实施、运行及铁路的战后处置的全面阐释。相比之下，国内学者对

① Takuma Melber, "The Labour Recruitment of Local Inhabitants as Rōmusha in Japanese-Occupied South East Asia," *International Review of Social History* 61, no. S24 (2016): 165-185; G. V. Gill, "Disease and Survival on the Thai-Burma Railway: Lessons for Modern Tropical Medicine?" *QJM: An International Journal of Medicine* 111, no. 12 (2018): 845-847; Suzanne Hall, "Politics of Prisoner of War Recovery: SOE and the Burma-Thailand Railway During World War Ⅱ," *Intelligence and National Security* 17, no. 2 (2002): 51-80.

② Hamish Ion, "Brass Hats behind Bamboo Palisades: Senior Officer Pows in Singapore, Taiwan and Manchukuo, 1942-1945," *Canadian Journal of History* 46, no. 2 (2011): 304-331; Robert Cribb, "The Life and Trial of Cho Un-kuk, Korean War Criminal," *Critical Asian Studies* 50, no. 3 (2018): 329-352; Prue Torney-Parlicki, "'Unpublishable scoops': Australian Journalists as Prisoners of the Japanese, 1941-1945," *Journal of Australian Studies* 24, no. 66 (2000): 179-189; Rosalind Hearder, "More Complex than a Stereotype: Australian POW Doctors and the Japanese in Captivity, 1942-1945," *Health and History* 6, no. 2 (2004): 75-91; Felicia Yap, "Prisioners of War and Civilian Internees of the Japanese in British Asia: The Similarities and Contrasts of Experience," *Journal of Contemporary History* 47, no. 2 (2012): 317-346.

③ 泰国旧名暹罗，1939 年 6 月 24 日改国号为“泰国”，1945 年复名“暹罗”，1949 年再度改名为“泰国”，沿用至今。下文为行文方便，统称“泰国”。

中国之外的日军暴行关注不够，未见对泰缅铁路的学术讨论。[①] 近些年来，“日本远东战争罪行丛书”[②] 的翻译出版，促使越来越多的中国学者关注日本在亚洲及环太平洋地区广大占领区的战争暴行。

基于以上认识，本文将在前人研究的基础上，利用克拉托什卡编辑出版的《泰缅铁路：文献和选集（1942—1946）》[③] 中收录的档案、调查报告、口述资料以及已经出版的日记、回忆录资料，从国家间关系及高层政治的视角出发，将泰缅铁路置于前后历次建设计划的大场景下加以考察，尝试还原泰缅铁路的建设始末，并在此基础上揭示泰缅铁路的功能性价值的总体演进过程。

一、无果的计划：二战前英国对泰缅铁路的构想

泰缅铁路是二战时期日军主持修建的连接泰国曼谷和缅甸仰光的一条单轨铁路，总长为 415 公里。1942 年 6 月至 1943 年 10 月，日军为了实现“大东亚共荣圈”的扩张计划，动用了大约 6 万名战俘和 20 万名亚

---

① 国内只有相关的介绍文章，如张兴芳：《泰国“死亡铁路”修筑始末》，《东南亚》1986 年第 1 期，第 19 页；郑传良：《“死亡铁路”与桂河桥》，《抗日战争研究》1995 年第 4 期，第 72—76 页。

② “日本远东战争罪行丛书”由季我努学社翻译，重庆出版社出版，包括：凯利·E. 克拉格：《太阳旗下的地狱：美军战俘修建缅泰死亡铁路秘闻》，2015；R. P. W. 海沃斯：《樟宜战俘营：1943—1945》，2015；琳达·格特兹·赫尔姆斯：《不义之财：日本财阀压榨盟军战俘实录》，2015；格雷戈里·F. 米切诺：《地狱航船：亚洲太平洋战争中的“海上活棺材”》，2015；列斯特·坦尼：《活着回家：巴丹死亡行军亲历记：1942—1945》，2016。

③ Paul H. Kratoska (ed.), *The Thailand-Burma Railway, 1942-1946: Documents and Selected Writings*, Vol. Ⅰ-Ⅵ (New York: Routledge, 2006). 此文件汇集了来自澳大利亚、英国、印度、马来西亚、荷兰、美国、缅甸、泰国和日本的档案，非英语国家的档案已被翻译成英文，并收录原件，展现了“死亡铁路”的全貌，为研究泰缅铁路提供了丰富的史料来源。

洲劳工[①]修建泰缅铁路，工程在泰国和缅甸两端同时开工，泰国的起点是北碧（Kanburi），缅甸的起点是丹彪扎亚（Thanbyuzayat），铁路在三塔山口（Three Pagodas Pass）交会，并连接两国已有的铁路体系。日本人虽然成功地完成了第一个大型跨国工程和建设项目，但是付出了惊人的代价。[②]

要建设泰缅铁路，首要的困难是地形和气候的负面因素。该铁路与西北部的桂河（Khwae Noi River）平行，穿过泰国平原，横跨泰国西部的山脉，经由缅甸的三塔山口与毛淡棉（Moulmein）南部的丹彪扎亚相接，沿途是茂密的热带雨林，泰缅边界是众多的山脉，还将穿过一条布满湍急河流、

① 关于战俘和劳工的总数和死亡人数，众说纷纭。日军在投降之后立即销毁了记录，因此无法得出一个确切数字。荷属东印度信息中心（Netherlands Indies Information Centre in Bangkok）的范维杰恩（D. J. van Wijnen）根据日本人提供的数字推断认为战俘共50288人，死亡人数为7285人，死亡率为14.48%，但统计未包括“F”部队（“F” Force，死亡率为44%）和“H”部队（“H” Force，死亡率为27%）。盖尔（J. K. Gale）根据从日本行政管理办公室（Japanese Administrative Office）获得的日方材料，推断战俘总人数50501人，死亡率为15.1%，这同样排除了“F”部队和“H”部队，以及在缅甸的第5团（Group 5）。荷兰学者莱菲拉尔（L. H. Leffelaar）和范维特森（E. Van Witsen）推断战俘总人数为60926人，死亡率为19.6%。加拿大军官布雷特（C. C. Brett）根据东南亚笔译和口译中心（South East Asia Translation and Interpretation Centre，SEATIC）的材料推断，战俘总人数61806人，死亡人数12399人，死亡率为20%。戴维·纳尔逊（David Nelson）根据盟军在樟宜的报告，推断战俘总人数为60716人，但这不包括3600名从苏门答腊岛直接运到铁路工地工作的战俘。总体来看，战俘人数应不少于60000人，死亡率为20%左右。详见 Paul H. Kratoska (ed.), *The Thailand-Burma Railway, 1942-1946: Documents and Selected Writings*, Vol. Ⅰ (New York: Routledge, 2006), pp. 11-15。亚洲劳工（日方称为“rōmusha”）的人数更是无法确定，劳工逃跑的现象非常普遍。日本人估计亚洲劳工总人数为10万人，死亡人数3万人，死亡率为30%；负责雇用劳工的缅甸人吴昂敏（U Aung Min）估计至少雇用了177300名缅甸人，其中超过3万人死亡；范维杰恩（D. J. van Wijnen）估计有10万—15万名亚洲劳工；战后日方收集的资料表明182496名亚洲劳工被雇用，但他们认为有一半劳工中途逃跑了，而盟军调查员认为这些人事实上死亡了；布雷特（C. C. Brett）推断有269948名亚洲劳工，死亡72996人，死亡率为27%。但这些都是推断，劳工不像某些战俘那样有偷偷保存文件或记录的意识，因此他们的境况更不为人所知。笔者认为根据“失踪推定死亡”的原则，包括中途逃跑、修建过程中逃跑的劳工，总人数应不少于20万人，根据已出版的战俘日记和回忆录来看，亚洲劳工缺乏医疗救治和卫生常识，他们也没有专业机构负责管理，因此死亡率应高于战俘。详见 Paul H. Kratoska (ed.), *The Thailand-Burma Railway, 1942-1946: Documents and Selected Writings*, Vol. Ⅰ, pp. 15-18。

② Gavan McCormack, Hank Nelson (ed.), *The Burma-Thailand Railway: Memory and History* (Chiang Mai: Silkworm Books, 1993), p. 1.

溪水的区域，在长达6个月的雨季期间，水势更加凶猛。[①] 在这样的恶劣环境中，完全无法使用机械设备进行大规模建设。而且，缅甸边境300英里（约482.8公里）范围内也没有任何铁路或者公路能够在建设期间给予物资补给；泰国边境全线海拔4000英尺（1219.2米）以下的区域充满了有毒的瘴气，这里是整个亚洲最不为人所知、最容易感染疟疾的地区之一。[②]

早在日本人到来之前，英国殖民者已经计划在该地区建设铁路。在帝国主义的年代，列强争相掠夺海外铁路和跨国铁路的投资权和建设权，以便更好地控制殖民地及势力范围的市场和资源。英国在海外铁路竞争中首屈一指，它拥有29个国家的131条铁路。英国首相索尔兹伯里对此毫不讳言："伟大的组织与今日更加伟大的火车头，描绘出我们伟大帝国之一的未来。"[③] 与英国本土以市场主导、政府放任为特征的铁路发展不同，殖民地的铁路通过殖民当局的详细规划和有力指导，服务于为帝国工程和帝国霸权带来好处的蓝图。在印度，殖民者修建铁路是出于满足两国经济发展的要求，力图保护英国对印度的政治和军事控制，最终目的是加强殖民统治。在马来亚，铁路的主要用途是将马来亚的锡和橡胶运往港口以满足国际贸易的需要，本质上是采掘殖民经济体系的一部分，服务于更广泛的帝国贸易。这种铁路建设模式促进了新加坡作为铁路交通焦点的地位，并促使吉隆坡成为铁路枢纽。[④] 在非洲，英国殖民者试图纵向贯通南非开普敦至埃及开罗的通道，通过铁路将英国在非洲的各个殖民据点连接起来。对英帝国而言，铁路是殖民统治的媒介，是资本输出的手段，是地理占有的基础。

泰缅铁路之所以进入英国殖民者的视野，也是出于巩固殖民统治的需

---

① 凯利·E. 克拉格：《太阳旗下的地狱：美军战俘修建缅泰死亡铁路秘闻》，季我努译，重庆出版集团，2015，第1、85页。

② John L. Christian, "Burma: Strategic and Political," *Far Eastern Survey* 11, no. 3 (February 9, 1942): 41-42.

③ 钟准：《铁路改变世界》，《读书》2018年第12期，第156页。

④ 克里斯蒂安·沃尔玛尔：《铁路改变世界》，刘媺译，上海人民出版社，2014，第35—36页；黄虎：《印度铁路建设研究：1894—1914：基于英国资本视角》，湘潭大学出版社，2014，第88页；Amarjit Kaur, "The Impact of Railroads on the Malayan Economy, 1894-1941," *The Journal of Asian Studies* 39, no. 4 (August 1980): 696, 701, 709。

要，是综合考虑殖民进程和沿线地形后的折中方案。殖民者最初的目标是联通英属印度和中国内地以贯通整个殖民网络，但显然无法克服喜马拉雅山和青藏高原的阻碍。随着英国对缅甸的占领和管理的推进，殖民者将目光转向建设一条连接缅甸和中国云南的铁路，提议和勘察了几条路线。[①] 1885 年，缅甸成为英属印度的一个省后更是激发了英国的铁路建设兴趣。但中缅方案的最大限制因素也是地形，英国工程师哈利特（Hallett）和科尔昆（Colqhoun）指出沿途崎岖的地形需要建设众多的 Z 形回路，直线距离仅为 360 英里（约 579 公里）的铁路最终需要铺设 967 英里（约 1556 公里）的轨道。他们提议改为修建从缅甸毛淡棉至泰国来兴（Rahaeng）的铁路，再北上贯通中国云南和长江。[②] 这是第一次提出经泰国而连接中缅两国的铁路修建计划。这个计划引起英国商会和曼谷当局的密切关注，但得不到英国投资者的资金支持，他们认为海运虽然速度慢但仍是最为经济的手段，铁路的资本回报率无法估计。[③] 该计划搁浅的根本原因在于殖民者和投资商对铁路的价值认知不同。

1925 年，耶城铁路的建设再次激发了建设泰缅铁路的热情。缅甸的铁路网络由毛淡棉延伸到耶城（Ye），总长 140 公里，此举是为了发展内地至沿海的交通。除了上述毛淡棉至来兴的这条北部路线，另一条南部路线先后吸引了英国、德国、日本的工程师的兴趣，即从北碧到丹彪扎亚，通过三塔山口连接泰缅两国，也正是 1942 年日军最后采取的建设方案。[④] 无论哪种方案更加可靠和合理，英国殖民者并未趁此机会推动泰缅铁路的建设，主要原因是受制于耶城铁路的建设经验——铁路修建过程中遇到了气候和地形的严峻挑战，继续架设桥梁将铁路纳入缅甸的铁路系统被认为是代价高昂和难以实现的。其次是担心法国殖民势力进入泰缅，英国反对任何将

---

① 宓汝成：《帝国主义与中国铁路：1847—1949》，经济管理出版社，2007，第 20—25、37—39 页。

② Paul H. Kratoska (ed.), *The Thailand-Burma Railway, 1942 - 1946: Documents and Selected Writings*, Vol. Ⅰ, pp. 18-19.

③ Charles A. Fisher, "The Thailand-Burma Railway," *Economic Geography* 23, no. 2 (April 1947): 86.

④ Charles A. Fisher, "The Thailand-Burma Railway," *Economic Geography* 23, no. 2 (April 1947): 87.

泰国铁路系统延伸至清迈以外地区的计划，担心连接清森（Chiang Sen）或者其他北部城市会让法国有机可乘，[①] 更不用提连接云南了，云南在法国“环北部湾”布局和英国“两江一洋”布局中都占据重要地位。

泰国对建设泰缅铁路十分谨慎。1906 年，泰国官员以优先考虑连接马来亚铁路体系而不是缅甸铁路体系为由答复英国领事。英国领事察觉到泰国官员这套说辞背后的考虑，怀疑泰国是否真正有意建设一条连接外国港口的铁路，毕竟这将影响曼谷的地位。[②] 20 世纪 20—30 年代，泰国政府也曾经考察过该路段，并咨询过包括德国人在内的许多工程师的意见，他们认为该计划无法实现。[③] 实际上，泰国没有意愿建设这样一条铁路，除了警惕外国势力的入侵以外，它也不想为此提供资金和劳动力，没有泰国劳工愿意在此区域从事铁路建设，政府又对引进中国劳工感到疑虑。此外，泰缅铁路的建成势必加剧泰缅之间的竞争，两国是世界大米、柚木和锡贸易市场的主要竞争对手，双方也没有经济往来和贸易旅行的需要。[④] 无论是从政治层面还是经济层面考量，作为铁路建设的主要力量——泰国没有动力去推动该项目的实施。

尽管二战前英国和泰国并未真正推动铁路建设，但它们对泰缅铁路的设想和探索，说明了英殖民者的铁路建设需要综合考虑军事、政治和经济等因素，铁路建设有可能因为殖民扩张的需要而提上日程，也有可能因为殖民争夺而主动搁浅。这反映出殖民当局对铁路的价值的定位和殖民蓝图设计的变化。长久以来，人们过分地强调铁路对沿线社会经济单方面的促进作用，而泰国对铁路建设的犹豫不决则说明铁路也对沿线社会的物质条

① 阿兰·沃伦：《缅甸 1942：从仰光到曼德勒》，雷鹏飞译，重庆出版社，2019，第 11 页；Paul H. Kratoska (ed.), *The Thailand-Burma Railway, 1942–1946: Documents and Selected Writings*, Vol. Ⅰ, p. 19。

② Paul H. Kratoska (ed.), *The Thailand-Burma Railway, 1942–1946: Documents and Selected Writings*, Vol. Ⅰ, pp. 19-20.

③ Goh Chor Boon, *Living Hell: Story of a WWII Survivor at the Death Railway* (Singapore: Asiapac Books Pteltd, 1999), p. 2.

④ John L. Christian, "Burma," *The Annals of the American Academy of Political and Social Science*, Vol. 226, Southeastern Asia and the Philippines (March 1943), p. 126.

件有所要求。对一个地区的价值认知往往影响该地区发展战略的指导和实施，在铁路投资成本巨大和地区各方势力杂糅的情况下，“帝国之路”的设计未付诸实施。

二、战争的工具：日泰同盟与铁路建设协议的达成

日军的铁路政策受到二战战争形势的影响。二战期间，泰缅铁路对日本而言具有非凡的战略地位和军事意义。日本原本计划通过“闪电战”尽快占领中国，却长久地深陷中国战场，且两次进攻苏联失败，不得不调整“南北并进”的二元路线，改“北进”为“南进”。1940 年夏，日本趁英法等国困于欧洲战场之时，趁机攫取帝国主义在东南亚的利益，企图建立“大东亚共荣圈”。泰国处于战略要冲，日本挑动泰国与印度支那的边界争端，并强行介入斡旋，迫使法国维希政权在南印度支那给予更多的让步，以此帮助泰国扩张，诱使泰国加入军事协定，来巩固自身在东南亚的地位。[①] 1941 年 12 月，泰国与日本结盟，允许日本通过泰国南部入侵英属马来亚。日本南方军共 40 余万人兵分数路进攻香港、马来亚、菲律宾、印度尼西亚和缅甸等地区和国家。第二年 4 月，爱德华·金将军率 7.5 万多名美菲巴丹守军投降。日本又先后侵占新加坡、缅甸、新几内亚和所罗门群岛其余岛屿等战略要地，连同以前侵占的朝鲜、中国沦陷区和印度支那，基本上实现了“大东亚共荣圈”的扩张计划。

尽管日本军队迅速击溃了整个东南亚地区的盟军，但是他们很快意识到关键的考验在于是否能够守住新侵占的领土，抵御随之而来的盟军的反攻。在日本的整个南进战略中，缅甸具有特殊的重要性。首先，掌控缅甸的直接利益在于能够阻挡盟军从日军新夺取的马来亚和东印度群岛的背面发起报复；而且缅甸的盘山公路是从盟军占领的地区进入中国的唯一通道，占领缅甸即有可能一劳永逸地解决中国问题。[②] 其次，掌控缅甸意味着将在

① 入江昭：《第二次世界大战在亚洲及太平洋的起源》，李响译，社会科学文献出版社，2016，第 155 页。

② 亚瑟·查齐：《肆虐的太阳旗》，胡修雷译，中国社会科学出版社，2004，第 128 页。

对英属印度的作战中占据优势，这是一个对印进行海空攻击的最佳基地，能够最大限度地保障日军的侧翼安全。而且，缅甸一直为英帝国和印度提供宝贵的原材料和各种资源，占领缅甸后这些资源将为日军所用。[①] 因此，掌控缅甸战场对日军在整个中国战场和东南亚战场的军事部署和作战具有重大意义。

1942 年，在缅甸的日本军队是在一条长而不稳定的补给线的末端作战的。已有的陆路无法满足所需规模的物资运输，而通往缅甸的海上通道——沿马来半岛西海岸延伸约 1900 公里——容易受到空袭和潜艇攻击。此外，日本还面临着货船和燃料的严重短缺，同样机动车辆和汽油也供应不足，改善通往缅甸的道路收效甚微。[②] 泰缅之间茂密的丛林给运兵带来了极大的不便，日本只能利用"象道"或小船运兵。南方军清楚地认识到，只依靠日本的海上运输力量完全不能满足缅甸战场上进攻、防守、补给的需要，除非日本能通过陆地将主要通过海上征服的领土整合起来。因此，填补东南亚铁路网络中最重要的空白被视为当务之急，其中泰国和缅甸之间的差距显然位居榜首。此外，日本较英国、泰国还有一大优势——数以万计的盟军战俘似乎自动地以一种非常巧妙的方式解决了劳工问题，因此日本决定以尽可能快的速度执行该项任务。[③] 尽管日军很清楚建设的困难是巨大的，但是根据上述利益考量，他们认为日军在缅甸的生存，甚至是整个战争的成功都依赖于这条铁路的快速建成。

泰缅铁路是在日军的主导和泰国的配合下修建的。1941 年 12 月 21 日，泰国和日本在东京签署十年同盟条约及一项秘密议定书，泰国成为日本对泰国周边国家进行侵略的基地。早在 1939 年，包括当时的泰国总理銮披汶·颂堪在内的部分泰国领导人就认为，该地区的力量天平已经向日本一

① M. C, "Burma and the War in the Pacific," *Bulletin of International News* 19, no. 4 (February 21, 1942): 135.

② Paul H. Kratoska (ed.), *The Thailand-Burma Railway, 1942 - 1946: Documents and Selected Writings*, Vol. Ⅰ, p. 3.

③ Charles A. Fisher, "The Thailand-Burma Railway," *Economic Geography* 23, no. 2 (April 1947): 87.

方倾斜，并主张不再依靠英国而依靠日本。他们的立场是基于对力量的估算，对保全国家的渴望，以及对日本的依赖可能会让国家和他们自己的政治派别都受益的感觉。[①] 日泰同盟建立后，泰国需要向日本提供军事、政治和经济上的支持和援助，但日本也应在某种程度上尊重泰国，以符合它作为主权国家和忠实盟友的地位。日泰同盟对日本来说具有不可估量的价值，它向日军提供了一个完好无损的公路、铁路和机场的交通网络。没有这些设施，占领仰光、新加坡和荷属东印度将变得更加困难和缓慢，[②] 更无从谈及修建一条连接泰缅的铁路。

1942 年 1 月，日本大本营向南方军展示了泰缅铁路的草图，[③] 表现出对泰缅铁路的兴趣。3 月，南方军向大本营申请建设泰缅铁路却被拒绝。[④] 这是由于一方面日军还未完全确立在缅甸战场的优势，铁路并不是优先事项；另一方面则是由于第一阶段作战任务完成后陆海军高层军官产生分歧，陆军主张确立持久战态势而海军主张积极进取。[⑤] 实际作战的南方军深知满足在缅日军补给需求的重要性，一旦日军的海上运输被切断，在缅日军将孤立无援。因此，4 月南方军独立开展了泰缅铁路建设的研究工作。[⑥] 泰国政府观察到日军的行动。4 月 3 日，泰国交通部的报告指出泰缅铁路除了目前的军事用途外，没有经济和商业价值，泰方还需要为建设铁路支付费用，

---

① E. Bruce Reynolds, "Aftermath of Alliance: The Wartime Legacy in Thai-Japanese Relation," *Journal of Southeast Asian Studies* 21, no. 1 (March 1990): 83.

② John L. Christian and Nobutake Ike, "Thailand in Japan's Foreign Relations," *Pacific Affairs* 15, no. 2 (June 1942): 196.

③ "Situation of Local Labourers used to Construct the Thailand-Burma Railway, Southwest Burma 207, 1963," the Library of the National Institute for Defense Studies of the National Defense Agency, in Paul H. Kratoska (ed.), *The Thailand-Burma Railway, 1942-1946: Documents and Selected Writings*, Vol. Ⅲ, POW Labour: Allied Prisoners of War on the Railway, p. 381.

④ "The Mainichi Shimbun, Nihon no Senshi 8 (December 1978): 239," in Paul H. Kratoska (ed.), *The Thailand-Burma Railway, 1942-1946: Documents and Selected Writings*, Vol. Ⅰ, p. 8.

⑤ 户部良一：《日本陆军史：近代化的异化》，韦平和、孙维珍译，社会科学文献出版社，2016，第 329 页。

⑥ "The Mainichi Shimbun, Nihon no Senshi 8 (December 1978): 239," in Paul H. Kratoska (ed.), *The Thailand-Burma Railway, 1942-1946: Documents and Selected Writings*, Vol. Ⅰ, p. 8.

资本回报率尚不清楚；缅甸已经陷落，不需要一条专门连接泰缅边界的铁路；铁道部门已经开通北碧到比洛克（Pilok）的铁路线来满足日军的需求。他们认为日本别有用心想垄断北碧的钨矿，此前日本公司已经为政府提出的水电计划提交了标书，也派了专家考察该地区。① 因此，最初泰国政府对日军的动机不明，认为最好是实行拖延战略，不要采取措施建设铁路。

但是泰方也清楚日军会拒绝在北碧到比洛克铁路线的基础上进行讨论，通过铁路连接西贡—曼谷—北碧，最终到达缅甸，将会大大节省交通时间。5 月 28 日，泰国劳工处处长在铁道部的会议上报告指出，日军在没有知会当局和获得允许的情况下，已经开始清理沿侬普拉杜克（Nong Pladuk）一线铁轨两旁的土地了，目的可能是建设一条春蓬至缅甸的铁路。日本还向泰国铁道部要求任命一名侬普拉杜克的全权代表，负责协调轨道和仓库等事项。日军 4 月和 5 月的行动已由交通和商务部长汇报给泰国总理銮披汶·颂堪，泰国逐渐明晰日本建设泰缅铁路是出于军事战略的需要。泰国铁道部指出侬普拉杜克车站的扩建应由日军自行负责，同意向咨询委员会任命一位代表；铁路的建设资金由日本提前支付，日本应为动用泰国的建筑和土地支付资金。② 至此，日泰关于泰缅铁路建设的协议有了雏形。

6 月，日本已经完全掌控缅甸，巩固在缅甸的地位及应对之后盟军的反击需要一条可靠的交通线。同时，日本陆海军两者妥协的产物是发动中途岛海战，结果大败，日军不可能再发动进攻，维持陆军所主张的持久战态势也越来越困难。③ 此时，日本海上补给路线极易受到盟军空袭，急需一条向在缅日军提供补给的陆路交通。因此，日军快速地推动泰缅铁路的建设工作，战俘陆续被日军以改善战俘待遇、前往一个更适宜居住的地方的名

① "From Minister of Communications and Commerce to Prime Minister, June 11, 1942," Source: National Archives of Thailand, So. ro. (Cabinet Secretary) 0201. 16. 1, in Paul H. Kratoska (ed.), *The Thailand-Burma Railway, 1942–1946: Documents and Selected Writings*, Vol. Ⅰ, p. 126.

② "Summary of Railway Department's Board Meeting," Source: National Archives of Thailand, So. ro. (Cabinet Secretary) 0201. 16. 1, in Paul H. Kratoska (ed.), *The Thailand-Burma Railway, 1942–1946: Documents and Selected Writings*, Vol. Ⅰ, p. 127.

③ 川田稔：《日本陆军的轨迹：1931—1945：永田铁山的构想及其支脉》，韦平和译，社会科学文献出版社，2015，第 339 页。

义从樟宜监狱转运到泰国和缅甸从事铁路建设。7月，大本营正式宣布为泰缅铁路建设做准备，日军在泰国依普拉杜克和缅甸丹彪扎亚开展铁路勘测。8月15日，泰国战俘营建成。[①] 同月，缅甸仰光至曼德勒的铁路恢复运营，主要用途是军事运输。9月，日本制定“对泰国经济措施纲要”，规定泰国的经济政策必须由日本“给予指导和掌握”，由“日泰经济联合委员会”进行指导和统制，[②] 目的是通过对占领区的经济掠夺维持日本的战时经济和军事力量。

1942年9月16日，日本与泰国正式达成建设泰缅铁路的协定。协定规定，泰国将在以下三个方面予以配合和援助：一是提供铁路建设所需的土地、设备、劳动力和技术人员；二是允许日军利用曼谷至班蓬的铁路帮助建设；三是允许日军在目甲讪（Makkasan）从事维修工作。此外，协定还规定泰国应视情况推进和支持日军的建设。日军会支付铁路费用，但泰国应当在安排建设资金方面予以合作，双方未就资金达成具体协议，待另行安排。具体的建设事宜由泰国组织的专门联络委员会与负责铁路建设的日军指挥官讨论。至于铁路的运营，协议规定日军将视情况配合军事计划运营火车，直至战争结束，具体事宜由双方长官再协商。[③] 为此，泰国政府下属机构“军用铁道建设审议委员会”专门成立了“泰缅铁道建设实施委员会”。整个铁路的建设是在日军的主导和泰国的配合下快速推进的，双方并未明确具体的资金和技术安排。

虽然作为日本的同盟国泰国有义务提供军事和经济上的支持，但它仍想保全国家的尊严和人民的信任，力图在对日协调中维护国家利益，并获

---

① “The Mainichi Shimbun, Nihon no Senshi 8 (December 1978): 239,” in Paul H. Kratoska (ed.), *The Thailand-Burma Railway, 1942-1946: Documents and Selected Writings*, Vol. Ⅰ, p. 8.

② 蒋敬东、杨同富：《二战中“日泰同盟”关系评析》，《苏州大学学报》（哲学社会科学版）2003年第3期，第133页。

③ “Agreement between the Government of Japan and Thailand Concerning Construction of the Burma-Siam Railway,” in Paul H. Kratoska (ed.), *The Thailand-Burma Railway, 1942-1946: Documents and Selected Writings*, Vol. Ⅰ, pp. 71-78.

得一定成效。[①] 在泰缅铁路的建设事项上，其主要体现为泰国同日本在铁路建设资金上的周旋。1942 年 9 月 8 日，泰国同意了日本向泰国贷款 2000 万泰铢（约 381 万元人民币）用于铁路建设的请求，但提出以此购买价值 3000 万泰铢（约 571 万元人民币）的黄金或者原材料或者其他必需品，而且铁路应雇用当地人员担任票务主管、火车司机等职务。[②] 对此，陆军参谋本部指示，泰国要求的 3000 万泰铢（约 571 万元人民币）黄金在当前运输条件下是不容易的，无论如何应当确保泰国为铁路建设提供资金，而且陆军部已将此事转交外务省负责，军方不应再插手以免影响既定的军事协议。[③] 考虑到双方的交涉和协商会影响铁路建设进度，9 月 15 日，日本请求泰国政府先提供 400 万泰铢（约 76 万元人民币），泰国财政部长博里芬（Boriphan）表示同意。[④] 实际上，日本不愿意提供价值 3000 万泰铢（约 571 万元人民币）的黄金。日本驻泰武官曾先后向泰国财政部长表示，“新经济”的关键是商品、产品和武器，战时黄金是没有意义的；就算日本愿意提供黄金，最终也会落入华人华侨的手中。泰国财政部长表示泰国一贯渴望黄金，而且战争初期日本就已经提供了价值 170 万泰铢（约 32 万元人民币）的黄金，应当再次提供，此举不仅能赢得泰国人民的信任，同时可

---

① 柿崎一郎（Kakizaki Ichiro）认为泰国政权并非任由日本摆布，在铁路运输方面的主体性表现为夺回滞留马来亚的泰国机车及获得日方提供的润滑油，泰国采用“威胁”加“博取同情”的策略获得日方的让步，一定程度上收复和维护了泰国铁路。参见 Kakizaki Ichiro, “Scramble for Thai Railway between Thailand and Japan during World War Ⅱ: How Did Thailand Recapture and Maintain Its Train Operations,” *Southeast Asia Studies* 52, no. 2 (2015): 137-171.

② “From Military Attaché in Thailand (MAT) to Vice-Minister (VM) & Deputy Director General (DDG), September 9, 1942,” Source: Japan Center for Asian Historical Records (JACAR), #34 (0566-0570), in Paul H. Kratoska (ed.), *The Thailand-Burma Railway, 1942-1946: Documents and Selected Writings*, Vol. Ⅰ, p. 80.

③ “From Army Headquarter,” Source: JACAR, #34 (0561-0564), in Paul H. Kratoska (ed.), *The Thailand-Burma Railway, 1942-1946: Documents and Selected Writings*, Vol. Ⅰ, p. 81.

④ “From VM & DDG to Oka Command and MAT, 15 September 1942,” Source: JACAR, #34 (0573-0576); “From MAT to VM & DDG, September 20, 1942,” Source: JACAR, #34 (0577-0581), in Paul H. Kratoska (ed.), *The Thailand-Burma Railway, 1942-1946: Documents and Selected Writings*, Vol. Ⅰ, pp. 82, 83.

保全他们的颜面。[①] 早在日泰成为同盟之前，泰国就坚持日本将黄金运往曼谷，作为其贸易信贷的担保，泰国拒绝向日本提供除黄金外的所有信贷。[②] 日本驻泰武官十分清楚泰国面临财政困难，也深知赢得泰国议会和人民眼中的合法性非常重要，因此建议日本政府提供价值 1000 万泰铢（约 190 万元人民币）的黄金以获得泰国政府提供铁路建设所需的 2000 万泰铢（约 381 万元人民币）费用，并承诺所有的贷款将用于泰国境内的铁路建设。作为控制泰国政府的一个手段，可将黄金放在东京作为“抵押”。[③]

日军推动泰缅铁路的准备工作先于日泰政府达成关于建设泰缅铁路的协议进行，这是基于双方已经建立同盟的默契之上。由于战争形势瞬息万变，日军无法审慎地计划铁路项目，也未明确铁路建设的具体计划，总体策略是要求泰国予以合作，日本支付建设费用，实际上对泰贷款成为建设资金的来源。在协商的过程中，日本对泰国实施一定程度上的怀柔政策，不能不顾及泰国民意。泰国尽管也试图维护自身的国家利益，并部分赢得日本的妥协和让步，但基本上满足了日本的要求。

三、快速建成：日军强迫战俘和劳工修建“死亡铁路”

泰缅铁路的具体建设由南方军的铁路检查办公室（Railway Inspection Office）和相应的指挥官负责，大本营（东条英机和杉山元）—南方军（寺内寿一）—铁路检查办公室，构成了指挥和实施的链条：大本营负责对泰交涉、指令下达和物资供应，南方军负责规划铁路、协调劳动力和维持交通，铁路检查办公室负责勘测路线、雇用劳动力和安排宿营，其下面还有

---

① “From MAT to VM & DDG, September 9, 1942,” Source: JACAR, #34 (0566-0570); “From MAT to VM & DDG, September 20, 1942,” Source: JACAR, #34 (0577-0581), in Paul H. Kratoska (ed.), *The Thailand-Burma Railway, 1942-1946: Documents and Selected Writings*, Vol. Ⅰ, pp. 80, 82.

② John L. Christian, Nobutake Ike, “Thailand in Japan’s Foreign Relations,” *Pacific Affairs* 15, no.2 (Jun.1942): 217, 219.

③ “From MAT to VM & DDG, September 22, 1942,” Source: JACAR, #34 (0582-0585), in Paul H. Kratoska (ed.), *The Thailand-Burma Railway, 1942-1946: Documents and Selected Writings*, Vol. Ⅰ, p. 84.

各铁路团和拘留营，各铁路团负责各自区域的铁路建设以及对战俘和劳工的监管，拘留营负责提供铁路建设所需的战俘劳动力以及对他们的监管。① 其中，第5铁路团负责缅甸段的建设，第9铁路团负责泰国段的建设，第4特别铁路团负责管理劳工。负责具体事宜的指挥官历任三位，下田宣力少将于1943年1月26日在空中检查建设工作时由于飞机失事身亡；2月，高崎祐政少将接替指挥建设，于4月底染上疟疾；石田栄熊少将于1943年8月16日任职，一直将工作维持到1945年8月，战后被判处十年监禁。②

铁路建设的准备工作从1942年6月就开始了，包括物资收集、工地建设和人员配备等。有证据显示他们的勘测是跟随多年前的足迹。根据战俘陈述，他们经常在建设过程中发现先前考察的标记，日军充分利用这些旧标记推进，几乎没有偏差。③ 但一直到1942年11月铁路的勘测仍在进行中，这意味着日本人无法准确评估建设铁路所需的劳动力和材料。当时的日本工程师表示在一年之内建成铁路绝不是不可能完成的，日本的军事计划将一举实现泰缅双方多年悬而未决的规划。④ 日本的盲目自信与日军在东南亚的胜利有关。他们对“闪电战”的大获全胜及盟军的惨败感到惊讶，日本帝国的力量似乎势不可当。1942年中，日本的军事和经济控制从西南太平洋延伸到英属印度东部边界，从中国东北延伸到印度尼西亚，北澳大

① Lt. C. C. Brett (Canadian Intelligence Corps), "Burma-Siam Railway," Source: Seatic Bulletin No. 246, Oct. 8, 1946, The National Archives: PRO WO 203/6325, in Paul H. Kratoska (ed.), *The Thailand-Burma Railway, 1942-1946: Documents and Selected Writings*, Vol. Ⅰ, pp. 172-173.

② Philip R. Piccigallo, *The Japanese on Trial: Allied War Crimes Operations in the East* (Austin: the University of Texas Press, 1979), p. 113.

③ Lt. C. C. Brett (Canadian Intelligence Corps), "Burma-Siam Railway," in Paul H. Kratoska (ed.), *The Thailand-Burma Railway, 1942-1946: Documents and Selected Writings*, Vol. Ⅰ, p. 200; Lt. Col. K. A. Warmenhoven, "History of the Railway," Source: The National Archives: PRO FO 628/67, in Paul H. Kratoska (ed.), *The Thailand-Burma Railway, 1942-1946: Documents and Selected Writings*, Vol. Ⅰ, p. 226.

④ "Rail From Thailand to Link With Burma," Source: Japan Times & Advertiser, Wednesday, June 17, 1942, in Paul H. Kratoska (ed.), *The Thailand-Burma Railway, 1942 - 1946: Documents and Selected Writings*, Vol. Ⅰ, pp. 69-70.

利亚岌岌可危。[①] 但实际上，辉煌的战绩掩盖了巨大的知识空白，日本没有该地区的行政管理和发展蓝图，各种考察或情报活动主要是编译西方外语材料，而且通常是在军事首脑的要求下确定一份同陆海军计划和战略挂钩的该地区的完善方案，因此政策常常表现出自相矛盾和不切实际的一面。[②] 他们很快发现，控制和开发一个帝国甚至比夺取它还要困难，日本的行政机构并不能应对军队在东南亚广大征服地区的治理问题。

铁路建设的设备和材料主要来自日本、马来亚、缅甸、爪哇，很少动用泰国的设备，日军的政策是不要过多介入泰国铁路体系，这也是铁路支线选在侬普拉杜克这个小站的原因。[③] 整个建设过程分为三个阶段：第一阶段为 1942 年 6 月至 1943 年 2 月中旬，前期主要工作是勘测路线和征集材料，10 月泰国段的铁路已延伸至北碧，直至 11 月雨季结束才真正展开有效的建设，一边勘测一边推进，更多在爪哇和新加坡的战俘被运来从事劳动。第二阶段为 1943 年 2 月中旬至 1943 年 7 月中旬，即“加速运动”时期，计划缩短建设工期在 8 月底完成建设，主要是因为盟军的反击和新几内亚的严峻局势使得铁路的建成更为迫切，而泰缅一带的河流只有在雨季才能通航。速度而不是安全成为建设的首选，战俘和劳工的生存环境更为恶劣，6 月底爆发了大规模的霍乱，大量劳动力死亡或逃跑，暴雨冲毁桥梁和建筑，建设陷入停滞。第三阶段为 1943 年 7 月中旬至 1943 年 10 月，新的日本指挥官石田少将将工期延长至 10 月以减少高压下的伤亡，更新组织、振奋士气，并提出“战俘和劳工是铁路建设之父”的口号。随着降雨量的减少和条件的改善，战俘和劳工克服内陆地区日益增加的困难，全力完成了工作。10 月 25 日，举行了正式的开通仪式。[④]

---

① Anne E. Booth, *Colonial Legacies: Economic and Social Development in East and Southeast Asia* (Canberra: University of Hawai'i Press, 2007), p. 150.

② 入江昭：《权力与文化：日美战争：1941—1945》，吴焉译，中信出版社，2019，第 60、62、64 页。

③ Lt. Col. K. A. Warmenhoven, "History of the Railway," in Paul H. Kratoska (ed.), *The Thailand-Burma Railway, 1942-1946: Documents and Selected Writings*, Vol. Ⅰ, p. 230.

④ Source: The National Archives: PRO WO 325/90, in Paul H. Kratoska (ed.), *The Thailand-Burma Railway, 1942-1946: Documents and Selected Writings*, Vol. Ⅰ, pp. 355-362.

根据日本军医田上敏夫少校的审讯概要可知，日军很少为即将到多山和雨林覆盖的地方的数量庞大的战俘和劳工做计划和准备。[①] 战俘和劳工在湿热异常、瘴气弥漫、蚊虫袭扰的原始雨林里劳动，住的是到处漏雨、蚊虫袭扰的草棚；得不到衣物补给，几乎是裸着身子、光着脚工作；一日三餐总是夹着蛆和蠕虫的米饭，几乎没有蔬菜、肉类；医疗和医药供应匮乏，只能研究各种替代办法；日军也没有采取卫生防御措施，战俘自发进行日常清洁和维持卫生水平，劳工则不熟悉卫生规则，也不知道如何保护自己；日军肆意虐待战俘的行为几近失控，采用绝对权威的军规管理模式。[②] 随着劳动人员的扩大和铁路建设的推进，沿线形成一个庞大而密集的网络，携带各种病菌、病毒的日军、战俘和劳工不断地将疟疾、痢疾、霍乱等各种疾病传播到各地，沿线最终成为一个范围广阔、人员流动频繁的“流行病区”。日军以战俘和劳工高死亡率的代价在 16 个月完成全长 415 公里的铁路建设。在修建过程中，战俘和劳工受到疟疾、痢疾、霍乱、热带溃疡和脚气病等各种疾病的折磨，饮食满足不了基本的生存需求，医疗卫生没有任何保障，高强度劳作造成高比例死亡，因此这条铁路又被称为“死亡铁路”。

1942 年 11 月，铁路开始运营。按日本的计划，这条线路能达到每天输送 3000 吨货物的运力，一列火车的负荷估计为 200 吨货物（20 节车厢乘以 10 吨每节车厢），即理想状态下火车的运力为每天往返 8 列。缅甸陆军参谋

---

① Source: The National Archives: PRO WO 325/119, in Paul H. Kratoska (ed.), *The Thailand-Burma Railway, 1942–1946: Documents and Selected Writings*, Vol. Ⅰ, p. 218.

② 《远东国际军事法庭判决书》，张效林译，群众出版社，1986，第 512 页；Paul H. Kratoska (ed.), *The Thailand-Burma Railway, 1942–1946: Documents and Selected Writings*, Vol. Ⅰ, pp. 29–31, 43, 53; Lt. C. C. Brett (Canadian Intelligence Corps), "Burma-Siam Railway," in Paul H. Kratoska (ed.), *The Thailand-Burma Railway, 1942–1946: Documents and Selected Writings*, Vol. Ⅰ, pp. 215; Gavan McCormack, Hank Nelson (ed.), *The Burma-Thailand Railway: Memory and History*, p. 18, 121; K. Tamayama, *Railwaymen in the War: Tales by Japanese Railway Soldiers in Burma and Thailand 1941–1947* (New York: Palgrave Macmillan, 2005), p. 81; Robert S. Laforte, Ronald E. Marcello (ed.), *Building the Death Railway: The Ordeal of American POWs in Burma, 1942–1945* (Wilmington: Scholarly Resources Inc, 1993), p. 48, 60; Ellie Taylor, *Faith, Hope and Rice: Private Cox's Account of Captivity and the Death Railway* (Barnsley: Pen and Sword Military, 2015), p. 33。

估计，平均每天收到400吨物资，这意味着平均每天有2列火车。第9铁路团的运输量高于平均水平，1944年9—12月平均每天维持4—5列火车。一般情况下，每列火车的中央位置负载2—5车的弹药，军火在前面，汽油在后面。1943年11月至1945年8月这9个月，第9铁路团共运送军火28050吨、弹药68900吨、衣物6800吨、补给6万吨、汽油53020吨、油类2780吨以及其他杂项1万吨。1944年下半年至1945年，火车往缅甸运输铅、锡、矿石、油管和炼油机械等物资。铁路也在调动兵力及之后的撤军方面发挥了一定的作用：前后运送7—8个师进入缅甸作战，在投降之前日军凭借铁路撤回泰国，战后近1万名伤亡人员利用铁路疏散。①

总体来看，铁路并未发挥应有的运输能力，这是建设质量、暴雨冲刷和盟军空袭等因素综合作用的结果。沿线建设难度大，但日军没有详细的计划和可靠的部署，依靠强权掠夺东南亚其他国家的铁路设备，强迫战俘和劳工进行劳动，不能满足衣食住医的需要，不能提供现代化的机械设备，而且在“加速运动”期间为达成建设目标不顾一切，这些都反映了日本治理能力的不足以及侵略掠夺的本质。泰缅铁路对日军来说是获得胜利的“战争之路”，对战俘和劳工来说则是“死亡之路”。

四、历史的遗产：战后对泰缅铁路的处置

战后盟军对泰缅铁路的认识主要有以下几点：（1）这条铁路只是服务于日军在缅作战所需，是一条军用铁路，并不是出于长远利益考虑修建的；（2）在当时损失严重的情况下，这条铁路的能力可以忽略不计；（3）假使该铁路达到一流标准，双向运输能力将达到每天运输300吨货物的运量，并且将大大促进东南亚的交通网络发展，但这是一项长期而昂贵的工作；（4）泰缅铁路将在军事行动中发挥重要的补给作用，但空袭的经验证明这条交通线是不可靠的；（5）如果铁路得以保留和发展，最好获得在任何时候均可

① Lt. C. C. Brett (Canadian Intelligence Corps), “Burma-Siam Railway,” in Paul H. Kratoska (ed.), *The Thailand-Burma Railway, 1942-1946: Documents and Selected Writings*, Vol. Ⅰ, pp. 183-184. 以上数据来源于日军第9铁路团，仅可作为参考。

使用该铁路进行军事运输的权利；（6）总的来说，这条铁路的命运必须同时考虑军事和经济两方面因素。[①] 盟军东南亚战区的财政顾问多利（W. A. M. Doll）十分支持修复和维护班蓬到三塔山口的铁路线。他认为对英国来说，这条铁路不仅为泰缅提供了快捷的交通工具、货物交换工具和重型物资运输工具，还能促进缅甸土瓦（Tavoy）附近锡和钨的开发，有着远远超过军事战略方面的意义，战略家的远见也应为和平的目的服务。[②] 但是，盟军当局整体的态度是审慎的。

从经济的角度看，为了使这条铁路达到一流路线的标准，大部分的桥梁需要重建，大部分的路线需要重新规划。根据对铁路修复和维护所需花费的评估，毛淡棉到丹彪扎亚一线：修复需要 800 万卢比，新工程需要 256 万卢比，每年维护需要 16 万卢比；丹彪扎亚到侬普拉杜克一线：修复需要 2000 万卢比，新工程需要 66.5 万卢比，每年维护需要 110 万卢比；侬普拉杜克到曼谷一线：修复需要 140 万卢比，新工程需要 37 万卢比，每年维护需要 21 万卢比。整条线的轨道修复（如更换轨枕等）所需的全部时间为一年半。对土方进行整改、排水、建筑施工、电信改造等工程预计在 3—4 年内完成，完全恢复桥梁则需要大约 5 年时间。在第一年的维修期，每天能运载 1200 吨货物，5 年后可达到 2700 吨货物。[③] 可见，这确实是一项花费人力、物力、财力巨大的工程，而且泰缅之间物产相似，潜在的贸易量似乎不太可能使它发挥巨大的商业潜力。因此，缅甸和印度的意见至关重要。

---

① "Chiefs of State Committee, Joint Planning Staff, Strategical Importance of The Burma-Siam Railway," Source: J. P. (45) 264 (Final), October 4, 1945, The National Archives: PRO FO 371/46411, in Paul H. Kratoska (ed.), *The Thailand-Burma Railway, 1942–1946: Documents and Selected Writings*, Vol. Ⅱ, *Intelligence Reports Concerning the Railway Disposal of the Railway*, pp. 88, 89.

② Mr. Doll, "Case in Favour of the Retention of the Moulmein-Ban Pong Railway," Source: The National Archives: PRO WO 203/4434, in Paul H. Kratoska (ed.), *The Thailand-Burma Railway, 1942–1946: Documents and Selected Writings*, Vol. Ⅱ, pp. 91, 92.

③ "The Burma-Siam Railway," Source: JSP Paper 208, Joint Planning Staff, November 1, 1945, The National Archives: PRO WO 203/5483, in Paul H. Kratoska (ed.), *The Thailand-Burma Railway, 1942–1946: Documents and Selected Writings*, Vol Ⅱ, pp. 104, 105. 本段所提货币数额对应人民币分别为 668706 元、213986 元、13374 元、1671766 元、555862 元、91947 元、120337 元、30928 元、17553 元。

综合印度、缅甸、马来亚的意见，盟军放弃了继续运行这条铁路。盟军驻印度总司令认为，印度的首要关切是缅印之间的通信，他希望缅甸拨给发展通信的任何资金能够优先用于这一目的，虽然泰缅铁路具有一定的战略价值，但是印度不能对其维护和发展作出贡献。缅甸政府则表示，他们对这条铁路没有商业需求，而且泰缅铁路方便了许多投机倒把的商人利用两国的货币兑换比率大发横财，扰乱市场交易，缅甸对此感到担忧。① 准将韦克福德（Wakeford）认为缅甸政府不希望与泰国保持这种联系，所有的铁道机车车辆都将在3个月内从新线上移走。保留泰缅铁路对于马来亚铁路系统来说也没有商业价值。② 因此，远东委员会最终决定不再继续维持这条铁路，但这条铁路资产的处置问题应进行进一步的审议，尤其是是否应无条件地将铁路的泰国段移交给泰国。③ 泰国表示愿意购买铁路，建设期间沿线一度有30万居民生活于此，战后泰国的工程师震惊于日军的建设成果以及铁路的经济潜能，认为铁路将促进沿线矿产的开发和产品的运输。④ 但英美两国在泰缅铁路的处置上产生分歧。美国认为泰缅铁路是日本的外部资产，应同其他日本资产一同处理，并入日本的赔偿账户，而不是单方面出售或拆除。英国认为这条铁路是由可识别的资产组成的，应属国有收回或出售的权利，而且这是一项浪费的资产，铁路正迅速和逐步恶化，最好立

---

① Admiral Mountbatten, "Burma-Siam Railway," Source: F. E. (O) (45) 62, November 13, 1945, The National Archives: PRO FO 371/46411, in Paul H. Kratoska (ed.), *The Thailand-Burma Railway, 1942–1946: Documents and Selected Writings*, Vol. Ⅱ, p. 118; Lt. Col. K. A Warmenhoven, "History of the Railway Siam-Burma," in Paul H. Kratoska (ed.), *The Thailand-Burma Railway, 1942 – 1946: Documents and Selected Writings*, Vol. Ⅰ, p. 297.

② Col. J. D. Saunders, "Burma-Siam Railway," Source: The National Archives: PRO FO 371/53976, in Paul H. Kratoska (ed.), *The Thailand-Burma Railway, 1942–1946: Documents and Selected Writings*, Vol. Ⅱ, p. 120.

③ "Cabinet Overseas Reconstruction Committee, Burma/Siam Railway," Source: O. R. C. (45) 57, December 29, 1945, The National Archives: PRO FO 371/53976, in Paul H. Kratoska (ed.), *The Thailand-Burma Railway, 1942–1946: Documents and Selected Writings*, Vol. Ⅱ, pp. 121–122.

④ Paul H. Kratoska (ed.), *The Thailand-Burma Railway, 1942 – 1946: Documents and Selected Writings*, Vol. Ⅰ, p. 53; Lt. Col. K. A. Warmenhoven, "History of the Railway," in Paul H. Kratoska (ed.), *The Thailand-Burma Railway, 1942–1946: Documents and Selected Writings*, Vol. Ⅰ, p. 291.

即以尽可能好的价格出售给泰国政府，补偿各国政府后的余额可纳入日本的赔偿总库。[①]

英美对是否出售铁路的分歧并没有持续很久。随着劳工和战俘的撤出，铁路的运营和维系越发艰难，不久日军也将全线撤出，泰国政府根本无法提供足够的火车司机、技术人员和乘务人员使铁路正常运转。而且美国的方案与其他国家的愿望也不相一致，马来亚政府愿意在有吸引力的购买价格的基础上出售铁轨材料，荷兰当局渴望尽快获得现金补偿。[②] 为了有关各方的利益，尽早加以处置是最佳方法。英美达成出售铁路的共识，双方共同决定铁路的售价和支付方式，具体的评估和执行由瓦门霍温（Warmenhoven）上校负责。最终以125万英镑（约1058万元人民币）的价格成交，其中90万款项应以纯英镑支付，第一分期于1947年1月1日支付22.5万英镑（约190.5万元人民币），第二至第五分期于每年的7月1日或1月1日各支付16.875万英镑，最后的余额即35万英镑（约296万元人民币）以泰铢支付。但在实际移交过程中出现了问题，泰国行政人员没有及时到位维持秩序，在盟军和日军撤出后，立刻发生了偷窃和抢劫，包括某些泰国士兵也参与其中。泰国政府要求移交过程中损失的设备应从售价中扣除，但英国大使拒绝了这一点。[③] 铁路部门只能将贵重财产转移到安全的地方，偷窃和抢劫严重损害了铁路的价值和运力。

至此，铁路的泰国段及其现有资产被转让给具有明确所有权的泰国政

---

① "NO. F 10844/9/40," Source: The National Archives: PRO T 236/376, in Paul H. Kratoska (ed.), *The Thailand-Burma Railway, 1942-1946: Documents and Selected Writings*, Vol. Ⅱ, p. 133.

② "A Memorandum on the Siam-Burma Railway," Source: The National Archives: PRO T 236/376, in Paul H. Kratoska (ed.), *The Thailand-Burma Railway, 1942-1946: Documents and Selected Writings*, Vol. Ⅱ, p. 128.

③ "From Minister of Foreign Affairs to Prime Minister, Oct. 31, 1946," "From Head of Receiving of the Thai-Burma Railway to Cabinet Secretary, 21 Oct. 1946," "From Minister of Foreign Affairs to Prime Minister, Nov. 11, 1946," "From Minister of Communications and Commerce to Prime Minister, Sept. 10, 1947," "From Minister for Foreign Affairs to Prime Minister, Jan. 2, 1948," Source: National Archives of Thailand, So. ro. (Cabinet Secretary) 0201. 16. 1, in Paul H. Kratoska (ed.), *The Thailand-Burma Railway, 1942-1946: Documents and Selected Writings*, Vol. Ⅰ, pp. 130-133.

府。泰国购买铁路的资金大部分用于偿还缅甸、马来亚及荷属东印度政府。缅甸政府拆除了缅甸段的轨道和设备，直接中断了泰缅两国的铁路连接，铁路利用价值进一步下降。由于战争破坏、缺乏保养和盗窃盛行，铁路损坏非常严重。1947 年 2 月 1 日，泰国交通部长和官员在乘火车考察泰国段的途中坠入峡谷，原因是其中一段铁路被认为处于维修状态而不需要审查，因此铁路部门的工作人员没有发现桥梁已经完全损毁。而且，在途中发动机发生多次故障，泰国司机没有完全掌握此种发动机的操作方法。由于有线通信也没有得到维护，直至第二天这些重伤者才在山谷里被发现。该事件后，泰国对铁路的运营政策变得模糊，部分人认为只应继续运行状况较好的路线。① 上述事件反映了泰国铁路部门的监管和维护能力不足，政府并不能完全掌握铁路的实际情况。

战后泰国政府还是重修和维持了部分路线，但由于资金不足，进展十分缓慢。1949 年 6 月 24 日，北碧至依普拉杜克段的重修工作完成；6 月 28 日，举行了北碧铁路的开幕典礼，泰国交通部认为尽管这条铁路当时没有经济效益，但将来会有利于生产和交通。② 1952 年 4 月，修复路段延伸至王蓬（Wang Pho）；1958 年 7 月，其延伸至瀑布火车站（Nam Tok）。但是，超出小瀑布站（Nam Tok Sai Yok Noi）的部分被放弃了。铁路留给泰国的遗产更多的是与战争记忆有关的旅游业的开发，③ 如桂河大桥、“地狱之火通道”纪念馆、战争博物馆、泰缅铁路博物馆、北碧战俘墓地等。二战后盟军战俘重返泰缅铁路凭吊战友，组织纪念活动，出版日记和回忆录，使得铁路的战争记忆被保存下来。缅甸政府最初没有意识到铁路作为战争遗产的作用，当地缅甸人对这段历史的记忆并不是很连贯和开放，他们也不知道多

---

① Lt. Col. K. A. Warmenhoven, “History of the Railway,” in Paul H. Kratoska (ed.), *The Thailand-Burma Railway, 1942-1946: Documents and Selected Writings*, Vol. Ⅰ, pp. 330-332.

② “From Minister of Communications and Commerce to Prime Minister, June 28, 1949,” Source: National Archives of Thailand, So. ro. (Cabinet Secretary) 0201. 16. 1, in Paul H. Kratoska (ed.), *The Thailand-Burma Railway, 1942-1946: Documents and Selected Writings*, Vol. Ⅰ, p. 134.

③ 有学者批判旅游业对历史真实的歪曲和掩盖，见 R. W. Braithwaite, Neil Leiper, “Contests on the River Kwai: How a Aartime Tragedy Became a Recreational, Commercial and Nationalistic Plaything,” *Current Issues in Tourism* 13, no. 4 (2010): 311-332。

少缅甸劳工在铁路上丧生。[①] 战俘的纪念活动和泰国政府的行动启发了缅甸政府，近年来缅甸以改善通往丹彪扎亚的交通和重建铁路纪念馆的方式重建自己的战争记忆。尽管缅甸拟订了建设计划，但该地区持续不断的叛乱活动导致似乎没有重建的可能。泰国政府从 20 世纪 90 年代开始就提议重建铁路，但一直都没有实现。2018 年，泰国政府提出将为“死亡铁路”的残存部分、桂河大桥和盟军战俘墓地申报世界遗产。

五、结语

一个国家的地理位置和所控制的自然资源会使其享有优势或者处于不利地位，因此国家政策的制定或构建也源于环境的限制或机会。铁路作为一项交通技术，它的出现增强了人类改造环境、协调环境并使之满足社会发展需要的能力，使得利用那些很难开发和曾经无法开发的资源成为可能，能够释放巨大的“地理价值”，从而影响战略和战术的选择。铁路对地理位置的政治意义产生了巨大的影响。[②] 因此，铁路项目一直以来既是经济项目，也带着浓厚的政治色彩。在不同时期，铁路在观念和实践上被赋予了不同的功能性价值。

近代以来，泰缅铁路经历了从“帝国之路”到“战争之路”再到“记忆之路”的转变。在帝国主义年代，英国殖民者计划通过泰缅铁路建立起贯通印度和云南的交通网络，统一各殖民地，巩固以殖民者为主导的领土管控和经济活动。但铁路具有建设周期长、建设资金投入大、资本回收周期长的特点，殖民者更愿意选择量大经济的海运，很难下定决心推动“帝国之路”的建设。日军将铁路的政治性功能集中在军事价值上，军事作战有赖于铁路快速运送军队和调动物资，在海运不可靠的情况下，铁路是最

---

① Trevor Wilson, *Eyewitness to Early Reform in Myanmar* (Canberra: Australian National University Press, 2016) , p. 137.

② 詹姆斯·多尔蒂、小罗伯特·普法尔茨格拉芙：《争论中的国际关系理论》第五版，阎学通、陈寒溪等译，世界知识出版社，2002，第 158—168 页；张瑞瑞：《中国铁路的政治功能与影响》，科学出版社，2018，第 108—120 页。

重要的陆上交通工具，决定了军队运动的速度和速率。日军在战争优势下建立起对东南亚的军政统治和经济统制，得以调动各地设备和材料以及调配大量的战俘和劳工快速建成这条“战争之路”，这是日军的一大胜利，但战时的实际功用如何，还需进一步研究。泰缅铁路对日军而言只是一个战争工具，其建设完全达不到永久性的交通设施的标准，只是为了满足东南亚战场作战的需要，尽管它在某种程度上促进了沿线地区的发展，但是这种发展是畸形、不持久的，随着战争的结束恢复了原本状态。战后随着日本与铁路的战争功能的关联逐渐弱化，其蕴含的军事重要性逐渐淡化，经济功能及其管理体制的意义受到更多关注。由于铁路的修复和维持需要大量的人力、物力和财力，战俘、劳工和日军也相继撤出铁路，盟军决定放弃继续运行这条铁路，而是将泰国段出售给泰国政府。铁路国家性的首要条件是专门化的组织运作，战后泰国严重缺乏技术人员和行政力量，无法实现更大范围和更高程度的资源调控和使用。① 铁路一体化和专业化经营对政府的集权能力、职能部门的专业化提出了很高的要求。战后泰国政府并不具备集中掌握和治理大规模基础设施的能力，沿途抢劫和盗窃盛行，部分路段断裂和封闭。因此，泰国今天只能维持北碧附近的路段，这段铁路成为承载战俘和劳工殖民时期被迫劳动、泰国为维护民族利益“被迫”与日本结盟的战争记忆的物质载体，发挥着“记忆之路”的战争遗产的作用。

铁路技术蕴含政治性，它与政治文化、政治制度密切联系在一起。“大规模技术系统一开始是建立在独立的目标或意图之上的。技术为这样那样的目的或需求服务，或者它们被用于实现一个或一组预想的目标”。② 为了目标和意图的实现，需要国家发挥较强的资源提取能力和社会动员能力，因此它不可避免地与统治能力、阶级冲突、权威分配、秩序维护和公共服务挂钩。从泰缅铁路的历史可以得知，铁路在各个阶段呈现出的不同功能

① 马陵合：《从救国至治国：国家视野下的近代中国铁路功能演化》，《学术月刊》2018 年第 6 期，第 174—175 页。

② 兰登·温纳：《自主性技术——作为政治思想主题的失控技术》，杨海燕译，北京大学出版社，2014，第 205 页。

都是获得战略优势的宏伟蓝图在技术设施上的物质表现，不同的政治和经济政策将影响铁路的实效。对英国殖民者而言，铁路作为物质与技术将要激发的经济利益和对帝国领土秩序的重新建构是首要的。[①] 对日本殖民者而言，铁路是战争的媒介，铁路政策服从于战略需要，是巩固战争优势和获得军事胜利的工具，而不是一项"永久性设施"。对泰国而言，它对泰缅铁路有着自身的政治和阐释话语，铁路被重新建构为满足民族利益和商业利益双重目标的战争记忆的载体。有关泰缅铁路的争论并未停歇，未来在和平环境下当铁路建造满足技术要求和经济增长的双重条件时，它势必成为泰缅两国的一项新任务。

① 张杰：《火车的文化政治学》，中国社会科学出版社，2018，第36页。

美国国际新闻报道的专业化进程

——以美国联合通讯社为中心的考察（1893—1930）

尹佳宁*

摘　要　19世纪末至20世纪早期，美国国际新闻收集环节受到重视，新闻报道趋于专业化。作为主要的新闻收集、发布机构，美国联合通讯社以确保新闻的时效性、准确性、公正性为原则，开拓新闻收集渠道，注重提升驻外通讯员职业化水平，逐步建立起完备的驻外组织体系。与此同时，美国联合通讯社不断丰富国际新闻内容，对新闻生产、制作也加以制度化规范。世界主义思想与公共责任意识为美国国际新闻报道专业化进程提供了部分动力。一方面，美国中上层人士渴望了解外部世界并借鉴外国经验，对国际新闻的需求增加。另一方面，具有强烈公共责任感的新闻从业者要求采用更专业的方式收集国际新闻，为公众提供真实公正的外部信息。

关键词　国际新闻报道　美国联合通讯社　专业化

* 尹佳宁，北京大学历史学系硕士研究生。

国际新闻报道是美国新闻业的重要分支。早在殖民地时期，报纸上就已出现国际新闻报道的早期形态。如以报道规模进行衡量，18 世纪时其国际新闻报道已处于较高水平。[①] 经不断发展，美国国际新闻报道在两次世界大战之间步入黄金时代。科技进步与世界大战为国际新闻报道提供了条件与机遇，其本身的专业化进程亦为黄金时代奠定了坚实基础。

内战后，跨洋旅行更为容易，也更安全。对中产阶级而言，跨洋旅行令人向往，且确能实现。旅行、游记文学等促生了美国人对于世界发展趋势的兴趣，尤以受过教育的中产阶级和上层阶级最为突出。[②] 同时，中上阶层对于外部世界的态度也在转变，眼中不再只是旧大陆的衰朽和腐败，他们对欧洲深厚的学术文化萌生兴趣并怀有一种智识上的谦卑。他们也将目光投向远方，渴望从东亚、大洋洲等地区获取“异域情调”（exotic）的体验。[③] 在此氛围下，作为了解外部、获取世界知识的重要渠道——国际新闻报道愈发受到重视。

美国的 19 世纪末 20 世纪初通常被称为进步主义时代，美国社会诸多方面都发生了重大变革，新闻业也不例外。新闻业既参与进步主义运动，揭发丑闻，推动政治经济改革，又对美国社会转型做出反应，行业内部也进行着组织与制度的提升和调整。[④] 新闻专业主义在此时萌生，“信息模式”（ideal of information）取代“故事模式”（ideal of story），确立为报业报道方

---

① 参见 Jaci Cole and John Maxwell Hamilton, “The History of a Surviving Species,” *Journalism Studies* 9 (2008): 798-812。

② 参见 Frank A. Ninkovich, *Global Dawn: The Culture Foundation of American Internationalism, 1865-1890* (Cambridge: Harvard University Press, 2009), p. 15。

③ 参见 Howard M. Jones, *The Age of Energy: Varieties of American Experience, 1865-1915* (New York: The Viking Press, 1971), pp. 283-297。

④ 参见张健：《自由的逻辑：进步时代美国新闻业的转型》，复旦大学出版社，2011，第 2—7 页。

式的标准。[①] 报业对信息的不证自明充满信心，故而信息的收集与传递逐渐成为中心环节。由于国际新闻收集成本极高，许多报社无法负担高昂费用，19 世纪中期产生的新闻通讯社逐渐取得国际新闻报道的中心地位。[②] 本文选择美国联合通讯社（The Associated Press，下称“美联社”）——这一在国际新闻行业中占据显赫地位的机构作为考察对象，探究美国国际新闻报道的专业化进程。

现今，美联社仍然是美国乃至世界最大的新闻通讯社，其收集、发布的新闻遍布整个地球。马克·吐温（Mark Twain）曾这样称赞美联社：“给地球各个角落带来光明的只有两种事物：天上的太阳和地上的美联社。”1849 年，六家纽约报纸签订协议，组成美联社的前身——“港口新闻社”（Harbor News Association），并规定成员平摊费用，共享新闻，此种合作运营模式一直延续至今。美联社不仅为大型报纸提供服务，也为美国乡村最小的报纸提供源源不断的国际新闻，可谓是国际新闻报道领域中“未受歌颂的巨人”（unsung giant）。[③]

作为合作性新闻收集、派发机构，美联社的性质、运行逻辑与工作方法均与报社存在显著区别。自 19 世纪末期起，美联社逐步建立起完善的国际新闻收集体系，其新闻收集范围广泛，获取信息渠道多元，发展出一套自己的新闻采写工作准则，展现出较高的组织化和专业化水平。

国外学者对美国国际新闻报道已有一定研究，大致可归为三个方向。最初，学者们将重点置于杰出通讯员或对重大国际事件的新闻报道上。比如，约翰·霍恩贝格（John Hohenberg）所著《海外新闻报道：伟大的记者

① “信息模式”，即认为报纸应提供不经修饰的事实，纯粹用于传达信息；“故事模式”，即认为报纸应侧重娱乐大众，提供审美体验，通过筛选、修饰事实来引导大众生活。参见 Michael Schudson, *Discovering the News: A Social History of American Newspapers* (New York: Basic Books, 1981), p. 89（迈克尔·舒德森：《发掘新闻：美国报业的社会史》，陈昌凤、常江译，北京大学出版社，2009，第 79 页）。

② 让-诺埃尔·让纳内：《西方媒介史》，段慧敏译，广西师范大学出版社，2005，第 92 页。

③ Giovanna Dell'Orto, *American Journalism and International Relations: Foreign Correspondence from the Early Republic to the Digital Era* (New York: Cambridge University Press, 2013), p. 73.

及其所处时代》[①]，其时间跨度达200余年，选取美英等国重要对外通讯员和重大国际事件，以点带面介绍了国际新闻报道的发展历程。此类作品奠定了美国国际新闻报道研究之基础，但也遭到后人的批评，认为其更像是姓名—日期—地点的通讯员百科辞典，未对新闻收集方法的演变加以阐释，有“片段化”（episodic）之嫌。[②]

第二个研究方向是对美国国际新闻报道进行长时段梳理，较为典型的是约翰·汉密尔顿（John Hamilton）的工作。他倾向于书写国际新闻报道的“自然史”（natural history），在其与雅西·科尔（Jaci Cole）合写的《幸存物种的历史》一文中，国际新闻被视为“幸存物种”（surviving species），符合“适者生存”原则，须适应变化才能不断向前。此文将新闻收集的发展史划分为五个时段，描述了新闻收集方法的阶段性演变，并从新闻所有权、技术、美国的世界地位、通讯员角色及工作惯例四个维度加以分析。[③]在《新闻业流转之眼：一部美国对外报道史》一书中，汉密尔顿选择重要的通讯员或报业组织作为案例，展现出美国对外报道200余年的发展历程。[④]

第三个研究方向侧重于外部新闻报道与其他领域，尤其是与国际关系的互动。比如，伯纳德·科恩（Bernard Cohen）的《媒体与对外政策》[⑤]与乔凡娜·迪奥图（Giovanna Dell'Orto）的《美国新闻业与国际关系：从早期共和国至电子时代的对外新闻报道》[⑥]等。这类作品多论述国际新闻报道与外交的相互作用，认为国际新闻既帮助塑造美国人的身份认同，也影响外

---

① John Hohenberg, *Foreign Correspondence: The Great Reporters and Their Times* (New York: Syracuse University Press, 1995).

② Jaci Cole and John Maxwell Hamilton, "The History of a Surviving Species," p. 799.

③ Jaci Cole and John Maxwell Hamilton, "The History of a Surviving Species," pp. 798-812.

④ John Maxwell Hamilton, *Journalism's Roving Eye: A History of American Foreign Reporting* (Baton Rouge: Louisiana State University Press, 2009).

⑤ Bernard C. Cohen, *The Press and Foreign Policy* (Berkeley: Institute of Governmental Studies, University of California, 1993).

⑥ Giovanna Dell'Orto, *American Journalism and International Relations: Foreign Correspondence from the Early Republic to the Digital Era* (New York: Cambridge University Press, 2013).

交政策制定。

美联社在美国国际新闻发展史中具有中心地位和重大影响，但针对本文考察对象——19 世纪末至 20 世纪早期的美联社的讨论尚有不足。目前，已有一些美联社的机构史作品问世，比如，奥利弗·格拉梅林（Oliver Gramling）的《美联社：新闻的故事》① 与美联社前记者们合著的《突发新闻：美国联合通讯社如何报道战争、和平及其他事件》②。但从历史学角度对该组织进行深入探究仍较为缺乏。

总体而言，国外现有研究大多遵循探讨杰出人物、重大事件或是编年载记的思路，缺乏对史实的整合及专题化探讨。现有研究也多以宏大视角为主，着眼于整个国际新闻报道领域。尽管汉密尔顿曾以《芝加哥每日新闻》（*Chicago Daily News*）为对象，从“自然史”视角对该组织的国际报道加以研究，树立了个案研究范例。③ 但个案探讨仍然不足，重要机构和人物有待于进一步开掘。

我国新闻史和传播学学者向来关注美国新闻界，并进行了一定研究。但讨论多在新闻学界中进行，历史学研究较为缺乏。至于美国国际新闻领域，尚未引起学界足够的重视。

受汉密尔顿研究路径启发，考虑到研究现状，本文以美联社为研究对象，希望提供一个重要和有价值的个案研究。盖尔平台（GALE）的“美国联合通讯社在线典藏”（Associated Press Collections Online）为本文提供了大量的原始档案，借助这些资料，基本能够复原美联社建立、发展的过程，厘清其国际新闻报道的专业化进程。

---

① Oliver Gramling, *AP: The Story of News* (New York: Farrar and Rinehart, 1940).

② Reporters of the Associated Press, *Breaking News: How the Associated Press Has Covered War, Peace, and Everything Else* (New York: Princeton Architectural Press, 2007).

③ Jaci Cole and John Maxwell Hamilton, “A Natural History of Foreign Correspondence: A Study of the Chicago Daily News, 1900-1921,” *Journalism & Mass Communication Quarterly* 84 (2007): 151-166.

一、国际新闻报道的早期形态及美联社的组建

在开展论述之前，有必要明确本文讨论的“专业化”（professionalization）的意涵。诸多社会学家已对专业及专业化做出讨论，并达成了一定共识。职业社会学专家布朗德士（Brandeis）曾对“专业”这一概念做出界定，提出三个“专业”的基本属性，并获得了大多数社会学家的首肯。第一，专业应该是正式的全日制（full-time）职业；第二，专业应该拥有深奥的知识和技能，而这些知识和技能可以通过教育和训练获得；第三，专业应该向它的客户和公众提供高质量的、无私的服务。[①] 社会学家威伦斯基（Wilensky）认为，任何职业的专业化过程应包括五个步骤：第一步，该职业成为全时工作；第二步，建成专业训练的教育机构；第三步，建立专业协会；第四步，职业的代表人物具有政治动员的力量，以为行业赢得自律的法律保障；第五步，专业协会建立自律的行为准则。[②]

自然，不同学者、不同领域对于专业的理解也存在着差异。例如，哈斯克尔（Thomas Haskell）曾以如下三个方面对社会科学中的专业进行定义：第一，建成区别于社会其他领域的独特共同体；第二，内部成员之间相互交流、有组织和规训；第三，建立起在公众中的信誉和权威。[③]

在新闻领域，我国学者已对新闻专业主义的内涵进行了梳理。一般认为新闻专业主义的核心理念包括客观新闻学、新闻媒介和新闻工作者的独立地位和独特作用两个方面。[④] 陆晔和潘忠党列举了西方新闻工作专业主义的五项基本原则：第一，传媒具有社会公器的职能，新闻工作必须服务于

---

① 转引自赵康：《专业、专业属性及判断成熟专业的六条标准——一个社会学角度的分析》，《社会学研究》2000 年第 5 期，第 33 页。

② 黄旦：《新闻专业主义的建构与消解——对西方大众传播者研究历史的解读》，《新闻与传播研究》2002 年第 5 期，第 4 页。

③ Thomas L. Haskell, *The Emergence of Professional Social Science: The American Social Science Association and the Nineteenth-Century Crisis of Authority* (Urbana: University of Illinois Press, 1977), p. 19.

④ 吴飞、吴风：《新闻专业主义理念的建构》，《中国人民大学学报》2004 年第 6 期，第 122 页。

公众利益，而不仅限于服务政治或经济利益集团；第二，新闻从业者是社会的观察者、事实的报道者，而不是某一利益集团的宣传员，或政治、经济利益冲突的参与者或鼓动者；第三，新闻从业者是信息流通的“把关人”，采纳的基准是以中产阶级为主体的主流社会的价值观念，而不是任何需要向主流社会灌输的意识形态；第四，新闻从业者以实证科学的理性标准评判事实的真伪，服从于事实这一最高权威，而不臣服于任何政治权力或经济势力；第五，新闻从业者受制于建立在上述原则之上的专业规范，接受专业社区的自律，而不接受在此之外的任何权力或权威的控制。① 芮必峰将客观公正、自由独立、服务公众视为新闻专业主义的基本内容。他指出，专业主义是一定职业在一定的历史条件下通过不断实践逐步形成，最后才被理论工作者归纳总结出来的，源自美国的新闻专业主义亦是如此。专业主义是新闻从业者在争取外部新闻自由和内部新闻自由的斗争中逐步形成的，受到各种不同因素影响，有必然也有偶然。②

根据前人对于新闻专业主义的界定，本文认为19世纪末20世纪初，美国国际新闻从业者多为全职人员，他们以采编真实新闻、提供公共服务为职业理想，开创了独特的工作方法，逐渐树立起职业声誉和权威，新闻专业主义在此领域确立。

早在殖民地时期，北美就已开始收集国际新闻。由于殖民地与欧洲大陆在现实与情感上的联系，国际新闻在北美报刊中占据着较为重要的地位。但在较长的一段时间内，技术条件没有明显改善，国际新闻收集粗略、零散，也无驻外通讯员一说。欧洲新闻多经海运传至北美洲，到达港口后换乘快马送往各个报社，或以旅居者从欧洲寄回的书信、带回的欧洲报刊为载体传播，或是由返回北美的旅行者口述欧洲近期发生的事件。获得信息后，美国报刊大多直接重印或摘录欧洲报刊的内容。由于海运技术有限，新旧大陆之间的跨洋航行需一个多月的时间，欧洲新闻之时效性大大折损。

---

① 陆晔、潘忠党：《成名的想象：中国社会转型过程中新闻从业者的专业主义》，《新闻学研究》2002年第71期，第20页。

② 参见芮必峰：《描述乎？规范乎？——新闻专业主义之于我国新闻传播实践》，《新闻与传播研究》2010年第1期，第58页。

当恶劣天气中断海运时，国际新闻来源亦被切断。

19 世纪前叶，新闻逐渐成为报纸的核心部分，报社不再坐等常态无奇的信息，开始主动搜寻新闻。在收集国际新闻时，报业愈发注重时效性，尤其重视航船带来的信息和新闻，开始派遣小船到船上采集新闻。[①] 负责《航海与综合新闻书》（*Marine and General News Books*）的小托普利夫（Samuel Topliff, Jr.）乘着小船至波士顿港口，迎候来自欧洲的船只，搜罗尽可能多的新闻，并在当天报纸上刊登，这是美国第一次系统地收集世界新闻。[②]

科技的进步为收集国际新闻创造了有利条件。19 世纪 40 年代，电报开始应用于新闻业，大大提升了新闻的传送速度。1858 年，第一条跨大西洋海底电缆完工，获取欧洲新闻所需时间从几周缩减到几个小时。尽管这条电缆只运作了 8 年，但之后出现的远洋快轮（ocean greyhound）填补了这一空缺。[③] 国际新闻到达北美港口后，再通过驿马快传（pony express）、飞鸽传书（carrier pigeon）、电报等方式尽可能快速地传送至各报社。

19 世纪中叶后，一些具有国际意识的报社总编逐渐放弃了非正式的新闻渠道，开始雇用自由职业写手、专业记者作为“特派记者”（specials），专职负责国际信息的收集与传送。詹姆斯·贝内特（James Bennet）创办的《纽约先驱报》（*New York Herald*）在此方面最为突出，被认为是雇用“对外特派记者”的先驱。[④] 此时的“特派记者”拥有较大的新闻评论自由，职业化程度仍处于较低水平。究其本质，大多数“特派记者”仍属于小说家、诗人或是空想家，甚至是编造历史之辈，新闻报道的真实性、准确性无法保障。[⑤] 大略而言，专业化在 19 世纪中叶开始显露苗头，但尚未进入发展的快车道。

---

① 参见迈克尔·舒德森：《发掘新闻：美国报业的社会史》，第 18—20 页。

② 参见迈克尔·埃默里、埃德温·埃默里等：《美国与新闻界》，展江译，中国人民大学出版社，2014，第 80 页。

③ Jaci Cole and John Maxwell Hamilton, “The History of a Surviving Species,” p. 802.

④ 迈克尔·舒德森：《发掘新闻：美国报业的社会史》，第 56 页。

⑤ John Hohenberg, *Foreign Correspondence: The Great Reporters and Their Times*, p. 14.

自“便士报”（Penny press）兴起以来，新闻成为报业的竞争重点。[①]在国际新闻领域，对即时性信息的争夺也日趋激烈。各家报纸不再满足于重印欧洲报刊过时的内容。然而，电报起步之时线路铺设有限，加之国际新闻报道成本高昂，报业因而开始组建合作组织，协作收集新闻。

1849年，《纽约商务日报》（*New York Journal of Commerce*）、《太阳报》（*New York Sun*）、《纽约先驱报》《纽约询问快报》（*New York Courier and Enquirer*）、《纽约快报》（*New York Express*）、《纽约论坛报》（*New York Tribune*）这6家纽约日报签署了一项协议，联合组建“港口新闻社”，旨在以更低成本收集海运的信息。这项协议包含诸多细密规定，如各报社共用船只，平摊费用，到港口迎接驶入船只并获取新闻，不经多数成员同意不得将新闻售予其他城市的报纸等，并要求新闻收集、发布环节均须对6家报纸负责，提供忠实而公正的服务。[②]由于电报出售新闻的收入占比越来越大，1851年时“港口新闻社”改名为“电讯与综合新闻联社”（Telegraphic and General News Association）。[③]1856年，上述6家报社联同《纽约时报》（*New York Times*）订立《纽约市综合新闻联合章程》（*General News Association of the City of New York*），成立了后被称为“纽约联合新闻社”（New York Associated Press）的新组织。联合新闻社通过迎候纽约港口的进港汽船收集国际新闻，通过电报收集来自华盛顿的新闻，并向内地报纸出售新闻，组织形态已接近公司。[④]

随着各地报纸数量增加，联合新闻社内部开始衍生出区域性下属组织，

---

① 19世纪30年代，“便士报”在美国兴起，因售价1便士而得名。此种报纸特色明显：经济上，售价便宜，采用报童沿街叫卖的发行方式，发行量大，以广告作为财源；政治上，宣称无党无派；内容上，“便士报”发明了现代“新闻”概念，新闻成为报纸的内容重心。

② “Harbor News Association Agreement, January 1, 1849,” Box 2, Folder 17, *MS Moses Sperry Beach Papers, 1848-1914: Series V, Oversize Material* 1849, Associated Press Corporate Archives, Associated Press Collections Online.

③ 迈克尔·埃默里、埃德温·埃默里等:《美国与新闻界》，第80页。

④ “The Revolution of 1893: Address of Melville E. Stone at Minneapolis, February 15, 1924,” Box 18, Folder 141, *MS Writings About the Associated Press: Series V, Melville Stone Writings, 1894-1924*, Associated Press Corporate Archives, Associated Press Collections Online.

如新英格兰联合通讯社、南部联合通讯社、西部联合通讯社等。至美国内战前，纽约以外的报纸均附属于组建“纽约联合新闻社”的7家报社。正在崛起的西部报业对此颇为不满，于1866年11月独立，成立“西部联合新闻社”（Western Associated Press）。[①] 至1882年，其他地区的报纸也纷纷建立区域性报业联合组织，彼此交换新闻。

19世纪后期，电报技术日渐成熟，成为新闻传送的稳定渠道。与此同时，各报纸竞争激烈，滥用电报、错误引导公共舆论、损害公共利益的情况令人担忧。[②] 至1892年，“纽约联合新闻社”被一位芝加哥银行家、一位电报员和纽约一家报纸的商务经理牢牢控制。这三人性格反复无常，不对任何人负责，只一心赚钱，满不在乎地向公众提供错误的信息。对心怀共和理想之公民而言，被私人利益摆布的报业是民主生活的毒素。西部新闻从业者敏锐地察觉到这一问题，决定反抗私人对新闻收集行业的控制，爆发了“1893年革命”。[③] 这场革命带来了组织性质的重大变化，西部新闻人决定建立一个全国性的、纯合作的组织，即“伊利诺伊联合新闻社”（The Associated Press of Illinois，或称伊利诺伊美联社）。创建者一代心怀公共责任，注重事实，认为理应将真相呈现在公民面前，让其形成自己的判断，实现共和国公民的自我治理。为确保新闻真实，他们选择组建合作性的报业联合组织，不设任何下属组织。由于各报社成员代表不同信仰、利益与观点，若想使各家满意，就必须提供真实准确、不偏不倚的新闻。1900年，由于州法律问题，伊利诺伊联合新闻社解散，在纽约成立“美国联合通讯社”（The Associated Press），标志着今日美联社的正式建立。由于美联社直接演变自伊利诺伊联合新闻社，继承了后者的组织核心原则和组建理念，主管人员也并未发生大的变动。因此，本文选择以1893年为起点，论述美联社国际新闻报道的专业化进程。

---

① “News-Gathering,” ca. 1900, Box 18, Folder 133, *MS Writings About the Associated Press: Series V, Melville Stone Writings, 1894–1924*, Associated Press Corporate Archives, Associated Press Collections Online.

② “History of AP from 1882–1932.”

③ “The Revolution of 1893: Address of Melville E. Stone at Minneapolis.”

二、美联社国际新闻报道的基本原则及网络搭建

伊利诺伊联合新闻社及其继替者美联社均为全国性纯合作性质的新闻收集、发布组织，没有股本、分红，各成员平摊收发新闻的费用，每周上交一定款额。由于美联社的成员拥有不同的政治、经济、宗教主张，该组织要求新闻公正、准确、避免任何偏见，能够全面反映不同观点，不带党派色彩。在此规定背后，体现着美国的共和理想：美国乃由自治的公民组成，倘若公民能够获得真相，他们就一定能形成自己的观点与判断。①

在国际新闻收集、发布领域，美联社同样将时效性、准确性、公正性确立为新闻标准。为获得符合要求的国际新闻，美联社逐步搭建起新闻采集、发布网络，建立起完备的驻外组织体系，新闻生产和制作也趋于规范，在多个方面实现了从行业向专业的迈进。

打通国际新闻收集通道是伊利诺伊联合新闻社领导关心的首要之事。新闻社取得的第一项成就即为获得了稳定的国际新闻来源。在组织成立的第二天，新上任的总经理梅尔维尔·斯通（Melville E. Stone）前往英国与路透社（Reuters）进行协商，签订交换新闻的协议。通过路透社，伊利诺伊联合新闻社也同哈瓦斯（Havas）通讯社、沃尔夫（Wolff）通讯社结为交换新闻的盟友。

依据协议，四大通讯社对世界新闻市场进行划分：伊利诺伊联合新闻社为欧洲通讯社提供美国新闻，其他通讯社则向伊利诺伊联合新闻社提供国际新闻的独家报道：路透社负责报道英帝国的新闻，哈瓦斯通讯社负责法国及其殖民地的新闻，沃尔夫通讯社则负责德国的新闻。此外，通过其他国家的小型通讯社，欧洲三家大型通讯社也掌握了世界其余地区的新闻。这项协议于1893年9月开始生效，它确立了联合新闻社在国际新闻来源上的绝对优势，切断了其竞争对手合众社（United Press）的外国新闻来源，

① "History of AP from 1882-1932."

致使后者在5年后倒闭。[①]

美联社成立之后，总经理斯通竭力在欧洲国家开辟直接的新闻渠道。美联社最初只在伦敦设有国际新闻分社（foreign agency），三大通讯社提供的外国新闻大多均经由伦敦分社传送至美国。尽管欧洲大陆的新闻稿件时而能够直接发往美国，但由于欧洲方面拖沓迟滞，常晚于经英国传送至美国的新闻。经伦敦派送的新闻往往带有英国人的好恶偏见，在很大程度上，英国人的看法塑造了美国读者的观点，偏离了美联社对于公正新闻的追求。

美西战争后，美国开始以世界强国的姿态踏上国际舞台，更加关注外部世界。欧洲大国也意识到美国的力量，更为在意美国对本国的看法，希望美国能够加深对自身的了解，进而同美国发展友好关系。驻华盛顿的各国大使纷纷建议美国通过自己的眼睛看世界，不再受英国的影响，希望美联社能向欧洲各国派遣常驻通讯员。其中，法国大使尤为不安，急于消除英国对法国形象的塑造。总经理斯通向他解释了采取从伦敦传送新闻这一方法的原因：根据美联社的经验，欧洲大陆电报员往往会拖延美联社新闻稿件的发送。他们首先发送政府消息和死讯，之后传送商务消息，最后才派发美联社的消息，需等待6—7个小时才能获得新闻。而另一种方法，即先在巴黎收集各小城市的新闻，然后通过长途电话传送到伦敦，再经海底电缆传送至美国，会远远快于从欧洲大陆传送新闻。

为了获取及时、真实的欧洲大陆新闻，斯通于1902年秋天前往欧洲，同各国政府进行协商。法国是斯通欧洲之行的第一站，他与法国外交部长德尔卡塞（Théophile Delcassé）会面，希望能够维护美国人民的自由，及时接收到客观的法国新闻。这同法方的愿望不谋而合，经德尔卡塞积极斡旋，法国政府同意为美联社提供一切合适的新闻，表示愿意回答与国家利益相关的问题。法方也承诺会加快新闻的派发速度，专门制定三种形式的电报单，给予美联社稿件优先发送权。第一种电报单在封面上印有红色十字，

① "History of the AP Foreign Service, 1938 - 1939," Box 10, Folder 52, *MS Writings About the Associated Press: Series I*, Unpublished Writings, 1941 - 2002, Associated Press Corporate Archives, Associated Press Collections Online.

并标注“美联社”，含义为发送完政府讯息后应马上派送美联社新闻。第二种在封面标注“美联社，事件紧迫（très pressé）”，含义为派送完手头的政府消息后，电报员应马上传送美联社的新闻，先于其他的政府讯息。第三种带有“美联社，急迫（urgent）”的标记，表明电报员应停止正在传送的政府消息，立刻传送美联社的新闻稿件。这项规定缩短了法国新闻的传送时间，平均21分钟即可送至美国。解决新闻时效问题后，美联社在巴黎设立了新闻分社（bureau），并雇用了一批通讯员收集当地新闻。

之后，斯通前往意大利、德国与他们的政府进行交涉，依照法国的成功经验打通了第一手新闻的获取渠道。至1903年1月1日，美联社与法、德、意达成的协议已全部生效，国际新闻收集与传输更为畅通。[1]

1905年，美联社叩开了俄国的新闻大门，不仅为美国更为世界新闻业作出了一项重大贡献。如《新英格兰人》（*The New Englander*）杂志的发行人威廉·金斯利（William L. Kingsley）所言，没有一个国家比俄国更能吸引世界的注意力。[2] 美国对于俄国具有强烈的兴趣，屡屡有人建议美联社应在圣彼得堡建立新闻分社。收集俄国新闻有其现实意义，美国人已经意识到俄国对于亚洲、欧洲乃至世界的重要性，其影响之大已无法忽视。[3] 作为受众数量高达美国人口一半的新闻社，美联社清楚地认识到其报道的新闻将会影响公共舆论。故而美联社希望通过新闻报道促进美俄两国的友好关系。但由于俄国大门紧闭，任何国家的通讯员都无法获取新闻，且俄国存在严格的新闻审查制度，收集俄国新闻困难重重。20世纪初，斯通认为时机已经成熟，决定将俄国作为国际新闻“试验”的最后一地。他同俄国官员和沙皇会面，向沙皇阐明了美联社的愿望和现存困难，并强调了收集俄

① Melville E. Stone, “The Associated Press: Its General Foreign Service,” *Century Magazine* (Part Ⅰ in Five-Part Series), April 1905, Box 18, Folder 134, MS Writings About the Associated Press: Series V, Melville Stone Writings, 1894–1924, Associated Press Corporate Archives, Associated Press Collections Online.

② 转引自 Frank A. Ninkovich, *Global Dawn: The Culture Foundation of American Internationalism, 1865–1890*, p. 117。

③ Frank A. Ninkovich, *Global Dawn: The Culture Foundation of American Internationalism, 1865–1890*, p. 117.

国新闻的重要意义。沙皇及俄国的部分官员同样认识到美俄关系的重要性，最终同意取消新闻审查制度，允许外国通讯员在俄境内采集新闻。自此之后，美联社在俄国建立了分社，通过新闻报道向美国读者展现了俄国人颇有趣味的日常生活。[①] 不久日俄战争爆发，正是由于斯通开辟了获取俄国新闻的渠道，美国公众才能知悉全天候的战争新闻。[②]

除打通欧洲新闻来源外，扩大国际新闻的收集、发布范围也被提上议程。1908 年，墨西哥、古巴两国的报纸已成为美联社成员。一战前后，更多国家的报纸表示希望进入美联社，获取国际新闻。1914 年 9 月时，时任美联社交通部门主管（Chief of Traffic Department）的肯特·库珀（Kent Cooper）收到来自布宜诺斯艾利斯《民族报》（*La Nacion*）的电报，后者表达了从美联社获取一战客观报道，避免受法德通讯社偏见影响的愿望。这一请求虽未能立即实现，但在肯特·库珀的不懈努力下，1919 年 1 月起，美联社开始向中美洲、南美洲供应新闻。[③] 在 1919 年 2 月的名录中，已有 22 家中美洲、南美洲报纸加入从美联社获取新闻的行列，囊括智利、厄瓜多尔、秘鲁、阿根廷等国。[④] 这些成员的加入不仅标志着美联社开始提供“世界性的服务”（world service），[⑤] 也为美联社开辟了新的新闻收集渠道。在中美洲、南美洲，美联社采用了国内新闻收集模式，即依靠成员提供其所在地区的新闻，作为交换，美联社为成员提供其他地区新闻。通过这种方式，美联社打破了哈瓦斯通讯社对中美洲、南美洲新闻的垄断。

经过上述努力，美联社逐渐搭建起国际新闻收集网络，为全面、准确、及时的国际新闻报道提供了信息源头的保障。同时，这一过程也反映出国

---

① 参见 Melville E. Stone, *Fifty Years a Journalist* (New York: Doubleday, Page & Company, 1921), pp. 261-278。

② “A Great Organization,” The Associated Press Service Bulletin, no. 1, 1904, Associated Press Collections Online.

③ “History of the Associated Press World Service, 1985,” Box 11, Folder 58b, MS Writings about the Associated Press: Series I, Unpublished Writings, 1941-2002, Associated Press Corporate Archives, Associated Press Collections Online.

④ “The Associated Press, February 10, 1919,” Associated Press Collections Online.

⑤ “History of the Associated Press World Service,” p. 3.

际新闻传播格局的变化：欧洲通讯社式微，美联社实力不断增强，逐渐形成以美国为核心的国际信息传播格局。在同欧洲三大通讯社签订互通有无协定之时，伊利诺伊联合新闻社尚不能与三大通讯社抗衡，不仅依靠三大通讯社获取他国新闻，其采集的美国新闻也需经外国通讯社在国外发布，没有在国外直接出售新闻的权利。而至20世纪20年代，美联社已先后打破哈瓦斯通讯社对南美洲新闻的垄断和路透社对远东新闻的垄断，获得了在南美洲国家及中国、日本等东方国家供给新闻的权利。通过对外供稿业务，美联社也将自身打造成为国际信息传播过滤器，对他国舆论产生着潜移默化的影响。

三、美联社国际新闻报道的组织保障及产制规范

随着国际新闻收集渠道的拓宽，美联社意识到有必要完善组织系统。一方面，美联社在各重要城市建立新闻分社，以便收集新闻和招募管理人员。另一方面，分社通讯员职业化程度不断提高。受过专业训练、拥有一定程度的对象国知识成为驻外通讯员的基本要求。同时，美联社也加强了对分社中外籍通讯员的指导，确保其收集的新闻有价值且能吸引美国读者。

尽管最初美联社（伊利诺伊联合新闻社）只在伦敦一地设有新闻分社，但在同三大通讯社达成新闻交换协议时，美联社就已开始向各国首都和重要城市派遣工作人员。美联社工作人员肩负两大职责：一是日常筛选、编辑新闻，二是必要时收集新闻，撰写稿件。日常工作中，工作人员负责筛选、整理三大通讯社提供的新闻，以便美国报纸报道。① 而在特定情况下，这些工作人员还需自己完成新闻收集、报道的工作。斯通曾坦言，不少外国通讯社都受到本国政府的影响，因而其提供的新闻并非总是值得信赖的。如果新闻涉及一国的国家荣誉或利益，或是可能存在党派偏见和虚假内容

① "History of the AP Foreign Service," p. 4.

时，美联社自己的工作人员就会承担起报道的责任，提供可靠的国际新闻。[①]

在与欧洲大国达成协定，直接从对象国获取第一手新闻后，美联社开始在国外建立常驻分社（regular bureau），以便传送新闻、管理工作人员。这种组织设置使美联社与国外联系更为直接，尽可能减少了英、法、德等国“黄色新闻”[②] 对美国读者的不良影响。[③] 在之后的20余年中，美联社规模日益扩大，外国分社数量不断增加。1904年时，美联社在外国仅有伦敦、柏林、巴黎、圣彼得堡、罗马、维也纳、东京7个分社。[④] 至20世纪20年代，其分社已扩展至南美洲和远东地区。[⑤] 1930年，美联社在国外已设有20个分社，分布于世界各个大洲。[⑥]

与此同时，美联社也十分注重提升通讯员的职业素养，以通讯员收集恰当新闻的能力和对重要新闻的敏锐度作为评判职业素养的标准。[⑦] 驻外通讯员分为两种，一是外派美国记者到其他国家工作，二是雇用外国当地报社记者。

外派通讯员并非寻常职位，往往经过特别挑选。富有国内报道经验、受过职业训练是最基本的门槛，驻外通讯员还须能够适应新环境，独自处理常见问题，并能应付在国内未曾遇到的问题。[⑧] 在派遣驻大国通讯员时，

---

① “Address of Melville E. Stone at the State University of Iowa, November 24, 1916,” Box 18, Folder 140, MS Writings About the Associated Press: Series V, Melville Stone Writings, 1894-1924, Associated Press Corporate Archives, Associated Press Collections Online.

② “黄色新闻”指将追求利润置于真实性和重要性之上的新闻，注重耸人听闻、人情味和读者兴趣。

③ Frank B. Noyes, “The Associated Press,” *The North America Review* 197, no. 690 (1913): 704.

④ “The Associated Press, November 1, 1904,” Associated Press Collections Online. 在1904年名录中驻外分社称为foreign offices。

⑤ “The Associated Press, May 15, 1923,” Associated Press Collections Online.

⑥ “The Associated Press, July 1, 1930,” Associated Press Collections Online.

⑦ “A Guide for Foreign Correspondents,” ca. 1930, Box 1, Folder 14, MS Miscellaneous Publications: Series I: Early Publications, 1894-1950, Associated Press Corporate Archives, Associated Press Collections Online.

⑧ “History of the AP Foreign Service,” pp. 4-5.

人员任免更为斟酌谨慎，有时要由总经理抉择，驻俄通讯员即为一例。圣彼得堡分社建立后，斯通希望安排一位机敏老练的通讯员负责分社的大小事务。最终，他决定由华盛顿分社的记者霍华德·汤普森（Howard Thompson）担任此职。汤普森精通法语，写作生动，对俄国历史抱有极大兴趣，知识渊博且审慎明断。斯通对他充满信心，并为其提供了更为深入的培训。[①] 不仅是分社负责人，美联社驻外工作人员也大都具备一定的对象国知识，往往之后成为专家。他们积极主动地搜集国际新闻，并按美国人的思维方式处理新闻。至一战时，美联社已培养出一批"心智装备优良"（mentally well-equipped）且有组织的工作人员。[②]

在这一时期，美联社的服务对象多为南美洲、北美洲报纸，这就要求其收集的新闻应对美洲有重要意义，且能吸引读者。然而，许多外国通讯员并未到过美洲，也缺乏在美联社的任职经验。为帮助外国通讯员了解工作方法，提供符合要求的新闻报道，美联社于1930年编制了一本专门针对外国通讯员的工作指南。[③]

这本指南包含诸多方面的注意事项，旨在为外国通讯员提供涵盖采集、报道、派发等多个环节的规范化指导。在新闻收集方面，外国通讯员须判断新闻是否对美洲有价值，是否能够吸引美洲读者。多数情况下，外国通讯员需以"美洲视角"（the American angle）来看待新闻，才能发掘其对美洲的意义。举例而言，如有事故发生，外国通讯员应首先调查是否有美洲人牵涉其中。如果有美洲人在事故中受伤或死亡，则应在新闻开头注出此人的全名和地址。之后，应根据涉事美洲人的地位和重要性来决定报道篇幅。为便利外国通讯员选择新闻，手册罗列了一些美国报纸愿意刊登的话题，包括国际知名的领导人物、女性（尤其是在男性领域取得成就的女性）、科学发明、涉及重大利益的经济金融新闻、重要的教育发展情况、体育新闻等。此外，美联社也建议外国通讯员与各类美洲代表建立并保持联系，以便了解美洲人的利益和兴趣所在。

---

① Melville E. Stone, *Fifty Years a Journalist*, p. 261.

② "History of the AP Foreign Service," p. 6.

③ "A Guide for Foreign Correspondents."

在新闻报道方面，美联社要求外国通讯员提供一定的背景信息，便于读者理解。美联社也要求外国通讯员细致谨慎，在新闻真实性无法完全确定，或是报道具有争议的问题时，通讯员应清晰标注新闻来源，确保新闻有据可依，体现出这一组织对于新闻真实性、准确性的重视。①

美联社驻外通讯员不同于报社的外国特派记者，各家报纸刊登国际新闻是为增加销量，谋取利润；作为非营利的合作组织，美联社旨在促进公共利益，提供公共服务。在19世纪与20世纪之交，报业的特派记者多趋于丑闻传播者的角色，热衷于谈论外国显贵们的绯闻。然而，美联社认为这些内容过于廉价，不值得报道。通讯员的能力与职业素养为自身赢得了信任与尊重，也为美联社赢得了赞赏与声誉，该组织被认为是“外国新闻报道领域中不可否认的最佳新闻收集者”。②

至于新闻内容，美联社一方面进行扩展丰富，另一方面对新闻生产、制作加以制度化规范，制定细节性要求。早期新闻收集较为简单，工作人员只需从欧洲通讯社提供的新闻稿中将重大事件挑选出来，罗列事实发回美国。20世纪后，新闻题材更为多样，呈现在美国公众面前的是多姿多彩的外部世界。1926年，时任美联社伦敦分社社长的查理斯·史密斯（Charles S. Smith）曾写道，美联社的国际新闻报道在20世纪20年代经历着“现代化”变革。外交与政治新闻愈发简洁，省去了烦冗乏味的国际法术语，只呈现出基本事实。含义模糊的旧式外交文件越来越少，欧洲的政治家开始简明扼要地表达他们的想法，这为美联社驻外通讯员提供了便利：他们只需根据官方的意思，对新闻进行翻译和摘要，避免错误解读。国际政治新闻的简化为报道更多题材的新闻提供了可能，政治议题不再垄断国际新闻报道，美国读者由此接触到更丰富的外国生活与文化。③

---

① “The News of Foreign Lands, 1909,” the Associated Press Service Bulletin, no. 21, Associated Press Collections Online.

② “The News of Foreign Lands, 1909,” the Associated Press Service Bulletin, no. 21, Associated Press Collections Online.

③ “Foreign Stories Are Being Modernized, 1926,” the Associated Press Service Bulletin, Associated Press Collections Online.

国际事务复杂虬结，1925年起，美联社开始“解读”国际新闻（interpretation of foreign news），提供更为充分的报道。“解读”并不意味着美联社放弃了客观公正的原则，而是要求提供更为详实的背景事实，使即便不了解事件起因的读者也能完全理解新闻。可以看出，美联社对新闻的界定有所扩展，拓宽的新闻观使得他们在新闻报道中融入更多外国人思考、生活、行为方式的记述，描摹出外国的真实场景，提供给读者重要且具有趣味的背景信息。①

除了“倒金字塔”式新闻导语（即何人、何事、何地、何时、何因）广泛运用于国内外新闻报道外，美联社对国际新闻稿件的架构和格式做出了细致的规定。新闻稿件应包括两大部分内容，首先应简明扼要地介绍事件，之后再报道细节，并提供必要的背景信息材料。鉴于电报费用昂贵，美联社要求通讯员语言简练，避免重复，并在简化日期标注格式等方面加以规范。②

自伊利诺伊联合新闻社组建至20世纪30年代，美联社（伊利诺伊联合新闻社）建立并不断完善国际新闻报道体系，遵奉严格标准，坚守新闻理想，国际新闻报道从由业余人员从事的行业逐步变为由专业人员主导，有组织、有内部规范的职业。同时，美联社不断丰富新闻来源，力求获取第一手国际新闻，并提供充分的事实帮助读者理解事件。种种专业化的努力力图保证美联社新闻的真实公正，也为其带来了认可与赞誉。《纽约时报》在1924年回顾美联社的进步与发展时，称赞其在不到四分之一个世纪中已发展为一个家喻户晓的国际性组织。③

四、专业化的幕后：世界图景与公共责任

19世纪末期，除美联社外，以《纽约先驱报》《芝加哥每日新闻》为

① “History of the AP Foreign Service,” p. 7.

② “A Guide for Foreign Correspondents.”

③ “24 Years of Progress for Associated Press, 1924,” the Associated Press Service Bulletin, Associated Press Collections Online.

代表的一些报纸亦加速拓展国际新闻报道业务，推动了整个行业的专业化。1879年，《芝加哥每日新闻》发行人维克多·劳森（Victor Lawson）开始进行国际新闻报道“试验”，在报纸上刊登外国新闻概要。初期，没有人对此种“试验”有十足把握。[①] 汉密尔顿在书中写道，国际新闻报道是花费最多，而大众极少感兴趣的新闻事业之一。[②] 在风险与收益之间，这批新闻从业者不惜花费高昂成本，选择投资国际新闻报道。结合前人对这一时期美国思想、文化史的考察，本文认为，世界主义思想与公共责任感为国际新闻报道的专业化进程提供了思想动因。

国际新闻报道与美国人对世界的认知有密切联系，对外部世界的好奇心是驱动新闻业发展的重要因素。镀金时代曾长期被认为是孤立主义盛行的时代，但近年来，学者们对于这一时期进行了更为深入的讨论。弗兰克·宁科维奇（Frank A. Ninkovich）指出，镀金时代为美国国际主义的扩展提供了有利的文化土壤。内战结束后，借由旅行、游记、博览会等多种形式，美国人的视阈延展拓宽，尤其是受过教育的中产阶级和上层人士逐渐摆脱地方主义思想（parochialism），对外部世界展现出愈发浓厚的兴趣。他们逐步构建出一幅宽广的世界图景：各国之间相互依存，相互影响，并将美国界定为世界中活跃且重要的参与者。[③] 与此同时，这些美国人对于其他国家的态度也在转变，先前对旧大陆的轻蔑与敌意有所减弱，上层人士的渴望如马修·阿诺德（Mathew Arnold）所言，“去了解世界上在谈论和思考的最美好的内容”。[④]

此种具有世界主义特质的思想既是国际信息、观念交流的产物，又促动着国际新闻报道的发展。报刊将世界各地的事件和思想展现在美国读者

---

① Jaci Cole and John Maxwell Hamilton, “A Natural History of Foreign Correspondence: A Study of The Chicago Daily News, 1900-1921,” pp. 156-158.

② John Maxwell Hamilton, *Journalism's Roving Eye: A History of American Foreign Reporting*, p. 460.

③ Frank A. Ninkovich, *Global Dawn: The Culture Foundation of American Internationalism, 1865-1890*, pp. 7-44.

④ Howard M. Jones, *The Age of Energy: Varieties of American Experience, 1865-1915*, p. 280.

面前，外部信息规模和种类大增，了解世界时事成为对现代人的普遍预期。[①] 这种认知增加了读者对于国际新闻的需求，越来越多的报纸愿意刊登国际新闻，为国际新闻的专业化报道创造了条件。

镀金时代精英人士的智识兴趣为国际新闻业的发展提供了思想动力，进步主义时代对外部知识的需求则提供了更强劲的推力。美西战争后，美国崛起为世界强国，尝试参与到国际事务之中，进一步思考自身在世界和现代文明中应当扮演何种角色。劳森在战争获胜后说道，美国已经进入新的时代。无论美国人愿意与否，这个国家都必须履行世界强国的职责。美国不能再无视其他国家的举动、意图及对美国的看法，必须要比过去更为了解外部世界，必须要了解其他国家发生之事的最新进展。[②]

除对自身国际地位与角色的思考外，世纪之交涌动的社会问题也促使美国人看向外部世界，以寻求解决难题和焦虑的方案。北大西洋两岸有相似的工业社会风景，焦煤城、蔓延的大都市、显著的贫富分化、新形式的苦难等正弥合着新旧世界的分别。[③] 作为改革的后来者，保有智识谦卑的美国人从欧洲各国的方案宝库中汲取着可借用的经验。

相互依存的现代世界和跨越大西洋的纽带促使美国人进一步关注外部世界，心怀公共责任感的新闻从业者则致力于将国际事件真实地展现给公众，为公共舆论、决策提供基础。在进步主义时代，美国高扬理性旗帜，对知情的公众报以十足信心，相信通过人的理性能够解决社会问题，追求社会正义，推动社会进步。作为理性决策的基础，信息不可或缺。负责提供信息的报业以呈现准确的事实为职责，以公共服务为理想，在国际新闻领域亦是如此。驻外通讯员是通讯员中的世界主义者，被称赞为记者中的

---

① Frank A. Ninkovich, Global Dawn, *The Culture Foundation of American Internationalism, 1865－1890*, p. 32.

② Charles H. Dennis, *Victor Lawson: His Time and His Work* (Chicago: The University of Chicago Press, 1935), p. 264.

③ 参见丹尼尔·罗杰斯：《大西洋的跨越：进步时代的社会政治》，吴万伟译，译林出版社，2011，第27—46页。

精英群体，在发掘事实上从不畏缩。[①]

霍恩贝格指出，英美“特派记者”偶尔能做出卓越的工作，但在塑造知情的公众这一方面，通讯社的贡献最为突出。[②] 作为美国首屈一指的大通讯社，美联社以收集、提供真实的新闻作为职业原则，这与其缔造者斯通的倡导息息相关。在斯通身上，国际意识和强烈的公共责任感得到了极佳的体现。斯通并未将目光囿于美国内部，更不以报道易谋利的煽情新闻为业。上任之初，他便积极谋求与三大通讯社签订协议，作为先驱开拓了美国国际新闻领域。在其任职的20余年中，他目光长远，对外国新闻极具敏感性，领导美联社不断完善国际新闻收集机制，为公众提供了获取外部世界知识的可靠渠道。《纽约时报》曾称赞美联社的国际新闻服务总能先于公众的需要而存在。[③]

斯通在自传前言中写道，新闻行业是最为高尚的行业之一，其对公众所承担的责任无可比拟，没有一项职业能够有如此众多的机会为公众服务。[④] 在职业生涯中，他坚守新闻业的伦理准则，被视为美国公民的最佳典范。在他看来，新闻业应报道世界各地具有道德价值的内容，而非丑闻；收集新闻的通讯社应服务于各家报社，是报社的仆人而非主人。他将美联社的通讯员视作世界历史的记载者，其所报道的新闻既是回顾过去发生的事件，又能照亮世界进步的征途。[⑤] 他对信息的力量深信不疑，坚信在民主、自治的美国，只需提供真实、准确的事实，民众就可以做出自己的判断与决策，不应向其灌输任何观点。曾任美联社董事长的弗兰克·诺伊斯（Frank Noyes）在回顾斯通的职业生涯时，对其贡献给予了充分肯定，并称其超群的才华在国际新闻领域展现得最为突出。[⑥]

美国社会学家安德鲁·阿伯特（Andrew Abbott）曾以系统视角而非个

---

① John Maxwell Hamilton, *Journalism's Roving Eye: A History of American Foreign Reporting*, p. 5.

② John Hohenberg, *Foreign Correspondence: The Great Reporters and Their Times*, p. 24.

③ “24 Years of Progress for Associated Press,” p. 16.

④ Melville E. Stone, “Pretext,” *Fifty Years a Journalist*, p. Ⅴ.

⑤ Melville E. Stone, *Fifty Years a Journalist*, p. 369.

⑥ Frank B. Noyes, “The Associated Press,” p. 703.

别视角来研究职业，提出职业系统受到内部分化和周围社会、文化环境变迁的影响。在探讨塑造职业的外部力量时，他着重分析了技术和大规模组织兴起对于职业的影响。他也注意到职业知识增长及其复杂性、对职业知识提出的新型合法性要求以及大学兴起这三个重大文化变迁，论述了新知识、新的合法性要求和新的大学对职业的重塑过程。① 阿伯特对于职业系统外部环境的考察为本文提供了另一种思考理路，即尝试从社会变迁的外部视角来解读国际新闻报道的专业化进程。

在这一时期，诸多领域都呈现出专业化趋向，哈斯克尔就曾对专业社会科学的兴起展开研究。正如威廉·古德（William Goode）所言，工业化社会实为专业化的社会。专业化不仅是一种历史现象，更是现代社会典型的特征。于美国而言，19 世纪是社会相互依存性不断强化的时期。城市化、工业化、现代化细化了社会分工，社会各部分结成相互联系、相互依赖的网络，加快了专业化进程。② 从社会变迁与转型的角度进行考察，美国国际新闻领域的专业化似是必然之势，嵌入于职业系统的专业化趋势与现代社会转型之中。

五、结语

在经历了 19 世纪末期至 20 世纪早期的专业化进程后，美国国际新闻报道体系日趋完备，组织化、职业化程度较之前显著提高，职业内部也形成了一套自我评价标准。新闻业的国际化趋向促使普利策奖单独设立了嘉奖外部事务报道的奖项，于 1929 年颁发了第一个“通讯奖”（Correspondence Award）。③ 此后，美国国际新闻报道进入黄金时期，美国也逐渐成为国际新

---

① 参见安德鲁·阿伯特：《职业系统——论专业技能的劳动分工》，李荣山译，商务印书馆，2016，pp. 210-305。

② 参见 Thomas L. Haskell, *The Emergence of Professional Social Science: the American Social Science Association and the Nineteenth-Century Crisis of Authority*, pp. 24-39。

③ Heinz-D. Fischer and Erika J. Fischer, *Complete Historical Handbook of The Pulitzer Prize System 1917-2000: Decision-Making Processes in all Award Categories Based on Unpublished Sources* (München: K. G. Säur Verlag, 2003), p. 67.

闻传播格局中的核心。

本文在探寻国际新闻报道专业化影响因素时，侧重于从美国社会思想、文化角度进行思考。前人对于这一时期世界主义、自由国际主义思想的发掘和探究给予了本文极大的启发。此种思潮推动新闻业向外部世界投射更多关注，外部新闻成为美国人获取世界知识的一个重要窗口，驻外通讯员也随之成为“世界主义者中的世界主义者”（a cosmopolitan among cosmopolitans）。①

新闻报道行业有其特殊之处。新闻业不仅是商业活动，还具有公共服务的特性，因而本文亦从新闻从业者职业理想的角度予以思考。国际新闻领域的带头人秉持着公共服务之原则，以塑造知情大众为己任，要求新闻收集、报道方式更为规范、专业。这一代新闻人“专”且“公”的特质对美国新闻业的快速发展无疑大有助益。

① Bernard C. Cohen, *The Press and Foreign Policy*, p. 17.

法国外交文件选译（六）*

吕军燕**编译

19581020，FD000090

艾森豪威尔致戴高乐的信①

（1958年10月20日）

尊敬的将军：

我认真思考了您在9月17日的信件中表达的意见。您提出了一些需要认真思考、仔细研究的问题。

您提出的关于组织自由世界防务的主要问题，也是我最担心的问题。我赞同您的看法，我们必须不断探索提高组织效率的方法。

我认为我们的看法是一致的，我们面对的威胁来自全球，我们的行动政策应该修正，以应对这种世界性威胁。我们既意识到需要更多作为，也认为部分现有政策符合这一目标。正是由于应对这种世界性威胁的必要，美国和其盟友才联合起来，以在全世界建立一些强大的阵地。美国和法国在某些组织比如北约组织及东约组织中都有紧密联系。基于同样的目的，美国还通过签订军事或双边协议，和很多其他国家联合起来。威胁不仅在于军事秩序，我们试图从中寻找结论。我们通过建立一些经济、财政、技术援助项目，帮助世界各国抵制这种破坏。

至于大西洋联盟，我认为过去两年在北约组织内有了较大的发展。北约的磋商范围也已经远远超出了欧洲界限。例如，就来自远东和近东对自

* 首都师范大学新兴交叉学科建设项目“国别区域研究”成果。首都师范大学历史学院博士研究生窦云婷协助了本文的校对工作，特此致谢。

** 吕军燕，山东青年政治学院副教授。

① 文献来源：*DDF*, 1958, Tome Ⅱ, pp. 560-561。

由世界的威胁问题，我们试图通过北约理事会来通知盟友或彼此协商。我们还通过该理事会研究关于苏联集团的共同政策。我们感觉大西洋各大国之间的磋商习惯应该更加开放，当然纯属自愿。我认为我们不能允许自己忽视这种北约组织成员国之间越来越亲密的观点交流，也不能忽视这样建立起来的更紧密的联系。

至于您向我提出的解决问题的办法，我认为关于自由世界的防务，现有方法明显需要众多北约组织内外的国家自愿合作。我们不会采纳这样的制度，即给我们的盟友和自由世界的其他国家一种印象，那就是在没有他们参与的情形下我们就做出事关我们根本利益的基本决策。对北约组织，恕我直言，为了扩大其现有行动范围，在修改北大西洋公约的操作中，在其联盟内外都存在诸多严重问题。

此外，我还要说，为了生存，我认为一个共同体组织在如此多变的形势下，应该不断发展并找到提升自我效率的方法。我已经完全准备好通过合适的途径研究此类问题。

向您献上我最诚挚的问候。

19581022，FD000091

部长办公室会议纪要①
（1958 年 10 月 22 日）

10 月 21 日 19 点 30 分，戴高乐将军应邀接见了英国大使。

格拉德温·杰布（Gladwyn Jebb）爵士向戴高乐将军递交了麦克米伦（Macmillan）② 先生的信，此信对之前戴高乐先生寄给英国首相的信以及关于组织西方防务的备忘录做了回复。

另外，英国大使向将军宣读了另一份备忘录，但并未留下文稿。其中麦克米伦先生表示愿意参加三方会谈，并支持杜勒斯（Dulles）先生在罗马向德姆维尔（Couve de Murville）先生提出的建议。③ 根据该建议，法国政府应该提交一份新文件作为秘密会谈的基础。

---

① 文献来源：*DDF*, 1958, Tome Ⅱ, pp. 564-565。

② 麦克米伦，英国首相（1957 年 1 月至 1963 年 10 月）。——编译者注

③ 美国国务卿和法国外交部长在 10 月 9 日去世的罗马教皇庇护十二世（Pope Pius Ⅻ）的葬礼上见了面。——原编译者注

戴高乐将军向格拉德温·杰布爵士答复说：

（1）他希望这份备忘录也读给德姆维尔先生听听；

（2）他毫不关心新闻界就此事发出的声音；

（3）对于杜勒斯先生和麦克米伦先生的建议，他个人足够冷静；

（4）法国从未打算中断其各类盟约，但现在的大西洋联盟已经不适合自己。在这种条件下，要么改变它，要么法国退出，在法律上或事实上，别处已有先例。总之，在未来，法国将不会再为联盟做任何事情。

戴高乐先生提醒说，麦克米伦先生曾对其声称，如果自由贸易区不能建立，那么英国也许会离开北约组织。将军向英国大使指出，如果不对北约组织进行改革，那么法国将会持有和英国同样的态度。

19581025，FD000092

肖韦尔致德姆维尔电（第3445—3447号）①

（1958年10月25日）

我参考了大使馆的新闻评论。

据我所知，《泰晤士报》和《每日电讯报》是今天早晨仅有的两家报道法国关于北约组织计划的报纸。其信息都来源于埃克哈特（Eckhardt）先生的新闻发布会②。这两份日报强调了如下观点：

（1）尽管没有来自外交部的官方声明，但可以肯定的是，德国反对这项计划。

（2）面对质询，英国外交部拒绝评价，并且对于消息的泄露感到不安。

（3）事实上，这涉及三方政策执行委员会的一项建议，其目的是扩大法国的影响，并填补华盛顿常设小组和巴黎理事会之间的缝隙。

（4）尽管这种解决方式显得令人难以接受，然而很显然，北约组织的

① 文献来源：*DDF*, 1958, Tome Ⅱ, pp. 575-576。肖韦尔（Chauvel），法国驻英国大使（1955—1962）。德姆维尔，法国外交部长（1958年6月至1968年5月）。——编译者注

② 杜塞尔多夫的独立报纸《午报》的标题为戴高乐将军建议北约组织的成员国“成立一种法—美—英三位一体联盟，作为大西洋组织的最高政治机构”。据《午报》10月24日报道，戴高乐向英美提出的三位一体联盟是一种咨询机构，并非新生事物，作为召开新闻发布会时的联盟政府新闻发言人，其作用为在组织之外拥有利益和责任的北约组织成员国可以在向北约组织提交某些问题之前彼此互相咨询。（《世界报》10月26—27日，第6页）。——原编译者注

政策缺乏和谐，西方的防务到了该统一调配的时候了。

另外，这两份报纸还详尽报道了蒙哥马利（Montgomery）将军对西方联盟效率低下的指责[①]。其措辞稍显过分，其立场也非新鲜事。我把我的新闻电报和对最高司令部前副手论点的评论交给了国防部。

19581028，FD000093

塞杜致德姆维尔电（第2483—2488号）[②]

（1958年10月28日）

阿登纳（Adenauer）[③] 总理和若克斯（Joxe）[④] 先生长时间交谈的主要内容是戴高乐将军向艾森豪威尔总统和麦克米伦先生提交的备忘录。

其会谈要点如下：

（1）总理坚持认为材料是在意大利泄露的，联邦德国政府对此事尽力保持沉默。相比某些媒体快讯刚刚发出的反面报道，他更愿意明确这种看法。

若克斯先生肯定地说，在巴黎，我们特别欣赏联邦德国政府在此形势下的态度。

（2）总理指出，如果自己没理解错的话，在与科隆贝（Colombey）会面的时候，戴高乐将军试图强调法国的世界责任，他此前并没有就三方领导权表达过如此清晰的态度。总理认为，对法国来说，这种理念具有极大的风险，因为面对英美，它处于弱势地位，三方协议必将有诸多问题。另一方面，联邦德国的公众舆论不会接受这种歧视，它会剥夺联邦德国就全球问题发表意见的机会。

（3）因为若克斯先生阐述了戴高乐将军提出其建议的深刻原因，所以阿登纳先生认为应该如此答复，他最担心的地方在于，美国人现在待在欧洲，欧洲大家庭内部的讨论可能会导致他们离开。因此，超出国家层面的某些牺牲应该是允许的。在他看来，考虑问题时，政治层面比军事和战略

---

① 显然，应该认真读读蒙哥马利元帅的声明。10月24日，他在伦敦发表讲话，也主张对大西洋联盟进行重组。——原编译者注

② 文献来源：*DDF*, 1958, Tome Ⅱ, pp. 590-591。弗朗索瓦·塞杜（François Seydoux），法国驻奥地利大使（1956—1958），法国驻联邦德国大使（1958—1962、1965—1970）。——编译者注

③ 阿登纳，联邦德国总理（1949年9月至1963年10月）。——编译者注

④ 若克斯，时任法国外交部秘书长。——编译者注

层面更有价值。

(4) 会谈过程中，阿登纳先生心中浮现出某种矛盾，因为细想若克斯先生的意见，想到美国人在近东、远东、非洲采取同样的政治行动，在大西洋公约框架内，他越是对美国的做法和政策表示满意，就越显得表情严肃。

(5) 总理对本次会谈的友好，他对其他问题所采取的态度，我们觉得都反映了他如下担忧：阿登纳先生试图显示他对三方组织机构的敌意。然而，他并没有因此排斥三方在世界事务上的一贯联系。他同时想表明，他不想让事态复杂化；最重要的是，他希望保持联系，及时磋商。

19581028，FD000094

德姆维尔致阿尔方①电（第11541—11545号）②

（1958年10月28日）

我参考了您第6313—6318号电报③。

请注意在您电报的末尾杜勒斯先生的话，“处于大西洋安全保护范围之内的非洲和中东的新国家应该参与磋商并表达他们的意见”。

我似乎感觉，国务卿有些误会。我们对北约组织军事编制的考虑，是重新整合战区和指挥权，比如将预想中的地中海战区扩展至非洲领土，那里至今未曾涉及。但这并不意味着相关国家要接受来自联盟成员的政治庇护。这仅仅表示，根据设想的军事计划，这些领土会受到重视，司令部的责任将得到加强。

① 阿尔方（Alphand），法国驻北约代表（1952—1954）、常驻联合国代表（1955）、驻美大使（1956—1965）。——编译者注

② 文献来源：*DDF*, 1958, Tome Ⅱ, pp. 592-593。

③ 10月25日电，未留存。大使表明，他当天见到了杜勒斯先生并向他解释了，如同之前给他的建议，外交部不可能给他寄第二封包含9月17日法国备忘录（前文收录，第165号文件，附件）的信的原因。法国不能给人已准备好放弃其某些最初建议的印象。如果文件公开，法国就可能被指控试图掩盖部分被报道的东西。最后，寄发一封新信完全不能保证是否会泄露，从而导致备忘录的公开。杜勒斯先生表示，改组北约组织的想法并不太令人担忧，尤其令人担忧的是，在非洲、中东的领土上扩大双方的义务，可能会使北约组织被指控在世界其他地区搞殖民化。但是国务卿同意即将开始的法美会谈，指出会谈的目标，并询问我们是否同意如下两点：(1) 可能达成的三方决议不能“强加”于北约组织合作伙伴。(2) 非洲和中东的新国家应该参与磋商并表达他们的意见。

一些涉及北非和撒哈拉的特别问题可以提出来，基于这种观点，可以考虑一些预防措施。未来有必要就此问题进行研究。

这种说明又让我注意到第二点。总体来说，我感觉杜勒斯先生向您表达敬意时，试图减少争论。这种争论不会导致北约的组织调整。其提出的问题无论是政治上，还是战略上都是基于全球计划，正是基于这个计划，三个大国才会进行组织合作。北约组织的领域，是问题的一部分，但仅仅是一部分而已。因此，需要在整体背景下讨论。

至于将决议强加于我们的合作伙伴，问题不在于此。现在没必要触及他们的权利，他们应该受到尊重。事实上很明显，三方的态度或许会强加给所有人。但也只是在事实上。

最后一点，目前来看，或许受斯巴克（Spaak）[①] 先生建议的影响，会谈倾向于限制在政治领域。或许，军事领域也很重要，它涉及整个西方核战略。问题在于在三个核大国或者很快考虑成为核大国的国家之间如何组织合作。

19581101，FD000096

塞杜致德姆维尔电（第2563—2567号）[②]

（1958年11月1日）

通过我与总理的会谈，使人毫不怀疑他对法国备忘录中提出的意见的态度。和他此前与若克斯先生的谈话（我的第2483号电报）一样，他的表态非常明确。

在他看来，西欧国家政府所担忧的，应该是不要影响北约组织的未来，以及不要主动采取可能会激怒华盛顿、促使其撤兵的措施；实际上，他们的优势力量对于大陆安全是必不可少的。这是他对戴高乐将军向艾森豪威尔总统和麦克米伦先生提出的建议的主要批评。

我相信他于此有坚定的信念，以及或无奈或理性的屈从，但是我认为，总理的态度是基于这样一个简单的担忧，即法国的计划如果付诸实施，可能会导致联邦德国在国际上的地位低于法国。

---

① 斯巴克，比利时政治家，比利时首相（1938—1939、1946—1949），北约秘书长。——编译者注

② 文献来源：*DDF*, 1958, Tome Ⅱ, pp. 616-617。

但是，阿登纳先生小心翼翼，避免（差不多如此）引起关注，我认为这是典型的德国风格。他将自己置于另一个层面上，表现出极大的无私（至少表面如此）。如他所说，9 月 17 日的信件上提出的想法必定不会成功，他既心思细密，又惴惴不安，担心引起戴高乐将军不快。

哪怕是下次的会谈，总理先生都不大可能对我们有更多的理解。

除非另有指示，我建议继续向他解释我们的意图。况且在当前形势下，重要的不是商量，而是告知。而且我感觉，尽管观点存在分歧，但是在当前形势下，阿登纳先生还是非常感谢法国政府元首随时告知他自己的意图。

19581103，FD000097

德姆维尔致阿尔方电（第 11795—11800 号）[①]

（1958 年 11 月 3 日）

我认真阅读了您的第 6425—6436 号电报[②]，并且注意到福斯特・杜勒斯先生考虑接下来就 9 月份的法国备忘录中提出的问题召开三方会谈。

不要希望这些会谈很快取得具体结论，因为目前看起来，我们的谈判对手和我们的观点相去甚远。因此在第一阶段，我觉得最主要的是要坚决保持我们之前采取的基本立场。首先要让我们的谈判对手明白提出这类建议的深刻理由。

您的电报就会谈的准备提出了几点更具体的看法。

在政治上，很显然否决权这个词（第 4 段）是不合适的，另外，我们

---

① 文献来源：*DDF*, 1958, Tome Ⅱ, pp. 620-621。

② 10 月 31 日电，未留存，本电文提及阿尔方先生就 9 月 17 日法国备忘录（前文收录，第 165 号文件，附件）的意图向杜勒斯先生做了说明。巴黎希望准备三方军事计划，得益于现代武器的打击半径，它将考虑比北约组织地图更广阔的战区。我们会就三方决议的主题和北约组织成员国沟通。这三方并无任何否决权，各国的决议自主决定。在必要的情况下，巴黎不排除走在修改大西洋公约的前面。法国政府不考虑备忘录被公开的可能；没必要为三方会谈做乱七八糟的宣传，也没必要遮遮掩掩。杜勒斯先生答复说，他倾向于公开未来的三方会谈。他意识到，这并非是北约组织的机构改革，而是设立一个三方小组，发挥突出的作用。阿尔方先生认为，这是基于三方的、更好的世界战略，以保证政治上的最优协作。大使希望法国确信其盟友在做出影响它的决策前可以和它磋商，杜勒斯先生回复他说，和法国一样，这些磋商对于其他大国来说也同样必不可少。国务卿补充道，不要忘了，美国是唯一能够面对核武器“巨额”支出的国家，而阿尔及利亚事务吸引了法国所有的注意力和大部分金钱。——原编译者注

不能否认每个人都应该对其国家政策负责。然而，我们追求的组织磋商的目标是就讨论的问题达成共同决议。不要抛开这一要点。至于其他国家，尤其是北约组织成员国，他们有质疑的权利，但是没有什么能够阻止这一目标。可能有人认为这些决议会在事实上强加给他们，类似情况在过去曾经发生过。

在军事方面，我们对当前的组织不甚满意，主要有三点理由：

（1）没有协调一致的共同战略。现有唯一的世界战略是美国的战略。在未来，三方应该合作。这一点当然符合北约组织战略，但仅仅适用于这一区域。世界上还有其他区域，印度洋、太平洋、北冰洋，也都需要进行合作。

（2）北约组织的战区和指挥区应该重新调整，尤其是在地中海地区。

（3）在北约组织的军事联合体中，法国没有它应有的位置，我们尤其必须保持自己真正的“国家”防务。我们近期在中程弹道导弹事务方面就有一个例子，他们的建议就令人难以接受。①

我向您提出的最后一点仅针对您提供的信息，相关指示随后送达。总之，应该做好修改1949年条约的准备。

再次说明，本电报提出的看法是有备无患的，其主要目的是为您11月4日的会谈提供方向。

① 1957年12月，北约组织政府首脑在巴黎开会（关于本次会议，参见*DDF*，1957-Ⅱ，第464号文件），决定将中程弹道导弹指挥权交给欧洲盟军司令部。预计导弹的引进及其使用条件将由直接相关国家通过的协议决定，核弹头的库存量也要符合北约组织的防御计划。这样也就和1958年2月22日英美缔结的协议相一致，该协议明确了导弹的供给和使用条件，并特别规定核弹头要“完全由美国所有、保管和控制”。在6月17日举行的国家防务会议上，法国明确了自己的态度：（1）法国原则上接受在其领土上部署这些导弹，条件是要参与战争的整体设计；（2）导弹部队要由法国部队操作和指挥；（3）核武器应由法国控制。就此问题，法国通过一些军事权威和诺斯塔德（Norstad）将军与美国联系，未果。——原编译者注

19581204，FD000098

德姆维尔致阿尔方电（第6980—7007号）①

（1958年12月4日）

我参考了我的第6895—6897号电报②。

根据商定，12月4日上午11时30分在国务院举行了关于审核9月17日法国备忘录的第一次三方会议。除了一些助手外，出席会议的还有美国副国务卿墨菲（Murphy）先生、英国代办胡德（Hood）勋爵及我本人。

在讨论主题内容之前，墨菲先生强调了一些程序性问题。

（1）我们审核的通稿将于当地时间晚上10点发布。国务院新闻发言人接到指示，在答复记者时要尽可能谨慎。

（2）墨菲问，随着会议的进行，我们打算采取什么程序向其他北约成员国通报信息。我回答说，我们坚持我们的立场：不必正式通知北约理事会，因为之前的备忘录也没有提交给它。尽管如此，我们认为以个人名义让伙伴们了解一下即将取得的相关成果没有坏处。不过，现在谈论这个问题为时尚早，我们要先看看会得出什么结论，然后再考虑通告他人的事情。墨菲对此表示赞同，但如果情况需要，他保留重新要求正式提交北约理事会的可能性。

（3）副国务卿问我，如何看待下一步的对话进程。我回答说，原则上，我打算征得阁下同意，在下周的最后几天动身前往巴黎。在那之前，我们还有时间再举行一两次会议。12月25日之后，有可能，甚至很有可能于北约会议间隙在巴黎恢复讨论。墨菲先生对此完全同意。

应副国务卿的要求，我随后介绍了9月17日备忘录的目的和意图。周

---

① 文献来源：*DDF*, 1958, Tome Ⅱ, pp. 802-808。

② 11月29日的电报，未转载。这封电报陈述了定于12月4日上午11时30分在墨菲先生办公室开始的三方会谈的安排：向新闻界提供公报；在会谈开始时，事先通知常驻北约理事会代表，意大利和联邦德国驻华盛顿大使；斯巴克先生将由美国驻布鲁塞尔大使亲自通知。与会者一致认为，所有交流发言应严格遵守公报要求，文稿不应转交给外国新闻界的代表，避免引起新的困境。通稿只能官宣。电报参阅了之前11月28日第6859—6860号电报，未转载。这封电报说，大使当天表示，没有什么能够阻止召开三方谈判，法国政府同意向常驻北约理事会代表通报信息的程序。杜勒斯先生随后提议12月4日召开第一次会议。——原编译者注

六，我会通过华盛顿外交邮袋给您发送概要，我从中获得了一些启发。

首先，我要提醒的是，我们即将举行的会谈在本阶段具有探讨的性质。随后，将根据各自政府的进一步指示并向军事专家征求意见后明确会谈内容。

我根据总统写给美国总统的信里的措辞指出，我们的目标是使我们的联盟变得更加协调和高效。

然而，事实是，当前的组织已经不能满足自由世界防务所需的安全条件。该公约签署时，面对的仅是一种威胁：苏联直接侵略欧洲的危险。虽然这种威胁依然存在，但不再是唯一的威胁。十年之后，全球战略形势早已发生变化。现在威胁遍及世界各地——北非、中东、黑非洲、印度洋以及太平洋。它不再局限于军事层面，而是已经扩展到政治和经济层面。

此外，破坏力强、射程远的新式武器的运用导致战略形势发生了变化，我们以前关注的区域显得过于狭小。最后，美国不再像十年前那样在这一领域保持技术垄断。1948 年签署《北大西洋公约》之前，国务卿本人就曾在参议院外交委员会的一次讲话中指出，未来很有可能需要重新审视那时可能已经过时的战略构想。

然后，我研究了我们一直在寻找的解决北约组织这些明显缺陷的方法。听了三位顾问的报告之后，我们的磋商范围扩大到公约未涵盖的地理区域。正如阁下 11 月 6 日向塞尔温·劳埃德（Selwyn Lloyd）① 先生指出的那样，我们并不反对在北约框架内继续进行这种对话，但我刚才收到的斯巴克先生 1958 年 11 月 17 日的报告表明，与会者增加到 15 名，必然会遇到磋商的困难以及审核的限制。此外，法国的方案完全属于另一性质。

另外，我承认，《东南亚集体防务条约》《巴格达条约》以及美国与一些亚洲国家之间的双边协定的签署，至少在纸面上为世界其他地区出现的新威胁设置了一些障碍。然而，尽管已经努力加强联系，但是这种协作仍然不够完善，甚至完全没有效果。

近期发生的事件也证实了我们在这方面的看法。我们不是批评去年夏天美国在中东危机和金门（Quémoy）危机中所做的决定。但事实是，在这方面，我们既没有被征求意见，也没有受邀参与评估这些军事行动给世界和平和我们自身安全可能带来的影响。

---

① 塞尔温·劳埃德，英国外交大臣（1955 年 12 月 20 日至 1960 年 7 月 27 日）。

接下来讨论我们的提案，我指出，本提案主要涉及两个问题。

第一个问题是，成立一个由美、英、法组成的机构，其目标是就全球安全问题做出共同的政治和战略决策。只有这三个国家才能做到这一点，因为它们是仅有的对全世界负责任的国家，同时很快或即将掌握所有的现代化武器。

为了应对经常出现的批评，根据您第11795—11800号电报的指示，我明确表示，不是要设立一个三方理事会。我们的目的是，就事关世界安全的所有问题进行有组织的磋商，以期找到共同的解决办法和行动计划。这三个国家在德国问题或裁军问题等专门领域内的既有成果应该推行到全世界。很明显，这种有机协商不会强制我们三个国家中的任何一方接受被认为违背其国家利益的解决办法。同样，也不存在对其他国家，如北约其他成员国施加可能违背其意愿的决定。但是，当三个大国达成一致决定后，事实上我们当然希望其他相关国家对执行共同决议的反对意见会被否决。

我们的第二个提议与第一个不可分割，它更多的是对大西洋组织的关注……[①]公约所涵盖的地区太小。应该修改军事部署，重新调整战区和指挥区。比如，在地中海防务上考虑一下非洲地区（您的第11041—11045号电报[②]）。我明确指出，我们没有看到艾森豪威尔的最新意见。绝对不能将政治保障扩大到可能对其拒绝的地区。这基本上是一个军事问题，需要听听该领域主要顾问的意见。这有可能，但没有必要导致对《北大西洋公约》的修订。

最后，我总结说，我提出的建议旨在加强联盟力量，使我们每个人都能在制定同时影响我们自身的决定方面发挥更大的作用。我们再也无法想象将所有的责任，无论是政治责任还是军事责任，都寄托在一位合作伙伴身上，尽管我们都信任他。这就是我要求合作伙伴们审议的所有问题，希望能够尽快得到他们的答复。

我陈述完毕之后，墨菲先生说，我刚才的解释无疑为辩论提供了明确的方向。事实上，在华盛顿，有人担心一个全新的组织会阻碍其他联盟的运作。另外，到目前为止，我们认为协商程序一直是广泛开放的，可以根

① 此处译码缺字。——原编译者注

② 发给华盛顿的第11042—11047号电报（而不是第11041—11045号电报）实际上是法国常驻北约理事会代表10月12日关于塞浦路斯问题的第204号电报。——原编译者注

据每个人的意愿随时展开。我们也不应该忘记，1949 年，美国在其外交政策方面取得了真正的进展，为欧洲防务提供了非常具体的保障。这不会削弱它的影响，并不涉及减少防务范围。

我回答说，我们很清楚这一点，我们仍然致力于大西洋防务工作。然而，我们意识到，在当今世界形势下，北约组织已经势力不足，我们需要扩大我们的关注范围。

英国代办接着指出，9 月 17 日备忘录的主要价值是坦率地提出了真实的问题。两年来，英国代表在各种场合声称威胁已经“全球化”。然而，根本问题在于如何为大家普遍认识到的疾病找到一剂良药。英国政府或许反对设立一个真正的理事会。他高兴地看到，这并非将决定强加给其他伙伴或者通过这三个伙伴强加给其他盟国，然而英国政府必须考虑其他国家的反应，不仅是欧洲国家，还有英联邦，特别是加拿大。如果要设立一个机构，那它无论如何都必须尽可能非正式。胡德勋爵接着问我如何设想这些磋商的实际安排。

我回答说，这纯粹是我个人的意见，从一开始我就设想在华盛顿举行磋商，我们在那里可以最方便地征求军事专家们的意见，因为他们正在那里制订最宏伟的全球战略计划，至少我们这么认为。当然，这并不妨碍根据实际需要和部长们的行程考虑三方会谈在其他地方举行。

在华盛顿举行的这些会议上，出席者有国务卿或其代表、英国和法国大使及其主要军事专家，这些军事专家隶属于参谋部。

墨菲先生和胡德勋爵随后提出了常设秘书处是否有用的问题。他还问拟签订协议的形式是什么，我们是书面承诺、交换国书还是仅仅为口头协议，我表示将向阁下提出这个问题。

然后，墨菲先生请我给出具体说明，如果我们决定明天开始磋商，那将采取何种形式。柏林方面已经有一个三方机构在运作。至于黎巴嫩或约旦，由于典型的历史遗留问题，我们如何能够于仓促之间在该地区有效确保我们彼此的协调?

我回答说，我们想避免的是，面对任何情况，都要临时考虑实际上已经决定的方案。对于世界上的所有重大问题，都需要事先考虑到可能出现的各种情况，通过共同协定，在战略、政治甚至经济方面达成一致意见。我们必须做好一切准备，从而在任何情况下都不会觉得意外。因此，我们的想法更多的是共同制订大型战略计划，而不是根据具体情况进行日常磋商。比如，难道不应该立即评估苏联对非洲的整体威胁，而不是仅仅考虑某些特定地区吗？这难道不是我们早该做、早该研究的事情吗？墨菲先生和胡德勋爵随即表达了他们对一个过于“制度化”、不加区分地扩展到全世界的体系的担忧，每次会议召集多少专家？英国代办也许不喜欢……①大张旗鼓。讨论具体问题的会议或将举行。我们暂且观察一下，是否可以讨论到更广泛的问题。

最后，墨菲先生问我，如果有必要，我们是否愿意让一个或多个直接相关国家参加我们的三方会议。

在会谈结束时，副国务卿提出了备忘录第三段提出的问题。下面这句话是什么意思：“从现在起，法国政府将用这样一个安全组织代替当前参加的北约的发展工作？”这是否有点令人不安地表明，从现在起，我们减少对大西洋组织的支持程度？如果我们不满意，我们是否打算拒绝任何协助支援北约的联合行动？不应忘记，苏联目前的主要目标是破坏大西洋堡垒。我们本想做得更好，但是却有可能会破坏或瓦解当前的既有成果。

我回答说，正如我在会谈开始时所说的那样，我们的目的是加强我们的联盟。当然，我们并没有固执地试图改变目前的程序。然而，我们认为，在目前的情况下，北约原则上无法完成赋予它的任务（我们希望，我们提出的想法会得到合作伙伴的支持，除非我们别无选择并试图建立一个更好的机构，否则我们会诉诸第 12 条的修改程序）。

然而，墨菲和胡德勋爵指出，北约目前不是一个世界组织，而是一个区域防务机构。即便我们希望三方能够更好地协调全球战略计划，但他们不清楚废除一项至少有存在价值的公约有何意义。这或许是下一次对话中需要厘清的一点。

结束对上述电报的总结，为了能够在下周早些时候重启三方会谈，请您尽快就以下几点做出指示：

（1）我们达成的协议必须要用书面形式吗？

（2）是否要成立秘书处？

（3）是否确定原则上将在华盛顿举行大使级会议，并有我们的最高级别军方人员参加？

（4）如果情况需要，是否可以邀请其他国家加入？

① 此处译码缺字。——原编译者注

(5) 我们现在是应该坚持全球协商，还是应该先通过对目标问题的初步研究来检验这种三方协商?

最后，请您对备忘录第 GE 段[①]做出明确解释。目前，我们的合作伙伴对这一段话不甚理解。在此对您表示感谢。

19581210，FD000099

阿尔方致德姆维尔电（第 7105—7120 号）[②]

（1958 年 12 月 10 日）

我参考了第 6980 号及其后续电报，以及您的第 13394—13400 号电报[③]。

12 月 10 日下午，在国务院召开了第二次三方会议。墨菲先生和麦克布赖德（McBride）先生代表美方，哈罗德·卡恰（Harold Caccia）爵士和胡德勋爵代表英方。

根据上面提及的您所发电报中的指示，我指出，我方已就 12 月 4 日提出的问题进行研究，但是在两个要点没有澄清之前不可能给予他们明确的答复。

首先，必须要清楚，面对世界和平受到的威胁，我们是否能就确立一个共同行动纲领达成一致，使我们能够在政治和经济领域恢复主动，而不是像现在这样，面对苏联各自为战，对其行动实施为时已晚的报复。

其次，根据共同制订的战略计划，当出现军事冲突的威胁时，三个西方大国必须能够立即做出反应。

这两种情况都要求我们加强合作，形成长久的、有组织的和谐关系。

我补充说，接下来的其他问题更容易解决，但是首先要就基本原则达

① 指 9 月 17 日的法国备忘录。然而，第 GE 段意义何在？——原编译者注

② 文献来源：*DDF*, 1958, Tome Ⅱ, pp. 833-836。

③ 也是 12 月 4 日电，未留存。部长认为，三个西方政府在“探索性”会谈初期的协商目标，应该是两个原则问题。有无可能建立一个西方行动计划，解决世界性的、影响和平的问题？因此，巴黎建议调整欠发达国家的社会经济发展计划，采取面对面的共同政治态度，而不是面对苏联或明或暗的动作处于一盘散沙的状态。在世界某些地区爆发军事冲突的情况下，三个西方大国有无可能在战略上统一行动，以符合预先的准备计划？这是做出使用核武器的决定之前首先要考虑的问题。如果这两个问题得到积极的答复，那么哪些机构去负责是之后要讨论的问题。只有上面提及的问题得到解决之后，才会考虑北约组织战略区域向非洲和中东扩张的主要问题。——原编译者注

成一致。

哈罗德·卡恰爵士首先承认，提出的议题触及了问题的核心。他认为有必要首先列出需要重点解决的问题清单，并且必须考虑现实情况。在墨菲先生的支持下，他举例说明了对欠发达国家的援助绝非一片空白。联合国、科伦坡计划组织、国际银行和国际货币基金组织以及美洲国家组织都有自己的援助方式。我们是否在不考虑现有机制的情况下建立一个新的特设委员会？他本人不这么认为。

墨菲先生补充说，美国每年向欠发达国家提供的援助约为40亿美元，他们将继续努力。他不认为我们会对美国的互助计划做出评判。

英国大使进一步指出，在制订欠发达国家的经济和社会发展共同计划时，不仅要考虑受援国名单，更应考虑资源来源。制定共同政策必须考虑这一关键因素。

我回答说，我们并非企图抹杀过去。我们知道英国和美国在这方面做了什么。而我方所做的事情已经表明，尤其是在我们的非洲领地上，我们并非对这一问题漠不关心，按比例来说，我们在这方面的经济负担是世界上最高的。但是在当前情况下，问题并不在于列出一个已经做了什么或正在做什么的清单。根据目前的经验，我们应该评估不足之处，制订联合方案，努力协调我们的行动。如同在前面提及的援助案例中，迄今为止，我们多是被动、仓促地应对苏联的一些手段。

另外，这种努力不应局限于经济领域。我们在德国事务或裁军等政治问题上也存在合作。

但是，除了这几点之外，我们还必须注意到，目前盟军没有任何总体计划，这是我们当前应该寻求建设的内容。

在指出我们之间随时存在基于双边或三方的合作的可能性之后，墨菲先生认为，西方国家在政治上总是受到苏联的操纵。我们过去不是主动帮助建立德意志联邦共和国吗？马歇尔计划难道不是西方的倡议然后立即被苏联集团抄袭吗？最后，捷克斯洛伐克事件和柏林封锁催生了一些军事协议，比如北大西洋公约组织，但这些建设都属于西方的功劳。

我没有否认这些例子的价值，但我明确表示，过去的例外现在应该变成规则。对于一些不可预知的地方事件，在不能判断其可能影响范围的情况下，我们有必要制定一些基于连续数据的行动总方针。那么，如果某个具体事件发生的话，我们就更容易知道做什么以及怎么做。而我们之前采取的是相反的方法。

哈罗德·卡恰爵士和墨菲先生再次试图让我明确我们设想的机制的性质和我们希望达成的协议的形式，我重申，谈这些问题为时尚早，重要的是我们首先要就第一项原则达成一致。

随后讨论了三方战略计划的制订。

这时，英国大使再次表示，有必要首先由军事专家起草一份计划清单，该清单包含已经开展的工作。至于核武器的使用，他特别指出，这主要是一个政治问题，因为归根结底，在现行制度下、大西洋地区之外，还不是只有美国总统能决定吗？

作为回应，我明确表示，当然必须考虑已经开展的工作，尽管除了大西洋本身的防务外，我们对现有计划知之甚少。然而自现在起，必须要考虑将北约组织战略区域扩大到非洲和地中海的可能性。

哈罗德·卡恰爵士举了伊朗的例子。当然有必要讨论苏联对这个国家的威胁。但是巴格达条约做了细致的工作，考虑到了各种可能发生的情况。

如果我们之间开始讨论伊朗局势，是否有必要召集伊朗或将此事提交当地条约专家？另外我们是否可以保证，当这个国家得知在其不知情的情况下，除了自己还有其他人关心其命运时它会感到高兴？

墨菲先生在这一点上对英国大使表示支持。他另外补充说，在内部计划方面，除非征求美国不同组织和机构的意见，否则除了我们三个国家外联盟内的国家均不能做出任何决定。我接受这一观点，并补充说，在我看来这不是一个我们应该了解的问题。虽然确实应该进行一切可能的咨询，并考虑利益各方的愿望和要求，但原则上必须得出对我们具有决定性意义的结论，作为我们今后联合行动的框架。

在会谈结束时，两位代表向我保证，他们的意见不应被解读为由于还存在有待解决的问题他们的政府就不同意合作，这是为了确保西方世界内部的更大凝聚力。当然，为了实现共同目标，我们还要确定最有效的方法。

在本次会谈中，我们的对手试图提出以下四个问题：

（1）无论是在政治协调还是在制订战略计划时，真的不会忽视已经取得的成就吗？

（2）首先在这两个专题下列出需要解决的具体问题，以避免讨论陷入过于理论化的领域，这难道不合适吗？

（3）当问题特别涉及某一特定国家的领土时，是否应利用现有的组织和公约？

（4）一项可能涵盖全世界、涉及所有政治和战略问题的行动或研究计划是否过于雄心勃勃，是否会产生一个极其臃肿、效率可疑的机构？

我们的谈判对手希望下周在巴黎就整个问题由各代表团团长展开最高级别讨论。届时，一旦制定总体准则，就有可能于1月初在华盛顿恢复对话。

19590609，FD000029

阿尔方致德姆维尔电（第2808—2812号）[①]

（1959年6月9日）

6月9日，我与诺斯塔德将军会晤，我在另一封电报中对此做了汇报，他当时刚刚结束在参议院拨款委员会的长时间质询。委员们都读过今天早上的报纸，他们一直在问他关于原子弹库存和9个空军中队撤离的问题[②]。他得悉，大多数问题和回答都不会记录在案，但是他想告诉我从这场事关我们利益的辩论中获得的个人感受。

参议员们接受撤军，并建议撤到美国，从他们漠不关心的态度来看，我们对建立库存的拒绝可能令北约比美国更加难受。

新闻解读引发的舆论（我的2800号电报）[③] 源于发言人不要损害法美关系、保持联盟凝聚力的声明：他们可能担心更激烈的评论和反应。他本人在电话中受到众议院拨款委员会一些成员的责怪，昨天（星期一），在新闻发布前，他向众议院证明之前没有影射此事。

我提醒诺斯塔德将军，我们认为，一个合格的联盟的条件是，当世界

① 文献来源：*DDF*, 1959, Tome Ⅰ, pp. 787-788。

② 《东方共和报》援引《华盛顿邮报》的消息称，6月7日，欧洲盟军最高总司令诺斯塔德将军决定从法国逐步撤出驻扎在那里的所有美国轰炸机。次日，欧洲盟军最高司令部对此做了澄清，诺斯塔德将军期待与法国政府“就北约组织驻法国武装部队作战武器的各个方面”达成协议，为确保驻扎在法国领土上的北约组织“空军部队的效率而考虑一些措施是很自然的”。在这场争论之后，法国政府首次公开表示，它不打算“对北约组织做出新的承诺”，也就是说，正式拒绝在其地面上安装发射台（“国防部新闻发言人回答关于原子能库存问题的指南”，1959年6月9日使用）。——原编译者注

③ 同为6月9日，未转载（新闻分析）。——原编译者注

某地发生冲突时，如果有必要，是否能够让我们共同做出使用核武器的决定。在这一点得到满足之前，除非我们能够对之控制，否则我们不可能同意在我们的土地上储存这种炮弹。

诺斯塔德将军回答说，在《北大西洋公约》覆盖的地区，法国可根据现行规则参与可能爆发的核战争。我回答说，由于威胁是全球性的，我们能否参与决策的问题必须在所有可能的战区得到解决。

我补充说，另外让我们感到遗憾的是，面对我们的明确请求，美国没有任何解释就拒绝了向我们提供连俄罗斯人都知道的制造核武器的秘密。

诺斯塔德将军当时告诉我，在他看来，由于担心我们获得好处，国会将比以往更不愿意修改核秘密限制交换的立法："美国的孤立主义可能再次出现。我们必须尽一切努力防止这种悲剧发生。"

我已经指出，这样的发展对美国本身来说是灾难性的。我们要改变的不是联盟，而是它的一些形式和规则，只有这样，我们才能变得更加强大和团结。

诺斯塔德将军希望戴高乐将军和艾森豪威尔总统能够会面。但他认为，白宫方面必须为此精心准备。①

19591110，FD000074

德勒斯②致德姆维尔电（第291号）③

（1959年11月10日）

我参考了我之前的电报④。

1959年11月10日在理事会上发表的关于法国从北约撤出地中海舰队

---

① 6月10日，大使在第2823号电报（未转载）中回顾了他前一天与诺斯塔德将军的会晤，诺斯塔德将军向阿尔方先生告知了以下指示，这些指示将不会通知北约理事会：（1）五角大楼要求他把9个空军中队中的3个撤到美国，但他拒绝了。（2）他打算在英国和德国分别建立6个和3个空军中队，将3个相对落后的中队撤出德国；（3）他会确保部队调动不会过于匆忙。——原编译者注

② 德勒斯（De Leusse），法国常驻北约代表（1959年）。——编译者注

③ 文献来源：*DDF*, 1959, Tome Ⅱ, pp. 538-539。德勒斯（De Leusse）。

④ 同样在11月10日，德勒斯先生的第290号电报（未转载）宣布，在当天的全体会议上，北约组织理事会审议了常设小组10月2日关于法国从北约撤出地中海舰队后果的报告（S. G. M. 569-59号文件）。他介绍了法国代表在会上所做的发言，该发言载于下文转载的第291号电报。——原编译者注

的声明全文如下：

法国政府认为，在军事结构和大西洋联盟的战略构想中，法国的某些基本利益没有得到充分考虑①，特别是在非洲。另外，法国舰队在地中海执行战时任务的优先次序问题超出了联盟的地理、政治和军事范围。

常设小组仅在北约组织框架内分析了法国政府在SGM-569-59文件中对该舰队所做安排的后果。

正如我国常驻小组军事代表所强调的那样，法国的决定是在面对全球威胁时的更广泛、更现实的防御框架内做出的，目的是确保和保持海军在应对联盟任务或国家任务方面的灵活性。

军事手段继续保持，在数量和质量上都不会降低，法国对共同防务的参与也不会因此而减少。

法国极为重视其在地中海的往来安全，显示了它打击海上任何威胁并维持足够战力的决心。

此外，显然有必要缔结合作协定，以确保我们和盟军部队之间的最佳效率。为此，谈判已经开始并将在常设小组内继续进行。

19591119，FD000075

阿尔方②致德姆维尔电（第5556—5557号）③

（1959年11月19日）

11月19日，斯巴克先生与赫脱（Herter）④ 先生和狄龙（Dillon）⑤ 先生分别进行了各半小时的谈话。

（1）在与赫脱先生的谈话中，北约组织秘书长斯巴克先生警告说，过分强调当前表面的国际缓和局势非常危险。他要求赫脱先生在即将于巴黎举行的部长级会议上澄清，美国在欧洲的承诺不会改变。他认为，欧洲盟友现在需要的是“领导能力”。

根据参加会晤的国务院官员的说法，赫脱先生向斯巴克先生做了保证。

---

① 在页边空白处，打了问号。——原编译者注

② 事实上，电报上写着“S. S.”（意为没有签名）。——原编译者注

③ 文献来源：*DDF*, 1959, Tome Ⅱ, pp. 583-584。

④ 赫脱，美国国务卿（1959年4月至1961年1月）。——编译者注

⑤ 狄龙，美国副国务卿（1958—1960）。——编译者注

（2）与狄龙先生会面时，斯巴克先生指出，欧洲国家的经济状况在过去几个月里有了很大的改善，但不应草率地得出可以放心地减少对欧洲的军事援助的结论。

狄龙先生答复说，美国政府不会考虑此类强硬措施，并确认“优先购买美国货”的条款只会适用于“开发贷款基金”下的款项。

19591211，FD000076

德姆维尔致阿尔方电（第14159—14162号）[①]

（1959年12月11日）

在12月10日举行的北约组织军事委员会第二十三次会议上，特文宁(Twining)[②]将军就北约防务实现有效提升的障碍发表了一项声明。

我将此声明总结如下，供您参考，然后随下一个外交邮袋发送给您原文。这份声明是对法国政策的一次极其激烈的攻击，涉及：

（1）原子弹库存以及空军部队集中于法国本土之外的机场，是个薄弱环节，必须对这些部队的部署及未来利用进行新的研究；

（2）组织防空一体化失败迫使美国政府更加理性地提供资源和援助，以提高防空效率；

（3）地中海舰队以及法国的决定损害了集体安全原则。

特文宁将军呼吁其同事尽力使人明白，“在某些情况下，政府应根据军事现实修正甚至完全改变其政治评估”。

北约组织内的美国人在这一声明上不够慎重，美联社发自巴黎的一则电讯特别提及此事。来自华盛顿的另一份由海托华（Hightower）先生签发的电讯宣称，赫脱先生计划下周处理这些问题。

我向北约的美国代表团就这些轻率行为表示抗议，应我的要求，斯巴克先生决定，北约新闻处在评论中仅需说明，军事委员会会议保密，片面、轻率的报道只会使人对正在进行的辩论产生误解。美国国防部新闻发言人

---

① 文献来源：*DDF*, 1959, Tome Ⅱ, pp. 704-705。

② 特文宁，美国参谋长联席会议主席（1957—1960）。——编译者注

也将采取同样的姿态。①

最后，斯巴克先生于周六下午 12 时召集各代表团团长，向他们通报这一事件。

我会随时通知您这件事情的进展。②

19591217，FD000077

政治部备忘录

防务问题的状态③

（1959 年 12 月 17 日）

法国和美国主要关心的防务问题如下：

1. 中程弹道导弹的部署和原子能储存问题

根据 1957 年 12 月在巴黎召开的北约组织成员国政府首脑会议的决定（参考公报第 20 和 21 条）以及军事委员会批准的关于盟军部队级别的文件（军事委员会第 70 号），美国提出向法国提供中程弹道导弹的建议，并向法国提交了一份关于在其领土上部署原子弹仓库以服务驻法美军和法国战术航空轰炸机的协定草案。根据《麦克马洪法案》，控制和保管这些仓库仍然

---

① 同一天，政治部的一份备忘录（未转载）对特文宁将军的声明发表了评论，特别是呼吁军方向政府论证，政府应根据军事现实修正甚至完全改变其政治评估，这"是对一个联盟成员国政府决策机制前所未有的干涉"，"美国政府内部正在组织应对"。问题是，它是否只是通过寻找某种解释作为解决办法，还是屈服于一种从未衡量过后果的情绪恶劣的运动，或者这是一项旨在掩盖其部队开始撤出欧洲的操作。唯一的结果是将下一次北约会议变成以"法国危机"为主题的会议，这项倡议的领导人是在鼓动苏联的计谋。——原编译者注

② 12 月 16 日，在北约理事会全体会议上，武装部长吉约马（Guillaumat）先生对特文宁将军予以反驳。吉约马先生指出，民主政府的军事首脑对政府的态度说三道四是不寻常的。因此，"法国政府不能接受通过一个友好结盟国家的参谋长的声音邀请在不久的将来调整其政策"。法国部长补充说，法国的政策绝不是"不合作的政策"。"法国与大西洋联盟利益攸关，一直致力于北约区域内的密切合作，类似的合作在邻近区域并不常见。然而，北约地区的秩序和安全与邻近区域的安全密不可分"。吉约马邀请整个北约理事会联合抗议新闻界直接或间接地拿到军事委员会的审议（12 月 16 日，常驻代表电报，第 360 号，未被保留）。然而，美国国防部长托马斯·盖茨（Thomas Gates）先生应该是赞同特文宁将军的声明。前一天，赫脱先生强调了一体化的必要性，重申了政府打算履行其所有义务的保证，但又声称欧洲的经济活力正在恢复，是时候承担更大份额的共同防务负担了。——原编译者注

③ 文献来源：*DDF*, 1959, Tome Ⅱ, pp. 736-738。

是美国的责任。欧洲盟军最高总司令只有在两国政府同意的情况下才能下令将这些武器移交部队，其使用也将遵从欧洲盟军最高总司令的命令。[①]

法国做出的决定是，在华盛顿政府对1958年9月20日的备忘录[②]做出积极答复之前，不会就美国的这些要求给予任何回应。1959年6月11日，我国驻北约理事会代表就此问题做了说明。[③]

戴高乐将军在1959年10月6日给美国总统的信中表明了在储存问题上的立场：只有在美国政府接受发动核战争时双方共同决定的原则的情况下，才有可能达成协议。

由于无法在美国空军中队所在的法国基地附近部署原子弹仓库，负责在欧洲实施防务计划的诺斯塔德将军决定将其所有空军部队转移至联邦德国和英国，那里已经建立了必要的库存，这项工作将于1月15日完成。

此外，1959年11月19日，美国向法国提出了一项关于我国驻联邦德国和北约部队储存和使用核武器的协定。法国政府原则上赞成该协定。相关部门目前正在研究其细节。

2. 空军防务一体化问题

1957年12月的北约公报（第2条）指出，需要“尽可能推进”一体化建设，特别是在防空领域。

军事委员会对这一问题进行了研究，在一份名为军事委员会54/1（MC. 54/1）的文件中提出了一些建议。为了支持一体化，委员会强调了技术革命（提高攻击手段的速度）。委员会认为，除非几乎立即发出警报和开火决定，否则不可能确保防御。美国和欧洲盟军最高司令部一直在推动这一进程，我们的欧洲伙伴紧随其后。法国政府则拒绝一体化，而是提倡彼此协调，要求对以下具体问题进行研究：防空部队的参战规则；和平时期开火权的下放；公海海域的涵盖（国防委员会1959年1月7日的决定）。

---

① 文件说明：应当注意的是，美国与意大利和土耳其签订了此类协议，尤其明确规定了这些库存或装备将按照欧洲盟军最高总司令的计划使用。在与英国的协议中，监管条款相同，但欧洲司令不干预目标选择或使用决定，这部分内容可能是由英国皇家空军轰炸机司令部（Bomber Command Britannique）和美国战略空军司令部（S. A. C.）之间的协议规定的。关于英美协定，参见*DDF*，1958-Ⅱ，第19号文件（注释）。——原编译者注

② 实际上指1958年9月17日的法国备忘录，转载于*DDF*，1958-Ⅱ，第165号文件（附件）。——原编译者注

③ 根据1959年6月9日的指示：*DDF*，1959-Ⅰ，第338号文件（注释）。——原编译者注

鉴于我们的意见，欧洲盟军最高司令部在推进“防空一体化”进程中将对这一问题重新研究。从法国的角度来看，在坚持我们开火权立场的同时，似乎有可能接受前线地区的警报系统一体化，形成前后方地区国家防空的紧密联系。

3. 地中海上的海军合作问题

1959 年 3 月 6 日，我国常驻北约代表向北约理事会主席宣布，法国决定收回地中海舰队的法国领导权。

戴高乐将军在 1959 年 10 月 6 日给艾森豪威尔总统的信中评论了撤军的原因，并表示愿意委托常设小组研究法国舰队与北约地中海司令部海军合作的条件。

1959 年 12 月 10 日，法国常驻小组代表热莱将军接到指示，向常设小组转达我们对地中海海军合作的设想。

热莱将军的美国同行认为，合作协议不应该由常设小组而应由盟军司令部组织谈判。

4. 武器生产的问题

1957 年 12 月，艾森豪威尔总统就曾表示，他的国家愿意帮助欧洲强国生产现代武器。

虽然某些项目（布雷盖轰炸机、霍克战斗机）获得了美国的财政和技术援助，但我们仍然不清楚美国在欧洲生产中程火箭的意图。

一个非正式工作组在北约召开会议，在美国分管生产的副国务卿积极协助下对这一问题进行研究。

首先，有关国家和北约军事当局对该武器的特性（射程和服役日期）的分歧得到解决。我们现在不知道美国是否会有该计划的后续行动。美国国防部长在北约辩论期间（12 月 16 日）[①] 声称，政府正在认真研究此事。

5. 核潜艇的问题

尽管这是一个需要通过双边协议解决的问题，但是在北约理事会上，艾森豪威尔总统于 1957 年 12 月表示，美国可以向其盟国提供核潜艇反应堆。

法国政府通过努力才达成了一项为陆上样机提供核燃料的协议。

---

① 本次辩论期间，法国和美国产生了一些分歧。参见上文第 276 号文件（及注释）。——原编译者注

19600401，FD000239

戴高乐和赫鲁晓夫在朗布依埃的会谈[①]

(1960年4月1日)

参加人员：

法方：戴高乐将军，德勃雷先生（Debré）[②]

苏方：赫鲁晓夫（Khrouchtchev）先生，柯西金（Kossyguine）先生

非常机密。

戴高乐将军告诉与会人员，赫鲁晓夫主席和他谈了诸多问题，最后谈的是德国问题。戴高乐将军认为，这个国家的命运似乎并不令人羡慕。

赫鲁晓夫先生认为，德国对此负有很大责任，其实这个国家已经从战争中恢复过来，它并未遭受过度的伤害。

柯西金先生赞同这一观点。

然而，戴高乐将军认为，德国遭受了严重的伤害。许多德国人在战争中丧生，特别是死于俄国人之手。这个国家被一分为二；没有首都，也没有实现统一。

德勃雷先生认为，事实上，德国现在已经没了。

戴高乐将军补充说，在这种情况下，他对赫鲁晓夫先生时常对德国问题表现的关注感到惊讶。

赫鲁晓夫先生明确指出，他并不担心德国会进攻苏联，而是担心它会进行挑衅，从而可能引发一场可怕的战争。因此，他认为必须结束一直公开存在的战争状态。

戴高乐将军指出，他已就德国问题向苏方解释了法国的立场。简言之，他认为，如果苏联愿意争取时间，那就能为解决德国问题创造一种更有利的新环境，可以节省两年时间来重新研究这个问题。然而，他指出，赫鲁晓夫先生非常重视，即便只有与联邦德国签署和平条约的可能性。因此，困难可以预见。

在柯西金先生的协助下，赫鲁晓夫先生同意适时创造一种更轻松的气

① 文献来源：*DDF*, 1960, Tome Ⅰ, pp. 384-393。

② 德勃雷，法国总理（1959—1962）。——编译者注

氛，并寻求协商解决德国问题的方法。赫鲁晓夫先生强调说，可以在首脑会议上商定一项临时协议，以确保两年的缓冲时间，但他补充说要强调这项协议的临时性。

德勃雷先生指出，在某种意义上，维持德国目前的局势对苏联和法国来说是一种保障。

赫鲁晓夫先生表示，苏联和法国在德国问题上的立场即便不完全一致，但基本上也很相近。但是，苏联非常重视实现当前状况的正常化，这是其立场与法国之间唯一的重要区别。

德勃雷先生承认，目前的不正常局势或许是困难的源头，但是人们不想利用这种局势制造分歧，这就使得我们认为这种局势所带来的只是相对潜在的危险。

戴高乐将军指出，关键问题是实现东欧和西欧之间的谅解。因此，西欧必须存在；它必须包括一个未被毁掉的联邦德国。他认为这事关法国和苏联的共同利益。

*

谈到欠发达国家的问题，戴高乐将军强调，他首次注意到赫鲁晓夫先生关于裁军的新建议，即如果达成裁军协定，就必须将一定比例的节余用于发展中国家。他还注意到，赫鲁晓夫先生打算在该领域开展东西方合作，逐步解决实际问题。

德勃雷先生提醒说，戴高乐将军已经提出过类似的建议①。

*

在谈到为某些国家供应武器的问题时，戴高乐将军提到了赫鲁晓夫先生向他讲的一个情况：1955 年赫鲁晓夫先生访问英国时与塞尔温·劳埃德先生举行了会谈。英国国务大臣赞成就停止为埃及、也门和叙利亚等国供应武器达成协议，但认为继续为伊朗、土耳其和伊拉克供应武器很有必要，

---

① 在 1959 年 3 月 25 日的新闻发布会上（参见 *DDF*，1959－Ⅰ，第 211 号文件，注释），将军建议四个大国共同努力，加快落后国家的经济发展，并将此列入首脑会议的议程。筹备会议的西方工作组对这一问题进行了讨论，但由于美国对苏联的不信任，这一建议未得到支持。——原编译者注

这些国家当时属于英国势力范围。在这种情况下，显然无法达成协议。

德勃雷先生强调重启该问题的重要性，建议签订一项协议，不仅停止向中东，而且停止向东方以及非洲国家供应武器。

戴高乐将军指出，这种协议对于就裁军问题取得一致意见是很重要的。

德勃雷先生认为，大国停止供应武器相当于裁军措施。

赫鲁晓夫先生同意这一点，并将很高兴按照上述思路研究这些建议，当然，应该根据这些建议建立一个平等的、涵盖全球各集团的制度。

德勃雷先生指出，这个条件显然很有必要。

赫鲁晓夫先生明确指出，英国人应该遵守这个协议的条款。他讲到，在英国和塞尔温·劳埃德先生乘车出行时，劳埃德先生说："一只小鸟偷偷告诉我，苏联准备为也门供应武器。"

赫鲁晓夫先生回答说："许多小鸟早就告诉我，英国人一直为土耳其和伊拉克供应武器。"

德勃雷先生说，可以在首脑会议上详细审议武器供应问题。

赫鲁晓夫先生认为这个问题非常重要。如果各个大国就解决问题的必要性达成一致，那么苏联肯定会加入其中。

柯西金先生指出，苏联与法国在这个问题上观点相似。

德勃雷先生强调，对欠发达国家的援助愿望与援助的主要形式是武器供应这一事实之间存在着明显的矛盾，供应武器就是煽动这些国家对邻国采取侵略性态度。

赫鲁晓夫先生同意这一点。他还指出，武器供应正在削弱接受国的经济。事实上，使用武器需要士兵，这会进一步减少这些国家用于发展的资源。

德勃雷先生补充说，在这种衍生的局势下，这些国家唯一的出路就是攻击邻国。

柯西金先生甚至指出，供应武器的目的就是让这些国家破产。

戴高乐将军提到，一方面有些国家有着悠久的传统和坚定的政治人格，比如土耳其；另一方面有些国家局势不稳，摇摆不定。或许可以对它们进行区分。我们或许应该考虑，这两种情况并不完全相同。

他又认为，几个大国可以研究一下禁止向所有东方国家供应武器的建议。

赫鲁晓夫先生认为，土耳其确实有一项针对苏联的明确政策。

他希望改善与土耳其的关系并指出双方已经达成协议，根据协议，土耳其总理将于7月访问苏联[①]。他甚至不知道为什么这项协议没有公布。得益于两国领导人建立的个人关系，这次访问将有助于改善两国关系。在他和他的同事看来，斯大林在针对土耳其的政策上犯了一个错误。他不应该废除两国之间长期存在的友好协议；也不应该鼓励格鲁吉亚民族主义者，给人留下一种印象，那就是苏联谋取对土耳其，特别是埃尔泽鲁姆地区的领土主张。诚然，格鲁吉亚和土耳其之间的边界现在与之前不同，但不可能永远考虑过去的争端，这只会增加担忧和紧张情绪。

即将发布的反对这一政策主张的公开声明可能有助于改善苏土关系。

*

戴高乐将军强调，苏联是一个非常强大和土地广袤的国家，拥有一系列“卫星国”。即便其主观上并不好战或具备侵略性，也很难避免其他国家对它的关切。解决此类问题的唯一良方是建立欧洲均势。

赫鲁晓夫先生指出，一项以实现均势为基本目标的政策的缺点在于，这种均势可能会被与敌对势力有关的微小变化所破坏，可能会导致灾难的发生。这一点很危险。

例如，我们怎么能确定，一名西方飞行员驾驶一架装载原子弹的飞机无视指示，不会主动向苏联投射装载的炸弹？这将导致一场可怕的战争。

同样，我们永远不能绝对确保，一个正操作原子弹发射架的苏联小组，失去耐心时不会违反命令，不去按下致命的按钮。

戴高乐将军认为赫鲁晓夫先生说的完全有道理，但不应认为一项均势政策就会导致两个充满敌意的集团出现。

无论如何，必须要裁军。他本人打算向首脑会议提出一项裁军协定，首先应用于核领域、火箭和飞机等“原子材料装载工具”领域，以及可用于导弹发射或飞机起飞的地面或浮动基地。他认为这是基本要求。

他说，法国并不想获得核武器。但它迫于无奈，因为其他国家拥有核武器，这主要是为了确保它在大西洋联盟内的自主地位。

赫鲁晓夫先生说，他的国家已为接受严格的裁军规则做好准备，因为

① 4月12日，土耳其和苏联发表公报，宣布两国政府首脑将进行正式互访并展开多轮会谈，以改善安卡拉和莫斯科之间的关系。——原编译者注

它真诚地希望能确保和平。

他私下告诉法方人员，苏联军队从装备常规武器和轰炸机过渡为装备导弹，因此节省了大量资金，因为导弹比轰炸机便宜，几乎不需要维护。

然而，他主张裁军不是出于经济原因，主要是出于人类和人道主义原因。

他强调，即便是突然袭击，也不可能摧毁所有的发射基地。榨干经济，然后让各国承受一场新的毁灭性战争的负担，有什么意义？

最后，他声称被法国从火箭和原子武器领域开始裁军的理念所打动。他觉得这个想法很有道理，表示赞同。

柯西金先生提及这样一个事实，即和以往任何战争相比，现代战争都具有无与伦比的破坏性，而且会对作战部队和军队后方造成同样巨大的破坏。

赫鲁晓夫先生问戴高乐将军是否看过美国和英国在核实验中录制的影像。苏联政府通过安放在屏蔽体后面的摄像机拍摄了一定数量的核实验，并在胶片上记录了爆炸对民用和军事目标以及动物造成的毁灭。这部影像的观感非常可怕。他准备在戴高乐将军访问苏联时播放给他看。

柯西金先生强调，无论在何种情况下发动突然袭击，袭击者都必然会受到毁灭性反击。其优势和胜利仅能持续几分钟而已。

*

戴高乐将军最后谈到了非洲问题。他向赫鲁晓夫先生解释了对阿尔及利亚政策。他没有提出任何问题，但他认为赫鲁晓夫先生知悉和理解这项政策有好处。

关于整个非洲，特别是撒哈拉沙漠以南的非洲，赫鲁晓夫先生说，他一点也不反对法兰西共同体。

将军请德勃雷先生概述一下法国的非洲政策，也提一下几内亚问题。

德勃雷先生说，由于历史的要求，法国自几代人以来占领的非洲所有地区，无论是黑人还是白人，都需要进行非常深刻的变革。但这种变革只有在法国国内政权稳定的情况下才能实现。然而，自战争以来权力的持续不稳定浪费了大量时间。如果戴高乐将军在1950—1952年掌权，法国、突尼斯以及摩洛哥之间的关系变化就会面对不同的形势。缺乏稳定的政策导致了拖延、犹豫不决，在某个时候，法国让出了一切。摩洛哥的变化清楚地表明，在法国离开后，另一个国家填补了这一空白。如果几年前法国政局稳定，一些关系，特别是美国与摩洛哥关系的发展就会截然不同。

戴高乐将军重新执政后，非洲绝大部分地区的局势并不太严重，但在某些情况下，局势非常微妙。法国的努力分两个阶段进行。第一阶段始于1958年底，第二阶段刚刚开始。

在第一阶段，法国致力于使非洲人民意识到有机会建立自己的组织机构，并尽快培养出有能力的领导者。在11个非洲国家——其中一些国家的经济状况令人满意，一些国家的经济状况则不够稳定——以及马达加斯加这项政策持续推行，几乎所有国家的领导人都声称自己的威望与日俱增。

第二阶段刚刚开始，还将持续大约一年，其特点是非洲国家获得独立和国际主权。我们是从最先进的国家——指那些拥有特别有能力的政治领导人的国家——开始。连接这些国家与法国关系的结构正逐渐实现全面变化：之前，法国与这些国家之间的关系皆遵从法国单方面的规则，而法国目前正在与这些非洲国家缔结合同关系，并与它们签署条约，马里和马达加斯加已经开始这一进程。这些国家的独立是约定的；成立组织机构需要几周或几个月时间，之后法国与这些国家将基于合同处理彼此的关系。

法兰西共同体则不再是法国既定规则的传声筒，而是受法国与各个非洲国家平等条约的支配。不同国家的个体诉求差异很可能导致与法国的不同关系，因为每个国家不一定采用相同的规则。

最后必须指出，某些国家的经济资源和人力资源都很有限，有时很难找到有资格的领导人。

因此，戴高乐将军打算鼓励这些非洲国家在西非和赤道非洲实现某种整合。一旦这种整合完成，其他国家就可以像之前与马里和马达加斯加谈判的那样准许获得独立。

当然，这样的政策对法国来说代价高昂。人们甚至会奇怪这个国家出于何种理由努力让如此遥远的国家与它维持联系。一方面，存在着传统利益和历史利益；不要忘记，塞内加尔自17世纪以来就与法国有着联系；18世纪以来，法国在马达加斯加存在利益；有关国家的人民坚定对法友好。另一方面，存在着重要的政治利益。如果法国的既定努力不能实现，新独立的国家肯定很快会寻求其他国家的支持。这或许会导致一种新形式的保护国，无助于确保世界均势。

德勃雷先生对此不想再多说什么，但如果法国在那里不再发挥作用，那他对撒哈拉沙漠以南的非洲将面临的局势深感担忧。诚然，赫鲁晓夫主席指出了某种均势政策的危险性，特别是强调了这种方式可能引发冲突的事情。但也必须强调某些失衡的严重性。如果法国不能保持其在非洲的地位，就会出现严重的失衡。通过允诺新的非洲国家独立，法国避免使这种独立成为动乱、竞争和冲突的源头。

*

关于几内亚问题，德勃雷先生提醒说，赫鲁晓夫先生认识塞古·杜尔(Sékou Touré)。1958年，塞古·杜尔拒绝加入法兰西共同体。这是他的权利。

然而，几内亚目前的形势令法国感到忧虑。法国对其国内形势变化爱莫能助，丝毫也不想恢复曾给予它的自由。因此，法国不会干预其内部事务。但是，涉及外部事态，鉴于法国为非洲所做的努力，它必须予以关注的事实是，几内亚领导人通过其言行似乎正在利用自己的独立来威胁邻国甚至距离更远的国家。塞古·杜尔在非洲国家，主要是法语非洲和其他国家，引发了一股寻求美国援助的潮流。这样，非洲西海岸形成了类似于中东的局势。

与塞古·杜尔在华盛顿和莫斯科的声明相反，[①] 法国从未拒绝与他恢复接触。早在1958年，我们就表示愿意在新的基础上与几内亚建立关系。塞古·杜尔要么拒绝了这些提议，要么附加了一些令人无法接受的条件。这种情况目前仍未改变，法国对此感到遗憾。该地区既有外国势力出现的危险，也存在冲突的可能，这种情况令人担忧。

戴高乐将军指出，几内亚本身不是一个重要的国家。问题的严重性在于其产生的危害，在于正在形成新的竞争，尤其是一方面求助美国，另一方面求助苏联而造成的危险竞争。

赫鲁晓夫先生对上述清晰的阐述完全理解。他重申了苏联反对殖民制度的原则。不过，如果一些前殖民国家只是提前引发了被殖民国家必然出现的暴力，他则不会反对这种政策，并以理解的态度看待它。苏联不想参与破坏在这种情况下形成的东西，而且它非常理解法国在这些地区的既得

---

① 几内亚国家元首自1959年10月25日起开始持续访问美国、英国、德意志联邦共和国、苏联、捷克斯洛伐克和摩洛哥。关于本次行程参见*DDF*，1959-Ⅱ，第264号文件。——原编译者注

利益。

他承认，俄罗斯过去也扮演过殖民者的角色，尤其是在中亚地区。然而，苏联已经彻底改变了这一政策。沙邦-戴尔马（Chaban-Delmas）先生访问了中亚诸国，见到了那里的改变。如果法国也能这样做，他会感到高兴。这是形式和实质上的根本变化。虽然他对德勃雷先生阐述的政策表示理解，但他强调，一项政策的声明与该政策的实际执行之间总是存在差异。

苏联对法国在非洲政策的立场将取决于法国政策的实施方式。

他并不想干涉法国内政，但他仍然认为，当胡志明上台并希望印度支那留在法国联盟内时，法国在越南问题上犯了一个错误。之后是一场持续了七年的血腥战争。目前，越南民主共和国是独立的，而越南共和国则转由美国统治。法国在越南失去了一切。希望其在非洲能吸取前车之鉴。对基于戴高乐宣言的后续政策，苏联无论现在还是将来，都会表达最充分的理解和信任①。

赫鲁晓夫先生另外指出，这不是个人观点，而是柯西金及其他苏联部长的观点。

*

关于几内亚，赫鲁晓夫先生对那里的主要形势知之甚少。他确实见过塞古·杜尔先生一次，当时在高加索度假时杜尔先生拜访了他。这是个年轻人，言语颇有攻击性，似乎认为他的一众谈话对象作为老年人过于稳重。赫鲁晓夫先生告诉他，年轻人的极端看法是否正确，只有在未来才能得到证明。他虽不缺乏思路和学识，但是比较偏激，听不进别人给他的意见。此外，他没有向赫鲁晓夫先生征求意见，赫鲁晓夫先生也没有给他任何意见。

戴高乐将军指出，塞古·杜尔先生要的不是意见，是帮助。

德勃雷先生说，塞古·杜尔的学识应归功于法国。

赫鲁晓夫先生回到越南问题上说，胡志明想留在法国联盟内，苏联表示同意。

---

① 1959年9月16日（*DDF*，1959-Ⅱ，第132号文件，注释）。1960年1月29日，在“街垒周”结束时，将军重申了他的阿尔及利亚政策（《1960政治年鉴》，第280—281页）。——原编译者注

此外，苏联从不反对几内亚成为法兰西共同体的成员。

戴高乐将军指出，几内亚早就和法兰西共同体无关了。

在征得戴高乐将军允许对法国政策小小批评一下之后，赫鲁晓夫先生说，在他看来，几内亚独立时，法国犯了一个错误。法国在经济和政治上采取了镇压措施（柯西金先生表示赞同），召回了在几内亚的法国高级管理人员，清算了银行账户，并最终切断了与几内亚的联系，这一政策无异于将几内亚从法国驱逐出去。

面对几内亚公投结果造成的冲击，赫鲁晓夫先生当然理解法国的反应，但他认为，该政策对法国造成了伤害。

戴高乐将军认为恰恰相反，法国并没有完全远离几内亚。法国教师一直在这个国家授课，法国以高价从几内亚购买花生和咖啡，向几内亚提供了大量财政援助，法铝集团（Péchiney）对那里的铝业进行了巨额投资。

赫鲁晓夫先生认为高于世界市场价格购买原材料不合情理。苏联的所有采购都依据世界行情，这是体现产品价值的最公平尺度。

赫鲁晓夫先生说，塞古·杜尔好像说过，他要努力改善与法国的关系。

德勃雷先生讲述了法国最近努力帮助几内亚的两个具体例子：

为稳定几内亚经济，法国最近为其提供了大量资金。其结果是，一个月前几内亚进行货币改革时不守承诺，截留了大量法国法郎。而仅仅几天前，作为共同体成员国的一些非洲国家向法国提出抗议，理由是法国增加了对几内亚咖啡的采购。这些采购是为了避免几内亚经济状况恶化，却导致法国在其他共同体成员国的采购减少。最后必须指出，法国高级管理人员和资本的撤出归因于塞古·杜尔的恫吓。

德勃雷先生重申，几内亚本身的问题是次要的，问题的严重性在于围绕该国产生的竞争。

赫鲁晓夫先生理解这种看法。苏联确实向几内亚提供了经济援助，他忘记数额了，柯西金先生也忘了。但是他记得，主要是通过提供拖拉机帮助该国农业发展，扶持成立一个理工学院，根据专家调研在某个地方建立一家工厂。苏联与其他不发达国家，特别是印度和缅甸也缔结了类似协议。

如果法国想替代苏联提供这种援助，苏联非常欢迎，它可以将节省的资金用于自己的经济建设。

除上述情况外，苏联与几内亚没有其他联系。关于该国的内部演变，赫鲁晓夫先生不甚了解，而且他也不如法方更有权力做出判断。

*

戴高乐将军谈到了和平利用原子能领域的合作。他提起赫鲁晓夫先生曾经问过，欧洲原子能共同体协议是否影响法国和苏联在这一领域的合作政策。

他答复赫鲁晓夫先生说，表面上看，情况并非如此。

德勃雷先生证实，1957 年条约并不限制与第三国在原子能领域展开不同层次的合作。

他派人仔细研究过这个问题：在这方面法国只需履行一项义务：当法国与第三国在涉及欧洲原子能共同体援助领域缔结协议时，应将其与第三国缔结的协议内容告知欧洲原子能共同体。这种唯一的要求极为少见。除此之外，法国仅需告知协议的存在，无需披露协议内容。

柯西金先生问，法国具体从欧洲原子能共同体得到了何种援助。

德勃雷先生回答说，欧洲原子能共同体的唯一价值来自法国。

赫鲁晓夫先生明确指出，他欢迎签订科学合作协议，前提是协议的条款对双方要平等。苏联高度重视法国在科学技术领域取得的成就。

当然，他对原子爆炸的态度众人皆知，但他想谈的是一般性科学技术。

能够制造原子弹，建设雷诺—弗兰这样的工厂，特别是喷气式客机“快帆”的诞生意味着法国在众多领域取得了一系列重大技术成果，这都足以证明法国的科技成就和知识水平。

苏联愿意在这些领域与法国展开合作。

柯西金先生说，叶梅利亚诺夫（Emelianov）教授之前告诉他，和平利用原子能领域的协议即将签署。当天晚上，协议的文本即可定稿。

赫鲁晓夫指出，该协议尚未签署，但是谈判进展顺利。

*

戴高乐将军提到次日的行程安排：先由马尔罗（Malraux）先生陪同参观凡尔赛宫，之后举行午餐会，下午继续会谈，总统、德勃雷先生、柯西金先生、外交部长和大使们参加会谈。会上确定公报措辞。

戴高乐将军提醒说，赫鲁晓夫先生将于周六下午召开新闻发布会，随后发表广播电视讲话。

*

最后，赫鲁晓夫先生提出，四国首脑在首脑会议上谈到德国问题时，最好听听两德代表的意见。

戴高乐将军指出，首脑会议必须在四国首脑之间举行。他知道在日内瓦听取了两位德国代表的发言，但他不认为格罗提渥（Grotewohl）先生和阿登纳总理同时出席能取得令人满意的结果。这是我们四个人的工作。

德勃雷先生指出，特别是联邦德国不应参加首脑会议。但是法国在会议召开之前将征求联邦德国的意见。

赫鲁晓夫先生表示，他考虑听取两德代表的意见，只是为了讨论德国问题，但他不会坚持自己的提议。

会谈于 19 时 15 分结束①。

19600405，FD000211

政治部纪要②

戴高乐将军文件初稿

（出访美国）③

美国关于裁军方面的立场

（1960 年 4 月 5 日）

美国国内舆论和主管部门之间的意见分歧说明了美国确定裁军政策的艰难。为确定美国在日内瓦举行的十国会议上的立场而设立的特设专家委员会（Coolidge Commission）只得出了消极的结论。既要考虑到盟国的建议，又要表达五角大楼对真正裁军协议的敌意，最后，国务院被要求见机行事。

尽管美国的想法具有妥协性，但我们可以从中看出一些基本倾向：

---

① 《文件纪要》：译员：斯塔霍维奇（Stakhovitch）先生，布萨罗夫（Boussarov）先生。——原编译者注

② 文献来源：*DDF*, 1960, Tome Ⅰ, pp. 413－415。这份文件由外交部秘书让·莫雷尔（Jean Morel）先生起草，手稿上写着：经吕塞（Lucet）批准。

③ 将军原定于 4 月 22 日抵达华盛顿，29 日离开美国。关于本次出访，参见下文，第 182 号文件。——原编译者注

1. 对核裁军的反感

美国的第一个计划几乎没有实质的核裁军措施。如果因为顾及法国的异议而对其进行修改，那么此类修改更多体现为希望获得我们的支持，而不是美国立场的实质性改变。

美国只支持对军用卫星采取措施，因为从本质上来说，禁止这些武器使它们受益是因为苏联在这方面具备优势。

2. 优先考虑常规裁军

尽管朱尔·莫克（Jules Moch）① 先生表示反对，但美国驻日内瓦代表仍然提议将苏联和美国的兵力减少到每国 250 万人。

3. 优先考虑监督措施

美国代表团准备寻求就部分裁军措施达成协议，前提是要事先建立监督机制。

4. 推进裁军不要急于求成

美国政府认为，在执行约定措施时必须先检验苏联的信用，然后才能考虑进入下一阶段，这一要求可以提前规避可能的习惯性拖延。

最后，阿尔方（Alphand）先生指出，美国对“诺斯塔德”计划重新产生了兴趣，众所周知，该计划打算建立一个不涉及任何裁军措施的监督区域②。应当指出，正是应法国代表团的要求，删除了美国第一计划中的“地理区域”概念。

总之，美国主要关注的是不接受任何可能危及美国和西方安全的裁军措施。他们的态度体现了对苏联建议的不够信任，尤其是当他们知道自己在火箭和卫星等关键武器领域落后时就更加心存疑虑。另外，国务院意识到不可能采取完全消极的立场。

---

① 朱尔·莫克，法国驻联合国裁军审议委员会代表（1951—1960）。——编译者注

② 4 月 4 日，阿尔方先生和副国务卿麦钱特（Merchant）就这一问题举行了会谈。大使提醒对方，巴黎方面认为任何建议如果不涉及整个欧洲的控制权都是危险的，理由是：联邦德国与北约关系松散，最终导致了腊帕茨基（Rapacki）计划的产生。十国集团拒绝裁而不督或者督而不裁，向赫鲁晓夫提出了一项以第二种方案为基础的计划，为其抨击西方的信任提供了武器（4 月 4 日华盛顿第 1885—1887 号电，未保留）。国务院同意阿尔方先生的意见：法国政府拒绝在分裂的德国、波兰和捷克斯洛伐克建立一个安全区的原则；欧洲的安全区应该从大西洋延伸到乌拉尔山（4 月 5 日华盛顿第 4709—4710 号电，未转载）［关于诺斯塔德计划，参见下文第 160 号文件（及注释）］。——原编译者注

无论如何，为确保维持和平和保卫西方，美国政府现在似乎更相信威慑所带来的均势，而不是在裁军方面取得进展。

（裁军 DT/1.）

19600408，FD000212

政治部纪要[①]

（东欧事务处）

美国关于在欧洲建立监督区的建议

（1960 年 4 月 8 日）

美国政府刚刚向法国政府提交研究的在欧洲建立一个武器监督和限制区的建议[②]是诺斯塔德将军提出的，他负责此事已有一段时间。

诺斯塔德将军非常清楚，在欧洲大陆建立一个安全区的建议会激起一些西方政府，特别是法国和联邦德国政府的反对，因为这与解决基本政治问题尤其是德国统一问题没有密切联系。反对意见涉及两个范畴：

—— 在政治层面上，统一与安全之间的任何中断都意味着西方承认东欧的现状，特别是两个德国的存在现状。

—— 在军事层面上，安全区的建立可能导致欧洲大陆中立化、大西洋体系在该地区的逐渐弱化以及英美军队的撤出，而作为目前不安全根源的大陆分裂问题却得不到解决。因此，它只能在全面军备管控限制协议的框架内设计。

因此，诺斯塔德将军试图绕过这些反对意见，使他的建议更显适度，

① 文献来源：*DDF*, 1960, Tome Ⅰ, pp. 444-445。

② 4 月 6 日，美国驻巴黎大使向总理提交了一份备忘录，提议在西欧某区域建立一个军备监督、控制体系。霍顿（Houghton）先生告诉德勃雷先生，艾森豪威尔总统希望就这个问题与戴高乐将军会谈。此外，4 月 4 日和 7 日，阿尔方先生与麦钱特先生就这一问题展开对话；向他通报了法方对美国提案的反对意见。副国务卿指出，其政府希望在首脑会议上向赫鲁晓夫先生提交这样一个计划。艾森豪威尔总统由此会见了阿登纳总理，后者对此表示反对；但是，如美国政府所愿，冯·布伦塔诺（Von Brentano）先生同意将议案提交给欧洲盟军最高总司令征求意见，等同交给诺斯塔德将军（4 月 8 日东欧事务处未保留，标题与此处转载的备注相同）。事实上，正如本备注所述，这项建议由诺斯塔德将军本人提出，其文本“诺斯塔德计划”转载于前文第 157 号文件（附件）。——原编译者注

既不在军事层面上“脱离接触”，也不要求西方放弃基本政治立场。

所以，今天由美国政府推出的诺斯塔德计划不像是一项限制计划，更不用说削减武装部队和军备了。只进行监督和控制，防止意外袭击，他企图以此逃避类似腊帕茨基计划所引起的批评，声称丝毫不削弱西方的军事部署，也不涉及任何政治让步。

根据该计划，监督将由联合小组进行，包括地面机动小组和空中侦察；他们可支配交叉雷达站；他们可交换关于部队调动和军事设施的可核查信息；但是，他们不能检查核设备或核仓库。诺斯塔德将军认为，这样一个系统将为防止突然袭击提供强有力的保障，和已经拥有更广泛信息手段的东方相比，他将为西方提供更大的优势。

该计划提议将大西洋和乌拉尔之间的区域作为最大监督和控制区，将两德、波兰、捷克斯洛伐克、比荷卢三国和丹麦至少一部分地区作为最小监督和控制区。提到大西洋和乌拉尔的边界显然是为了满足法国政府的要求。另外，该计划的制订者小心翼翼地强调，他们认为，该计划避免了对民主德国的侦察。因此，联合小组将不会向华沙条约组织汇报。

19600411，FD000213

政治部纪要①

(1960 年 4 月 11 日)

截至 4 月 11 日，正在日内瓦进行的裁军谈判②几乎完全陷入僵局。

在第一阶段的会议上，西方人要求俄国人阐明苏联的裁军计划③。俄国人则依葫芦画瓢予以反击。

从上周的情况来看，如果双方都坚持最初的立场，那就不可能取得任何进展。

---

① 文献来源：*DDF*, 1960, Tome Ⅰ, pp. 450-451。夏尔·吕塞（Charles Lucet）先生。

② 指 3 月 15 日至 4 月 29 日在日内瓦举行的十国裁军委员会会议。——原编译者注

③ 指赫鲁晓夫先生 1959 年 9 月 18 日提交联合国大会的计划（*DDF*，1959-Ⅱ，第 149 号文件，注释）。1960 年 4 月 8 日，东方集团五国代表提出了一项提案，其中包含“全面彻底”裁军的“原则”：外交部，《十国裁军委员会裁军会议文件》（1960 年 3 月 15 日至 4 月 29 日，日内瓦），《法国文献》，1960 年，第 20—21 页。文件解析参见《1960 政治年鉴》，第 451 页。——原编译者注

事实上，本周早些时候，朱尔·莫克代表他的同事拒绝了苏联的计划，认为其完全不可接受。他特别强调，如果不充分明确监督问题，在四年期限内实现全面彻底裁军的愿望就会落空。

两天后，佐林（Zorine）[1] 先生措辞明确地拒绝了西方的计划，他指责其未规定任何期限，算不上裁军计划。

然而，苏联代表在会议上表示，俄国人准备将核裁军的开始日期提前。类似安排可以作为第一阶段的内容，而不是第三阶段的内容。

此外，苏联代表又主动接受了一项建议，这项建议是由一些西方代表以个人身份而非正式提出的。

据苏联代表意见，将以去年年底联合国一致通过的决议的措辞为基础，在序言中界定“全面彻底裁军”的含义。如果四年内能完成所有工作，将在随后的阶段部分执行具体措施。

遗憾的是，苏联代表继续坚持认为，赫鲁晓夫计划中的所有预计措施都应列入序言部分，包括基地、军队和参谋部的撤销等。

即便西方人接受“全面彻底裁军”一词，尽管这与美国意见相左，但是就这些原则的定义与苏联达成一致的愿望也会落空。

另外，我方指出，如果第三阶段的安排原样写入序言，那么前两个阶段的进程就会终止，正是这两个阶段能有效禁止用于军事目的的裂变材料的生产，但不包括销毁储存。

在这种情况下，除非部长们另有指示，否则指望日内瓦代表团在首脑会议之前取得实质性进展无异于白费力气。

开了几次的会议因复活节假期而中断，日内瓦会议将延长到 4 月 25 日左右，到 6 月初首脑会议之后再重启会谈。

美国国务卿故弄玄虚地在华盛顿声称，俄国人提议的休会时间太长，美国人坚决反对。事实上，西方和东方的代表都同意这一点，伊顿（Eaton）[2] 先生言辞激烈地否认了国务卿这一令人遗憾的声明。

---

① 佐林，苏联外交部副部长（1960 年）。——编译者注

② 伊顿，美国金融家。——编译者注

19600420，FD000215

吕塞[1]致莫克函[2]

（1960年4月20日）

团长先生，

在4月18日与若克斯（Joxe）先生的交谈中，您让我们说明，兵员上限与武器总额之间的关系是否理论上应以75万人或100万人计算。

正如顾夫·德姆维尔先生在3月28日的信中告诉您的那样，之所以要提出这个问题，似乎是要采取您首先提到的立场：拒绝以阿尔及利亚行动为理由将目前的兵员数量固定下来。

也就是说，在保证基本储备的情况下，为了便于计算，应保留75万人。我咨询过参谋部，他们认为军备许可的百分比可以根据这个数字和专家提供的基数直接确定。

当然，在目前的情况下，这种计算仍然完全是理论性的，因为与您提出的第三种方法不同，兵员总数只能在政府决定的日期才能确定。

我想这也回答了您向我们问的第一个问题。

第二个问题，关于美国可能拥有的浓缩铀或钚的库存量，我们已要求原子能委员会至少提供一些粗略的估计数额。

总统先生，请接受我最诚挚的敬意。

19600421，FD000216

莫克致德姆维尔电（第494—499号）[3]

（1960年4月21日）

由于奥姆斯比-戈尔（Ormsby-Gore）[4]先生曾表达当面交谈的愿望，于是今天，4月21日，我们在奥尔默（Ormeaux）别墅[5]共进午餐。他的发言

① 吕塞，法国外交部政治司司长（1960）。——编译者注

② 文献来源：*DDF*, 1960, Tome Ⅰ, pp. 504-505。

③ 文献来源：*DDF*, 1960, Tome Ⅰ, pp. 506-508。

④ 奥姆斯比-戈尔，英国外交大臣（1957—1961）。——编译者注

⑤ 日内瓦市郊的奥尔默别墅，联合国欧洲办事处及设在瑞士城的诸国际组织的法国常驻代表住所。朱尔·莫克曾在那里居住。——原编译者注

概述如下：

(1) 美国人简直将我们置于糟糕的境地。首先，他们实际上删除了西方计划中唯一有实效的第三阶段。其次，在每一次会议上，他们都强调取自前两个阶段的一些具体措施，孤立陈述这些措施显然不够充分。他们从来不提基地问题和火箭问题。显然，只有这些领域的条款涵盖在内时，苏联才会考虑核裁军。东方集团刚刚就所有这些问题提出了几点看法，特别是佐林先生今天上午发表了富有机智的讲话。①

(2) 美国政府和驻日内瓦代表都没有任何指望。美国现任政府在11月选举之前彻底瘫痪。其行动上近乎教条的克制导致了现在的状况。奥姆斯比-戈尔说，一个奇怪的事实是，这个世界上最富有、最强大的国家目前正处于“悲观意志”的边缘。

对伊顿先生也不要有任何期待。且不管他品行如何，这是一个优柔寡断、性情反复的谈判对手，时时变换立场，喜怒无常甚至歇斯底里，他丝毫不会试图主动让国务秘书处做出合理的改变。

(3) 但当前其他西方国家不可能与美国分道扬镳。我们昨天在起草原则声明草案时做出了让步，之前就应该想到这一点。不过我们现在面临的不是绝对的不妥协，而是对我们真正利益的无知。在法兰西共和国总统访问美国、首脑会议举办前夕，西方人之间毫不掩饰的分裂将产生最坏的影响。

我们应该接受华盛顿提出的原则声明草案。同样，关于紧急措施草案：奥姆斯比-戈尔先生希望原则声明生效前他的仓库能够尽可能拖延一段时间，但认为努力将声明完善后必须予以接受。

(4) 前一天，奥姆斯比-戈尔先生与佐林先生及其主要副手罗什钦(Rochtchine)先生进行了长时间的特别会谈。他发现佐林先生根本不愿意让步。佐林先生不承认西方的计划。如果不同时解决核武器运载工具的问题，包括在外国领土上的基地，他不会接受停止生产裂变材料及开始库存转换。外国基地也算运输工具，因为它缩短了运输距离，可以使用更小型

① 佐林先生在4月20日会议上发表的讲话中批评了3月16日的西方计划（关于该计划，参见前文第119号文件），称该计划旨在控制军备，而不是真正的裁军。此外，裁减军事编制将释放出一定数量的常规武器，必须予以销毁。最后，他提醒说，苏联在1月份已经决定18个月内遣散120万人。——原编译者注

的运载工具。

在基地问题上，他同意在第一阶段撤离其中一些，下一阶段再撤离剩余部分。

（5）另外，奥姆斯比-戈尔先生对我谈到，英国放弃了威慑政策，他们放弃了制造火箭，并且他一直期待与法国进行空中（项目）合作，尤其是在超音速商用飞机领域的合作。桑兹（Sandys）先生也表示赞同。

19600602，FD000226

德让[①]致德姆维尔电（第2198—2203号）[②]

（1960年6月2日）

（1）今天上午，6月2日，葛罗米柯（Gromyko）先生召见我，向我转交赫鲁晓夫先生今天就裁军问题致戴高乐将军的信函。随函附一份8页的印刷文件，也是6月2日的，题为《苏联政府关于全面彻底裁军协定基本条款》的提案[③]。

葛罗米柯先生告诉我，类似信函今天已经或将向十国委员会成员国政府代表及其他政府发出。我知道印度大使业已被接见。

苏联政府或许从明天起公布各种信息和附件。

（2）赫鲁晓夫先生在给共和国总统的信中强调，全面彻底裁军仍然是当今最重要的问题。

苏联政府为巴黎会议准备了一些提案，这些提案就是赫鲁晓夫先生去年9月在联合国大会上提出的方案。[④] 为此，它早就研究了其合作伙伴的一些想法，特别是法国政府关于自开始就清除核武器运载工具的建议。它还

---

① 德让，法国驻苏联大使（1955年12月至1964年2月）。——编译者注

② 文献来源：*DDF*, 1960, Tome Ⅰ, pp. 752-754。这封电报发自日内瓦（裁军会议法国代表团），参见第156—161号文件。德让（Dejean）。

③ “提案”的全文已于6月2日通过莫斯科第2221号电报送交，未转载。关于出版物汇编的参考资料，参见下文第248号文件（注释）。——原编译者注

④ *DDF*, 1959-Ⅱ, 第149号文件（注释）。

考虑到其他国家政府在十国委员会工作期间提出的一些提案[①]。遗憾的是，苏联政府编写的文件未能在巴黎提交。

苏联政府决定继续其和平共处政策，今天向所有国家政府提交议案，供其审议，因为它确信这些提案符合联合国大会1959年11月20日的决议[②]。

苏联政府首脑特别提请戴高乐将军注意这样一个事实，本文件考虑从第一阶段开始对所有核武器运载工具进行清理，这自然会涉及建在外国领土上的外国基地。

其他阶段预计会禁止生产核武器和彻底销毁国家战争机器。

苏联政府认为，这些建议应该，特别是在十国委员会，进行充分研究。

赫鲁晓夫先生特别强调，其政府严重怀疑西方列强的裁军意愿。他们向委员会提出的计划不能被视为裁军计划。这些大国仍然试图监督。

最后，赫鲁晓夫先生说，苏联政府的提案旨在利于和促进就当前主要问题达成协议，他希望能够得到法国政府的理解和支持。

（3）我将在下一次休假时转交苏联外交部长给我的信及文件的译文。

（4）苏联政府首脑本人很可能会于明天上午11时在克里姆林宫举行的新闻发布会上对新提案发表评论。

19600602，FD000227

德让致德姆维尔电（第2207—2220号）[③]

（1960年6月2日）

以下是赫鲁晓夫先生6月2日致戴高乐将军的信函的译文，原件于6月3日从莫斯科寄往办公厅。

总统先生，

我谨就全面彻底裁军问题向您致函，这是当今世界面临的最重要问题。在当今原子、宇宙火箭和电子的世纪，特别迫切需要以远见卓识采取大胆

---

① 6月2日，佐林先生在一次简短的采访中向德让大使强调了苏联提案的“新”观点，尤其是接受了法国在核运载工具问题上的立场（6月2日莫斯科第2228—2231号电报，未转载）。——原编译者注

② 苏联向十国委员会转交了在裁军辩论中提及的所有计划、提案和建议。——原编译者注

③ 文献来源：*DDF*, 1960, Tome Ⅰ, pp. 754-757。

措施来解决裁军问题。事实上很清楚，今天仅靠道理已经不能解决军备的旋涡，它正导致一场史无前例的灾难，[①] 对社会生活各个方面产生真正致命的影响。

在筹备巴黎政府首脑会议时，苏联政府提出了一些建议，这些建议本身代表着我及苏联政府对全面彻底裁军计划的推动，已于去年 9 月提交联合国大会第十四届会议审议。[②] 在这些建议中，我们研究了同行们在谈判中表达的想法，特别是法国政府提出的，在执行裁军方案的初期，应采取措施清理核武器运载工具（实现核武目标的手段）。另外，特别是在十国裁军委员会展开讨论期间，我们还考虑了政府提出的其他一些提案。遗憾的是，我们未能在政府首脑会议上就这些提案进行讨论。

最近发生的事件不仅没有阻碍，反而更加促使苏联政府下定决心，努力争取就裁军问题、终止危害人民的军备竞赛问题做出根本决定。苏联政府在其一贯的国家共存政策的指导下，将一如既往地采取一切必要措施，治理国际环境，改善国家间的关系。

我从巴黎返回莫斯科后，苏联政府研究了当前局势并得出结论，必须将为政府首脑会议准备的关于全面彻底裁军的提案提交各国政府审议。

随函附上阐述苏联政府关于实现全面彻底裁军的提案之内容的相关文件[③]。

我们相信，这些建议符合大会 1959 年 11 月 20 日一致通过的关于全面彻底裁军的决议精神。

---

① 赫鲁晓夫在各类讲话中都曾反复提及这一主题，特别是 1 月 14 日的讲话，之后，最高苏维埃向各国政府发出呼吁（发自莫斯科的第 216 号电报，未留存）。必须指出，苏联自身取得了惊人的科学成就，塔斯社及新闻界都定期宣传。例如，苏联向太平洋发射了一枚多级火箭，用于在太阳系行星间的宇宙飞行（1 月 22 日第 284 号电报，未转载）。坠落点的精度与艾森豪威尔总统所指的阿特拉斯火箭的精度级数相同（1 月 22 日第 285—287 号电报，未公布）。苏联社论极力对美苏科学家进行对比，称苏联科学家为和平而努力，而美国人则“离和平差得远”（5 月 23 日第 2100 号电报，未转载）。——原编译者注

② *DDF*，1959-Ⅱ，第 149 号文件（注释）。

③ 6 月 2 日苏联裁军新计划文本将于 6 月 7 日提交十国委员会，载于：外交部，《裁军文件》，《十国委员会裁军会议（1960 年 6 月 7 日至 28 日，日内瓦），第二次会议》，《法国文献》，1960 年，第 19—23 页；《法国文献》，《文章和文件》，第 0963 号，1960 年 6 月 23 日，“今日文本”。对该文件的分析，参见《1960 政治年鉴》，第 489 页，特别是下文第 252 号文件。——原编译者注

我要提请您注意，在苏联政府的方案中已经考虑到在第一阶段禁止和清理所有核武器运载工具、各类射程的火箭、军用飞机以及可作为核武器运载工具的军用潜艇、各级别和类型的潜艇、所有火炮以及可作为原子武器和氢武器运载工具的所有其他手段。

很明显，只有从各国的兵工厂撤出并全部销毁所有核武器和氢气武器运载工具，才能充分保障各国的安全。当然，与此同时，也必须要清理外国领土上的所有军事基地，撤出外国军队，因为所维持的这些基地和部队或许会被用来侵略周边国家。

在执行裁军方案的早期阶段实施这些措施，将摆脱突然爆发核战争的威胁，并从根本上改变国际环境。在之后的阶段，将采取措施禁止核武器和其他类型的大规模杀伤性武器，清理各国军队和战争机器，从而最终并永久地在人类社会的生活中消灭战争，结束军备竞赛。随着裁军方案的实施，应将相应释放的部分资金用于向欠发达国家提供援助。

正如您从我们的提案中看到的那样，它们包含关于监督裁军措施的详细规定，任何人都不能逃避执行全面彻底裁军协定。我们根据裁军方案的不同阶段制定了具体的监督措施，确定了监督目标、监督机构的结构和组成以及现场监督人员的权利和权力。我们的新提案提出了详细的监督规定，进一步证明了苏联主张对裁军进行严格和有效的监督。

苏联政府认为，这些提案应首先提交十国裁军委员会全面审议，该委员会不久将在日内瓦恢复工作。

同时，我要指出，苏联政府严重怀疑本机构中的西方大国代表是否想要裁军。虽然这些国家在大会上发言赞成关于全面彻底裁军的决议，但人们感觉到，它们实际上并没有准备执行这项决议。众所周知，西方列强向委员会提出了一项计划，尽管人们抱之以希望，但不可能称为全面彻底裁军计划。事实上，即便这项计划得以执行，仍将保留部队、军用飞机、作战坦克、大炮、外国军事基地、总参谋部以及核弹。基本上来说，西方列强建议监督。说实话，这种监督只不过是情报和间谍活动。但是，任何一个关心其国家主权的政府都不会赞同这么做。

苏联政府希望实现有效和彻底的裁军，销毁各类武器，严格监督裁军，这样就没有人能够武装自己，就没有人能够以战争相要挟。

总统先生，请允许我表达希望，苏联政府的提案完全是希望有利于和促进就当前主要问题——全面彻底裁军问题——达成协议，希望能够得到贵国政府的理解和支持。

请接受我的敬意。

（签名：赫鲁晓夫）

19600603，FD000228

政治部纪要[①]

（裁军事务处）

一

苏联关于裁军的新提案

（1960年6月3日）

一、苏联的新计划[②]不仅比赫鲁晓夫1959年9月18日在联合国提出的计划更灵活，而且更全面、更值得关注。苏联提出这些新建议的原因有很多，总结如下：

（一）莫斯科意识到其立场的支持度不高，尤其在联合国的辩论环节。西方人1959年在纽约及日内瓦会议第一届会议期间提出的反对意见往往得不到苏联的答复。没有明确的监督指示，把常规裁军独自放在首位，这种全面彻底裁军的想法在四年内可以实现，但是在全世界，无论是中立国还是亚洲或非洲，都没有引起多少反响。大家都意识到此类建议的乌托邦性质，缺乏严肃性。莫斯科本应在日内瓦恢复工作及联合国可能进行辩论之前更新其计划。

（二）另外，在补充和扩展其先前的提议时，苏联或许存在另一个目的，那就是置法国于微妙的地位，并试图分裂西方阵线。有趣的是，在苏联计划的第一阶段，法国立场的要点被置于醒目位置。准确地说，他们还参考了其他意见，例如英国关于维持和平组织的想法。

（三）除了这些战术考虑之外，现在判断苏联提案的具体价值还为时过早。他们确实做出了很大努力，但这仅仅是为了应对和反击西方的主要批评，这些批评迄今尚未得到回应，他们或许正真诚地期待谈判。苏联的回

① 文献来源：*DDF*, 1960, Tome Ⅰ, pp. 767-771。

② 6月2日。关于该计划，参见上文第247、第248号文件。——原编译者注

应在很大程度上将取决于其对待监督这一基本问题的态度。过去有很多次，例如1955年5月10日和1959年9月18日，苏联人在介绍其计划时，都会在一段时间内制造假象，就监督问题发表掩饰其真实意图的虚假声明。迫于具体问题，苏联人不得不表明他们的传统立场没有改变。因此，只要没有新的检验，就很难对苏联的新计划做出判断。

二、全面彻底裁军计划的表达方式，甚至其总体理念，在某些方面都做了修改。莫斯科试图缓和其先前提案中的极端或不现实之处，并对主要批评做出回应。这些修改主要表现在四个方面：

（一）赫氏计划最大的不足是把常规裁军单独放在首位。诚然，佐林先生在日内瓦第一阶段辩论期间，增加了不“首先”使用核武器的承诺，但这只是一种道德承诺，一直受到西方的批评。新计划就第一阶段核武器运载工具的监督做了规定，这些规定吸收了法国的理念，但有以下重要区别：

1. 它建议第一阶段停止生产并销毁所有核武器运载工具（火箭、飞机、船只、火炮等），而我们建议随着监督手段的落实、确保其有效性以及其他裁军措施的执行而逐步减少这些工具。

2. 在苏联计划中，这项规定与如下要求相关联：

——所有外国部队返回其国家；

——清理所有外国基地和仓库。

3. 禁止发射卫星不仅适用于那些核武器运载工具，而且适用于所有“特殊设备”，其目标可能指美国的定位或摄像设备。另外，还涉及禁止一切能够运输核弹头的工具，比如船只离开领海、飞机离开本国领土等规定。

因此，在苏联的概念中，火箭、外国基地与部队问题和其他核武器运载工具问题之间必然存在联系。

4. 最后，苏联的计划重新采纳了联合国几项决议中提出的核大国承诺不向其他国家泄露其秘密和武器的意见。

（二）对苏联计划的另一个主要批评是关于四年期限。在政治争端如此之多的情况下，为全面彻底裁军规定一个紧迫和强硬的期限很不现实。

苏联的立场在这一点上相对灵活。四年期限继续保留，但也可由任何其他商定的期限代替。同样，第一阶段的时限从一年延长到一年半，但监督机构必须向安全理事会提交报告。如果其想法与我们在华盛顿向盟国阐述的想法一致，即向最终裁军要求逐步过渡，那么似乎就有可能解决裁军谈判中最大的困难之一。

（三）另外，西方人早就表明，如果不建立一个能够维护和平的国际组织，亦即一个能够伸张正义、令行禁止的国际组织，则不可能废除国家军事组织。为了回应这一批评，新的苏联计划提出“符合《联合国宪章》的维护和平与安全的措施”，“在必要时，各国承诺向安全理事会派遣仍然由国家支配的警察部队或民兵部队”。

（四）当然，最重要的问题是监督问题。如果苏联的传统立场没有改变，也就是说，只有在做出承诺和采取裁军措施之后，才能研究和实施监督，而且监督的是“裁军”，并不是“现有的”裁军，苏联的新提议只能引起一定的兴趣，不会长期制造假象。监督规定的内容给人的第一印象非常不好。有人指出，负责为建立国际监督组织制定具体政策的筹备委员会只有在“条约签署之后”才能成立。同样，只有“协议开始生效时”，才能在联合国框架内设立监督组织。

*

因此，日内瓦会议重启之后，我们的着力点必须首先集中在关键的监督问题上。只有完成这项探究工作，再根据苏联的回应和态度，才能对苏联新计划做出真正的价值判断。

二
法国驻日内瓦代表团的行动
［1960年6月3（？）日[①]］

苏联的新计划过于复杂，在许多重要方面，特别是在监督方面，过于粗糙，无法对其进行价值判断[②]。出于同样的原因，现在确定法国在这方面的立场还为时过早。因此，十国会议的前期应该系统探讨新提案和苏联的真正意图。与此同时，西方国家也应该共同商讨，采取更积极的行动，而不是仅仅对苏联计划进行研究或批评。

一、初步调查应侧重于监督问题。苏联之前已多次，特别是在提出1955年5月和1959年9月计划时，成功在一段时间内用精心拟订的监督方

① 日期难以辨认。——原编译者注

② 《文件纪要》：见之前的注释（转载）。——原编译者注

式来制造假象，但这些套路没有改变他们的传统立场。这次可能也是套路，但必须有序进行新的测试。正如在其计划的序言中解释的那样，苏联希望各国首先做出承诺并签署协议，然后它才会接受落实甚至研究监督的组织及过程。另外，监督应该仅针对削减或销毁新武器，而不针对“存货”。

如果能达成令人满意的监督协议并有效执行，且西方人同意“有条件”的承诺，直到“有条件”签署协议，那么苏联政府的意图将会受到具体的考验。

总之，比如裁军大会第一次会议期间，比如和苏联的每一次谈判，在许多会议上都必须专门讨论苏联在监督方面的意图。这种考验将比以往更加重要。事实上，通过突出法国提出的建议，苏联的目标之一无疑是瓦解西方阵线。其实，我们的构想与苏联计划中的构想有着巨大差异。苏联计划不仅不允许逐步削减生产，提出了难以接受的条件（撤军、拆除基地、限制飞机飞行及使用军舰），而且没有为研究和落实有效监督设置基本的前提条件，而这正是我们的提案的基础。

二、除了探寻苏联的监督意图外，还应尽快就苏联计划中核武器运载工具问题与其他问题之间的联系表明立场。

（一）外国军队在某些国家的存在问题其实不同于在外国领土上的空军、海军基地或发射台。关于外国部队撤军问题，我们只能坚持我们的一贯立场：严格意义上说，这不是裁军问题，而是安全问题；这些问题与政治争端有关，为解决这些问题增加了困难；在裁军过程中，不能以牺牲一方利益为代价而使另一方受益；外国部队撤军将随着裁军自动执行。①

19600604，FD000229

政治部纪要②

（1960年6月4日）

部长于6月4日接见了朱尔·莫克先生。会谈的话题是苏联新裁军计划③。

部长首先指出，由于俄罗斯人通过向世界各国元首发出信件的形式提

---

① 保存在档案馆里的文件在此中断。——原编译者注

② 文献来源：*DDF*, 1960, Tome Ⅰ, pp. 780-781。

③ 6月2日。关于该计划，参见上文第247、第248、第252号文件。——原编译者注

出这项议案，所以该计划看起来不那么严肃。每当俄国人提出一项建设性提案时，他们通常会更加保密，小心谨慎。

话虽如此，但采取完全否定的态度显然是不明智的。我们可以向俄国人指出，他们的第一个计划一定很糟糕，因为他们彻底将之推翻，而现在又提出了一揽子很难判断其确切影响的措施。因此，代表们在日内瓦的首要任务就是要求俄国人做出澄清和阐述。这并非对这个计划刻意保持友好的态度，也不是故意的歪曲。这种提案不能脱离大背景进行审议。然而，赫鲁晓夫最近对美国的态度并不意味着他真的希望实现裁军。当然，在任何情况下，我们都没有义务采取与美国完全相同的立场，但在目前的情况下，即使在原则上与俄罗斯达成协议也不应大肆宣扬。

事实上，如果我们研究一下苏联的提案就不难看出，它与法国的建议相去甚远。在我们看来，首先应该研究监督运载工具的可能性。如果审查令人满意，或许就可以采取一些禁止措施。苏联的计划弄乱了次序，忽略了监督的必要性。不难证明，这些提案与我们的设想已经大相径庭。

因此，朱尔·莫克先生在日内瓦的任务是在不做出任何承诺的情况下向俄罗斯人提出质询。这并非通过引入修正案把苏联计划作为可能达成协议的基础。另一方面，尽管英国人和美国人都有着强烈的愿望，但是用一个新的西方计划抵制俄罗斯计划也是不可取的。事实上，我们很难与我们的盟友达成一致。但如果美国人想单独推出一个新计划，我们可以在不正式保证的情况下予以支持。另外，重要的是让讨论继续下去，在联合国恢复工作之前的休会期，这种讨论不可能取得任何具体成果。

19600610，FD000230

德姆维尔致德让电（第3049—3052号）[①]

（1960年6月10日）

敬请在收到本电报后，尽快向赫鲁晓夫先生转交戴高乐将军对他关于裁军的信函的回信。

总统的信函原件通过外交邮袋寄送给您。

---

① 文献来源：*DDF*, 1960, Tome Ⅰ, pp. 802-803。

主席先生，感谢您的致信，您在信中表达了您的担忧，并转达了苏联政府关于裁军问题的新建议。

您知道法国政府非常重视这个问题。与您一样，我认为，我们解决问题的办法不仅能决定是否可以实现真正的缓和，而且还决定了是否所有国家都有可能致力于一项对我们这个时代至关重要的工作：对欠发达国家予以援助。

另外，您访问法国期间我们就这一问题的讨论仍然历历在目，我注意到苏联政府关注的是消除核武器运载工具。如您所知，我认为，监督这些运载工具防止它们运输核弹头，并彼此对基地进行监督，是朝着正确目标迈出的决定性一步。

因此，我可以向您保证，法国政府已准备与先前提出的项目一起，认真、广泛地审议和讨论苏联政府提出的新提案。十国会议刚刚在日内瓦恢复工作，法国出席会议的代表已收到这方面的指示。

主席先生，请接受我最崇高的敬意。

夏尔·戴高乐

美国史学史佳作、外交史学者必备

——评曲升《美国外交史学转型研究（1970—2018）》*

翟 韬**

曲升教授最新著作《美国外交史学转型研究（1970—2018）》于2019年出版，是国内美国史研究的一项重要成果。该书以美国外交史学转型为研究主题，系统地追溯了"新外交史学"（转型后的外交史学）在传统范式中的源头（第一、第二章），考察了学科转型的条件和动因——新社会史方法、国际关系理论的冲击和学术制度的准备（第三、第四、第五章），详细描摹了外交史学转型的两大主题以及相关的四方面内容——国际史转向、文化转向、后现代转向、宗教视角下外交史研究的个案（第六、第七、第八、第九章），最后在美国外交史"多元学科文化"总体视野下，展望了"新外交史"有可能向传统外交史范式"回摆"（从文化范式转回现实主义范式）的前景。该书各部分之间逻辑严谨，论述层层递进，达到了优秀学术著作内容融贯统一、形式体例完备的基本品质要求。

作为美国外交史的研究者，笔者对相关学术史也有涉猎，因而非常关注这本书。经过仔细阅读之后，笔者感觉《美国外交史学转型研究

---

* 曲升：《美国外交史学转型研究（1970—2018）》，人民出版社，2020。

** 翟韬，首都师范大学历史学院副教授。

（1970—2018）》是一本学术水准上乘、特点鲜明的史学史前沿佳作。该书最大的主题是外交史学的转型研究，对此作者有详细而清晰的论述，无需书评人多言，这里仅针对几个问题，详细展开谈一下该书的特色和贡献。

一、精彩和发人深省的溯源研究

《美国外交史学转型研究（1970—2018）》一书的一大贡献，是指出了美国外交史研究两大传统范式中蕴含着史学转型的基因和萌芽。在该书作者看来，现实主义范式中有后来外交史国际化转向的基因，进步主义范式中则蕴含者后来外交史文化转向的萌芽。就第一个方面而言，《美国外交史学转型研究（1970—2018）》明确指出，现实主义范式的缺陷在于迷信国家为唯一分析单位、事件/危机研究导向等方面，但是“如果说忽视对美国外交进行文化分析是现实主义传统的主要方法论缺失的话，那么对‘国际史’的推崇和坚持则是其宝贵的学术遗产，为20世纪80年代以来的美国外交史学的国际化转向奠定了坚实的基础”。在此基础上，作者考察了哈佛大学的一个特定历史学家群体——（作者称其为）哈佛国际史学派，认为该学派尽管遵从现实主义外交史研究的路数，却是“美国外交史学国际史取向的起源”。其中，该学派第一代史学家阿奇博尔德·柯立芝和威廉·兰格等开创性地提出运用多国档案研究美国外交史的主张；而第二代史家如欧内斯特·梅和费正清则提倡地区研究，推动东亚史与美国外交史的整合。《美国外交史学转型研究（1970—2018）》认为，这些事实上都是美国外交史国际化的起源，极大地影响了第三代史学家入江昭和约翰·道尔等人的国际史研究取向。

在第二个方面，《美国外交史学转型研究（1970—2018）》考察了进步主义传统范式中蕴含的文化分析的遗产，达到了“返本开新”的目的。诚然，进步主义范式下的大多数论著从国内经济因素分析美国外交政策的形成，但《美国外交史学转型研究（1970—2018）》指出，就该范式代表人物威廉·威廉姆斯而言，其研究方法却不能简单归结为“经济决定论”。作者认为，“威廉姆斯是在‘世界观’的框架内解释美国扩张史的，他把这种特殊的世界观称为‘门户开放帝国主义’，并强调帝国史美国人的一种生活方式”。此外，作者还从威廉姆斯影响了美国文化外交研究、文化转向的代表人物埃米莉·罗森堡这一独特的角度，对威廉姆斯著作中蕴含着文化分析的结论做出了论证。以笔者的阅读体会和亲历（罗森堡教授是笔者的外方导师），非常认同这种观察。因此，“对观念、世界观或者意识形态的格外关注和独特认知，则使得威廉姆斯对于热衷文化转向的外交史学家具有了某种天然的亲和力”，当是《美国外交史学转型研究（1970—2018）》的精彩论断。这样一个案例很好地体现出曲升外交史学研究的某种意义所在，即整理和凝练被大多数史家遗忘的宝贵学术遗产，并在此基础上破除一些被误解的刻板印象。

二、从史学转型的视角解读加迪斯的史学研究变化

关于加迪斯的史学研究和评价，业内基本囿于冷战史学藩篱，见树木不见森林。其实不从学科转型的角度看待，超出冷战史学的范畴，是无法清晰认识加迪斯学术意义所在的，正是在这一点上，《美国外交史学转型研究（1970—2018）》做出了“大视野”的解读，堪称清晰而精彩。在该书作者那里，实际上存在着“两个加迪斯”。一个是作为传统外交史学冲击者的加迪斯，不仅激烈地批判传统史学的封闭与狭隘，还亲身运用国际关系理论开辟了一片天地，他还在最近20年转向了历史和文化方法。不过，按照曲升的研究，加迪斯无论如何只能是外交史学转型的促进者和主要参与者，而不是旗手。[①] 由此，《美国外交史学转型研究（1970—2018）》揭示了另外一个加迪斯——一个传统外交史学的捍卫者、“卫道士”。尽管运用国际关系理论研究外交史，但是其分析的对象集中在大战略和政治史上，加之其维护官方外交的学术立场，从而使加迪斯的学术研究与传统范式之间建立了很强的亲缘性。从这个意义上讲，加迪斯又是一个保守者。

《美国外交史学转型研究（1970—2018）》揭示的“双重加迪斯”，不仅展示了其丰富的学术面向，而且意味着从外交史学演进角度来看，加迪斯是个“半新半旧”的人。这有助于廓清中国学术界对一些相关问题的认识。中国学者要么完全推崇加迪斯是“新冷战史”的最典型和杰出代表，

① 因此，曲升把加迪斯放在“冲击”传统外交史学的章节中，而非转型的核心章节中。这点就说明了作者的结论。

要么完全批判他“档案加正统”的保守特性。推崇加迪斯为新冷战史最典型代表的观点不无偏颇，这种认识的产生是由于中国的冷战史研究在方法上尚未超越美国外交史传统范式，对新外交史的“新”的追摹局限在多国视角和多边档案的“国际史转向”的部分。因而，一些学者眼中的加迪斯无异于“天人”，不能从外交史转型的宏大视野去看待加迪斯的不足。事实上，尽管加迪斯学术成就斐然，对冷战史解读深刻，但是其研究缺失文化方法和社会史视角、忽视第三世界等方面，却明显落后于学术潮流。加迪斯在多元方法主导的外交史研究界并未提供颠覆性的视角，因而并非是外交史学转型的旗手和典型代表人物，从“新”的角度上看，与文安立、霍根、莱夫勒等人有一定差距。① 国内读者中存在的另一个极端则是把加迪斯完全作为传统派来对待，这也算得上是认识偏差，评价不公——忽视了加迪斯在方法上最先迈出的冲击传统外交史学的第一步，而且有自己的最新学术转型。总之，如果不注意到《美国外交史学转型研究（1970—2018）》揭示出来的加迪斯的这种新旧参半的特性，很难还原加迪斯史学研究的本来面目、给其一个公允的评估。

三、全面、深入介绍外交史学的“文化转向”

美国外交史学的文化转向（和国际化）是《美国外交史学转型研究（1970—2018）》的最核心部分，篇幅上所占比例也最大。学术界对此也有一些介绍文章，这其中王立新教授做了开拓性研究，做出了至今仍然是权威性的解读。②《美国外交史学转型研究（1970—2018）》一书指出，尽管如此，王立新教授这篇文章对于文化转向仍然是一种宏观分析，该题目值得史学界的“精耕细作”。作者实践了自己的想法，大概用了三章共十万字，对文化转向的源流和最新趋势做了中文学术界迄今为止较为全面的介绍，对于国内美国外交史研究极具参考价值。

就文化转向研究而言，《美国外交史学转型研究（1970—2018）》一书

① 牛可：《超越外交史：从冷战史批判运动到新冷战史的兴起》，《冷战国际史研究》第17辑，世界知识出版社，2014。

② 王立新：《试析全球化背景下美国外交史研究的国际化及其文化转向》，《美国研究》2008年第1期。

的贡献首先是提出了新的文化转向分类。鉴于外交史的文化转向流派众多，理论来源不一而足，新成果令人眼花缭乱，从中捋出头绪、对诸多论著进行分门别类实属难事。对此，王立新教授大概做过一个分类，但是限于篇幅未能展开深入论述。《美国外交史学转型研究（1970—2018）》在王立新研究的基础之上，把文化转向分为四类，即美国外交政策的政治意识形态根源研究、对外文化关系（外交中的文化现象）、文化人类学的解释视角（性别、种族、宗教等视角）、后现代文化范畴（解构主义影响下的话语分析和认同研究、后殖民主义影响下的美帝国主义的历史研究）。而在实际写作和章节安排中，《美国外交史学转型研究（1970—2018）》把前三类放入第七章，后现代范畴单列为第八章，文化人类学的宗教视角为第九章，形成了对文化转型成果较为全面的把握和透视。

《美国外交史学转型研究（1970—2018）》尽管称自己的分类没有特定理论支撑，就是为了分类方便，但实际上这种分类还是合理而清晰的。就如《美国外交史学转型研究（1970—2018）》所指出的，史学“文化转向”之“文化”不外乎两大类，即作为现象的文化和作为研究方法视角的文化。所以该书实际涉及两个文化现象、三种文化视角。两个文化现象指的是美国外交史中的政治意识形态研究、对外文化关系研究，这些都属于美国对外关系史中的文化内容，即思想观念、文化产品的对外交换和输出等现象。三种文化视角分别是文化人类学视角、解构主义影响下的话语分析方法、后殖民主义影响下的帝国分析视角。这种分类能够把学术界最新的研究状况和趋势放在一个合理清晰的框架内加以认识，较为客观地反映这些最新的学术进展。

此外，《美国外交史学转型研究（1970—2018）》很好地概括和归纳了文化转向的特征。作者眼光独到地指出，相较于一般意义上的新文化史进行文本解读、偏爱叙事、从事话语分析、关注建构等特点，“外交史学家并未对新文化（史）的普遍‘轨则’亦步亦趋，而是根据自身学科对象和研究宗旨等具体情况做出适当而必要的调整，从而使外交史的文化转向呈现出一些……不同的风格与特征”。这种特征其实就是新旧结合、“守正创新”，结合了传统范式和新范式的优点。比如，《美国外交史学转型研究（1970—2018）》敏锐地观察到，和一般新文化史路径不同，外交史的文化转向并未放弃对上层政治的研究，并未放弃对因果的分析，并未完全排斥既有传统范式。首先，外交史的文化转向除了关注底层人民和大众文化之外，同时并未放弃对于政府间关系、高层外交的关注，高度重视对精英人物的文化观念的分析。这种观察实际上等于指出了外交史的文化转向并不一定是自下而上的、“从底部做起”的，而是有自己的符合学科实际的治史路数。其次，外交史的文化转向并未陷入新文化史只诠释意义、忽视因果性的困局，而是阐释意义、深描叙事与因果解释并行不悖，尤其是相关研究搭建了文化因素与外交决策的紧密关联性，不但没有削弱或者不顾及因果关系，反而极大地增强了因果关系、增强了解释力。最后，作为传统的现实主义范式和进步主义范式大体上代表的外交史研究内因和外因的两中分析路径，不仅未受到文化转向的削弱，反而因文化转向而得到加强。这些观察和总结均建立在对外交史文化转向相关著作的精细解读基础之上，因而是实事求是、令人信服的。

四、鲜明的学术史“外史”意识和对外交史学科发展因素的有益探讨

好的学术史研究从来都不仅仅是不同的学术流派、学术代际在学理上的交锋与演进（“内史”），更要考虑学术发展与社会思潮、政治形势等非学术因素的互动与关联（“外史”）。在这方面《美国外交史学转型研究（1970—2018）》做了十分有益的尝试。比如在第九章，作者观察到宗教视角之所以能够在21世纪受到外交史家的热捧，很大程度上是因为“9·11事件”，他把这个因素描述为“根本”性决定因素。再比如文化转向一章(第七章)，作者对于外交史学界文化方法兴起的社会因素、政治因素、国际因素做了较为详细的说明，扩充了中国学界对于文化转向潮流学术以外因素的认识。

不仅如此，《美国外交史学转型研究（1970—2018）》专辟一章《学术共同体与学科创新转型》来探讨这个问题，进一步拓展了“外史”研究的思路。这里涉及的学术史“外史”因素，不再限于大的社会、政治等因素，而是扩大到学术界内部的组织与文化问题——这方面的因素与学术成果、学术理论和思想演进的关系更甚、更大、更直接。恰如《美国外交史学转型研究（1970—2018）》所指出的，“实践证明，学术共同体能够通过沟通

交流和合理分享各种资源，促进不同学者更好地理解自身和整个学术领域；可以改变单个学者的孤立状态，形成相互影响、相互促进的人际关系，以及知识生产所必需的共同质疑、讨论和争辩的生态环境”。作者主要从美国对外关系史学家学会（SHAFR）、专业期刊（以《外交史》为主）、网络空间（以 H-Diplo 为主）三部分内容入手，探讨了美国外交史转型所依托的实实在在的人际因素、组织因素以及包括人际和组织在内的综合因素——学术共同体——的问题。在他看来，美国外交史学科转型之所以能够成功，能够不断快速地产生成熟的学术成果，很大程度上是因为这个组织和共同体的因素。一位美国南部史学家认为，“外交史的尊崇地位除了得益于其历史遗产之外，更重要的是其‘让绝大多数其他史学分支只有羡慕份的机构基础设施（institutional infrastructure）’”。《美国外交史学转型研究（1970—2018）》认为这里的“制度上的基础设施”，就是指美国外交史学家的学术共同体。以同样的学术眼光，《美国外交史学转型研究（1970—2018）》还在探讨外交史学国际化第六章中专门辟出一节来探讨“组织层面的国际化转向”的问题，即美国对外史家学会等组织在理念上和组织结构上“国际化”。

当然，《美国外交史学转型研究（1970—2018）》的学术史“外史”研究还大有文章可做。正如作者自己指出的，可以从组织层面（学术期刊、学会）、制度层面（同行评议、刊发论文、学术晋升等）、精神层面（理念价值和范例等）认识和研究学术共同体。《美国外交史学转型研究（1970—2018）》在第一个方面着墨很多，对后两个层面几乎没有涉及。《美国外交史学转型研究（1970—2018）》的作者若能进一步加强后两个维度上的研究，并且像他研究传统范式的流派那样，在转型以后的“流派”问题上也做出详细的描摹和深入的分析，那么关于美国外交史学史的研究就会推进一大步，也会更加完整。

上述分析主要是从学术史的研究方法、写作方法方面谈了《美国外交史学转型研究（1970—2018）》一书的贡献。其实，在严肃的学理意义之外，该书还具有十分重要的学术普及意义。该书是中国学界中第一本详细介绍美国外交史学史的著作，作者甘“为他人做嫁衣”，整理和提供了很多理论和学术史资源。就此而言，《美国外交史学转型研究（1970—2018）》完全有资格成为国内美国外交史研究者的案头必读书，不仅在史学史和史学理论领域有重要的学术意义，而且理应拥有更大的读者群。众所周知，美国史研究群体是中国世界史学界体量最大的群体之一，美国外交史研究又占到美国史研究体量（人员、成果）的一半以上，学界还有大量的如国际关系（史）、中国外交史（研究中美关系）的研究者。对于这样一个相当庞大的研究群体来说，《美国外交史学转型研究（1970—2018）》一书已经梳理好了他们研究的基础理论和学术史，给美国外交史学史的专业知识提供了一个完整详细、清晰易懂、体量合适的读本。这个读本不是以某一具体学术问题为导向的狭窄研究综述，而是对各个流派、各个领域做了相对全面和详细介绍的外交史学史“百科全书”。

此外，《美国外交史学转型研究（1970—2018）》一书对于博士生选题，尤其是书目指南的意义也不容小觑。比如，该书涉及音乐外交、青少年与冷战、宗教与外交等前沿课题，这些都可以作为若干篇博士论文的选题，而且作者在上述每个专题注释中都详细列出了相关书目，青年学子可以按图索骥，迅速直接进入该领域。曲升教授可过几年就修订一次该书，补充学界研究新内容，一版一版更新下去，帮助学术同行及青年学子及时了解美国外交史学史的整体和前沿动态。

种族问题下的民主与自由市场之殇

——读《起火的世界》

宋雨桐 *

1991 年，美国政治学家亨廷顿出版了《第三次浪潮：20 世纪晚期的民主化》一书。1974 年，葡萄牙、西班牙、希腊这三个南欧国家相继实现了向民主的过渡，揭开了第三次民主化浪潮的序幕。[①] 此后，民主化浪潮开始席卷世界各地。可以说，自第三次民主化浪潮以来，民主得以在非西方世界广泛传播，越来越多国家踏上了以民主为核心的自由市场的道路，但是这真的是以美国为代表的西方国家向非西方世界输出民主与自由市场的胜利吗？

2011 年中东剧变后，部分政权更替国家相继启动向民主政体的政治转型。然而，中东政治转型至今依然步履艰难，“民主化”失败迹象明显，其根源在于民主药方与中东地区所面临的问题之间存在巨大错位：中东需要真正的革命，但“民主化”不仅难以实现使中东发生彻底变革的诉求，反而会使其偏离变革方向。同时，阿拉伯国家需要强大的政府，但分权制衡只会导致中央权威弱化。[②] 况且，中东地区原本就存在复杂的种族矛盾，且并未因为民主的到来而有所缓和。此外，一些东南亚国家在民主转型之时的阵痛，正是由于其完全照搬西方民主模式，导致西方式民主道路在当地水土不服。正如有学者提出的“建造民主”一说，即在那些原来不存在合

---

* 宋雨桐，暨南大学国际关系学院 2018 级硕士研究生。

① 丛日云：《亨廷顿的“第三次民主化浪潮”理论》，《国外社会科学》1998 年第 4 期，第 70—72 页。

② 文林：《“民主化”为何不能拯救中东?》，《国际问题研究》2014 年第 5 期，第 62—75 页。

法反对派的国家，政治精英（反对派领袖或威权当局）以一种自上而下的方式强制推进国家的民主化。[①] 如此一来，忽视本国国情而强力推行的西方式民主只能是空中楼阁，并加剧国家和社会的动荡与分裂。

对此，我们不禁产生疑问：目前非西方世界的民主是真民主吗？西方向非西方世界输出的民主和自由市场与在西方内部所宣扬的内涵是否一样？非西方世界如何建设民主国家？此外，若将原本就存在的种族因素的考虑加入其中，其与民主和自由市场的碰撞又会产生怎样的火花？通过品析蔡眉儿的《起火的世界：自由市场民主与种族仇恨、全球动荡》（以下简称《起火的世界》）[②] 一书，或许能获得关于上述问题的一些启发。

一、《起火的世界》核心概要

在蔡眉儿的《起火的世界》一书中，阐述了这样的观点：以美国为首的西方国家向非西方世界输出的自由市场民主，是使非西方世界恶化集体仇恨与种族暴乱的首要原因。作者将种族因素纳入非西方世界的自由市场民主之中，并列举了东南亚华人、拉丁美洲白人以及在非洲占主导市场地位的少数族群的例子，指出他们作为当地的外来少数族群，却在市场上起主导作用，与贫穷的本土多数族群形成了鲜明对比，而后者认为这些外来人侵占了他们国家的财富，是使他们陷入贫穷境地的罪魁祸首。这无疑容易引起两者的冲突，当矛盾发展到一定阶段，随之而来的往往是充满血腥和暴力的种族清洗。

二、西方与非西方的民主化之路

非西方世界的民主化之路步履艰难，西方世界的民主化带来和平与繁荣，“民主”的水土不服成为一个应该解决的问题。

---

① 陈周旺、申剑敏：《建造民主：一些国家的民主化计划为什么面临失败?》，《国外理论动态》2013 年第 7 期，第 87—94 页。

② 蔡眉儿：《起火的世界：自由市场民主与种族仇恨、全球动荡》，刘怀昭译，中为大百科全书出版社，2005。

（一）非西方世界：步履艰难的民主化进程

民主和自由市场为何会给非西方世界带来如此悲剧？书中对此的解释为：首先，就民主而言，西方国家向非西方世界输出的是最为原始的民主，即仅单一推行普选制。而且，民主在非西方世界大多有名无实；其次，就自由市场而言，西方向非西方世界输出的自由市场也是一种早已被西方国家所摈弃的放任自由型资本主义。因此，在原始民主与放任型资本主义的简单拼凑下，市场赋予了少数族群聚敛财富的能力，民主则赋予了贫穷的大多数政治力量。长此以往，少数族群的财富越来越多，在市场上处于主导地位，而贫穷的多数族群由于对富裕少数族群的憎恨以及对自由市场民主的追求，便会启动灾难性的民族国家主义来对抗那些主导市场的少数，悲剧随之而生。

（二）西方世界："和平"与"繁荣"的民主国家

《起火的世界》提到，"任何民主的资本主义社会总会出现市场导致的财富不均和多数人政治之间的潜在冲突，只要民主和资本主义结合起来，反对富人的群众政治运动就有可能发生"。[①] 但反观当代西方，似乎与非西方世界的情形相反，市场和民主给西方带来了至少多数非西方发展中国家没有的稳定和繁荣，在西方似乎市场和民主都倾向于强化一个多数族群的经济主导地位。为什么民主政治在西方就能与资本主义协调发展？原因在于西方财富的再分配，即赋税转移，以及西方的多种制度与文化因素的共同作用，正是这些条件缓和了西方的资本主义市场所造成的贫富差距与多数人政治之间可能存在的冲突。

首先，西方的多种制度一方面体现在西方国家的政治排斥上，即剥夺穷人的选举权，这有助于西方国家建立稳定的自由市场民主。然而，当西方向非西方世界推行单一的普选制时似乎忘记了他们这种政治排斥的存在，从而要求非西方世界接受一条西方国家从未走过的民主化道路。此外，西方的宪法也起到了一定的约束和保障作用，它对多数人的统治有一定的限制，并对少数人进行维护。可是，宪法在非西方世界的作用微乎其微，尤

① 蔡眉儿：《起火的世界：自由市场民主与种族仇恨、全球动荡》，刘怀昭译，第 206 页。

其在种族民主主义的崛起面前更是不堪一击。

其次，就西方的文化因素对这种自由市场与民主的冲力的缓解来看，书中以美国为例，提到了“美国梦的异质性”，指出美国向大众宣扬了一种每个人都与名利有缘的信念，鼓励人们要靠个人努力来追求美好生活，大众也普遍接受了这样的价值观，从而使每个人在心理上与市场经济的持续成功休戚与共，因此在这种观念之下，似乎连资本主义经济产生的巨大贫富差距也变得更容易被人们接受了。当然，这样的价值观若是摆在西方其他国家，不一定会被众人接受，就更别说让非西方发展中国家的穷人接受了。

最后，更具讽刺意味的是，美国的种族主义阻碍了贫穷的白人劳工阶层与贫穷的少数族裔劳工阶层之间政治联盟的形成，许多贫穷的中下层白人认为他们与盖茨和布什的关系更为密切。这是因为许多在种族方面偏保守、经济上有困难，或是受教育程度较低的白人认为少数族裔与移民获得了他们“不应得”的优待，抢走了本该属于白人的社会和经济机遇。这就是所谓的“种族化经济学”：从种族的视角看待就业问题与贫富差距，把种族问题与经济状况混为一谈，并从根本上认为是少数族裔的优越地位与移民的大量涌入造成白人如今收入与地位下降。[①] 因此，美国的种族主义使贫困的多数族群瓦解，从而没有机会统一力量与少数白人群体进行对抗。

（三）如何解决“民主”的水土不服

对于此种局面，是否有解决或缓和的方法？《起火的世界》讨论了缓和这种冲突的几种可能及其现实限制。

1. “平整竞技场”

首先，可从进行教育改革和提供均等机会等措施入手，将贫穷的多数族群提升到可以和已经极度资本化的主导市场的少数族群相竞争的层面。但有研究表明额外的教育开销如果不是伴以重大社会经济改革，其收效将会很低。其次，要避免对在市场中起主导作用的少数族群的政治偏袒，有时政府与当地主导市场的少数族群相互勾结，形成的裙带资本无疑是对贫穷的多数族群的进一步打击与刺激。最后，还要在宗教和文化上进行改革。

① 陈迹：《当代美国政治的“种族化”现象探析》，《美国研究》2019 年第 4 期，第 36—53 页。

但很多政府的文化改革并没有成功。并且，在文化改革上也存在道德问题，因为将文化视为发展自由市场的阻碍本身也是不公平的。

可以看出，“平整运动”将会是一个艰巨缓慢的过程，它还需要一个稳定的社会环境以辅助，然而这个条件对大多数非西方发展中国家来说相当困难。“平整竞技场”是一个宏大工程，短期内难以见效，而这反过来也会减少贫穷的多数群体对这项工程的信心。因此，是否可以采取一种阶段性目标的方式，比如在国家立法方面首先确保公民在法律政治上的平等，其次可以大力打击腐败寻租，向民众展示政府坚决打击裙带资本的决心。在此基础上，再开始循序渐进地展开更为深入的运动。

2.“全民入股”

通过赋税转移计划进行再分配，扩大获益的辐射范围也是一个方法。但不得不承认的是，发展中国家可能并没有足够的税可收。让政府介入市场，有意识地“修正”种族之间财富的不平衡似乎是一个不错的办法，正如马来西亚的新经济政策，它使贫穷的多数族群在一定程度上分享到了自由市场带来的红利。但这个“正面例子”也并不能因此在非西方世界广泛宣传，马来西亚的新经济政策不仅带有一定的局限性，并且也没能实现其根除贫困的根本目标。此外，还需考虑到的是，当一个族群在市场上占主导地位时，其本身就可能具有可以抵制某种政府资助的种族政策能力。更令人们担心的是，在一个国家之内若坚持对种族进行划分并将这种划分政治化，是否会使种族冲突恶化而非改善。我们不能忘记卢旺达大屠杀给我们带来的深刻教训，正是在胡图族统治者对图西族的仇恨情绪的煽动下，两者矛盾愈演愈烈，最终导致悲剧发生。许多非西方社会的政府领导人可能本身就带有种族色彩，他们对种族情绪的煽动很有可能会因为他们的身份地位、影响力以及可以利用的一切手段而加剧种族之间的仇恨与冲突爆发的可能性。

“全民入股”虽然是一种能直接提升贫穷族群经济收入和社会福利的措施，但根除贫困更好的方式在于“造血”，而不是“输血”，即在政府的适当引导下使贫穷族群找到适合自身持续发展的经济生产方式，而不是一味地依靠政府和社会的各种救济。特别是对于赋税原本就不充裕的发展中国家来说，政府更应该扮演“看不见的手”的角色，在脱贫问题上起到引导作用，真正让贫穷族群融入到整个国家的经济建设中来。

3. **反对伪善的民主**

在赞扬民主优越性的同时，也要注意到在非西方世界，多数人统治可能也会因被赋予了“民主”力量从而对市场进行反抗，甚至反抗民主，最终发展为种族冲突的悲剧。西方世界向存在种族分歧、面临严重分裂的非西方社会推行“普选制”的民主，让其走一种西方从未走过的民主化道路，将民主简化为为全民选举运送投票箱，是极不负责的表现，更是对民主的滥用与不尊。

民主的“本土化”是非西方国家进行民主化转型时需引起重视的方面，因为每一个国家的历史发展和现实情况都不相同，都存在自身的特点并面临着特殊的问题。因此，对于非西方国家而言，需要充分结合自身特色，让民主能适合自身社会文化环境，真正做到“落地生根”，这样才会减少民主转型过程中遭受的曲折和动荡。

4. **主导市场的少数族群自愿捐输**

鼓励主导市场的少数族群进行自愿捐输，在这些少数族群被认为榨取了国家财富的同时，我们或许应该承认这样一个事实，他们也是国民经济活力和增长的重要来源。因此，如何转变众人对他们的印象，转而认为他们对国家利益而言也是至关重要的是一个重要的问题。若少数族群能多做慈善、发起一些捐助活动可能会取得较好的结果，虽然这并不意味着可以避免种族冲突，但至少也会减少一定的威胁。

三、种族冲突之下的民主与自由市场

非西方世界中的种族身份往往更为重要，深刻影响着国家的民主与自由。

（一）对种族身份的思考

《起火的世界》指出，人们对种族身份的主观领悟依靠个体所赋予的更“客观”的特质。[①] 因此，种族身份更多的是出自人类的想象，是一种人造制品。这不禁令人感到悲哀，正如《人类简史》里所假设的“替代理论”，

---

① 蔡眉儿：《起火的世界：自由市场民主与种族仇恨、全球动荡》，第 18 页。

即智人取代了所有先前人种，现今的所有人类追本溯源都是“纯种”智人。[①] 也就是说如果人类都是智人的后代，那么现在人们自己所构造的人种区分则不足为题，种族歧视也不应该存在。安德森在《想象的共同体》一书中也独辟蹊径且深入浅出地指出民族是想象的、历史的产物，它不是无中生有的臆想，是基于人类对归属感和永恒性的情感诉求，民族主义是在特定的历史阶段，如生活世俗化、资本主义全球化、帝国主义和殖民主义瓦解、“国际主义”式微等历史过程中，应运而生的一种政权组织体系。[②] 因此，无论是民族还是种族，都是在漫长的历史文化和政权变化中逐步形成的特定群体，其作用更多的是一种相互认同和政治维护，并不存在生物学上的根本差别。

（二）通往“民主”的大道

非西方世界的民主化道路该何去何从，尤其当存在占市场主导地位的少数族群这一因素时，该如何使资本主义市场与民主相协调，避免种族冲突的爆发?

首先，民主在西方的建立本身就是一个循序渐进的过程。西方的政治民主模式是在反对封建专制主义基础上，适应社会生产力发展乃至新经济生产方式的需要而产生的。在当时的条件下，它起到了促进社会发展的作用，也使当时的人们获得了最大限度的解放。这是西方民主常常被冠以“最优”制度设计的主要原因，也是一些人以之为标准衡量发展中国家政治发展状况的原因。[③] 可以看到，西方民主的建立与发展是与其历史发展一脉相承的，若忽视这一事实，使非西方世界忽视自身情况而盲目建设民主，则会与最终目标相悖。要知道，目前非西方国家民主的建立与西方国家当初发展时所面临的环境截然不同，民主不是一夜之间形成的，不能一蹴而就。因此在考虑非西方世界民主化问题时，应充分考虑其国情，尤其是其存在的特殊性，若该国存在占主导市场的少数族群，更应直面这个问题，

---

① 尤瓦尔·赫拉利：《人类简史》，林俊宏译，中信出版社，2014，第 31 页。

② 张巧运：《民族—国家的边界、中心和关系——从〈想象的共同体〉看民族主义的困境和消解之道》，《民族学刊》2016 年第 7 期，第 54—60 页。

③ 张永红：《论西方民主的困境与中国民主发展道路的选择》，《理论月刊》2012 年第 5 期，第 104—106 页。

在采取政策修正少数族群与多数族群所面临的窘境时，还要保证政策的客观性，避免种族性的恶性煽动从而导致种族冲突的悲剧。此外，我们还不能像复制西方的民主制度和自由市场经济到非西方世界一样，将西方世界中资本主义市场与民主得以融洽相处的方式复制到非西方世界，如赋税转移和文化改革，也不能将个别非西方世界的治理方式当作万能的良药，这都是极不负责的行为。

其次，“多数人的暴政”难道就是民主的真谛吗？法国思想家阿历克西·德·托克维尔在《论美国的民主》中就对这一点提出了质疑和批判。民主不光意味着多数人统治，民主也并不只有一种形式，民主不该被模式化以生搬照套，更不该被简化，关键在于要与本国国情相适应。民主思想来源于西方传统的哲学，适用于欧美等资本主义国家。然而，即使在西方世界，民主的表现形式也有所差别。以政治体制为例，美国是总统制，总统选举采取选举人团制；英国是议会制，仍然保留着世袭国王，首相是事实上的政府首脑；法国则是半总统制，多个政党相互竞争。可以说，民主没有一种放之四海而皆准的模式，民主也不是万能药。正如亨廷顿所说，民主是一种西方价值，不应当不分青红皂白地加诸其他文化。

最后，在一些充满种族矛盾的非西方发展中国家，到底是先民主化还是先市场化？李普塞特认为，一个国家越富有，它接受民主的机会也就越大。总之，非西方发展国家到底需要怎样的市场，怎样的民主，这些都值得我们去思考。

正如上文所述，民主不可能复制，也不可能一蹴而就，它需要有利于其形成的社会环境，需要与之相配的健全制度，需要人民具有民主素养，更需要政府官员对民主的正确认识，而不该将其视作为自己谋权夺利的工具。

也许非西方发展中国家的民主化进程应该慢一点、稳一点。尤其在占市场主导地位的少数族群与贫穷的多数族群之间存在冲突的地方，应直面这一问题，当政府在其中发挥作用时也应保持足够的客观。正如《起火的世界》的作者所说，主导市场的少数族群更应秉承一种慷慨、谦恭的态度。

四、扑灭起火的世界

《起火的世界》认为，资本主义市场与民主相结合定会引起财富不均与多数人之间的潜在冲突，尤其是存在主导市场的少数族群的国家，甚至会触发种族危机，造成悲剧。

首先，这种观点过于绝对，韩国成功地进行了民主化转型就证明了市场与民主的结合不一定会造成更大的冲突和危机。韩国民主转型后，国家进入高速发展阶段，成为东亚地区仅次于日本的第二发达国家。此外，无论是资本主义还是社会主义，都会在发展阶段中出现财富分配不均的现象。横向来看，财富收入的差距确实很大，潜在的冲突也的确存在，但是从纵向来看，社会整体的财富变得更多，个体所拥有的财富比之前也更多。可以看到，财富不均的问题不能简单理解为财富多少的问题，应该从财富的相对值和绝对值这个角度来思考。

其次，任何观点都不能被视为放之四海而皆准的道理，也不能视作一个万能的准则而运用在所有环境中，理论都有其适用的范围，如果不分环境的特殊性而滥用此书的观点，是否会进一步阻碍种族间的交流以及不同文化间融合的可能，从而使这一“准则”成为自我实现的预言？当然，这样的警示是好的，但我们首先要做的并不是给存在占主导地位的少数族群的非西方世界扣上一个极易爆发种族危机的危险地带的帽子，而应该深度挖掘和考察已有案例中的深层因素，在对非西方世界民主化与资本主义发展的新思考之下，探寻出种族间的和谐发展之道。毕竟，种族歧视本来就不应存在。

最后，在全球化日益加深的今天，不同文明更应相互交融而不是排斥，不同族群更应和谐相处而不是冲突斗争。因此，在原本就存在种族问题的地方，民主化和自由市场只有进行本土化的调整和适应后，才可能为这些地方带来真正的发展曙光。

稿 约

《近现代国际关系史研究》是由首都师范大学历史学院国际关系史研究中心出版的学术辑刊，每年2—3辑。本辑刊旨在为从事国际关系史研究的学者提供一个相互交流的平台，设有专题研究、二战史研究、中外关系研究、美国外交研究、宣传与公共外交史、法国与冷战、研究生论坛、档案文献、学术动态、书评等栏目，欢迎学界同行赐稿。相关信息如下：

1. 研究性论文要以一手档案为基础，具有原创性且未曾发表，欢迎选题新颖、运用多边档案的长篇研究。其中，研究生论坛中刊发博硕士及本科生的优秀论文。本辑刊尤其愿意刊发能反映学界动态的研究综述、书评书讯、专题书目等内容的稿件，也欢迎以某个专题内容为核心整理的档案资料汇编。

2. 文献引证注释规范见附录。来稿并请附上论文英文标题、中文摘要和关键词。

3. 编辑部将组织同行专家对来稿进行评审，并将评审结果尽快通知作者。

4. 来稿一经录用，请勿再投他处。

5. 录用并出版的作品，将略致薄酬，并赠样书两册。刊发后稿件版权归《近现代国际关系史研究》辑刊所有。

6. 来稿请投《近现代国际关系史研究》编辑部，邮箱：guojiguanxijk@163. com。

首都师范大学历史学院
国际关系史研究中心
2020年3月12日

附：

《近现代国际关系史研究》引证注释规范

一、书籍

1. **中文**

（1）专著

示例：

徐蓝：《英国与中日战争》，首都师范大学出版社，2010。

（2）编著

示例：

王绳祖等主编《国际关系史》第12卷，世界知识出版社，1995。

（3）译著

示例：

H. 卡尔：《两次世界大战之间的国际关系（1919—1939）》，徐蓝译，商务印书馆，2009。

（4）析出文献

示例：

李世安：《第一次世界大战在人类历史长河中的地位》，载齐世荣主编《一战百年："第一次世界大战爆发一百周年"学术研讨会论文集》，世界知识出版社，2016，第11—21页。

2. **西文**

（1）专著

示例：

1. J. P. Taylor, *The Struggle for Mastery in Europe, 1848–1918* (New York: Oxford University Press, 1980).

（2）编著

示例：

Arnold Toynbee (eds.), *Survey of International Affairs, 1939–1946: Hitler's*

Europe (New York: Oxford University Press, 1954) .

(3) 译著

示例:

Franz Kurowski, *Deadlock Before Moscow: Army Group Center, 1942-43*, trans. Joseph G. Walsh, West Chester (PA. : Schiffer Publishing, 1992) .

(4) 析出文献

示例:

Robert Gilpin, "Peloponnesian War and Cold War," in Richard Ned Lebow and Barry S. Strauss (eds.) , *Hegemonic Rivalry: From Thucydides to the Nuclear Age* (Boulder, Colorado: Westview Press, 1991) , pp. 31-49.

二、论文

1. 中文

(1) 期刊

示例:

胡德坤:《中国抗战与日本西进战略的破产》,《世界历史》2009 年第 4 期。

(2) 报纸

示例:

江建国:《二战:不能“历史化”的过去》,《人民日报》2005 年 4 月 29 日第 7 版。

(3) 未刊论文

示例:

任东来:《对国际体制和国际制度的理解和翻译》,全球化与亚太区域化国际研讨会论文,天津,2000 年 6 月,第 9 页。

朱大伟:《第二次世界大战与战后世界发展模式转换》,博士学位论文,武汉大学,2010。

2. 西文

(1) 期刊

示例:

David A. Messenger, "The Course of Military History in the United States Since World War Ⅱ," *The Journal of Military History* 20, no. 4 (November

2011):455-478.

(2) 报纸

示例:

Joseph S. Nye Jr., "Work with China, Don't Contain It," *New York Times*, January 26, 2013, p. 19.

(3) 未刊论文

马勇:《王爷纷争:观察义和团战争起源的一个视角》,政治精英与近代中国国际学术研讨会会议论文,杭州,2013,第9页。

三、档案文献

1. 中文

示例:

《斯大林与毛泽东会谈记录》,1949年12月16日,俄总统档案馆,全宗45,目录1,案宗239,第9—17页。

2. 西文

示例:

US. Department of States, *Foreign Relations of the United States*, 1932, Vol. Ⅲ, The Far East (Washington D. C.: Government Printing Office, 1948), p. 8.

四、电子资源

来源于互联网的电子资源,除注明作者、题目、发表日期等信息外,还应注明完整网址。

1. 中文

示例:

习近平:《在纪念中国人民抗日战争暨世界反法西斯战争胜利70周年招待会上的讲话》,2015年9月3日,http://www.xinhuanet.com/politics/2015-09/03/c_1116458457.htm。

2. 西文

示例:

Stephen Badsey, "The Western Front and the Birth of Total War", BBC, March 8, 2011, http://www.bbc.co.uk/history/worldwars/wwone/total_war_01.shtml.

五、其他

1. 再次引证时的项目简化

第一次引用应注明全名与出版项，再次引用可以简化为“作者、著作(可只保留主标题)、页码”。

示例：

悉德尼·布拉德肖·费伊：《第一次世界大战的起源：大国博弈之殇》，于熙俭译，文化发展出版社，2019。

悉德尼·布拉德肖·费伊：《第一次世界大战的起源》，第28页。

2. 间接引文的标注

间接引文通常以“参见”或“详见”等引领词引导，反映出与正文行文的呼应，标注时应注出具体参考引证的起止页码或章节。标注项目、顺序与格式同直接引文。

示例：

参见理查德·内德·勒博：《国家为何而战？过去与未来的战争动机》，陈定定等译，上海人民出版社，2014，第28页。